Lucas Derks

Das Spiel sozialer Beziehungen

NLP und die Struktur zwischenmenschlicher Erfahrung

Mit einem Geleitwort
von Wolfgang Walker

Aus dem Englischen übersetzt
von Nils-Thomas Lindquist

Klett-Cotta

Der Autor:
Dr. Lucas Derks (geb. 1950 in Oosterbeek, Holland), absolvierte ein Graphikstudium an der Kunsthochschule und schloß das Studium der Sozialpsychologie ab. *Derks* kam bereits 1977 mit dem Werk von Bandler und Grinder und der Philosophie des Pragmatismus in Berührung. 1983 erhielt er seine Ausbildung zum NLP Practitioner am New York Training Institute for NLP. 1985 avancierte er am international renommierten „Institute for Eclectical Psychology (IEP)" in Nijmegen zum NLP Master Practitioner. Seit 1986 ausgedehnte Lehr- und Forschungsaktivitäten auf der Basis des NLP; zahlreiche Veröffentlichungen zu NLP und verwandten Themen.

Klett-Cotta
www.klett-cotta.de
Die Originalausgabe erschien unter dem Titel
„The Social Panorama Model. Social psychology meets NLP",

Printed in Germany
Umschlag: Klett-Cotta-Design
Bildreproduktion: topset Computersatz, Nürtingen
Gesetzt aus der 10 Punkt Palatino von topset Computersatz, Nürtingen
Gedruckt und gebunden von Kösel, Krugzell
ISBN 978-3-608-94791-5

Dritte Auflage, 2014

Bibliografische Information der Deutschen Nationalbibliothek
Die Deutsche Nationalbibliothek verzeichnet diese Publikation in der Deutschen Nationalbibliografie; detaillierte bibliografische Daten sind im Internet über <http://dnb.d-nb.de> abrufbar.

Inhalt

Einige Bemerkungen zur Orientierung für den Leser

von Wolfgang Walker

Als ich vom Autor gebeten wurde, ein Vorwort für die deutsche Ausgabe dieses Werkes zu verfassen, sah ich mich vor die anspruchsvolle Aufgabe gestellt, dem deutschsprachigen Publikum eine Arbeit nahezubringen, die in Form und Inhalt gleichermaßen ungewöhnlich wie innovativ ist.

Ausgebildete NLPler werden rasch erkennen, wie sehr sich die vorliegende Abhandlung vom Gros der NLP-Literatur unterscheidet. Neigt diese meist dazu, „im eigenen Saft zu braten" und wenig Bezüge zu gängigen (akademischen) Diskursen herzustellen, hat Lucas Derks sich explizit zum Ziel gesetzt, den „NLP-modelling approach" für die etablierten Verhaltens- und Sozialwissenschaften fruchtbar zu machen. Damit läutet er zugleich eine neue Entwicklungsphase des NLP ein – das geistige Ziehkind Gregory Batesons und Virginia Satirs hat seine Pubertät überwunden und macht sich auf, die Welt außerhalb seiner selbst zu erkunden.

Wie aber kann Nicht-NLPlern – und genau Sie sind eine wesentliche Zielgruppe des Textes – der Wert dieses Buches in der gebotenen Kürze faßbar gemacht werden? In einem nach wie vor aufgeheizten geistigen Klima, das NLP – bei meist begrenzter Sachkenntnis – oft vorschnell als „esoterisch", „unwissenschaftlich" und „oberflächlich" mißversteht, bedarf es einer Rahmensetzung, die eine sinnvolle Einordnung der Arbeit erlaubt. Gestatten Sie, werter Leser und werte Leserin, mir daher einige klärende Bemerkungen.

Was ist NLP?

Vor mehr als 25 Jahren begründeten zwei hochbegabte junge Forscher im Umfeld der University of California in Santa Cruz (USA) ein neuartiges Forschungsfeld, das seither unter der Bezeichnung „Neurolinguistisches Programmieren (NLP)" weltweit – mit unterschiedlichem Echo – für Furore sorgt.

Ausgehend von wissenschaftlich fundierten Erkenntnissen der modernen Systemtheorie, Linguistik, Neurophysiologie, Anthropologie und Psychologie entwickelten Richard Bandler und John Grinder Anfang der 70er Jahre das praktische Rüstzeug für eine transkulturell angelegte Wissenschaft. Sie analysierten und beschrieben erstmals diejenigen Muster menschlicher Wahrnehmung, Informationsverarbeitung, Handlung und Kommunikation, die ein grundlegendes Verständnis für die oftmals so verblüffende *Unterschiedlichkeit* in der Wirklichkeitserfahrung von Menschen ermöglicht.

Im Zeitalter der Globalisierung hilft uns NLP zu verstehen, wie Mitglieder ein und derselben Spezies als Hochschulprofessoren an einer Universität, als Voodoo-Priester auf Haiti, als politische Radikale im Untergrund, als inbrünstig Gläubige unterschiedlichster Religionszugehörigkeit, als Nomaden in den weiten Steppen der Mongolei oder auch als Soldaten einer aggressiven Invasionsstreitmacht usw. leben können, ohne – bei all der offenkundigen Unvereinbarkeit ihrer Lebensentwürfe – jemals die Grundfesten des eigenen geistigen Bezugssystems in Frage zu stellen. Wir gewinnen mit NLP – sehr viel naheliegender für die meisten – zugleich tiefe Einsichten in jene alltäglich zum Tragen kommenden Unterschiede zwischen uns und anderen, die einerseits dem Leben seine Würze verleihen, andererseits jedoch nicht selten zu leidvollen Erfahrungen führen. Darüber hinaus gibt es uns die praktischen Mittel an die Hand, unerwünschtes Erleben und Verhalten bei uns selbst und anderen zu *verändern* – und dies vor allem unterscheidet die radikal pragmatisch orientierte Ausrichtung des NLP so fundamental von anderen, eher auf die bloße Erfassung des Status quo ausgerichteten Forschungszugängen.

Damit ist NLP die erste Disziplin im Bereich der Verhaltens-, Kognitions- und Sozialwissenschaften, die sich explizit dem Studium der „Struktur menschlicher Subjektivität" verschrieben hat. Das in den vergangenen 25 Jahren in diesem Rahmen erarbeitete Wissen um die maßgeblichen Elemente der „subjektiven Realitätskonstruktion" von Menschen wird heute zunehmend zum Ausgangspunkt einer innovativen Forschungstätigkeit, die das Paradigma vom allgemeinen, universalen Menschen zugunsten einer lebensnahen Berücksichtigung individueller, sozialer und (sub)kultureller Unterschiede überwunden hat.

Die betont anti-akademische Attitüde der NLP-Begründer sowie ihre oftmals überspitzt vorgetragene Kritik am wissenschaftlichen Establishment (und dessen praxis- und lebensfremder Forschungsmethodologie), verhinderte auf seiten der Hochschulen bislang jedoch die ernsthafte Auseinandersetzung mit den gewonnenen Erkenntnissen und deren Integration in den Wissensfundus der Universitäten.

Nicht zuletzt vor diesem Hintergrund ist die vorliegende Abhandlung ein wahrer Glücksfall!!

Wovon dieses Buch handelt

Lucas Derks bietet in seinem – für Laien wie Fachleute gleichermaßen verständlichen – Werk eine ebenso humorvolle wie inhaltlich fundierte, durch Fallbeispiele konkretisierte und mit einer Fülle praktisch umsetzbarer Veränderungstechniken versehene Darstellung seiner „Theorie des Sozialen Panoramas". Dabei läßt der Autor bereits zu Beginn die enorme Reichweite des Konzepts anklingen: Er vertritt im Kern die Idee, daß die Qualität und Dynamik der eigenen Selbst-Erfahrung sowie das subjektive Erleben und die aktive Gestaltung zwischenmenschlicher Beziehungen (in Familien, Gruppen, Teams und Organisationen ebenso wie zwischen Liebespartnern, Freunden, ethnischen und politischen Gruppen bis hin zu ganzen Nationen) eng mit bestimmten Charakteristika (Submodalitäten) der Vorstellungswelt der Akteure verknüpft sind. Gelingt es – und genau dies ist Gegenstand dieser Veröffentlichung –, die *subjektive Kodierung der sozialen Kognitionen/Repräsentationen von Individuen* aufzudecken, so können wir Derks zufolge nicht nur aufdecken, welche „mentalen Mechanismen" das Spiel sozialer Beziehungen determinieren, sondern daraus auch direkt *Wege zur Veränderung unbefriedigender persönlicher Beziehungen und unhaltbarer sozialer Einstellungen* ableiten.

Die praktischen Konsequenzen dieser – traditionell aus der Sozialforschung verbannten – Thematisierung des „subjektiven Faktors" reichen weit über die angestammten Gebiete der Psychologie, der Sozialpädagogik, der Sozialarbeit und der Unternehmensberatung hinaus bis in das Feld der Soziologie, der Politikwissenschaft, der interkulturellen Kommunikation und der praktischen Politik. Darüber hinaus wird unmittelbar deutlich, welch beträchtliche Bereicherung die gegenwärtige akademisch-psychologische Wissenschaft durch die im Rahmen des NLP erfolgte Wiederbelebung der – seit dem Zweiten Weltkrieg weitgehend in Vergessenheit geratenen – *introspektiven Forschungsstrategien* erfahren kann. Nicht zuletzt die Praxisnähe der daraus resultierenden Forschungsergebnisse macht es zunehmend wahrscheinlich, daß diese Art der Forschung den akademischen Diskurs der Zukunft maßgeblich beeinflussen wird.

In den einzelnen Kapiteln des Buches wird eine Vielzahl grundlegender Fragestellungen sozialwissenschaftlicher und psychologischer Forschung neu beleuchtet. Die enorme Spannbreite des Konzepts wird deutlich, wenn man sich die unter diesem Blickwinkel behandelten Themenkomplexe vor Augen führt. Aufgrund der Vielzahl der angedeuteten Bezüge sei hier nur auf die wesentlichsten Bereiche verwiesen. Dazu gehören vor allem

• *Selbst-Erfahrung und Identität:* Mit seiner präzisen Analyse der konstituierenden Elemente der Selbst-Wahrnehmung leistet der Autor einen bedeutenden Beitrag zu einer modernen Psychologie des „Selbst". Das subjektive Erleben von Ich-Stärke, Selbstwert, Beziehungsfähigkeit, Zugehörigkeit und Ausgrenzung wird als Funktion spezifischer submodaler Kodierungen von Selbst-Repräsentationen und „Personifikationen" beschrieben. Möglichkeiten zur nachhaltigen Veränderung werden aufgezeigt.

• *Autorität, Dominanz und soziale Macht:* Hier werden die „mentalen Triebfedern" aufgedeckt, die die Ausübung von Macht, aber auch das Erleben von Unterwürfigkeit und die Verführbarkeit durch totalitäre Ideologien ermöglichen. Darüber hinaus werden klinische Implikationen des Konzepts im Zusammenhang mit Beziehungsproblemen diskutiert.

• *Die Veränderung sozialer Einstellungen:* Auf der Grundlage der „Theorie des Sozialen Panoramas" werden u. a. soziale Einstellungen wie Ethnozentrismus, Rassismus sowie das weitverbreitete In-Group/Out-Group-Denken im Zusammenhang mit Unternehmensfusionen der detaillierten Analyse unterworfen. Dabei werden zugleich praktische Wege zur Überwindung dieser Haltungen bei Individuen, im Geschäftsleben und in der Politik aufgezeigt.

• *„Familienpanoramen":* „Familiensysteme" sind abstrakte, mentale Konstrukte von Familientherapeuten. In Abgrenzung zu gängigen Auffassungen systemisch orientierter Therapieformen wird eine effiziente Form therapeutischer Arbeit vorgestellt, die auf der direkten Veränderung sozialer Kognitionen beruht. Darüber hinaus unterzieht Derks das Wirken Bert Hellingers, dessen Methode der „Familienaufstellungen" seit Jahren einen Kultstatus in der deutschen Therapeutenszene innehat, einer ebenso spannenden wie konstruktiven und kritischen Analyse.

• Das „spirituelle Panorama": Was verbirgt sich hinter der Erfahrung von „Geistern"? Was sind spirituelle Erfahrungen? In einer aufschlußreichen transkulturellen Analyse beleuchtet der Autor die innere Struktur magischer Welterfahrung vor dem Hintergrund des „Sozialen Panoramas" und zeigt den Nutzen dieses Erlebensmodus für den modernen Menschen. Zugleich werden universelle Mechanismen der Ausübung spirituell legitimierter Herrschaft in Frage gestellt und kritisch reflektiert.

• *Training und Team-Building:* Hier werden soziale Gruppenphänomene im Bereich von Unternehmenstrainings und Teambuilding-Prozessen analysiert und durch ausführliche Hinweise für Trainer im Businessbereich und der Erwachsenenbildung ergänzt.

• *Die Metaphern der Macht:* Dieses Kapitel widmet Derks der „Sprache der Macht". Aus dem Blickwinkel metaphorischer Kommunikation und des „Sozialen Panoramas" untersucht er die innere Struktur und Funktionsweise massenwirksamer Kommunikation sowie eine Reihe von Möglichkeiten, unerwünschten Manipulationen zu begegnen.

Wem dieses Buch nützt

Zunächst wird *jeder*, der sich für die bewußte Gestaltung und Verbesserung seiner Beziehungen zu anderen interessiert, den vorliegenden

Text mit überraschenden Einsichten und erheblichem Gewinn lesen. Die unmittelbar plausible Grundlage des „Sozialen Panoramas" und Derks' oftmals feinsinnige Betrachtungen machen uns allen – wie Fischen – das Wasser bewußt, in dem wir uns meist ahnungslos Tag für Tag bewegen.

Doch auch *Fachleute unterschiedlichster Couleur* werden eine Vielzahl kluger, nützlicher und erfrischender Anregungen für ihren Arbeitsbereich finden – seien es akademische Forscher in den Verhaltens-, Kognitions- und Sozialwissenschaften, Psychotherapeuten und Psychiater, Sozialpädagogen und Sozialarbeiter, Führungskräfte, Unternehmensberater, Trainer im Businessbereich, Friedensforscher und Friedensarbeiter, Diplomaten oder auch aktiv tätige Politiker und deren Berater.

Ich wünsche der Arbeit Lucas Derks' daher von ganzem Herzen die weite Verbreitung und beachtliche Aufmerksamkeit, die es ob seiner Innovationskraft und Originalität verdient – und Ihnen, werte Leserinnen und Leser, ebensoviel Vergnügen und intellektuellen Genuß, wie ich sie bei der Lektüre dieses Buches erfahren habe.

Vorwort

Es sind nur Bilder von Menschen

Auch beim Liebemachen umarmen wir eigentlich nur das eigene – visuelle, auditive, kinästhetische, olfaktorische und gustatorische – Bild, das wir uns vom Anderen machen. Was wir Liebe nennen, ist also nichts weiter als ein bißchen Neuronen-Aktivität im Gehirn. Außerdem empfinden die meisten Menschen gar keine Liebe, bevor sie sich nicht die entsprechenden Bildvorstellungen geschaffen haben. Doch mit den richtigen Bildvorstellungen ausgestattet, bringen die meisten Menschen auch dann starke Gefühle auf, wenn das Objekt ihres Verlangens auf der anderen Seite der Erdkugel lebt. Mit den richtigen Bildern im Kopf kann man, wie Millionen von Teenagern beweisen, sogar für Rock-Stars schwärmen, denen man nie begegnet ist, oder sogar für gänzlich virtuelle Personen!

Damit habe ich eine zentrale Annahme des NLP auf die Liebe angewandt. Und ich weiß, daß dies nicht bei allen Lesern romantische Gefühle wecken wird. In diesem Buch setze ich aber voraus, daß die geistige Vorstellung von einer Person etwas anderes ist als die reale Person in Fleisch und Blut; die Landkarte ist eben nicht das Gebiet. Und doch ist es uns Menschen beinah unmöglich, mehr über andere Menschen zu erfahren, als die geistigen Bilder, die wir uns selbst von ihnen erschaffen, uns mitteilen. Das einzige, was wir kennen, sind unsere sozialen Landkarten.

Für jemanden, der sich beruflich mit sozialen und psychologischen Veränderungen befaßt, ist diese Sicht der Dinge aber ganz angemessen. Sie sagt uns, was wir zu tun haben – nämlich, die sozialen Vorstellungen der Menschen verändern, was immerhin eine sehr effektive Art der Veränderung ist. Denken wir nur daran, wie mühsam es ist, einen unfreundlichen Menschen in einen netten Zeitgenossen zu verwandeln. Relativ leicht ist es dagegen, ein häßliches Bild in eine erfreulichere soziale Vorstellung umzuwandeln.

Diese Betrachtungsweise leugnet gar nicht, daß es angenehme und weniger angenehme Menschen gibt. Sie besagt lediglich, daß wir einen großen Entscheidungsspielraum haben, wie wir andere Menschen verstehen und erleben wollen.

Ein tragisches Beispiel bietet Ann, meine Klientin, die gedemütigt und betrogen, mißhandelt und mißbraucht wird und dennoch Liebe für den Mann empfindet, der ihr dies antut. Alle versuchen sie zu überzeugen, daß er ein Monstrum ist, aber sie liebt ihn trotzdem... Bis zum heutigen Tag konnten weder Schläge noch Schmerzen noch Auseinandersetzungen ihr geliebtes Bild von ihrem Mann verdunkeln. Ann hat eben beschlossen, in ihm einen Engel zu sehen.

Die Vorstellungen von Menschen zu verändern ist eine der Hauptaufgaben derjenigen, die sich mit NLP beschäftigen. Die NLPler tun dies allerdings nicht, um andere Menschen zum Narren zu halten oder so zu tun, als sei die Welt ein besserer Ort, als sie ist. Nein, der wichtigste Grund dafür, bildliche Vorstellungen zu verändern, ist die Tatsache, daß die Menschen bildliche Vorstellungen benutzen, um die Welt zu planen, aufzubauen oder zu zerstören. Ein großer Teil unserer physischen Umwelt wird aus der Vorstellung gestaltet, und dies gilt in noch höherem Maß für die soziale Welt. Das Verändern von Bildvorstellungen ist also ein sehr wirksames Mittel, um die soziale Realität zu beeinflussen.

Das NLP hat mein Leben stark beeinflußt, seit ich 1977 Richard Bandlers und John Grinders Buch *Die Struktur der Magie I* kennenlernte. Und ich habe erlebt, wie sich NLP zu einer internationalen Bewegung entwikkelte. Darum überrascht es mich nicht, daß die Niederlande, wo ich lebe und arbeite, mit die höchste Dichte an NLP-Instituten und -Practitionern auf der ganzen Welt aufweisen. Bei all diesem geschäftigen Treiben hört man immer wieder die Frage: Gibt es eine NLP-Technik für die Arbeit mit sozialen Systemen? Meine Antwort lautet: Ja, das Soziale Panorama. Ich hoffe, es macht Ihnen Spaß.

Lucas A. C. Derks

Ein erster Blick auf das Soziale Panorama

Think big, lieber Leser, denken Sie einmal in großen Dimensionen: Denken Sie an alle Menschen, die auf dieser Erde leben. Denken Sie an die gesamte Menschheit. Tun Sie es, einen Moment, und mit geschlossenen Augen...

Jetzt öffnen Sie wieder die Augen und denken Sie an einen Menschen, den Sie lieben. Und schließen Sie wieder für einen Moment die Augen...

Hallo, da bin ich wieder.

In diesem Buch wollen wir das studieren, was Sie soeben getan haben – nämlich an Menschen denken. Es ist ein weites Studienfeld, denn wir können auf ganz unterschiedliche Art an andere Menschen denken. Nennen wir es das Studium der sozialen Erfahrung. Oder Sozialpsychologie im Sinn des neurolinguistischen Programmierens. Vor ein paar Jahren fand ich dafür den Namen „Soziales Panorama"... und ich will Ihnen verraten, warum.

Die Idee des Sozialen Panoramas ergab sich aus fünfzehn Jahren klinischer NLP-Erfahrung. Alles begann, als ich entdeckte, daß Menschen auf Autoritäten mit einem bestimmten Verhaltensmuster reagieren: Sie blicken meist zu ihnen auf. Das heißt, sie visualisieren die Autorität stets über Augen-Niveau. Und immer wieder fiel mir auf, daß sich Klienten von hemmenden Autoritätsfiguren befreien konnten, indem sie die Bilder dieser Autoritäten einfach nach unten rückten. Vorschläge wie „Verschiebe das Bild deines Chefs etwa 30 cm nach unten" waren überraschend wirksam, wenn es darum ging, eine allzu unterwürfige Einstellung abzubauen.

Versuchen Sie es doch gleich einmal selbst. Denken Sie dabei an eine Person, die Sie einschüchtert. Kennen Sie jemanden?

Wenn Sie ein Beispiel gefunden haben, überlassen Sie sich Ihrem Gefühl der Schüchternheit. Nehmen Sie sich Zeit...

Nun betrachen Sie das Bild der Person, die Sie einschüchtert, und verschieben es 25 cm nach unten.

Was ist mit Ihrer Schüchternheit passiert?

Was Sie eben gemacht haben, wird in diesem Buch sehr wichtig genommen. Sie haben eine soziale Repräsentation verändert. Warum diese Vorstellung Sie einschüchtern konnte oder nicht, soll in den folgenden Kapiteln ausführlich untersucht werden. Solche Experimente haben mich auf die Spur des Sozialen Panoramas gebracht.

Nachdem ich ähnliche Veränderungen in anderen sozialen Bezügen als der Autorität erlebte, etwa in Bereichen wie Glaube, Aufrichtigkeit, Liebe, Macht usw., bin ich zu der Hypothese gelangt, daß der Ort, wo wir soziale Bildvorstellungen sehen, der wichtigste Aspekt der sozialen Erfahrung ist.

Und da war es – das Soziale Panorama.

Das Soziale Panorama eines Menschen besteht aus allen mentalen Repräsentationen, die seine Landkarte der sozialen Welt darstellen. Meist erleben wir diese als eine Art Landschaftspanorama. Im Mittelpunkt steht das Selbst: es ist der Ausgangspunkt. Rund um das Selbst stehen die Bilder aller Individuen und Gruppen, die für die betreffende Person von Bedeutung sind. Zu einigen blickt man auf, andere befinden sich auf gleicher Höhe, wieder andere sind etwas weiter unten angesiedelt. Auch die Entfernung zu diesen sozialen Repräsentationen kann variieren, ebenso ihre Größe, Farbe und Helligkeit.

„Lucas, deine Theorie klingt ungeheuer elegant, aber verdammt, ich sehe nicht die Spur von Bildern. Habe ich mich nicht genug angestrengt?!"

Bei den meisten Menschen bleiben die sozialen Bildvorstellungen überwiegend im Hintergrund ihrer Erfahrung und werden nur unbewußt wirksam. Falls sie überhaupt etwas sehen, bleibt es anfangs oft unbestimmt und verschwommen. Versuchen sie dennoch, das Bild durch „mentale Anstrengung" zu verdeutlichen, wird es meist noch verschwommener. Andererseits empfinden fast alle Menschen unmittelbar eine emotionale Wirkung, sobald sich ihre sozialen Repräsentationen verändern. Und gerade die Unmittelbarkeit solcher emotionalen Veränderungen im Anschluß an einen Ortswechsel der sozialen Bildvorstellungen liefert den überzeugendsten Beweis für die Existenz des Sozialen Panoramas. Probieren Sie es doch gleich selbst:

Stellen Sie sich noch einmal das Bild des Menschen vor, den Sie lieben. Schließen Sie einen Moment die Augen, um sich besser zu konzentrieren.

Falls Sie mit der Qualität des Bildes, das Sie sehen, nicht einverstanden sind oder falls Sie überhaupt nichts bemerkt haben, tun Sie einfach so, als hätten Sie etwas bemerkt. Tun Sie so, als hätten Sie das Bild gesehen.

Dann bestimmen Sie, an welchem Ort Sie diesen lieben Menschen im Verhältnis zu Ihnen selbst sehen. Notfalls genügt eine ungefähre Schätzung.

Und nun denken Sie an irgend jemanden, zu dem Sie eine neutrale Beziehung haben: ein Nachbar, ein Verkäufer im Laden an der Ecke, ein Kollege, den Sie nicht allzu gut kennen. Stellen Sie diese neutrale Person in ihrer Phantasie genau an den Ort, wo Sie vorhin Ihren liebsten Menschen gesehen haben. Was geschieht?

Wenn ich selbst dieses Experiment mache, bin ich nicht sehr glücklich über einen Fremden an einem so privaten Ort, aber ich habe Leute getroffen, die diese Vorstellung aufregend fanden.

Einmal davon abgesehen, wie gut dieser kleine Versuch bei Ihnen geklappt hat, werde ich in den folgenden Kapiteln Methoden demonstrieren, wie man mit diesen raschen, unbestimmten und fließenden mentalen Prozessen arbeiten kann, die unser soziales Verhalten bestimmen. Bedenken wir aber, daß die meisten Menschen so geschickt darin sind, die Bilder anderer in ihrem Kopf zu manipulieren, und es so gewohnheitsmäßig tun, daß es ihnen ganz unbewußt bleibt. Das ist der Grund, warum Generationen von Sozialpsychologen diese Phänomene übersehen haben. Wie schon gesagt, es bedurfte langer Praxis im neurolinguistischen Programmieren, um diese Muster zu entdecken.

Zu welchen Zwecken können wir das Soziale Panorama einsetzen?

Liebe und Autorität sind natürlich nicht die einzigen Produkte sozialer Repräsentation; auch Haß, Respekt, Konflikt, Rassismus oder soziale Macht, um nur einige zu nennen, resultieren aus sozialen Bildern. Wenn Sie oder Ihre Klienten mit dergleichen Gefühlen zu kämpfen haben, kann die Arbeit mit einer der in diesem Buch vorgestellten Techniken Ihnen weiterhelfen.

Jede problematische soziale Einstellung wird sich verändern, sobald man die entsprechenden Einheiten im Sozialen Panorama der betreffenden Person auf die richtige Art verschiebt. Und wenn es in Ihrem Arbeitsbereich am rechten Teamgeist fehlt, sollten Sie bedenken: Auch Teamgeist

ist davon abhängig, wie die Mitglieder des Teams einander in ihrem Sozialen Panorama repräsentieren.

Im Bereich der privaten Beziehungen und der Familie sind die sozialen Repräsentationen ausschlaggebend dafür, wie sich die Menschen fühlen und zueinander verhalten. Einen entscheidenden Teil unserer Persönlichkeit macht das internalisierte Bild unserer Herkunftsfamilie aus. Die Art, wie wir unsere Eltern und nächsten Angehörigen repräsentieren, beeinflußt unser Leben weit stärker, als uns bewußt ist.

Auch die Führung innerhalb einer Gruppe hängt davon ab, welche Position die Gefolgschaft dem Führer in ihrem Modell der sozialen Realität zuweist. Genauso verhält es sich mit der politischen Macht. Wie sieht sich der Regierungschef im Verhältnis zur Opposition und deren Anhängern? Wie erlebt er Einigkeit in der eigenen Partei?

Immer wenn soziale Repräsentationen im Spiel sind – und es gibt kaum Beispiele, wo dies nicht der Fall wäre –, ist das Soziale Panorama also ein brauchbares Werkzeug der Veränderung.

Wo steht das Soziale Panorama innerhalb des NLP?

Falls Sie ausgebildeter NLPler sind, werden Sie feststellen, daß das Soziale Panorama Ihren erworbenen NLP-Kenntnissen und -Fertigkeiten entgegenkommt. Andere müssen sich vielleicht etwas mehr anstrengen. Aber die Mühe lohnt, betrifft sie doch Bereiche des NLP, die sich als besonders erfolgreich erwiesen haben.

Die meisten NLP-Techniken sind für die Anwendung in einem Zwei-Personen-Team gedacht, bestehend aus dem Klienten und dem NLPler. Dies entspricht natürlich der Situation, in der die meisten NLP-Profis arbeiten. Aber solange sich Trainer und Manager mit NLP beschäftigen, hat sie die Frage bewegt, wie man die gleichen Prinzipien auch auf größere Teams und Gruppen anwenden könnte. Und heute zeigen schon die Politiker Interesse und stellen Überlegungen an, wie NLP dazu beitragen könnte, das Denken der Menschen in Afrika, auf dem Balkan, in China oder gleich nebenan zu verändern.

Erste Antworten auf solche Fragen ergaben sich dadurch, daß Techniken, die eigentlich für die Arbeit mit Einzelpersonen bestimmt waren, einfach in einen größeren Maßstab übersetzt wurden. Dies führte zu Methoden der Herstellung von Rapport in der Arbeit mit Gruppen, Methoden der Zielfindung in Teams und der Steuerung innerer Prozesse bei einem größeren Publikum. In neueren Modellierungs-Projekten wurden Methoden der Präsentation für Schulungsleiter, Motivationstrainer und Unterhaltungskünstler entwickelt. Auch Modelle für Menschenführung und Team-Building sind auf diese Weise entstanden.

In diesem Buch möchte ich eine weitere NLP-Methode für die Arbeit mit Gruppen und Teams vorstellen; sie beruht vor allem auf den Phänomenen, die Richard Bandler als „Submodalitäten" der Wahrnehmung bezeichnet hat. Indem wir die Erscheinungsmuster von Submodalitäten der sozialen Erfahrung untersuchen, eröffnet sich ein ganzer verborgener Kosmos der psychologischen Realität. Nun erst können wir den Ablauf bestimmter sozialer Phänomene besser verstehen und einige von ihnen in den Griff bekommen. Als ich auf diesem Gebiet zu forschen anfing, bebte ich vor Begeisterung und hatte Anfälle von sozialpsychologischem Entdeckerfieber.

Vorbemerkung zum Verhältnis von NLP und akademischer Psychologie

Das NLP hat eine Reihe von Techniken hervorgebracht, die sich hervorragend in der Psychotherapie einsetzen lassen; aber die große kulturelle Kluft zwischen dem vorwiegend pragmatischen Ansatz des NLP und der empirisch orientierten akademischen Wissenschaft hat die meisten Psychologen und Therapeuten bislang daran gehindert, NLP in ihre Arbeit einzubeziehen. Dadurch bleiben Millionen Psychotherapie-Klienten leider von einer Behandlung nach dem neuesten Erfahrungsstand ausgeschlossen.

Wer ist schuld daran? Mit solchen Fragen ist die bedauerliche Situation nicht zu ändern. Doch was können wir tun?

Vielleicht sollten wir uns daran erinnern, daß das NLP Mitte der siebziger Jahre aus wissenschaftlichen Bemühungen um eine methodische Erneuerung der Psychotherapie hervorgegangen ist. Die Wurzeln des NLP finden sich, wenn man so will, schon bei Aristoteles, im strengeren

Sinn aber in der Psychologie des 19. Jahrhunderts, im Denken von Wilhelm Wundt und William James. Direkt nachweisbar sind die Beiträge, die Alfred Korzybski, Jay Haley, Howard Gardner, Milton Erickson, Jerome Singer, Carl Pribram und die Palo Alto-Schule um Gregory Bateson, Virginia Satir und Paul Watzlawick zur Entwicklung des NLP geleistet haben (Walker 1996).

Für viele Psychologen, die wie ich mit NLP-Techniken arbeiten, ist dies keine fremde Materie; es ist vielmehr unsere bevorzugte Art, Psychologie zu treiben. Vor allem entschädigt uns das NLP für die „kopflose" Psychologie, die uns die Behavioristen hinterlassen haben, und für die „praxisferne" Psychologie, die wir von den psychoanalytischen und humanistischen Schulen übernahmen.

Gregory Bateson war es, der das NLP sozusagen aus der Taufe hob. Es sei eine wissenschaftliche Tragödie, schreibt er, daß die Psychologie sich habe dazu verführen lassen, die Methoden der Naturwissenschaften zu übernehmen. Denn erst das NLP habe uns eine Vorstellung von einer alternativen psychologischen Methodologie vermittelt: Die Qualität des Puddings erweist sich beim Essen. Und die Qualität eines Modells erweist sich in der Brauchbarkeit seiner Anwendung. Oder, wie William James dies am Ende des 19. Jahrhunderts ausdrückte: Wahrheit ist das, was funktioniert. In der weiteren Entwicklung des NLP werden nur jene Methoden überleben, die bewiesen haben, daß sie funktionieren, abermals funktionieren und in den verschiedensten Situationen funktionieren. Eine 20 Jahre alte NLP-Technik wie „Change Personal History" (das Verändern der persönlichen Geschichte) hat bis heute Bestand, nicht weil sie logisch oder ideologisch korrekt wäre, nicht weil sie den neuesten, ältesten oder am weitesten verbreiteten Theorien entspräche, auch nicht weil ihre Erfinder oder Lehrer berühmt wären oder weil sie nachweisbar erfolgreicher ist als alle vergleichbaren Methoden. Vielmehr wird die Technik der „Veränderung der persönlichen Geschichte" noch immer angewandt, weil sie in der Hand erfahrener Praktiker sehr zuverlässig zur Lösung der verschiedensten Probleme beiträgt und relativ leicht zu vermitteln ist.

Sagen wir es einmal deutlich: Im NLP gibt es nahezu keine Theorien. Es gibt also auch keinen Theorienstreit der akademischen Wissenschaftler. Es gibt lediglich Methoden, die bewertet und in ihrer Wirksamkeit miteinander verglichen werden können. Wenn NLP-Techniken kaum eine theoretische Fundierung erfahren, dann deshalb, weil sie das Ergebnis der „Modellierung" sind, also der Analyse dessen, was erfolgreiche Menschen *tun*, ungeachtet ihrer theoretischen Überzeugungen.

Solange statistische Repräsentanz die Standardwährung des psychologischen Wissenschaftsbetriebs bleibt und deren Hüter auf ihren Vorrechten beharren, wird NLP dort disproportional unterrepräsentiert bleiben. Manche fordern, NLP-Praktiker sollten die empirische Forschung selbst in die Hand nehmen und einen ausreichenden Output an statistischen Daten produzieren, um die Überlegenheit ihrer Arbeitsmethoden zu beweisen. Bislang ist aber noch wenig in dieser Richtung unternommen worden.

Und noch eine Tatsache verhindert die Anerkennung des NLP durch die akademische Tradition distanzierter Reflexion: NLP konfrontiert die Psychologen mit dem gewaltigen Unterschied zwischen „Wissen" und „Handeln". Wissenschaftler sind dazu ausgebildet, etwas zu wissen; NLPler sind darauf trainiert, etwas zu tun. Dies führt dazu, daß manche NLP-Praktiker so gut wie nichts wissen und doch in der Lage sind, ihre Fähigkeiten unmittelbar vorzuführen; während andererseits hochqualifizierte Psychologen manchmal völlig überfordert sind, wenn es gilt, eine bestimmte NLP-Technik zu demonstrieren.

Um die Kluft zwischen theoretischer Erkenntnis und praktischen Fähigkeiten zu überbrücken, braucht es Respekt für beide Wege. Ich hoffe, daß dieses Buch seinen Teil dazu beitragen kann.

Das Soziale Panorama im Rahmen der Sozialpsychologie

Warum ist kein Amerikaner auf die Idee des Sozialen Panoramas verfallen? Eine einleuchtende Vermutung fand ich dazu im 1995 erschienenen Lehrbuch der Sozialpsychologie von Michael Hogg und Graham Vaughan. Obwohl das Feld der Sozialpsychologie stets von Amerikanern beherrscht wurde, so erklären die Autoren, haben die Europäer bahnbrechende Forschungsarbeiten über Gruppenprozesse, soziale Repräsentationen und soziale Identität, auch über Inter-Gruppen-Prozesse und den

Einfluß von Minderheiten geleistet. Ursache dieser Entwicklung, so die Autoren des Standardwerks, sei die kulturelle Vielfalt Europas. Die Amerikaner seien bemüht nachzuweisen, daß die Menschen verschieden sind, während europäische Sozialpsychologen die Ähnlichkeit und Gleichheit der Individuen betonten.

Der Individualismus, sagt man, sei eine typisch amerikanische Einstellung, während bei Europäern der Sinn für kollektive Phänomene stärker ausgeprägt sei. Diese Tendenz wirkt sich anscheinend auch im Verhältnis von Sozialpsychologie und NLP aus. Vielleicht erklären diese unterschiedlichen Betrachtungsweisen auch, warum Europäer vorwiegend kollektive Themen bearbeitet haben und warum der sozialsystemische Aspekt des NLP auf dieser Seite des Atlantiks stärker beachtet wurde.

Es gibt manche Gemeinsamkeit zwischen der systemischen Betrachtungsweise und den großen Themen, die heute die sozialpsychologische Fachdiskussion beherrschen. Allerdings wurde erstere auf dem alten Kontinent stärker herausgearbeitet. Klassiker wie Lewin, Durkheim, Asch, Moscovici oder Augoustinos haben das Phänomen der sozialen Repräsentation zwar erkannt, verfügten aber noch nicht über NLP-Konzepte wie sensorische Systeme, Submodalitäten oder Persönlichkeitsanteile. In diese Richtung aber wird sich die sozialpsychologische Forschung in Zukunft weiterentwickeln.

1. Kapitel

Eine Theorie der Personifikation

1.1 Personen wie wir

Dieses Buch handelt von der Frage: Wie denken Menschen an Menschen? Oder genauer gesagt: Was ist die Struktur sozialer Erfahrung, und wie können wir sie verändern?

Aber bevor wir anfangen, nach Antworten zu suchen, stellt sich die allgemeinere Frage: Welches ist der Unterschied zwischen „sozial" und „nicht-sozial"? Spiegelt diese vom Common sense getroffene Unterscheidung tatsächlich einen fundamentalen Aspekt der (menschlichen) Natur? Diese Unterscheidung ist natürlich keine Erfindung der Psychologen; die Wissenschaft unterscheidet zwischen dem Sozialen und dem Physischen, weil die meisten Menschen diese Bereiche eben als verschieden erleben. Und in diesem Kapitel werden wir die subjektive Abgrenzung zwischen den beiden Welten untersuchen.

1.2 Das Wiedererkennen der eigenen Art

In der Natur gibt es die ausgeprägte Tendenz, die eigene Gattung anders zu sehen als die übrigen Lebewesen. Löwen z. B. erkennen andere Löwen, sie jagen gemeinsam und paaren sich und bilden soziale Verbände miteinander, nicht aber mit Leoparden oder Geparden. Für Löwen sind alle anderen Tierarten entweder Rivalen oder Beutetiere. Die Fähigkeit, die eigene Gattung zu erkennen und zu unterscheiden, ist offenbar tief in den biologischen Gesetzen verankert, welche die genetische Reproduktion regieren.

Das Studium tierischen Verhaltens beweist also offenbar, daß alle Spezies instinktiv zwischen ihrer eigenen Art und allen anderen Gattungen unterscheiden. Und die menschliche Unterscheidung zwischen dem sozialen und dem nicht-sozialen Bereich ist anscheinend ein Nachhall dieser biologischen Notwendigkeit. Sie ist Produkt der einzigartigen kognitiven Aufmerksamkeit, die wir Mitgliedern unserer eigenen Spezies widmen. Untersuchen wir die Struktur der sozialen Erfahrung, so werden Muster erkennbar, die für die soziale Kognition des Menschen einzigartig sind. Und wir werden sehen, wie sich die besondere Aufmerksamkeit, die wir unseren Artgenossen widmen, wiederum in unserer mentalen Programmierung niederschlägt.

Die Aufgabe, Menschen von Nicht-Menschen zu unterscheiden, scheint nicht so schwierig zu sein. Unsere besondere Statur und Körpergröße sorgen dafür, daß nur selten Spaziergänger im Wald einem unvorsichtigen Jäger zum Opfer fallen, der sie mit Jagdwild verwechselt. Und sogar Kannibalen haben anscheinend einen Begriff vom besonderen Status einer Mahlzeit aus Menschenfleisch.

Die Beobachtung des Tierreichs zeigt aber, daß die Programme zur Wiedererkennung der eigenen Art nicht immer und überall zuverlässig sind. Hunde z. B. behandeln manchmal Menschen als „Oberhunde" oder Rudelführer. Nun gut, die ungeheure Vielfalt in Größe und Gestalt, die die Spezies Hund entwickelt hat, mag hier als Entschuldigung dienen. Wenn ein Dobermann und ein Chihuahua beide derselben Art angehören, ist es verständlich, daß manche Hunde mehr Ähnlichkeit zwischen sich und ihrem Herrchen erkennen als untereinander. Wie verhält es sich aber mit Wölfen, Enten oder Affen?

Läßt die Beobachtung, daß Wolfswelpen, Entenküken und Affenbabys mitunter Menschen als ihre Familie adoptieren, darauf schließen, daß die besonderen Fähigkeiten zur Unterscheidung der eigenen Art durch Lernen erworben werden? Laut Konrad Lorenz (1978) sind angeborene Verhaltensweisen nicht sehr tief verankert: Entenküken erkennen den ersten beweglichen Gegenstand, den sie sehen, als ihre Familie; und Rehkitze akzeptieren Objekte mit weißem Hinterteil als ihre Mutter.

1.3 Wir lernen, Personen zu konstruieren

Die Tatsache, daß wir Menschen uns miteinander kreuzen können, macht uns genetisch zu einer Spezies, aber dies heißt nicht unbedingt, daß wir einander auch in unserem Denken als Gleiche codieren. In Massachusetts gab es einst ein Gesetz, das untersagte, Wild auf den Straßen zu schießen, ausgenommen Wölfe oder Indianer. Indianer galten damals nicht immer als Menschen. Um von anderen in ihr Modell der sozialen Welt aufgenommen zu werden, genügt es nicht, ein Mensch zu sein; man muß von den anderen auch *personifiziert* werden!

Das Substantiv „Personifikation" ist abgeleitet vom Verb „personifizieren": etwas zu einer Person machen. Und genau dies tun wir, wenn wir unsere soziale Welt konstruieren. In unserem Denken erschaffen wir kognitive Strukturen zur Repräsentation von Objekten, die wir als „Personen" bezeichnen. Weil ich Sie personifiziere, liebe Leserin, lieber Leser, und Sie mich personifizieren, nehmen wir uns tatsächlich als soziale Objekte wahr.

Aber repräsentieren alle Personifikationen ausschließlich Mitglieder der menschlichen Spezies? In der Regel ja. Aber genau wie Enten uns manchmal entifizieren und Hunde uns hundifizieren, können wir auch nicht-menschliche Lebewesen „personifizieren". Sicher hatte die Natur das Prinzip genetischer Ähnlichkeit im Sinn, als sie uns die Fähigkeit verlieh, andere Lebewesen zu personifizieren. Wir sind aber nicht darauf beschränkt: Tatsächlich können wir alles personifizieren, sogar die Natur selbst!

Personifikation ist hauptsächlich eine Sache der Repräsentation, also der bildlichen Vorstellung. Auch wenn ein Tier nicht menschenähnlich ist, wie z. B. ein Mistkäfer, können wir es dennoch als Person repräsentieren – und man darf sagen, daß wir Hunde ebenso personifizieren, wie sie uns hundifizieren. Genauso können wir Maschinen, abstrakte Ideen, Automobile, Geld, Berge, Nationen, politische Parteien, Finanzbörsen oder Atomwaffen personifizieren.

In diesem Buch werden wir jene Unterscheidungen anwenden, mit denen im NLP die Struktur der sozialen Erfahrung modelliert, also nachbildet wird. Und der erste Tatbestand, den wir dabei vorfinden, ist die subjektive Struktur der Personifikationen. Was ist also die Struktur einer Personifikation? Die Entwicklungspsychologen gehen meist von der Hypothese aus, daß ein Kind mit einer ganz und gar selbstbezogenen Erfahrung zur Welt kommt, ohne die Fähigkeit, zwischen sich und dem Rest der Welt zu unterscheiden. Bald aber trifft es auf die Grenzen des eigenen Selbst, und damit tritt die „Selbst-Erfahrung" in den Vordergrund, während der Rest der Welt zurücktritt.

Schaffer (1996) betont, daß die Fähigkeit des Kindes, sich selbst als Mensch unter Menschen zu erfahren, in den ersten Lebensmonaten gelernt werden muß. Die Struktur der Komponenten sozialer Kognition muß also etwas ganz Grundlegendes sein. Und eine Personifikation darf nicht aus allzu vielen Komponenten bestehen. Welches sind diese?

Der Säugling muß erkennen, daß es unter all den Objekten, die er vorfindet, einige gibt, die eine Reihe von wichtigen Merkmalen mit ihm teilen – nämlich andere Menschen.

1.4 Der Kern sozialer Wahrnehmung: „Wir gleichen uns"

Alle Personifizierungen gehen zwangsläufig von der Idee einer Gleichheit zwischen dem Selbst und den personifizierten anderen aus. Für das Kind kann diese Gleichheit noch nicht bedeuten, daß es die gleichen Gene, die gleiche Kultur und die gleiche Autonomie wie andere Menschen besitzt; vielmehr beruht die Ähnlichkeit zwischen ihm selbst und anderen Mitgliedern seiner Spezies auf der impliziten Annahme, daß deren Erfahrung die gleiche ist wie die eigene des Kindes. Auch wenn diese Feststellung nicht beweisbar ist, muß das Kind von Anfang an glauben: *Die anderen sehen, fühlen, begehren und denken auf ähnliche Weise wie ich.* Schlußfolgerung: wir gleichen uns.

Solch eine Annahme, wie unbestimmt auch immer, muß in das Denken des Kindes eingehen, damit es anfangen kann, die Fähigkeit zur Personifizierung zu entwickeln. In einem späteren Entwicklungsstadium lernen die meisten Kinder auch die entgegengesetzte Annahme: Jeder ist einzigartig: was andere Menschen sehen, fühlen und denken, kann sich erheblich von meinen Ansichten, Gefühlen und Ideen unterscheiden.

1.5 Notwendige Komponenten der Personifikation

Daß wir andere als Gleiche wahrnehmen, rührt daher, daß wir die Grundstruktur unserer subjektiven Erfahrung auf sie projizieren. Damit wir dies schon als Kinder lernen, müssen die Eltern manchmal nachhelfen: „Du sollst den kleinen Jungen nicht beißen, Johnny, denn anderen Kindern tut es genauso weh wie dir!"

Aber die Annahme, daß auch ein Tier Schmerz empfinden kann, macht es noch nicht unbedingt zu einem sozialen Objekt. Dazu braucht es etwas mehr.

Und manche Tiere haben anscheinend reichlich von diesem „Etwas". Experimente mit Menschenaffen beweisen, daß Orang-Utans ein Bewußtsein von sich selbst haben, weil sie sich im Spiegel erkennen. Sie können auch ihre Bedürfnisse durch Symbole ausdrücken, falls man ihnen diese beibringt. Sie können sogar die Perspektive anderer (Menschen) einnehmen und sich in die zweite Wahrnehmungsposition versetzen. (Für ein Kleinkind wäre ein Orang-Utan geeignet, als Gleicher wahrgenommen zu werden.)

Der Schlüssel zur Personifikation ist die komplexe Erfahrung des Selbst. Die „Selbst-Erfahrung" tritt in den Vordergrund des Bewußtseins, und dieser Teil, so glauben wir, ist bei anderen Personen ganz ähnlich beschaffen wie bei uns. Personifizierung, das ist, als ob wir unsere „Selbst-Datei" auf eine Diskette kopierten und diese als Repräsentation eines anderen bezeichneten. Im dritten Kapitel werde ich die Struktur der Selbst-Erfahrung ausführlicher behandeln. Dort werden wir auch die konstituierenden Komponenten des Selbst und deren Spielarten kennenlernen. Diese sind, einfach ausgedrückt:

1) Visuelles Selbst-Bewußtsein
2) Kinästhetisches Selbst-Bewußtsein
3) Auditives Selbst-Bewußtsein, häufig bestehend aus inneren Stimmen, die unsere Bedürfnisse und Motive artikulieren.

Diese drei Grundkomponenten sind ausschlaggebend dafür, wie wir uns selbst erfahren. Personifikation ist vor allem eine Projektion dieser Merkmale auf andere Menschen. Weil wir unserer selbst bewußt sind, können wir diese Selbst-Bewußtheit auch anderen zuschreiben. Wir glauben also, daß soziale Objekte wissen, wer sie sind, und daß sie dieses Wissen in Gestalt eines (visuellen) „Selbst-Bildes" in sich tragen.

Weil wir selbst Gefühle haben, glauben wir, daß auch andere soziale Objekte diese Eigenschaft mit uns teilen. Auch sie haben ein Selbst-Gefühl, sie spüren Emotionen, Bewegung, Temperaturunterschiede, Druck und Schmerz.

Nicht nur unser Selbst und unsere Gefühle, auch unsere Motive werden uns bewußt. Wir brauchen Dinge und begehren Dinge. Diese Bedürfnisse bleiben oft nur Gefühl, aber wir können auch mit unserer inneren und äußeren Stimme über sie sprechen. Wenn wir also ein Ding personifizieren, fangen wir an, ihm Motive und eine Stimme zuzuschreiben.

Beobachten Sie einmal ein Kind, wie es mit einer Puppe spielt. Wenn es damit auf den Boden schlägt, wenn es sie beißt oder auf den Kopf stellt, hat es sie wahrscheinlich noch nicht personifiziert. Sobald es aber anfängt, mit ihr zu sprechen und sie mit ihrer (gespielten) Stimme antworten läßt und uns von ihren Gefühlen und Motiven erzählt, hat eine Personifikation stattgefunden.

1.6 Arten der Personifikation

In diesem Buch unterscheiden wir fünf verschiedene Spielarten von Personifikationen, denen jeweils ein „person-artiger" Charakter gemeinsam ist.

1) Selbst-Personifikationen: Repräsentationen des Selbst oder von Teilen des Selbst.
2) Ander-Personifikationen: Repräsentationen anderer lebender Menschen.
3) Gruppen-Personifikationen: Repräsentationen von Gruppen und größeren sozialen Systemen.
4) Spirituelle Personifikationen: Repräsentationen von sozialen Entitäten, die keine lebenden Menschen, sondern Verstorbene, Geister oder Götter sind.
5) Metaphorische Personifikationen: physische Objekte, Abstraktionen, Tiere, Pflanzen, Prozesse und alle nicht-menschlichen und nicht-spirituellen Entitäten, von denen gesprochen wird, als wären sie tatsächlich Personen.

Alle diese verschiedenen Arten von Personifikationen bringen wir selbst hervor. Wir konstruieren mental die Bilder, Gefühle und Stimmen, aus denen sie bestehen, und speichern diese in unserem Gedächtnis ab. Personifikationen sind aufzufassen als selbst hergestellte Dateien auf unserer mentalen Festplatte. All diese Informations-Cluster in unserem zentralen Nervensystem sind, in der Sprache des NLP, Teile von uns. Teile, die ein Verhalten und positive Absichten haben.

Alle Personifikationen sind also Teile von uns. Unsere verschiedenen Selbste sind Teile von uns; die Menschen, die wir kennen, sind Teile von uns; die Gruppen, die wir kennen, sind Teile von uns; auch die Geister, an die wir glauben, sind Teile von uns. Wir umgeben uns mit einer Sphäre selbst hervorgebrachter Personifikationen, und die Struktur sowie die Regeln dieses Systems sind das Thema, von dem dieses Buch handelt.

Ein Grundprinzip des Sozialen Panoramas – Beziehung ist gleich Verortung – besagt, daß jede Personifizierung an einen bestimmten Ort im mentalen Raum projiziert wird. Und diese Lokalisierung „bedeutet" die Qualität der betreffenden Beziehung. Der Ort, wo wir eine Personifizierung sehen, zeigt uns nichts anderes als die Beziehung, die wir zu einem bestimmten Teil von uns selbst haben.

1.7 Selbst-Personifikation und Personifikationen der anderen

Baldwin (1987) nimmt an, daß die „Selbst-Personifizierung" im Verlauf der kindlichen Entwicklung parallel zu den Personifikationen anderer Menschen herausgebildet wird. Es trifft aber auch zu, daß die Kinästhetik des Selbst immer der Kinästhetik der Personifikationen anderer vorausgeht: Zuerst fühle ich, dann erst kann ich glauben, daß auch andere fühlen. Das Verständnis dafür, daß auch andere Menschen Gefühle haben, ist eine Entdeckung der ersten Lebensjahre eines Kindes. Es lassen sich aber Unterschiede in dieser Entwicklung feststellen, die offenbar viel mit der Zusammensetzung der Familie zu tun haben. Ein Kind, das mit älteren Geschwistern aufwächst, wird bald herausfinden, daß auch sie Gefühle und Motive und ein Bewußtsein ihrer selbst haben.

Visuelle Bildvorstellungen von anderen Menschen hervorzubringen ist nicht schwer. Wir brauchen sie nur anzusehen und zu speichern, was wir gesehen haben. In der Sprache des NLP bezeichnen wir diese erste Wahrnehmungsposition als „Bilder des anderen" – nämlich die anderen, wie wir sie mit unseren Augen sehen. Schwieriger ist es schon, sich vorzustellen, daß ein anderes Lebewesen ein Bewußtsein von sich selbst hat. Da wir nicht wissen, wie es sich selbst „sieht", müssen wir uns ein Bild aufgrund dessen konstruieren, was dieses Lebewesen über sich selbst mitteilt und erkennen läßt, und dabei unsere Phantasie benutzen. Um einen anderen personifizieren zu können, müssen wir uns vorstellen, wie er sich selbst sieht. Dies beginnt damit, daß wir uns für einen Moment vorstellen, dieser andere zu sein. Entwicklungspsychologen (Selman, 1980) haben versucht, die Stadien und Altersstufen zu bestimmen, in denen diese komplexen sozialen Fähigkeiten erworben werden.

Sich vorzustellen, wie andere sich selbst sehen, setzt also weitaus größere mentale Fähigkeiten und Anstrengungen voraus als das bloß äußerliche Abbilden dieser anderen. Entsprechend fällt es uns oft leichter, andere wahrzunehmen, als uns selbst zu beobachten – auch aufgrund der Tatsache, daß wir uns selbst physisch nicht sehen können, weil wir „durch die Fenster unserer Augen" blicken. Darum müssen wir unser Selbst-Bild auch selbst kreieren. Wir müssen es aus den Bruchstücken visueller Informationen aufbauen, die wir über uns gesammelt haben. Der visuelle Teil unseres Selbst-Bewußtseins ist vielleicht nicht so leicht zu erwerben und dennoch für die meisten von uns sehr wichtig. Spiegel, Videoaufnahmen und Fotografien können uns helfen, uns ein genaueres Bild von uns selbst zu machen, aber ganz sicher können wir niemals sein. Im dritten und vierten Kapitel und in den folgenden werde ich die Rolle des Selbst-Bildes im sozialen Leben untersuchen. Wir werden sehen, daß ein Selbst-Bild nicht der Wirklichkeit entsprechen muß, um gut zu funktionieren. Es kann weitgehend metaphorisch sein und dennoch seine Aufgabe zur Zufriedenheit erfüllen.

Wie schon gesagt, sind es bei der Personifizierung anderer Menschen die Gefühle, die wir konstruieren müssen. Sich vorzustellen, was andere fühlen, ist wohl die größte Schwierigkeit beim Konstruieren der Ander-Personifikationen. Da wir nicht wirklich „fühlen" können, was andere fühlen, müssen wir die Gefühle der anderen erfinden, um unsere Ander-Personifikationen zu vervollständigen. Wenn man sich vorstellen will, was ein anderer fühlen mag, muß man sich im Geist an seine Stelle versetzen und aus der eigenen Erfahrung schöpfen, um entsprechende Gefühle zu finden. Manche Wissenschaftler (Schaffer, 1996) sind der Meinung, daß physischer Kontakt mit dem anderen (mit der Mutter) es dem Kind leichter macht, sich vorzustellen, was andere fühlen mögen.

1.8 Verstümmelte Personifikationen

Es ist offensichtlich, daß Menschen in unterschiedlichem Maß soziale Bedürfnisse zeigen. Manche können sich nur im engen Getümmel einer Party vergnügen, während andere lieber allein durchs Leben gehen. Neuere Forschungen zeigen, daß es auf den Geschlechts-Chromosomen genetische Faktoren gibt, welche Frauen weit mehr als Männer zu sozialen Wesen bestimmen. Der Autismus, so scheint es, wäre demnach das äußerste Ende der männlichen Skala. Autistische Menschen haben die größten Schwierigkeiten, sich vorzustellen, wie andere die Welt sehen und welche inneren Zustände sie erleben (Baron-Cohen, 1991). Genetische Ursachen bedeuten aber nicht unbedingt, daß ein Training zur Verbesserung der Personifikationsfähigkeit eines Menschen erfolglos bleiben müßte. Es könnte sich also lohnen zu erforschen, wie weit diese Fähigkeiten verbessert werden können.

Menschen, die nicht über die Fähigkeit der Personifikation verfügen, haben ernste Schwierigkeiten vor allem im Bereich von Partnerschaft und privaten Beziehungen, aber auch in der Ausübung eines Berufs, der sie mit anderen Menschen zusammenführt, wie Arzt, Rechtsanwalt, Gefängniswärter. Die generelle Unfähigkeit zu personifizieren führt ganz gewiß zu einem Leben in völliger Isolation. Probleme ergeben sich aber auch aus der Unfähigkeit, bestimmte Bestandteile von Personifikationen zu konstruieren – wie etwa Selbst-Bilder, Selbst-Gefühle, Absichten des Selbst oder Bilder vom Anderen, Ander-Gefühle und dergleichen.

Sowohl meine Ander-Gefühle wie mein Selbst-Bild sind ausschließlich Geschöpfe meiner Phantasie. Auch wenn sie weitgehend fiktiv sind, kann ich doch nicht auf sie verzichten, wenn ich nicht in meiner Teilnahme am sozialen Leben eingeschränkt bleiben will. Ohne ein Bild von mir selbst kann ich mich nicht mit anderen vergleichen oder in Beziehung setzen und kenne auch nicht meinen Platz innerhalb der Sozialordnung. Letzteres bringt mich in Gefahr, weniger wünschenswerte soziale Rollen zu übernehmen. Wenn ich mich selbst nicht mehr sehe, werde ich unbeholfen und unsicher in der zwischenmenschlichen Interaktion.

Ohne die Fähigkeit, mir vorzustellen was andere empfinden, bin ich selbstbezogen und unfähig, die Motive anderer zu verstehen. Die Menschen bleiben mir fremd, und vielleicht entwickle ich sogar eine Paranoia oder andere psychopathologische Symptome. Schwere soziale und emotionale Störungen treten auf, wenn es dem Individuum nicht gelingt, die Fähigkeit der Personifikation zu erwerben. Solch ein Mensch wird z. B. andere Menschen wie unpersönliche Objekte behandeln, als wären sie Koffer, Stühle oder Schränke. Zum Beispiel klagte eine Lehrerin, die mit autistischen Kindern arbeitete, daß ihre Schüler sie manchmal „Toyota" nannten, weil sie ein Auto dieser Marke fuhr.

Wird eine dieser Komponenten der Personifikation vernachlässigt, so führt dies immer zu Problemen im sozialen Verkehr mit anderen Menschen. Im fünften Kapitel, das von sozialen Einstellungen handelt, werden wir über „De-Personifikation" sprechen – ein Zustand, der sich ergibt, wenn das Gefühl in der Repräsentation anderer abwesend ist. Die so kreierten „Nicht-Personen" werden als menschen-unähnliche Organismen gesehen, wie z. B. jene Indianer auf den Straßen des frühen Amerika. Auch im fünften Kapitel, das von ethnozentrischem Denken und Inter-Gruppen-Konflikten handelt, werden wir uns mit Phänomenen befassen, die dadurch bedingt sind, daß Gefühle bei anderen Menschen nicht wahrgenommen werden, wodurch diese Gefahr laufen, Opfer von Mißhandlung oder Gewalt zu werden.

Auch kann es geschehen, daß einige Komponenten der Selbst-Personifizierung instabil sind oder ganz fehlen. Ein Teil unseres Selbst-Bildes zeigt uns zum Beispiel, daß wir einzigartige Individuen sind. Wenn wir aber keine Unterschiede zwischen uns und anderen Menschen erkennen, wenn unser Selbst-Bild mit unserer Wahrnehmung von ihnen identisch ist, kann der Gleichheitsaspekt zu stark überwiegen. Der Sozialpsychologe Zimbardo war fasziniert von der Tatsache, daß manche Menschen imstande sind, andere nicht wie Individuen zu behandeln, als anonyme Nummern. Er führte Experimente durch, bei denen er das persönliche

Selbst-Bewußtsein als Variable manipulierte. Eine Voraussetzung für die Mißhandlung anderer Menschen ist, daß man seine Opfer nicht als einzigartige Personen ansieht und ihnen ein Gefühl von sich selbst abspricht. Wenn man aus dem Bild, das man sich von ihnen macht, die Gefühle ausblendet, ist man bereit, die schrecklichsten Verbrechen zu begehen, die der Mensch sich vorstellen kann. Andererseits haben Experimente mit dem Bewußtsein eines objektiven Selbst gezeigt, daß die Qualität des Selbst-Bewußtseins, wie es z. B. durch einen Blick in den Spiegel aktiviert wird, auch aggressive Impulse verringern kann.

Wenn das Gefühl in der Selbst-Personifikation fehlt, führt dies zu einem Zustand, den wir als De-Personifikation bezeichnen. So kann ein Klient buchstäblich sagen: „Ich bin keine Person". Oder, falls eine Identifikation mit einem anderen vorliegt: „Ich habe das Gefühl, nicht die Person zu sein, die ich sein sollte."

1.9 Existieren andere Personen nur in unserem Kopf?

Wie im Vorwort gesagt, wissen wir – abgesehen von unseren Personifikationen – nichts über andere Menschen. Im Extrem führt diese Auffassung zu dem Schluß, daß es so etwas wie Beziehungen zu „realen" anderen Menschen nicht geben kann. Eine Beziehung ist also ein innerer kognitiver Akt, der sich nur in den beteiligten Individuen abspielt. Wenn wir uns mit anderen „in Beziehung setzen", kreieren und formen wir also lediglich unsere eigenen Personifikationen.

Diese Ansicht stößt in der Regel auf Protest: „Bedeutet dies, daß ich allein auf dieser Welt bin und du nur in meiner Phantasie existierst?"

Nein. Die Schlußfolgerung, daß andere Menschen nicht existieren, wäre eine extreme Aussage idealistischer Philosophie, die aber von den meisten modernen Philosophen zurückgewiesen wird. Sie haben recht damit, wie ich glaube. Warum? Schon in der Grundschule habe ich versucht, einen meiner Lehrer als nicht-existent zu denken. Oh, wie haßte ich diesen Lehrer. Mein Freund und ich, wir versicherten uns oft gegenseitig: „Ich wünschte, es gäbe keinen Herrn Bongerd!" Aber das Experiment klappte nicht. Denn die Menschheit wäre in ernster Gefahr, wenn diese kindliche Art schwarzer Magie funktionieren würde.

Andere Menschen existieren also doch. Und wir haben wirkliche Beziehungen mit ihnen. Wir können sie sehen, riechen, schmecken und hören. Dennoch ist unser soziales Verhalten weitgehend eine rein subjektive Angelegenheit.

Die Frage, aus welchem Stoff reale Menschen gemacht sind, gehört in die Naturwissenschaft, nicht in die Psychologie. Aber woraus eine Personifikation besteht, kann mit Hilfe des NLP untersucht werden. Wir können eine Personifikation als mentale Datei auffassen, die alle Informationen enthält, die wir über eine Person gesammelt haben. Unsere Wahrnehmungen, Phantasien und Vermutungen können zu einem einzigen Informationsblock zusammengefaßt werden. Und unser soziales Betriebssystem sorgt dafür, daß diese Datei zu einer Personifikation organisiert wird. Um dies zu erreichen, werden die Informationen über die Repräsentationssysteme verteilt, ähnlich jenen, die wir über uns selbst abgespeichert haben.

1.10 Personifizierung von Dingen

Mein Freund Theo sagte es einmal sehr treffend: „Ich habe eine intime Beziehung mit meinem Apple-Computer."

Die meisten Menschen sind erstaunlich geschickt darin, Personifikationen zu schaffen. Jeder von uns kann sich vorstellen, wie Theo das gemacht hat. Wenn Sie also ein unbelebtes Objekt personifizieren wollen, z. B. Ihren Computer, sollten Sie ihn zuerst irgendwo in Ihrem Sozialen Panorama visualisieren. Wenn Sie eine intime Beziehung zu Ihrem PC wünschen, visualisieren Sie ihn ganz nah bei sich, ohne daß ein anderer dazwischentritt. Dadurch kreieren Sie sich ein „Ander-Bild" Ihres Computers – eine Vorstellung von Ihrem PC, wie Sie ihn mit Ihren Augen sehen. Nun stellen Sie sich vor, wie Sie vor Ihrem PC sitzen. Versetzen Sie sich in sein Gehäuse und visualisieren Sie, wie Sie glauben, daß Ihr PC sich selbst sieht. Damit konstruieren Sie ein „Selbst-Bild" Ihres Computers. Dies ist manchmal gar nicht so leicht. Benutzen Sie ruhig eine Klischeevorstellung, wie solch eine Maschine sich selbst sehen könnte, oder lassen Sie sich von Star Trek inspirieren.

Der nächste mentale Schritt besteht darin, ein „Ander-Gefühl" ihres Computers zu fühlen. Dies kann gelingen, indem Sie ein (warmes) Gefühl an jener Seite Ihres Körpers erzeugen, wo Sie das Bild des PC sehen. Nun visualisieren Sie die „interpersonale Verbindung" zwischen dem „Ander-Bild" und dem „Ander-Gefühl". Machen Sie diese Verbindung stark und fest. Sehen Sie zum Beispiel einen farbigen Energiestrahl, der vom Computer zu Ihrem Körper fließt und Sie genau an der Stelle trifft, wo Sie das warme Gefühl erzeugt haben.

Nun versetzen Sie sich – in der Phantasie – wieder in das Gehäuse Ihres Computers und fühlen Sie, wie er sich von innen anfühlt. Mein Freund Theo hat zu diesem Zweck ein sehr warmes und sinnliches Gefühl gewählt. Und für einen Moment, während er sein „Mac" ist, findet er sogar dessen Besitzer, nämlich sich selbst, sympathisch. Ja, sein Computer erwidert seine Liebe.

Jetzt unterstellen Sie Ihrem PC auch noch Absichten und Motive, und die Personifikation ist komplett. Wenn Sie wollen, fügen Sie eine Stimme hinzu, die diese Absichten und Reaktionen des PC ausspricht. Wenn der PC zum Beispiel auf dem Monitor „Fehler" meldet, reagieren die meisten Menschen erwartungsgemäß: Ich habe oft erlebt, wie Computer sofort von ihren „Herrchen" personifiziert wurden, sobald sie ihre Aufgabe einmal nicht richtig erledigten.

1.11 Filmfiguren

Vielleicht glauben Sie jetzt, falls Sie bis hierher gelesen haben, daß das Personifizieren eine schwierige Sache sei? Dann bedenken Sie folgendes: Im Kino beweisen die Menschen tatsächlich eine erstaunliche Fähigkeit, Filmfiguren zu personifizieren. Und die heutige Filmkunst verlangt von den Zuschauern einige Fähigkeiten: Der Regisseur bietet dem Publikum winzige Informationseinheiten, aus denen es sich die Charaktere der

Filmfiguren konstruieren muß. Die Zuschauer brauchen nur ein paar zusammenhanglose Einstellungen und Dialoge, um daraus eine Person zusammenzusetzen, die sie gut zu kennen scheinen.

Um einen Film zu verstehen, müssen wir imstande sein, einzelne Erinnerungen an Leute, die wir kennen (oder an Filmfiguren, die wir gesehen haben) unbewußt zu neuen Charakteren zusammenzubauen. Das inhaltslose Lächeln eines Schauspielers wird angefüllt mit unseren Phantasien und Assoziationen zu dem, was die Figur denken und fühlen mag.

Eine verminderte Bewußtheit des eigenen Selbst – jener Trance-Zustand, in den die meisten Menschen beim Betrachten von Filmen geraten – erlaubt es den Zuschauern, sich ohne weiteres mit den Filmfiguren zu identifizieren. In diesem Zustand können die Personifikationen der Charaktere unsere Erfahrung völlig beherrschen – manchmal vergessen wir uns sogar selbst und werden eins mit der Figur, die wir dort oben sehen. Und wenn sich der Zuschauer ganz mit einer der Figuren identifiziert, wird seine Filmerfahrung mit „Ander-Gefühlen" angereichert.

Hervorragende Personifikationsfähigkeiten werden auch im Internet gebraucht, wo die intime Kommunikation – auf gleichberechtigter Basis – mit virtuellen Partnern weit verbreitet ist.

Ich glaube, das Kennenlernen verläuft bei virtuellen Liebespartnern oder Filmfiguren nicht viel anders als bei „realen" Menschen. Aber wer klug ist, stattet seine Filmhelden und Internet-Partner mit bestimmten Submodalitäten aus, nur um sicherzugehen, daß er Fiktion und Wirklichkeit stets auseinanderhalten kann.

1.12 Die Personifikationen unter Kontrolle halten

Wenn ich meinen Chef sehe, wird die von mir aufgebaute Personifikation des Chefs – und das, was diese meiner Meinung nach repräsentiert (d. h. *ist*) – ausgelöst. Mit anderen Worten, sobald ich einen realen Menschen wahrnehme, wird meine Personifikation dieses Menschen aktiviert.

Ebenso leicht können wir eine Personifikation aktivieren, ohne daß die reale Person anwesend ist. Das heißt, das soziale Erleben kann unabhängig vom „Stimulus" sein. Wir können auf jemanden wütend werden, auch wenn wir nur unser mentales Bild vom anderen zur Verfügung haben. Probieren Sie es selbst einmal aus! Es ist keine Kunst, echte Wut zu verspüren, ohne daß derjenige, auf den Sie wütend sind, in der Nähe ist.

Wenn Sie wollen, können Sie gleich anfangen, irgend jemanden, den Sie kennen, zu lieben, zu hassen oder zu beneiden; es steht völlig in Ihrer Macht. Manchmal gibt aber erst die reale, physisch anwesende Person den „Stimulus", der uns in die Lage versetzt, soziale Emotionen zu erleben. Etwa wenn wir wütend auf einen Kollegen werden, der sich bei uns im Büro befindet. Dies vermittelt uns den Eindruck, als „verschaffe" der Kollege uns diese Erfahrung, als habe er die Macht dazu.

Im vierten Kapitel werden wir sehen, daß Unterwerfung meistens an die Macht von Autorität geknüpft ist. Unterwürfige Menschen glauben, es sei diese Macht, die sie zum Verlierer stempelt. Aber die Tatsache, daß ein und dieselbe Person für den einen eine Autorität und für den anderen ein Nichts bedeuten kann, beweist, daß Macht keine Sache der Autorität ist.

In diesem Buch behandeln wir Personifikationen als Persönlichkeitsanteile im Sinne des NLP. Das heißt, daß die Bilder, die wir in unseren Sozialen Panoramen sehen, visuelle Projektionen unserer eigenen Persönlichkeitsanteile sind, ganz gleich, ob diese mit unserem Selbst verbunden sind oder nicht. Alle Personifikationen gehören dem, der sie erschaffen hat. Diese Auffassung reduziert den Unterschied zwischen Selbst- und Ander-Personifikationen nahezu auf Null. Der Unterschied ist nur eine Frage der Zuschreibung: Wenn man sich selbst in einem bestimmten Persönlichkeitsteil sieht, bedeutet dies, daß man diesen Teil (potentiell) kontrollieren zu können glaubt; eine ähnliche Kontrolle über Teile, in denen man „andere" sieht, ist eigentlich nicht zu erwarten. Aber auch wenn man solche „Personifikationen anderer" nicht kontrollieren zu können glaubt, kann man es dennoch, und man tut es tatsächlich.

1.13 Die Personifikationen organisieren

Unsere Fähigkeit, zweibeinige Tiere zu personifizieren, muß dazu führen, daß die Zahl der entsprechenden kognitiven Strukturen in unserem Kopf ständig zunimmt. Sechs Milliarden Personifikationen sind für den Dateimanager des Gehirns schwer zu verwalten, darum braucht es ein Instrument der Verallgemeinerung. Indem wir die Personifikationen zu Kategorien zusammenfassen, organisieren wir unser Modell der sozialen Welt. Die meisten Menschen umgeben sich offenbar mit einem intimen Kreis, worin jeder einzelne an seinem Ort repräsentiert ist. Dort sind meist die Mitglieder der engeren Familie lokalisiert. Ein weiterer Raum wird mit weniger vertrauten Personen besetzt. In dieser Sphäre sind die Personifikationen oft zu Clustern gruppiert, aber noch immer als Individuen erkennbar: Freunde, Kollegen, Nachbarn. Die äußeren Bereiche des Sozialpanoramas sind mit Gruppen-Personifikationen besetzt. Sie bestehen aus Kategorien von Menschen, die keine individuellen Merkmale haben: die Reichen, die Russen, die Konkurrenz.

Soziale Kategorien sind konstruiert und können folglich rekonstruiert und verändert werden. Nehmen wir an, sie sind so etwas wie Glaubenssätze: Glaubenssätze über Menschen. Mit einschränkenden sozialen Kategorien verfahren wir NLPler ganz ähnlich, wie wir mit einschränkenden Glaubenssätzen verfahren würden. Wir arbeiten mit den Submodalitäten ihrer direkten Repräsentation und mit den Erinnerungen an Referenzerfahrungen, die einen Menschen veranlaßt haben, eine Unterscheidung zwischen Menschen der Gruppe ‚X' und der Gruppe ‚Y' zu treffen. Oft finden wir deutliche Prägungen, die den Ausgangspunkt bezeichnen, von dem an der Klient eine bestimmte Kategorie von Personifikationen zu verwenden begann.

Wenn wir die sozialen Kategorien untersuchen, die eine Person verwendet, können wir deren soziales Verhalten voraussagen. Außerdem bieten kollektiv gültige soziale Kategorien auch Zugang zum Verständnis gruppendynamischer Prozesse, soweit wir es mit Gruppen, Teams oder Organisationen zu tun haben.

1.14 Der persönliche soziale Code

Wenn ein Kind seine Eltern sprechen hört, mag es aus ihren Worten folgern, daß der Unterschied zwischen arm und reich im Leben eine wichtige Rolle spielt. Und es wird angeleitet, die entscheidenden Merkmale zu erkennen, die es später befähigen werden, arme von reichen Leuten zu unterscheiden: „Der Mann, der dort liegt, ist sehr arm." Nicht gelernt wird dabei, die verallgemeinerten Vorstellungen von arm und reich im eigenen Denken auszugestalten. Um solch eine allgemeine Unterscheidung zu treffen, muß das Kind sozusagen sein eigenes mentales Programm schreiben. Denn was es vorfindet, sind nur Einzelfälle von arm und reich.

Das Denken in Kategorien setzt eine gewisse Kreativität voraus. Wie wir solche Unterscheidungen in unserem Denken treffen, bleibt uns selbst überlassen. Welche Optionen bietet uns das Denken, um diese Unterscheidungen zu organisieren? Anscheinend gibt es einen feststehenden Zusammenhang zwischen sozialen Kategorien und den Submodalitäten, aus denen das Soziale Panorama zusammengesetzt ist. Wenn ein Kind also eine allgemeine Unterscheidung zwischen zwei Arten von Menschen organisieren möchte, kann es sein, daß es verschiedene Submodalitäten für diese Kategorien zur Anwendung bringen muß. Und die Submodalität des Ortes ist dabei vermutlich die wichtigste.

Das Kind könnte also die Armen oben und in den Mittelpunkt seines Panoramas stellen, die Reichen ganz unten an den Rand – oder natürlich auch umgekehrt.

Unter *sozialem Code* verstehen wir die submodalen Codes, mit deren Hilfe man andere Menschen in Gruppen klassifiziert oder in eine hierarchische Ordnung bringt. So könnte man wichtige Leute hoch oben lokalisieren, unwichtige Leute weiter unten, vertrauenswürdige Menschen rechts, weniger vertrauenswürdige links, liebe Menschen ganz nah und verhaßte Leute weit weg. Der persönliche soziale Code liefert uns Menschen die Bausteine, aus denen wir unser Soziales Panorama zusammensetzen.

2. Kapitel

Das Soziale Panorama

2.1 Das Soziale Panorama erkunden

Als die zentrale Idee dieses Buches geboren war, dachte ich zuerst an Namen wie „Sphäre der Personifikationen“ oder „Soziosphäre“. Auch an „Psychogeographie“, ein Konzept, das manche NLPler (wie Dilts) für entsprechende Phänomene verwenden. Aber „Soziales Panorama“ gefiel mir schließlich am besten.

Um die Mitte des 19. Jahrhunderts gab es viele Landschaftspanoramen in Europa. In Den Haag finden wir noch heute das „Panorama Mesdag“, eine Küstenlandschaft. Es ist 10 Meter hoch und bedeckt die Wand eines kreisrunden Raumes von etwa 40 Metern Durchmesser, hat also eine Länge von 120 Metern. Ein Korridor und ein Treppenschacht führen ins Innere, das aus einer künstlichen Sanddüne besteht. Von dort kann man einen Panoramablick auf die historische Landschaft genießen. Alles wirkt sehr realistisch. Fehlt nur noch die Seebrise und das Rauschen der Meeresbrandung.

Manche Leute laufen mit weiten Phantasieräumen herum, die von Personifikationen bevölkert sind; sie sehen die Menschen weit hinter dem Horizont. Andere repräsentieren die ganze Menschheit innerhalb ihres Körpers.

Darum dürfen wir das „Selbst“ – den Aussichtspunkt des Sozialen Panoramas – nicht mit dem Körper gleichsetzen. Zur genauen Verortung des eigenen Selbst dient uns das – wie wir sagen – „kinästhetische Selbst“. Dieses kinästhetische Selbst ist jene Stelle des Körpers, die wir am stärksten als „Ich“ empfinden. Oft befindet sie sich irgendwo vorne in der Bauch- und Brustregion. In diesem Buch verstehen wir das kinästhetische Selbst als das Zentrum der sozialen Erfahrung. Diese Stelle, der Nullpunkt, ist gewissermaßen der *nucleus*, die Sonne unseres sozialen „Sonnensystems“. Die Planeten dieses Systems bilden stabile, verallgemeinerte und personifizierte Bildvorstellungen, die im Gegensatz zu den astronomischen Planeten nicht um den Mittelpunkt kreisen, sondern an ihrem Platz bleiben.

2.2 Das Soziale Panorama eines anderen Menschen zugänglich machen

Um zuverlässige Informationen über das Soziale Panorama eines Klienten zu erhalten, empfiehlt sich folgendes Vorgehen:

1) Fordern Sie den Klienten auf, die Augen zu schließen.
2) Lassen Sie ihn denken: „Alle Menschen dieser Welt umgeben mich."
3) Fordern Sie ihn auf, einen bestimmten sozialen Kontext zu fokussieren (Familie, Beruf, Kindergarten).
4) Fragen Sie ihn: „Wo – links, rechts, oben, unten – siehst oder erlebst du… (Name der betreffenden Gruppe oder Person)?"
5) Bitten Sie ihn, auf diesen Punkt zu deuten, bevor er wieder die Augen öffnet.

2.2.1 Warum dieser Ablauf?

Soziale Repräsentationen sind in unserem Gedächtnis gespeichert. Soziale Erfahrung impliziert die Aktivierung dieser Erinnerungen, um sie dann zu modifizieren und wieder zu speichern. Diese einleuchtende Logik hat Wissenschaftler auf die Idee gebracht, das Konzept „Personengedächtnis" zu formulieren: eine besondere Art von Gedächtnis, die etwas mit dem sozialen Leben zu tun hat. So fruchtbar der Begriff „Personengedächtnis" (Fiske and Taylor 1991; Martin and Clarc 1990; Ostrom 1989) für die theoretische Weiterentwicklung war, liest man doch nirgendwo praktische Anleitungen, wie der Trainer zuverlässige personenbezogene Erinnerungen auf der allgemeinen Ebene der Personifikationen zugänglich machen könnte.

Die Erinnerung an das mentale Bild Ihres Bruders, wie er seiner Ex-Frau auf dem Standesamt das Ja-Wort gab, ist etwas ganz Konkretes. Sie ist wie eine mentale Photographie. Andererseits haben Sie vermutlich ein allgemeines Gefühl „mein Bruder", das weniger an Ort und Zeit gebunden ist. Es ist, wie man sagen könnte, eine umfassende Verallgemeinerung dessen, was er ist. Und um solch eine allgemeine Vorstellung herum wird die Personifikation Ihres Bruders zentriert sein. Wenn wir also Ihre Beziehung zu Ihrem Bruder bearbeiten wollen, müssen Sie auf dieses allgemeine Wissen zurückgreifen. Und der Gedanke an „alle Menschen dieser Welt" hilft Ihnen, sich auf diese Abstraktionsebene einzustimmen.

Aber so allgemeine Informationen bleiben weitgehend außerhalb des bewußten Denkens. Wenn wir mit dem Sozialen Panorama arbeiten, ist der Klient am Anfang der Sitzung meist unsicher, was er sieht oder fühlt. Am Ende der Sitzung aber weiß er meistens genau, wo die für ihn wichtigen Personifikationen lokalisiert sind. Wir müssen daraus folgern, daß soziale Repräsentationen ein unbewußtes Phänomen sind. Durch Gewöhnung und frühes Lernen sind sich die Menschen ihrer sozialen Symbolik kaum bewußt. Indem sie sich diese Ebene bewußt machen, gewinnen sie wieder volle Kenntnis von ihr, so daß es möglich wird, soziale Repräsentationen auch selbständig zu verändern.

Das oben beschriebene Vorgehen kann den meisten Menschen helfen, ein gewisses Maß an Abstraktion zu erreichen und sich dieses Wissen wieder zugänglich zu machen. Wenn sich die Verortung der Repräsentationen im Sozialen Panorama nicht so leicht zugänglich machen läßt, hängt dies manchmal damit zusammen, daß der Klient die Fragen mißversteht und z. B. geographische Orte angibt. Er deutet z. B. nach Osten, weil besagter Verwandter in einer Stadt östlich von seinem Heimatort wohnt. Dreht man den Klienten um 180° herum und bittet ihn noch einmal, das Bild dieses Verwandten zu lokalisieren, dann zeigt sich, ob ihm die Frage klar geworden ist.

Besonders kompliziert sind geographische Verortungen wie etwa die „Tischordnung". Der Klient mag erklären, daß ein Verwandter „da drüben sitzt, weil dies sein Platz bei Tisch ist". Ich habe zu meiner Überraschung festgestellt, daß dieser Platz meist nicht zufällig gewählt ist, sondern genau dem Platz dieses Verwandten im Sozialen Panorama entspricht. In manchen Fällen ist es hilfreich, den Klienten erst einmal den Platz seines Ehepartners finden zu lassen, indem man einfach fragt: „Wo erlebst, fühlst du (intuitiv, subjektiv) deinen Partner: links, rechts oder vor dir?" Sobald dadurch die richtige Abstraktionsebene zugänglich gemacht ist, lassen sich andere Orte im Sozialen Panorama leicht lokalisieren.

Mit Hilfe dieses Vorgehens fällt es den Klienten relativ leicht, Individuen, Gruppen, Arbeitsteams oder Familienkonstellationen in verschiedenen Lebensphasen zu visualisieren.

Eine andere Methode ist, die Klienten mit geschlossenen Augen die entsprechende Position auf einem Ziffernblatt angeben zu lassen, ähnlich wie Kampfpiloten sich über Richtungsangaben verständigen: „Feindlicher Jäger in Richtung 11.30!" Und lassen Sie den Klienten auch die geschätzte Distanz in Metern angeben – „etwa vier Meter entfernt".

2.2.2 *Erste Annahme: Beziehung ist gleich Verortung*

Nachdem dieses Verfahren unzählige Male angewendet wurde, ist klar, daß die meisten Menschen die Mitglieder ihrer Familie, überhaupt andere Menschen als feste Objekte im Raum repräsentieren. Und der Ort, den diese Objekte – im Verhältnis zum eigenen Selbst – räumlich einnehmen, definiert in erster Linie die Beziehung zu ihnen.

Der Kern des Modells des Sozialen Panoramas läßt sich in einem kurzen Satz ausdrücken: *Beziehung ist gleich Verortung*. Richtung und Entfernung sind anscheinend die allgemeinsten entscheidenden Submodalitäten in der sozialen Erfahrung der meisten Menschen.

2.2.3 *Zweite Annahme: Das Soziale Panorama ist die primäre Repräsentation*

Sobald der Ort einer Personifikation im Sozialen Panorama gefunden ist, weiß der Klient sofort, was dies hinsichtlich der Beziehung bedeutet, weil er seine emotionale Reaktion auf diese Person oder diese Gruppe erfährt.

Das heißt aber nicht automatisch, daß er diese Bedeutung auch in Worten ausdrücken könnte. Die Arbeit mit dem Sozialen Panorama geht anscheinend oft „über Worte hinaus". Diese Feststellung führt zu der Einsicht, daß die räumlichen Aspekte sozialer Repräsentationen sehr wichtig sind. In einer Computer-Metapher könnte man sie als „soziales Betriebssystem" (wie DOS oder Basic) bezeichnen. Deshalb nehme ich an:

Das Soziale Panorama eines Menschen ist als primäre oder fundamentale Art der Repräsention sozialer Beziehungen aufzufassen. Mit anderen Worten, die Menschen repräsentieren Beziehungen tatsächlich im Raum – sie haben keine andere, fundamentalere Art, sie zu repräsentieren – und leben und handeln primär aufgrund dieser räumlichen Relationen.

Was immer ein Mensch also im Hinblick auf eine Beziehung tut, rechtfertigt, erzählt oder auf andere Art ausdrückt, beeinflußt ihn weniger stark als eine Änderung des Ortes, an dem er eine für ihn wichtige Personifikation sieht, hört oder fühlt.

Aber die Suggestion: „Verschiebe Papa nach links" ist nicht die einzige Möglichkeit, eine Veränderung vorzunehmen. Jede Konfrontation mit heiklen Informationen über einen bedeutsamen Anderen – etwa: „Papa hat eine Million gestohlen" – verändert sofort den Ort, wo dieser andere wahrgenommen wird. Vielleicht wird Papa nun nach links und nach unten verschoben.

Die meisten therapeutischen Interventionen, bei denen es um Beziehungen geht, führen zu veränderten Lokalisierungen im Sozialen Panorama des Klienten.

2.3 Metaphern oder Prädikate

Weil wir nur „kosmischer Staub" sind, gibt es nichts Neues unter der Sonne – und auch das Soziale Panorama ist nicht neu. Wir erkennen es in Kurt Lewins Theorie der sozialen Felder wieder, auch in den Prinzipien der Soziometrie (Soziogramme). Seit vielen Jahren lehre ich die Methoden des Sozialen Panoramas in verschiedenen Ländern und sehe das Beispiel vieler Menschen, die mit denselben Phänomenen arbeiten.

Aber abgesehen von meiner eigenen Arbeit liefert die spontane Sprache den besten Beweis für die Bedeutung des Raumes in den sozialen Repräsentationen. Denn viele Menschen in unserer Gesellschaft beschreiben soziale Beziehungen mit Wörtern wie hoch, niedrig, hinter, neben, nah oder fern. Dabei äußern sie sich in Prädikaten der Submodalität „Ort", die sich aus „Richtung" und „Entfernung" zusammensetzt. Im allgemeinen Gebrauch solcher Prädikate könnte man einen „linguistischen Beweis" für die Existenz des Sozialen Panoramas sehen. Solch ein Beweis hat nur für Wissenschaftler einen Sinn, die annehmen, daß Ausdrucksweisen wie diese Prädikate tatsächlich die subjektive Erfahrung der Menschen reflektieren.

Falls man aber diese Verbindung zwischen prädikativem Ausdruck und subjektiver Erfahrung annimmt, erhebt sich sofort eine weitere Frage: Sind diese Ausdrucksweisen tatsächlich Prädikate – im Sinne des NLP – oder lediglich Metaphern? Mit anderen Worten, ist diese Art der Kommunikation über soziale Beziehungen nur eine „Redeweise" oder reflektiert sie die Submodalitäten, die die Menschen wirklich erleben, wenn sie an diese Beziehungen denken?

Die Hypothese, daß dies tatsächlich eine Kommunikation in Prädikaten *ist*, bildet die Grundlage des Sozialen Panoramas. Falls diese Auffassung zutrifft, folgt daraus, daß die meisten Menschen ihre soziale Umwelt tatsächlich in Form einer Panoramalandschaft von sozialen Bildvorstellungen repräsentieren, die ihr Selbst umgeben.

Die Gegenhypothese behauptet, daß diese Ausdrucksweisen lediglich metaphorisch gemeint sind. Und wenn die Aussage „Sie ist mir nah" metaphorisch ist, muß dies nicht unbedingt mit einer Erfahrung von Nähe einhergehen. Doch wenn es eine prädikative Ausdrucksweise ist, deutet „Sie ist mir nah" die geringe Distanz an, in der die Personifikation der anderen (sie) gesehen (und gehört, gefühlt) wird.

Der Metaphern-Standpunkt wird hauptsächlich von George Lakoff und Mark Johnson vertreten. In ihrem Buch *Metaphors We Live By* geben sie einen Überblick über das, was ich die „Sprache des Sozialen Panoramas" nenne.

Vielleicht sagen Sie nun: „Wer kümmert sich um solche Spitzfindigkeiten? Was ist überhaupt der Unterschied?" Nun, ich kümmere mich, und ich will Ihnen erklären, warum.

Wenn die Sprache des Sozialen Panoramas metaphorisch ist, wird sie durch kulturelle Vermittlung erworben. Spracherwerb ist die Voraussetzung einer Kommunikation in Metaphern. In diesem Fall dürften wir dem Sozialen Panorama nicht den Status einer primären Repräsentation einräumen.

Wenn diese Ausdrucksweisen jedoch Prädikate wären, würde dies bedeuten, daß die Vorstellungen, die Menschen sich von sozialen Beziehungen machen, tatsächlich den Charakter eines Panoramas haben und das Resultat spontanen, selbständigen Lernens in der Kindheit sind. Dann wäre es gerechtfertigt, das Soziale Panorama als primäre Repräsentation von Beziehungen aufzufassen.

Wenn es also zutrifft, daß die Sprache des Sozialen Panoramas aus Prädikaten besteht, ist es ohne weiteres möglich, soziale Erfahrung zu modellieren – und zu verändern. Dann bietet das Konzept des Sozialen Panoramas einen guten Grund, NLP auf das soziale Leben anzuwenden.

Das gleiche theoretische Problem besteht in bezug auf das NLP-Konzept der persönlichen Timeline. Falls eine Aussage wie „Ich sehe eine strahlende Zukunft vor mir" eine Metapher ist, muß sie nicht unbedingt die subjektive Erfahrung einer Person reflektieren, die im Raum nach vorne blickt und eine strahlende Projektion kommender Zeiten sieht.

Die Erfahrung mit persönlichen Timelines zeigt, daß jemand, der sagt: „Ich habe meine Vergangenheit hinter mir gelassen", meist wirklich seine Geschichte hinter seinen Rücken projiziert. Falls dasselbe für Ausdrucksweisen des Sozialen Panoramas zutrifft, könnte sich das Modell als ebenso nützliches Werkzeug der NLP-Arbeit erweisen wie die persönliche Timeline.

2.3.1 *Ähnlichkeiten bei sozialen Submodalitäten*

Heute arbeiten viele NLPler erfolgreich mit dem Modell des Sozialen Panoramas. Sie zweifeln nicht an der Gültigkeit seiner Prinzipien. Aber für meine sozialpsychologischen Kollegen ist dies kein überzeugender Beweis. Sie brauchen statistisch geteste Forschungsergebnisse. Bislang hatte ich weder Zeit noch Mittel und Energie, um Forschung nach solchen wissenschaftlichen Standards zu treiben; aber ich konnte zeigen, daß solche Bemühungen durchaus realistische Aussichten hätten.

Empirisch geforscht habe ich allerdings, um die Prädikat-Hypothese zu testen. Wenn diese Hypothese richtig wäre, so dachte ich, müßte es Sinn machen, die Leute nach ihrer Erfahrung der räumlichen Positionen hinter diesen Wörtern zu befragen.

2.3.2 Gruppenexperiment mit der Verortung geliebter Personen

In einfachster Form kann jeder, der mit Gruppen arbeitet, das Experiment wiederholen. Werden gleichzeitig Eckpunkte zum Sozialen Panorama ermittelt, zeigen sich alle möglichen Phänomene. Ich empfehle Ihnen, folgenden Versuch zu machen:

1) Fordern Sie die Gruppenmitglieder auf, die Augen zu schließen und an „alle Menschen dieser Welt" zu denken, die sie umgeben.
2) Fordern Sie sie auf, den Platz zu finden, wo sie intuitiv ihren Ehegatten oder Partner lokalisieren – und einstweilen nichts zu sagen.
3) Fordern Sie die Gruppenmitglieder auf, alle gleichzeitig (mit der Hand) diese Stelle anzudeuten – und zwar auf Ihr Zeichen.

Das Experiment zeigt auffallende Ähnlichkeiten: Geliebte Personen werden meist eine Armeslänge entfernt oder näher verortet. Der Versuch zeigt auch Unterschiede: Ehepartner können links, rechts oder vorne stehen. Manchmal sind Partner doppelt repräsentiert, manchmal innerhalb des eigenen Körpers.

2.4 Pilotstudien

Obwohl solche Experimente recht informativ sein können, habe ich auch ein formaleres Verfahren erprobt.

Um die Prädikat-Hypothese zuverlässiger zu testen, waren eine Reihe von Experimenten darauf abgestimmt, Ähnlichkeiten der Submodalität „Ort" bei bestimmten Arten von sozialen Beziehungen zu untersuchen. Mein Ausgangspunkt war die Frage: Verwenden die Menschen ähnliche submodale Codes für ähnliche Arten von sozialen Beziehungen?

Ich entwickelte ein Verfahren, das nahezu objektiv, zuverlässig und reproduzierbar ist.

Am 23. Mai 1993 führte ich die erste Pilotstudie durch. Meine Versuchspersonen waren 24 NLP-Studenten, die mit dem Konzept der sozialen Submodalitäten nicht vertraut waren. Die Gruppe wurde aufgefordert, vier Arten von Personen im sie umgebenden Raum zu lokalisieren und die entsprechenden Orte in ein eigens zu diesem Zweck vorbereitetes Diagramm einzutragen. Dieses bestand aus einer Skizze, wobei das Selbst im Mittelpunkt einer Fläche stand, auf der die Stellung verschiedener Personen angegeben werden sollte. Ein Kreis markierte den Horizont.

Figuren, die über den Horizont hinausragten, durften den Kreis überschneiden; andere blieben im Inneren.

Drei von 24 Testpersonen waren unfähig, dies eindeutig genug in zweidimensionaler Form darzustellen. Aber die anderen 21 schafften es; sie hatten jedoch Schwierigkeiten, auf ihren Skizzen zwischen hoch/niedrig und fern/nah zu unterscheiden.

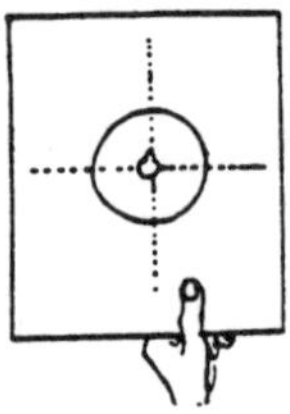

Die ihnen vorgelegte Frage lautete: „Wo würdest du unangenehme, freundliche, starke und schwache Personen lokalisieren – links, rechts, weit hinten, ganz vorne, hoch, tief, fern oder nah? Bezeichne die Stelle mit den Buchstaben N, K, S und W."

Die verbale Anweisung bot reichlich Zeit zum Nachdenken. Als ich z. B. gebeten wurde, die Bedeutung von „stark" zu erläutern, gab ich keine Antwort. Die Reaktionen der Testpersonen sollten nur von der Interpretation der Wörter abhängig sein. Was die „starken" Personen betrifft, zeigt die Abbildung das Muster der Resultate.

Unangenehme Leute plazierten die Studenten zur Hälfte vorn, zur anderen Hälfte hinten. Die hinten stehenden unangenehmen Personen standen niedriger als die vorderen, und nur 2 von 11 befanden sich unter der Horizontlinie.

Freundliche Leute wurden von allen Testpersonen vorne plaziert, wobei zwei Drittel aller Testpersonen sie rechts und etwas tiefer als die Linksplazierten lokalisierten.

19 von 21 Studenten markierten schwache Personen unterhalb der Horizontlinie. Dabei lokalisierten 16 von 21 sie offenbar hinten links (und tief). Hingegen bildeten 11 von 21 Testpersonen starke Personen vorne, in der Mitte und höher ab.

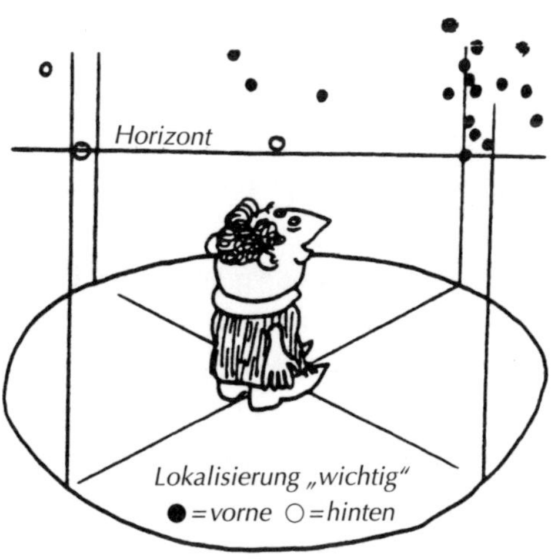

Im Juni desselben Jahres wiederholte ich diese Übung mit einer Gruppe von 51 NLP-Studenten, denen das Verfahren und meine Konzepte ebenfalls unbekannt waren. Die ihnen gestellte Frage war leicht modifiziert und lautete:

„Welchen Punkt im dich umgebenden Raum – links, rechts, hinten, vorn, hoch, tief, weit weg, nahebei – assoziierst du mit unangenehmen, freundlichen, starken und schwachen Personen?" Die Resultate glichen im wesentlichen jenen der ersten Pilotstudie. Auch hier fiel es den Testpersonen schwer, einen dreidimensionalen Sachverhalt durch eine zweidimensionale Skizze wiederzugeben.

Am 2. Dezember 1993 und am 11. März 1994 wurden zwei weitere Experimente durchgeführt. Beide Male verwendete ich einen ringförmigen Papierstreifen, der von den Testpersonen auf der Innenseite zu beschriften war.

Die Testpersonen sollten sich selbst in der Mitte des Ringes imaginieren. Auf der Innenseite des ringförmigen Papierstreifens war in der Mitte eine Horizontlinie eingezeichnet, und vier Richtungen waren vorgegeben: vorne, links, rechts und hinten. Der Papierstreifen machte es wesentlich leichter, die Richtung korrekt anzugeben. Die Entfernung sollte in sogenannten „mentalen Metern" geschätzt werden. Bei beiden Versuchen ergab diese Anordnung erheblich klarere Resultate, die große Ähnlichkeit mit jenen der früheren Pilotstudien zeigten.

2.5 Resultate und erste Schlußfolgerungen

Bedingt durch den Einfluß unterschiedlicher Fertigkeiten im Zeichnen und Abschätzen räumlicher Dimensionen, muß ich meine Schlußfolgerungen aus diesen Pilotstudien einschränken. Was ich aber sagen kann, ist dies:

1. Die Anweisung, verschiedene Personen durch ihren jeweiligen Platz im Sozialen Panorama zu charakterisieren, wurde von den Testpersonen leicht und intuitiv verstanden. Die Ergebnisse stützen die Hypothese, wonach die soziale Welt in der Submodalität des Ortes codiert wird.

2. *Ähnlichkeiten zwischen Individuen* bewegten sich im Rahmen der – so bezeichneten – „offenkundigen Muster". Im nächsten Abschnitt und im 6. Kapitel werden diese „offenkundigen Muster" ausführlich dargestellt. Im 6. Kapitel geschieht dies im Hinblick auf Familiensysteme. Diese Muster resultieren unmittelbar aus den Gesetzen, denen alle mentalen Repräsentationen gehorchen – und die auch für Personifikationen gelten müssen. Zum Beispiel wird eine Repräsentation, die größer ist, immer als wichtiger angesehen. Eine Repräsentation, die näher steht, hat mehr Einfluß auf das Gefühl; eine Repräsentation, die vorne steht, wird mehr beachtet.

In Richard Bandlers Arbeit über Submodalitäten spielen diese allgemeinen Muster eine wichtige Rolle. Zum Teil sind sie Gesetze der visuell-kinästhetischen Synästhesie, zum Teil sind sie verwandt mit den „Gestaltgesetzen" der Gestaltpsychologie.

3. Die *Antworten variierten* aber auch erheblich. Daraus müssen wir folgern, daß die sozialen Submodalitäten idiosynkratisch (d.h. einzigartig für jedes Individuum) sind. Aber auch sie gehorchen allgemeinen Gesetzen, die sich aus der Funktionsweise des menschlichen Denkens ergeben.

Dies gilt auch für die persönliche Timeline im NLP. Wir dürfen annehmen, daß die Codes der Submodalitäten einerseits für jedes Individuum einzigartig sind, andererseits aber auch einer Reihe von allgemeingültigen psychologischen Gesetzen gehorchen. Wer diese Thematik gründlicher studieren will, dem könnten meine Pilotstudien, wie ich hoffe, einen Weg weisen.

2.6 Muster im Sozialen Panorama

Unsere Kenntnis der Muster in den sozialen Repräsentationen stammt nur zum geringeren Teil aus der „Laborforschung". Die klinische Erfahrung ist die bei weitem wichtigste Quelle solcher Informationen, wie dies generell für die meisten Verfahren des NLP gelten darf.

In den Workshops lasse ich meine Studenten wechselseitig ihre Sozialen Panoramen erkunden. Später werden sie in ihrer Beratertätigkeit anwenden, was sie bei dieser Arbeit gelernt haben. Die Rückmeldungen, die ich von den Studenten erhalte, sind mir als Informationsquelle wichtig, weil sie relativ frei von verzerrendem Wunschdenken sind. Ich selbst sehe oft nur, was ich sehen möchte – nämlich daß meine Theorie richtig ist. Meine Studenten haben aber oft den entgegengesetzten Wunsch: mir zu beweisen, daß sie es besser wissen als ich!

Manche Kollegen haben eigene Methoden entwickelt, ein Soziales Panorama zugänglich zu machen und in einem Diagramm darzustellen. Dies ist inzwischen „allgemein übliche Praxis".

Die Abbildung auf der nächsten Seite zeigt die herkömmliche Art, Soziale Panoramen in Diagrammen darzustellen:

Aus der Kombination von experimentellen Befunden, in Workshops beobachteten Phänomenen und therapeutischer Arbeit ist eine Anzahl von eindeutigen Mustern des Sozialen Panoramas hervorgegangen.

Bemerkenswert ist an diesen Mustern, daß sie den meisten Menschen

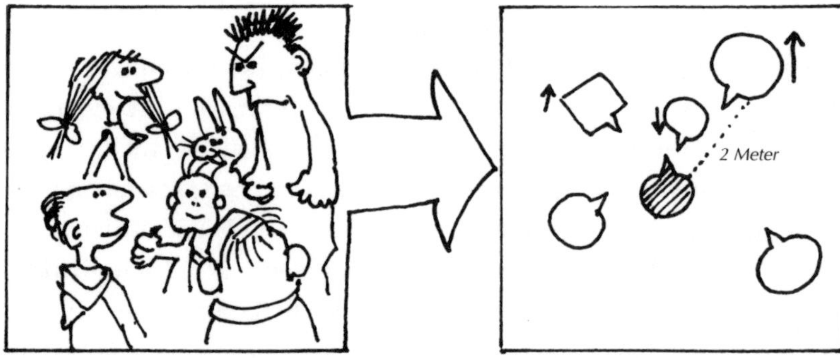

„offenkundig" zu sein scheinen. Sie überraschen uns nicht. Dies muß man den Tendenzen zuschreiben, die den sozialen „Betriebssystemen" der Menschen gemeinsam sind. Diese Muster sind bereits irgendwo in unserem System angelegt! Darum erscheinen sie uns vertraut. Vergessen wir aber nicht, daß es zwar eine signifikante Anzahl von Ähnlichkeiten gibt, die Unterschiede aber ebenso ausgeprägt sind.

Im folgenden will ich einige Dimensionen der Submodalitäten auflisten und beschreiben, was sie aus meiner Sicht für die soziale Erfahrung bedeuten.

Intensität und Abwesenheit

Die Menschen sind von sozialen Repräsentationen umgeben wie von einem Schleier oder einer Nebelwand. Wenn das Bewußtsein für die soziale Welt zunimmt, wird der Schleier sozusagen dichter und schränkt den Blick auf die dahinterliegende nicht-soziale Welt ein. Die Stimmen, Motive und Gefühle von Personifikationen anderer Menschen (kurz: Ander-Personifikationen) können einen ganz ausfüllen.

Manche suchen die Einsamkeit, um wieder Verbindung mit der „wirklichen Welt" zu finden. In der Wüste erleben sie, was die Franzosen den „Schauer der Einsamkeit" nennen. Die unmittelbare Erfahrung des Nicht-Sozialen, das wir als Natur, Kosmos oder Gott bezeichnen, wird oft als furchteinflößend geschildert, doch auch als herausragende spirituelle Erfahrung.

Entfernung

Bei manchen Menschen beginnt das Soziale Panorama erst weiter entfernt von ihnen selbst. Ich sage „weiter entfernt“, wenn die nächste Person, die visualisiert werden kann, in einer Distanz von mehr als fünf mentalen Metern gesehen wird. Andere sehen die nächsten Repräsentationen ganz nah bei sich oder innerhalb ihres Körpers. Bei einigen meiner Klienten waren die Probleme gelöst, sobald ihre Repräsentation des Ex-Partners auf einen Ort außerhalb ihres Körpers verschoben wurde. Personifikationen, die sich innerhalb des Körpers befinden, sind schwer zu beobachten; meist sind sie vorwiegend kinästhetischer Natur, können aber wieder visualisiert werden, wenn sie nach außen verlagert werden.

Manche Klienten „können ihre Zukunft nicht sehen“, weil lebende oder verstorbene Angehörige ihnen vor Augen stehen und ihnen den Blick auf ihre persönliche Timeline in die Zukunft verstellen.

Zweifellos ist die persönliche „Proximitätsskala“ (der Maßstab für Nähe und Ferne) für den einzelnen von größter Bedeutung. Manche Menschen repräsentieren die ganze soziale Welt sozusagen in einem Schuhkarton, während andere eine Kathedrale brauchen, um ihren engeren Kreis abzubilden.

Extrovertierte Menschen visualisieren meist ein nahes Soziales Panorama, während introvertierte meist ein fernes Soziales Panorama aufweisen. Ein nahes Soziales Panorama zeigt an, daß das Leben der Person stark von anderen Menschen beeinflußt ist.

Die Entfernung regiert allgemeine soziale Gefühle wie gesellschaftlichen Druck oder Einsamkeit. Wie kann sich ein Mensch z. B. isoliert fühlen, wenn alle anderen, die er kennt, sehr nah gesehen und gefühlt werden? Er kann es nicht! Das Gefühl von Einsamkeit setzt voraus, daß andere Menschen in so weiter Ferne repräsentiert werden, daß wir nichts von ihrer Präsenz – keine Wärme – spüren. Ähnlich können wir feststellen, daß Massenphobie nur funktioniert, wenn die anderen so nah gefühlt und gesehen werden, daß einem selbst kein Raum bleibt. Dies funktioniert am besten, wenn man spürt, wie die Menge direkt auf die Haut drückt und einem die Luft zum Atmen nimmt!

Die kinästhetische Repräsentation variiert mit der Entfernung: je näher, desto intensiver das Gefühl

Die Gegenwart eines anderen Menschen mit Hilfe der kinästhetischen Symbolsprache zu empfinden ist eine geläufige mentale Fähigkeit. Das lyrische Klischee „Ich fühle dich nah bei mir" (oder weit weg von mir) ist aus vielen Liebesliedern bekannt. Die kinästhetische Symbolik geht oft, wenn auch nicht notwendig, mit visuellen Vorstellungen von den anderen Personen einher. Der Satz „Ich fühle dich, aber sehe dich nicht" kann auch umgekehrt gelten.

Solche Phänomene sind dem NLP-Therapeuten, der mit den äußeren Projektionen internalisierter Anderer arbeitet, ganz vertraut – zum Beispiel wenn er den Klienten auffordert, seinen Persönlichkeitsanteil „Vater" im Zimmer Platz nehmen zu lassen. Die Distanz zu solch einem nach außen projizierten Teil ist häufig ein erster Anhaltspunkt für die Qualität der Beziehung zwischen dem Klienten und seinem internalisierten Ander-Teil.

Vorne/hinten

Es gibt Menschen, die nur nach vorne ein Soziales Panorama wahrnehmen. Dies geht anscheinend mit großer Aufmerksamkeit für das Verhalten anderer einher – und manchmal mit Mißtrauen gegen sie. Andere repräsentieren auch viele Personen hinter sich. Vielleicht fühlen sie sich sozial unterstützt durch den „Rückhalt" bei Kollegen, Freunden oder Verwandten.

Eine Verortung direkt vorne („12.00 Uhr") ist immer bedeutsam. Wer befindet sich dort? Im 3. Kapitel werden wir feststellen, daß dies der Platz ist, wo vor allem das dominierende Selbst-Bild wahrgenommen wird.

Personifikationen, die direkt vorne stehen, können geliebte Menschen sein, falls sie nah sind, aber auch Konkurrenten, wenn sie weiter entfernt sind.

Vertikal

Die vertikale Dimension wird im Verhältnis zum Horizont bemessen, und als Horizont nehmen wir das Augenniveau an. Jede Personifikation, deren Augen über dem Horizont wahrgenommen werden, wird größer empfunden als die Person selbst.

Die vertikale Dimension scheint sehr wichtig zu sein. Ein sehr niedriges Soziales Panorama bedeutet etwas völlig anderes als ein Panorama, bei dem alle anderen einen höheren Platz als das Selbst einzunehmen scheinen. Letzteres ist ein deutliches Zeichen für geringes Selbstwertgefühl. Man könnte sogar sagen: Die vertikale Dimension ist überhaupt Ausdruck des Selbstwerts. Die enge Verbindung zwischen Status-Erfahrung und der vertikalen Dimension ist bei fast allen Menschen leicht nachzuweisen. Im 4. Kapitel werden wir uns eingehender damit befassen.

Neben dem sozialen Status kann auch der Unterschied zwischen den Personifikationen von Lebenden und Verstorbenen in der vertikalen Dimension codiert sein – als Himmel und Erde. Dies wird uns vor allem im 7. Kapitel beschäftigen.

Horizontal

Die Dimension links/rechts dient häufig zur Unterscheidung zwischen gut/böse und freundlich/unangenehm. Es ist sehr bedeutsam, wenn sich auf einer Seite sehr wenige, auf der anderen Seite sehr viele Personifikationen befinden. Die Unterscheidung links/rechts ist oft zur Mitte hin feiner abgestuft. Ein sympathischer Mensch und eine unangenehme Person können im Abstand von wenigen mentalen Zentimetern repräsentiert sein.

Die nächstliegenden Plätze links oder rechts, also „beinah neben" dem eigenen Selbst, sind offenbar geliebten Menschen vorbehalten. Ehepartner werden oft weniger als eine Armeslänge entfernt repräsentiert. Manche NLPler sagen, daß es hier einen typischen Unterschied zwischen den Geschlechtern gibt: Die Frau wird zur Rechten des Mannes visualisiert und vice versa. Ich bin jedoch vorsichtig mit solchen Verallgemeinerungen. Ähnlich glauben manche, daß die Lokalisierung der Eltern an bestimmte Seiten des Sozialen Panoramas gebunden sei: Der Vater links, die Mutter rechts. Ich habe aber auch viele Gegenbeispiele gesehen.

Hell/dunkel

Die Links/Rechts-Codierung von gut/böse geht oft mit einer Hell/dunkel-Codierung einher. Dunklere und hellere Personifikationen bezeichnen wertende Kategorien. Wenn also eine Gruppe abgelehnt wird, kann sie dunkler erscheinen; wenn sie bewundert wird, häufig heller.

Im fünften Kapitel behandeln wir soziale Einstellungen und In-Group/Out-Group-Phänomene wie etwa den Rassismus. Hautfarbe wird oft kombiniert mit Größe, Entfernung und Temperatur.

Temperatur

Positive und negative soziale Einstellungen sind häufig durch Temperaturzuschreibungen charakterisiert. Viele Testpersonen unterscheiden auf Befragen zwischen warmen und kalten Feldern in ihrem Sozialen Panorama.

Doppelpositionen (Bilokation)

Man braucht nicht lange zu modellieren, bis der erste Fall von „Bilokation" entdeckt ist. Dies ist ein Hinweis auf Gruppen oder Individuen, zu denen die Person eine ambivalente Beziehung hat. Bei einer Frau war z. B. der „ideale Mann" hoch oben und vorne, in einer Distanz von drei mentalen Metern lokalisiert. Aber ihr „idealer Partner" stand nah und auf der rechten Seite des Sozialen Panoramas. Diese Situation läßt mit Sicherheit auf einen inneren Konflikt im Bereich der intimen Beziehungen schließen. Im 6. Kapitel untersuchen wir dieses Phänomen im Zusammenhang mit Familiensystemen. Und im 5. Kapitel werden wir Beispiele finden, wo die In-Group eine Doppelposition im Sozialen Panorama der betreffenden Person einnimmt.

Zeit und Alter

Für jedes Entwicklungsstadium eines Menschen gibt es ein zugehöriges Soziales Panorama. Indem wir den Klienten zu einer Regression auf frühere Altersstufen stimulieren, ermöglichen wir ihm, seine früheren Sozialen Panoramen zu erkunden. Im 6. Kapitel werden wir uns mit Sozialen Panoramen der Kindheit beschäftigen und sehen, wie man sie beeinflussen kann, um eine Persönlichkeitsveränderung zu bewirken.

Assoziation/Dissoziation

Man kann sich sein Soziales Panorama denken und sich selbst in dessen

Mitte vorstellen – oder sich aus einer gewissen Entfernung inmitten dieses Panoramas sehen.

In diesen Zusammenhang gehört die klassische NLP-Unterscheidung zwischen visuell-kinästhetischer (V/K) Assoziation und Dissoziation. Ähnlich wie bei nicht-sozialen Erfahrungen erlaubt uns die Dissoziation, unangenehme Gefühle fernzuhalten. Dagegen erlaubt Assoziation ein volles Erleben von Gefühlen. *„Ich sehe mich selbst* unter allen Menschen…" drückt eine dissoziierte Haltung aus, denn man sieht sich und die anderen gleichsam von außen. Bei diesem Denkmodus sind die sozialen Emotionen von geringerer Intensität.

Dissoziation bedeutet im Zusammenhang mit dem Sozialen Panorama ein Hinaustreten aus dem *Gefühl* der Gruppenzugehörigkeit. Auch eine Dissoziation vom kinästhetischen Selbst ist manchmal feststellbar. In diesem Fall erlebt die Person ein Gefühl der Isolation und einen Verlust an Selbst-Gefühl.

Orientierung

Eine Personifikation blickt immer in eine bestimmte Richtung. Die Stellung der Personifikationen zueinander ist aufschlußreich im Hinblick auf ihre emotionale Wirkung.

Die Umgangssprache bezeichnet Orientierung mit Wörtern wie: nebeneinander stehen, konfrontieren, stützen und unterstützen, sich abwenden voneinander, zum anderen auf- oder hinabschauen.

Im 6. Kapitel, das von Familienbeziehungen handelt, ist die Orientierung eine wichtige Variable.

Gruppen-Personifikation

Eine Ansammlung *(cluster)* von Personifikationen im Sozialen Panorama wird oft als eine einzelne Gruppenpersonifikation verallgemeinert. Wenn jemand von einer Gruppe spricht, resultiert dies aus der Verallgemeinerung vieler Individuen, die behandelt werden, als wären sie ein einziges Individuum. Personifikationen, die nah beieinanderstehen, fungieren meist als Einheit – ähnlich wie eine Galaxie aus vielen Sternen besteht.

2.7 Die Grunddimensionen des Sozialen Panoramas verändern

Natürlich ist Neugier ein guter Grund, die Sozialen Panoramen anderer Menschen zu erkunden. Aber Unternehmensberater und Psychotherapeuten haben dafür auch noch andere Gründe. Zum Beispiel versuchen sie, einschränkende soziale Einstellungen ihrer Klienten zu verändern. Manche Menschen leiden an ihrem Verhältnis zur Menschheit insgesamt, und hier kommt eine Analyse der Grunddimensionen des Sozialen Panoramas ins Spiel. So, wenn jemand klagt, er fühle sich anderen Menschen entfremdet, von ihnen abgeschnitten und verloren in der Welt, oder wenn er an existentiellen Einsamkeitsgefühlen leidet.

Eine Untersuchung des Sozialen Panoramas kann zeigen, wie der Klient zu seinen Erfahrungen kommt. Befragt man das Soziale Panorama hinsichtlich der Entfernungen, Verortungen, Farben u. dgl., so läßt es sich ohne weiteres mit der Einstellung des einzelnen zur ganzen Menschheit in Verbindung bringen. Und diese Einsicht führt logischerweise zu Vorschlägen, wie dies zu ändern wäre.

In diesem Abschnitt will ich kurz beschreiben, wie die Grunddimensionen des Sozialen Panoramas einer Person verändert werden können. Die Technik ist ganz einfach und ergibt sich unmittelbar aus dem bisher Gesagten.

Die von Richard Bandler entwickelte Methode zur Änderung von Submodalitäten besteht aus direkten Suggestionen. Wenn z. B. in einer Bildvorstellung mehr Farbe erwünscht ist, braucht der NLPler den Klienten nur aufzufordern: „Jetzt bring mehr Farbe hinein!" Oder wenn eine Distanz verringert werden soll: „Hole sie näher heran!" Der Erfolg solcher direkten Suggestionen hängt von der Fähigkeit des Klienten ab, sie umzusetzen. Aber wie die Erfahrungen unzähliger NLPler überall auf der Welt beweisen, ist die menschliche Fähigkeit, Submodalitäten zu ändern, schier unerschöpflich. Es gibt aber zwei Gründe, weshalb dieses Potential oft nicht genutzt wird.

a) Die meisten Menschen halten mentale Bilder für selbstverständlich und schenken ihnen keine besondere Aufmerksamkeit. Oft muß man ihnen die Möglichkeit der Einflußnahme erst suggerieren. Nur erfahrene

NLPler scheinen ihre Submodalitäten manchmal aus eigener Initiative zu verändern.

b) Der zweite Grund, weshalb Menschen ihre Submodalitäten nicht so leicht ändern, liegt im inneren Widerstand. Wir können feststellen, daß der Grund, weshalb jemand die Dinge so sieht, wie er sie sieht, in allen Aspekten seiner mentalen „Software" vorgegeben ist. Alles, was die Person glaubt, wünscht oder fürchtet, spielt eine Rolle bei der Gestaltung ihrer mentalen Bilder. Die kognitiven Inhalte sind so miteinander verknüpft, daß Änderungen bei einem Persönlichkeitsanteil sogleich andere Teile auf den Plan rufen werden, die gegen die Änderung Einspruch erheben.

Die Formen und Gestalten, die die mentalen Bildvorstellungen eines Menschen im Verlauf seiner Entwicklung angenommen haben, resultieren aus einer Art „Konsens" zwischen allen Subsystemen der mentalen „Software" des Betreffenden. Veränderungen der Submodalitäten geben der Bildvorstellung stets eine andere Bedeutung. Einzelne Persönlichkeitsanteile können einem Wechsel der Submodalitäten entgegenwirken, weil sie mit dieser Bedeutung nicht einverstanden sind. Sie versuchen sofort, die Änderung „rückgängig" zu machen. Der Klient erlebt dann, daß eine Änderung der Submodalitätsortung nicht andauern, sondern daß die Personifikation wie an einem Gummiband zurückschnellen wird. Dann scheint es, als hätten die opponierenden Teile die Hand am Kontrollschalter.

Unter „Ökologie" verstehen NLPler, daß eine Änderung keine neuen Probleme oder inneren Konflikte verursacht. Ökologische Veränderung ist das, was wir in der NLP-Arbeit erreichen wollen, und dies gilt auch für die Arbeit mit dem Sozialen Panorama.

Das Bewußtsein fungiert als mentaler Monitor. Dort schauen wir nach, ob sich Probleme und innere Konflikte melden. Wenn eine Änderung nicht allen Persönlichkeitsanteilen vollauf entspricht, wird sich dies irgendwie im Bewußtsein bemerkbar machen. Aber es zeigt sich nicht automatisch. Manchmal muß erst der NLPler explizit den Anstoß geben. Er fragt also nach „inneren Einwänden", um zu prüfen, ob eine Veränderung ökologisch ist oder nicht.

Als ich Paula nach ihrem Sozialen Panorama befragte, sagte sie, daß sie alle Menschen dieser Welt vor sich sehe. Sie sah die ganze Menschheit langsam von links nach rechts marschieren. Ihr Mann war mitten unter ihnen, während sie selbst abseits stand und zuschaute. Paula erklärte sofort: „Ich glaube, es sieht so aus, weil mein Mann einen Job hat und ich nicht. Er steht mitten im Leben." Paula meinte, sie könne diese Vorstellung nicht ändern, solange sie nicht selbst einen Arbeitsplatz gefunden hätte. So sehr sie sich bemühte, in die Menschenmenge einzutreten, konnte sie dies doch nur dann tun, wenn sie wieder anfing, von ihrer Jobsuche zu sprechen. Paula fühlte inneren Widerstand, in die marschierende Menschheit einzutreten. Dies erwies sich für sie also nicht als ökologische Option. Jener Teil von ihr, der eine solche Änderung verhinderte, „will mich zwingen, Arbeit zu suchen und nicht abseits zu stehen. Aber ich kann am Leben nur teilnehmen, wenn ich aktiv werde". Passivität war für Paula eine Gefahr.

Machen Sie doch mal einen Selbstversuch. Dies ist der beste Weg, um die Prinzipien zu erklären, nach denen man sein Soziales Panorama verändern kann.

Sitzen Sie entspannt und denken Sie einen Moment an „alle Menschen dieser Welt". Beobachten Sie, was Sie sehen und fühlen. Bleiben Sie ruhig und entspannt, falls das, was Sie sehen, sehr diffus ist – denn so funktioniert Ihr soziales Betriebssystem nun einmal.

Unser soziales Betriebssystem arbeitet ähnlich wie das eines Computers; es erfüllt seine Aufgabe, auch wenn es nicht immer auf dem Bildschirm anzeigt, was es tut. Auch hier verstehe ich das Bewußtsein als mentalen Monitor.

Denken Sie also weiterhin an alle Menschen dieser Welt. Jetzt versuchen Sie folgende Submodalitäten zu verändern; immer eine nach der anderen.

1) Lassen Sie die Menschen dieser Welt drei Schritte näher kommen. Untersuchen Sie die emotionale Wirkung, die dies auf Sie hat. Danach stellen Sie alle Menschen dieser Welt dorthin zurück, woher sie kamen.
2) Verschieben Sie alle Menschen dieser Welt 25 cm nach oben. Beobachten Sie wieder die emotionale Wirkung. Stellen Sie sie zurück, woher sie kamen.
3) Schieben Sie alle Menschen dieser Welt weit von sich weg. Wie fühlt sich das an? Wechseln Sie wieder in die Ausgangslage.
4) Plazieren Sie alle Menschen dieser Welt viel tiefer als sich selbst. Wie fühlen Sie sich dabei? Stellen Sie sie wieder dorthin, wo sie waren.

Vielleicht verstehen Sie jetzt, was ich meine, wenn ich von der Veränderung des Sozialen Panoramas in seinen Grunddimensionen spreche.

Manchmal ist die Einstellung zur Menschheit insgesamt eine direkte Funktion der Grunddimensionen des Sozialen Panoramas. Wenn Sie also verzweifelt sind, an Größenphantasien oder Minderwertigkeitsgefühlen leiden, ist dies eine Folge der räumlichen Maßverhältnisse Ihres Sozialen Panoramas.

Alle Submodalitäten, die für problematische Einstellungen verantwortlich sind, lassen sich ändern. Wenn jemand z. B. eine kalte Region in seiner sozialen Welt erlebt, lohnt sich die Suggestion, sie „wärmer" zu machen, oder, wenn sie zu dunkel ist, sie „heller" zu machen.

2.7.1 Dritte Annahme: Personifikationen lassen sich nur durch einen Wechsel ihrer Submodalitäten (Verortungen) oder durch Übertragung neuer Ressourcen verändern

Die dritte Annahme des Sozialen Panoramas besagt, daß man eine Personifikation nicht mehr loswerden kann, nachdem sie Bestandteil des Weltmodells der Person geworden ist. Der NLP-Grundsatz, daß es weder ökologisch noch ethisch vertretbar ist, Persönlichkeitsanteile zu beseitigen, gilt auch für Personifikationen. Es empfiehlt sich nicht, Teile unserer mentalen Festplatte zu löschen. Ihre Dateien lassen sich allerdings verändern und verbessern.

In diesem Buch werden Sie zwei verschiedene Interventionsmöglichkeiten kennenlernen:

1) Die Submodalitäten (Verortungen) verändern,
2) Ressourcen transferieren.

Das Ändern der Submodalitäten haben Sie in dem oben vorgeschlagenen Experiment ausprobiert. Die Transferierung von Ressourcen wird im 7. und 8. Kapitel ausführlicher behandelt.

Die Transferierung von Ressourcen kann manchmal wirksamer und nachhaltiger sein als ein Wechsel der Submodalitäten, weil sie häufig auf weniger inneren Widerstand trifft.

Falls Sie bei der einen oder anderen Verschiebung von Submodalitäten ein gutes Gefühl haben und finden, es könnte Ihr Leben bereichern, die Menschheit so zu betrachten, checken Sie nun den ökologischen Aspekt, indem Sie sich fragen: „Was kann schon passieren, wenn ich die soziale Welt so betrachte? Was könnte ich dadurch verlieren? Welche Probleme könnten entstehen? Welche unerwünschten Nebenwirkungen könnte es haben, die Menschheit für den Rest meines Lebens so zu betrachten?“

Wie gesagt, Veränderungen, die den Kern der sozialen Erfahrung betreffen, müssen ökologisch sein, um Bestand zu haben. Diesem Aspekt widmen wir in der klinischen Anwendung die größte Aufmerksamkeit. Manchmal sind aber verschiedene andere NLP-Techniken nötig, um ein stabiles und befriedigendes Resultat zu erzielen.

2.8 Kollektive Soziale Panoramen

„Japaner denken hierarchisch und sehen im Direktor ihrer Firma einen lebenden Gott.“ „Yuppies kann man nur beeindrucken, wenn sie sehen, daß man ein Auto hat, das sie sich nicht leisten können.“ Solche Verallgemeinerungen über Menschengruppen lassen sich schwer nachprüfen, aber leicht aussprechen.

Es lohnt sich, die Muster im Sozialverhalten einer Gruppe zu erkennen, wenn man mit deren Mitgliedern kommunizieren will. Falls diese Verallgemeinerungen richtig sind, befähigen sie uns vorherzusagen, wie andere Menschen reagieren werden – was eine angenehme und sichere Atmosphäre für beide Seiten schafft. Andererseits bezeichnen wir solche Verallgemeinerungen, wenn sie zu aggressivem oder defensivem Verhalten führen, als Vorurteile.

Die interkulturelle Kommunikation steht vor dem Dilemma, einerseits funktionale Verallgemeinerungen über Gruppen zu formulieren, andererseits dadurch Vorurteile über diese Gruppen erneut zu bestätigen. Die allgemeine Annahme, daß Afrikaner lieber auf das Wort älterer Männer hören, kann z. B. in geschäftlichen Verhandlungen hilfreich sein. Man wird also dafür sorgen, daß solche Meetings von älteren Mitarbeitern geleitet werden. Damit bestärkt man aber auch ein Vorurteil. Was soll man also tun?

In Unternehmen, Organisationen und sozialen Systemen aller Art beruht das Verhalten der Mitglieder auf dem Sozialen Panorama jedes einzelnen. Obwohl Soziale Panoramen nur in den Köpfen von Individuen existieren, sprechen und handeln wir, als ob auch Gruppen ein gemeinsames Panorama hätten. Schon Emile Durkheim sprach von kollektiven Vorstellungen (Repräsentationen). Moscovici (1983) und Augoustinos (1990) haben nachgewiesen, daß kollektive soziale Repräsentationen existieren und sich statistisch erforschen lassen.

Individuen, die derselben Kultur oder Subkultur angehören, neigen dazu, gemeinsame soziale Kategorien und Dimensionen anzuwenden. Sie gebrauchen verbale Ausdrucksweisen und Metaphern im Zusammenhang mit Normen und Werten, deren Zusammenwirken dafür sorgt, daß die Sozialen Panoramen dieser Menschen ähnlich strukturiert sind. Falls Sie die Kommunikation mit Angehörigen einer anderen Kultur verbessern wollen, kann es hilfreich sein, einige *gemeinsame* Merkmale ihrer Modelle der Welt zu modellieren.

Ein Vergleich z. B. von Sozialen Panoramen japanischer Menschen mit denen von Holländern liefert uns wertvolle transkulturelle Einsichten. Aufgrund solcher Informationen erkennen wir, wie sich Gruppen verschiedenen kulturellen Hintergrunds hinsichtlich ihrer subjektiven sozialen Erfahrung unterscheiden.

Wie würden Sie sich z. B. auf einer Reise nach Saudiarabien verhalten? Hätten Sie eine Landkarte vom kollektiven Sozialen Panorama der Saudis zur Hand, dann wüßten Sie, wo diese Leute Christen, ihr Königshaus,

Entwicklungshelfer, das Militär, Beduinen oder Öltechniker lokalisieren. Dies könnte Ihnen helfen, Rapport mit ihnen herzustellen und zu erhalten.

Mein Kollege und ich waren zum Abendessen eingeladen. Um 17.00 Uhr betraten wir, wie verabredet, das anheimelnde Haus unserer Gastgeber am Stadtrand von Kathmandu. Das Ehepaar, das uns eingeladen hatte, zeigte uns seine Kunstschätze. In einem hübschen Zimmer mit einfachen, aber bequemen Möbeln bat man uns, Platz zu nehmen. Wir tranken Tee und unterhielten uns ein Weilchen über verschiedene Themen. Dann fragte die Dame des Hauses, ob wir schon Appetit hätten. Wir bejahten. Sie ging in die Küche, kam bald darauf wieder und deckte den Tisch. Dann brachte sie zwei gefüllte Teller herein. Zu meiner Überraschung gingen beide, sie und ihr Mann, aus dem Zimmer. Mein Kollege und ich, wir mußten allein essen! Das Essen war köstlich. Nach einer halben Stunde kam die Gastgeberin herein und fragte, ob wir noch Wünsche hätten. Eine dreiviertel Stunde später traten die beiden wieder ins Zimmer, aber nur, um uns zu verabschieden. Um 21.00 Uhr waren wir wieder im Hotel.
Viele Fragen bezüglich nepalesischer Tischsitten gingen uns durch den Kopf. Hatten wir nun ein schlagendes Beispiel kultureller Unvereinbarkeit erlebt? Wo verorteten uns die beiden in ihrem Sozialen Panorama? Zu hoch? Zu niedrig? Zu weit links oder rechts? Was könnten wir sagen, falls wir noch einmal von diesen Freunden zum Essen eingeladen würden? „Hey Genshei, alter Junge, laß uns doch alle miteinander in der Küche essen!“

2.9 Soziale Emotionen

Die sozialen Bildvorstellungen, die einem durch den Kopf gehen, können ganz unbewußt bleiben, aber die Emotionen, die diese Bilder auslösen, sind oft von überwältigender, manchmal sogar unerträglicher Intensität.

Liebe, Haß, Einsamkeit, Intimität, Bewunderung, Scham, Schuld, Sympathie, Autorität – all diese Wörter bezeichnen soziale Emotionen: Gefühle, die entstehen, wenn wir an andere Menschen denken.

Die meisten sozialen Emotionen entstehen aber nicht nur dadurch, daß wir einfach „an andere Menschen denken"; die anderen müssen auch zum eigenen Selbst in Beziehung gebracht werden. Worauf es ankommt, ist die Kombination des Selbst mit dem Anderen.

Dies kann man leicht am Modell des Sozialen Panoramas veranschaulichen. Im Mittelpunkt steht das Selbst, die anderen stehen irgendwo ringsum im Raum. Die Submodalitäten dieser beiden Komponenten und deren Stellung zueinander bestimmen weitgehend die emotionale Erfahrung.

Im 3. Kapitel, das vom Selbst handelt, werden wir von jenem Persönlichkeitsanteil sprechen, den wir als „Ich" bezeichnen. Viele soziale Emotionen sind mit starken Selbst-Gefühlen verbunden, wie etwa „Neid" oder „Scham". Solche Emotionen sind nicht erfahrbar, ohne daß Selbst-Gefühle aktiviert werden. Bei diesen Emotionen fungieren Selbst-Gefühle als kinästhetischer Hintergrund. „Mitleid" mit jemand anderem kann ganz unabhängig von eigenen Selbst-Gefühlen empfunden werden. Es hängt oft ausschließlich vom Bild der Person ab, für die man Mitleid empfindet.

2.9.1 Noch einmal Liebe

Die ersten Zeilen dieses Buches handelten von der Rolle sozialer Bilder in der Erfahrung der Liebe. Hier möchte ich diesen Zusammenhang gründlicher untersuchen. Fragen wir also noch einmal, was Liebe bedeutet. Vielleicht gelangen wir dadurch zu einem besseren Verständnis der Prinzipien, die alle unsere sozialen Emotionen regieren.

Was ist das Gefühl „Liebe"? Rubin (1970) schreibt, sie sei ein Kompositum aus Abhängigkeit, Altruismus, Fürsorge und Intimität. Demer und Pyszcynski (1978) verweisen außerdem auf den engen Zusammenhang mit der Sexualität. Manche betrachten Liebe als etwas Spirituelles, Übernatürliches oder Heiliges. Viele glauben, sie entziehe sich einer wissenschaftlichen Analyse; deshalb wohl fehlt das Wort „Liebe" in den meisten sozialpsychologischen Lehrbüchern. Kann das Studium der Liebe zu etwas Nützlichem führen – etwa zu Lektionen der Liebe? Oder dazu, daß wir unsere Kinder besser und intensiver „lieben"?

Wie kompliziert Liebe sein kann, ahnte ich erstmals als Teilnehmer am *Sympathy Research Project*, das 1979 bis 1983 unter der Leitung von Leo Pannekoek durchgeführt wurde. Die zentrale Fragestellung war die nach der subjektiven Erfahrung von Liebe und Zuneigung. Die akademischen Kollegen stellten keine sehr hohen Erwartungen an dieses Projekt – und doch war es so erfrischend neu, unbefangen und nonkonformistisch.

Pannekoek löste mit Hilfe geleiteter Phantasien sehr starke Gefühle aus. In semi-hypnotischen Anordnungen wurde den Teilnehmern suggeriert, Liebe zu einem anderen, zu sich selbst, zur Schöpfung im allgemeinen zu empfinden. Die Tatsache, daß Pannekoeks Testpersonen manchmal tatsächlich von sehr starken Empfindungen berichteten, bestätigte die Auffassung, daß Liebe eine mentale Fähigkeit ist. Außerdem zeigte das Experiment, daß man Liebe empfinden kann, auch unabhängig davon, ob ein anderer Mensch beteiligt ist. Liebe ist eine mentale Aktivität, die auf inneren Vorstellungen beruht. Und wir können sagen, daß die Menschen in ihrer „Fähigkeit, Liebe zu empfinden", sehr verschieden sind.

Pannekoek traf eine grundlegende Unterscheidung zwischen der gebenden und der empfangenden Seite der Liebe, die er als „Lieben" und „Geliebtwerden" bezeichnete.

„Lieben" setzt ein klares und positives Selbst-Bild beim Liebenden voraus. Wenn seine Gedanken mit Konflikten um die Frage beschäftigt sind, wer er „eigentlich" sei, oder ob er als Mensch gut genug sei, ist er weniger fähig, seine Aufmerksamkeit ganz einem anderen zu widmen. Außerdem wird jemand, der an Identitätsproblemen leidet und dennoch einen anderen liebt, leicht in Gefahr geraten, seine Selbständigkeit an diesen anderen zu verlieren. Große Liebe kann bei einem Menschen mit schwachem Selbst dazu führen, daß der/die Geliebte die Person, die ihn/sie liebt, dominiert. Es kann ein Verlust des Selbst eintreten, ähnlich wie dies manchmal auch in der Beziehung zu Autoritätspersonen geschieht.

Die Mechanismen, die Phänomene wie Macht und Unterwerfung steuern, werden im 4. Kapitel untersucht. Die gleichen Prinzipien der Herrschaft können aber auch für Liebesbeziehungen gelten, in denen ein Ungleichgewicht herrscht.

Meine Klientin Joanne bedauerte, daß sie in ihrer Ehe zu keiner völligen Hingabe fähig sei. „Völlige Hingabe" war für sie eine intensive Erfahrung, und sie wußte, wie sich das anfühlte. Sie habe sich einmal einem anderen Menschen völlig unterworfen, sagte sie. Er hieß Nicolas und war ihr erster Freund. Sie war 15 und ganz besessen von diesem jungen Mann, den sie über alles liebte. Die Beziehung dauerte fast ein Jahr, dann verließ er sie plötzlich. Dies war nun schon neunzehn Jahre her. Und Joanne gestand nun: „Ich liebe diesen Jungen immer noch. In Gedanken sehe ich ihn, wie er war: schlank und groß, und er tat immer, was er gut fand. Ich fühle es wieder."
Ich fragte Joanne, ob sie sich erinnere, wie sie die Trennung verkraftet habe. Ihre Eltern hätten ihr nicht helfen können, sagte sie, und auch ihr Vater sei der erste Freund ihrer Mutter gewesen. Sie sei mit ihren Gedanken ganz allein geblieben. Dies habe sie zu der Überzeugung geführt, daß Hingabe einen einsam mache. Und Einsamkeit, sagte sie, habe sie in ihrer Jugend allzu gut kennengelernt. Dieser einschränkende Glaubenssatz war anscheinend der Kern ihres Problems. Wenn sie sich ihrem Ehemann unterwürfe, würde sie einsam werden – „wie ein weggeworfener Apfelbutzen".
In der Arbeit mit Joanne entdeckten wir, daß ihre Eltern sich nicht genug um sie gekümmert hatten. Dadurch hatte sie ein schwaches Selbst-Gefühl entwickelt. „Es kann jederzeit zusammenbrechen", sagte sie.
Und sie fuhr fort: „Ich bewunderte Nicolas, als ich fünfzehn war, denn er hatte Selbstvertrauen und ‚persönliche Macht'." Indem sie ihn liebte, hoffte sie selbst diese Eigenschaften zu erwerben. Durch ihre Liebe zu ihm hoffte sie auch, ihr Selbst-Gefühl zu festigen. Aber das funktionierte nicht. Die Liebe zu Nicolas befruchtete nicht ihr Selbstvertrauen, und nach der Trennung geschah das Gegenteil: Sie verlor alles Selbstwertgefühl.
In der folgenden Therapiesitzung gelang Joanne eine Stärkung ihres Selbst-Gefühls. Sie konnte ihren einschränkenden Glaubenssatz, daß Hingabe notwendig zu Einsamkeit führe, verändern. Sie änderte ihre persönliche Geschichte in der Weise, als hätte sie sich nie in Nicolas verliebt und statt dessen länger ihre Kindheit genossen. Dies gab ihr schließlich, nach all diesen Veränderungen, genügend Sicherheit, um ihrem Verlangen nach Leidenschaft nachzugeben und sie nun für ihren Mann zu empfinden, mit dem sie seit zehn Jahren verheiratet war.

Dieses Beispiel zeigt, wie jemand sich zu einem anderen hingezogen fühlen kann, um Komponenten zu finden, die dem eigenen Selbst fehlen. In solchen Fällen ist oft auch Abhängigkeit im Spiel, die eine Beziehung zerstören kann.

An der Liebeserfahrung kann die ganze Kinästhetik des Selbst beteiligt sein. Man kann z. B. intensiver lieben, wenn das Selbst-Gefühl daran beteiligt ist (siehe unten, der Fall Sandy). Wenn wir soziale Emotionen modellieren, können wir vom Selbst als jenem Persönlichkeitsanteil ausgehen, der den emotionalen Hintergrund für die Erfahrung eines bestimmten sozialen Gefühls bildet. Danach untersuchen wir, wie der andere in Beziehung zum Selbst repräsentiert ist.

Wenn man liebt, muß man die andere Person in bestimmten Submodalitäten sehen, hören, fühlen, riechen und schmecken. Wer Liebe für eine Person empfindet, tut in Gedanken etwas mit dieser Person. Etwas, das ihm bewußt macht, daß diese Person sich von allen anderen unterscheidet, die er nicht liebt. Aber was tut man da eigentlich? Wie erkennt man den Unterschied zwischen Sympathie und Liebe? Beim Modellieren sozialer Emotionen versuchen wir Antworten auf solche Fragen zu finden. Doch die Antworten, die wir finden, sind nicht immer leicht zu interpretieren. Hören wir, was Sandy dazu sagt: Ich fragte sie: „Was machst du, um deine Liebe zu deinem Freund zu fühlen, wenn er nicht da ist?"

„Wenn mein Freund nicht da ist und ich meine Liebe zu ihm fühlen will, blicke ich nach oben und sehe eine Flut innerer Bilder, die ihn in verschiedenen Situationen zeigen. Während diese Bilder vorbeiziehen, empfinde ich eine Wärme, die rasch von meiner Scham bis zum Kinn hinaufgleitet. Das geschieht in Bruchteilen von Sekunden. Unter all diesen Visionen springt dann ein Bild hervor und läßt die ganze übrige Bilderflut stillstehen. Ich sehe dieses Bild an und erlebe ein warmes, rundes Gefühl in meiner Körpermitte, irgendwo hinter dem Nabel. Das Gefühl strahlt in alle Richtungen ab. Schwer zu beschreiben, wo genau dieses Gefühl lokalisiert ist, denn das Gefühl der Liebe scheint überall zu sein. Dann drängt es mich, meine Liebe zu ihm auszusprechen, und in meinem Kopf fangen mehrere innere Dialoge an. Diese Dialoge bestehen wahrscheinlich aus Bruchstükken von Gesprächen, die zu der Situation gehören, die ich visualisiere.

Gleichzeitig reden andere innere Stimmen darüber, was ich in diesem Moment tun könnte – verschiedene Arten, meine Liebe auszudrücken (einen Brief schreiben, ihn anrufen, meinen Koffer packen und mit der Eisenbahn zu ihm fahren usw.). Diese Vorstellungen wechseln ab mit Gedanken an Dinge, die nützlicher und produktiver wären, z. B. Arbeiten abschließen, mit denen ich beschäftigt bin. Wenn die inneren Dialoge anfangen, setzt auch die Bilderflut wieder ein, und je nach der Intensität dieser Stimmen können die Bilder von meinem Freund abwechseln mit Vorstellungen von den Dingen, die ich tun sollte. Dann gewinnt wieder ein Bild die Oberhand, und ich fühle die zu diesem Bild gehörenden Emotionen. Solange die Bilder von meinem Freund überwiegen, erlebe ich das Gefühl meiner Liebe zu ihm. Die Intensität (Rundheit, Ausstrahlung, Vollkommenheit) meines Gefühls variiert je nach Farbe, Helligkeit und Bewegtheit der beherrschenden Vorstellung.
Wenn mein Freund da ist, kann das Gefühl meiner Liebe zu ihm ganz ähnlich aktiviert werden – dadurch, daß ich ihn lebendig vor mir sehe, oder durch etwas, das er sagt."

In diesem Bericht gibt es viele prädikative Aussagen visueller, kinästhetischer und auditiver Art. Aber wir finden keine exakten Prädikate zum Sozialen Panorama. Vorherrschend sind wertende Gefühle, und sie sind gut beschrieben, aber wir müssen doch noch einige Fragen stellen:

1) Wo erscheinen die Bilder deines Freundes in deinem Gesichtsfeld? (Sandy: In der Mitte, leicht nach rechts versetzt, etwas über dem Horizont.)
2) Wie weit entfernt siehst du ihn? (Sandy: Er kommt immer näher, bis ich ihn berühren könnte.)
3) Wo hörst du die Dialoge? (Sandy: Geflüstert in meinem Kopf, meist auf der rechten Seite.)
4) Was ist der entscheidende Unterschied zwischen den Submodalitäten einer Person, die dir sympathisch ist, und einer, die du liebst? (Sandy: Eine Person, die ich liebe, steht viel näher; sie wirkt heller, und ich fühle mich verbunden mit ihr, als wären wir durch eine Schnur von Nabel zu Nabel vereint. Das gibt mir ein warmes, rundes Gefühl im Bauch, das sich über meinen ganzen Körper ausbreitet. Mit Leuten, die mir sym-

pathisch sind, fühle ich mich auf diffusere Art verbunden, und sie stehen weiter entfernt.)

In Pannekoeks *Sympathy Project* wollten wir herausfinden, was das Gefühl Liebe für Menschen – möglichst für alle Menschen – bedeutet. In der NLP-Praxis wählen wir einen engeren Blickwinkel, der sich wahrscheinlich als produktiver erweisen wird. Beim Modellieren fragen wir etwa: Wie verhält sich das, was eine Person Liebe nennt, zu dem, was ein anderer unter diesem alltäglichen Wort versteht? Im NLP könnten wir sagen: Die komplexe Äquivalenz eines Wortes – die tatsächlich erfahrenen Gefühle hinter seinem Klang und Buchstaben – sind für jedes Individuum einzigartig. Die normale Kommunikation beruht aber darauf, daß diese Tatsache ignoriert wird. Sich mit Wörtern verständigen heißt, so zu tun, als bedeuteten sie für jedermann das gleiche.

Sandys Beispiel macht klar, wie kompliziert es ist, soziale Emotionen zu modellieren: Es ist tatsächlich so kompliziert, wie man es sich macht. Denn eine Emotion kann man in beliebig viele Teile zerlegen. Es gibt die an der Emotion beteiligten sensorischen Systeme und ihre Kriterien, die man der Reihe nach untersuchen kann. Es gibt die Submodalitäten aller Repräsentationen in all diesen sensorischen Systemen. Und an dem Gefühl können auch eine Reihe von Überzeugungen, Wertungen und linguistischen Strukturen beteiligt sein.

2.9.2 Eine soziale Emotion wie Liebe bestimmen

Wenn wir mit sozialen Emotionen arbeiten, müssen wir uns praktikable Beschränkungen auferlegen. Wir brauchen lediglich in dem Moment, da eine solche Emotion erfahren wird, den Ort der sie auslösenden Personifikation im Sozialen Panorama zu bestimmen. Den einfachsten Zugang bietet die Aufforderung: „Fühle… (Bezeichnung der jeweiligen sozialen Emotion). Wie und wo siehst du die daran beteiligte Person?"

Diese Aufforderung filtert manche Nebenaspekte aus; was bleibt, sind die Positionen im Sozialen Panorama und ihre entscheidenden Submodalitäten.

Eine typische Antwort wäre: „Damit ich Liebe zu ihr fühle, muß ich sie von rechts nach vorne in meine Richtung kommen sehen. Sie kommt mir so nah, daß ich sie rechts vorne bei mir sehe und fühle. Im nächsten Moment könnte ich sie umarmen. Das genügt, um Liebe zu fühlen."

Ähnliche Aussagen bestätigen, daß Entfernung die entscheidende Submodalität beim Gefühl Liebe ist. Manche erleben die oder den Geliebte/n innerhalb ihres Körpers, doch ein gewisser Abstand zwischen beiden scheint die Regel zu sein. Werden geliebte Menschen weiter als einen Meter entfernt repräsentiert, so deutet dies meist auf Schwierigkeiten hin. Problematisch ist auch, wenn der oder die Geliebte mehr als einen Kopf größer repräsentiert wird als man selbst. Dies illustriert folgendes Beispiel:

Meine Klientin Miriam hatte soeben erfahren, daß ihr Mann seit fast einem halben Jahr eine heimliche Affäre hatte. Sie klagte darüber, daß sie zu abhängig sei, daß sie keinen Spaß in ihrer Beziehung habe und ihm zuliebe viel zu anpassungsbereit sei. Unter anderem glaubte Miriam, daß ihre Abhängigkeit ihn in die Arme der anderen Frau getrieben hatte. Ich forderte sie auf: „Imaginiere dich inmitten aller Menschen dieser Welt…, wo siehst du deine Tochter?" Miriam sagte, sie sehe ihre Tochter vor sich, etwa zwei Meter entfernt, auf der rechten Seite ihres Sozialen Panoramas. Nachdem ich mich vergewissert hatte, daß sie mich verstanden hatte, fragte ich: „Wo siehst du Harry (ihren Mann)?" Ohne zu zögern sagte sie, er befinde sich zweieinhalb Meter vor ihr. Die Distanz, sagte sie, sei deshalb so groß, weil sie eben erst von seinem Seitensprung erfahren habe. Nun fragte ich: „Wo war Harry lokalisiert, bevor du von seiner Affäre wußtest – vor ungefähr einem halben Jahr?" Miriam lachte und sagte: „Er steht direkt vor mir, zwanzig Zentimeter entfernt. Ich schaue ihn an."
Eine dramatische Veränderung trat ein, als ich ihr die Suggestion anbot: „Verschiebe Harry doch zur Seite – welche Seite bevorzugst du?" Sie stellte ihn auf einen Platz links neben sich. Und gleich ging es ihr viel besser. Ich fragte weiter: „Warum machst du ihn nicht kleiner?" Miriam verfiel einen Moment in tiefes Nachdenken. Als ihre Aufmerksamkeit zum Hier und Jetzt zurückkehrte, sagte sie: „Ich kann ihn nicht verkleinern; täte ich es, dann könnte ich ihn nicht respektieren, und ich muß ihn respektieren, um ihn lieben zu können."
Dennoch wünschte sich ein Teil von Miriam eine – wie sie sagte – ausgewogene Beziehung. Dies hätte ein kleineres Bild ihres Ehemannes vor-

ausgesetzt. Hier setzte ich den sogenannten „V/K-Squash" (visuell/kinästhetische Zusammenführung) ein. Dabei repräsentierte Miriams eine Hand jenen Teil von ihr, der „Ausgewogenheit" wollte; die andere Hand war jener Teil von ihr, der den Mann lieben und respektieren wollte. Obwohl die beiden Hände sich nicht vereinigen konnten, um die zwei Wünsche zu integrieren, kamen beide Teile einander näher.
Jetzt sah Miriam Harry ein bißchen kleiner werden, aber er blieb dennoch respektabel und liebenswert. Zu Miriams Überraschung wurde er grün. Sie lachte, als dies geschah. „Jetzt kann ich wieder mit ihm Spaß haben", sagte sie.

Eine andere Methode, das Bild des Geliebten zu verkleinern, besteht darin, das Selbst-Bild zu vergrößern. Meine bisherigen Erfahrungen zeigen, daß sich immer beide Seiten verändern, egal, welche Methode man wählt. Wenn man eine ökologische Lösung findet, wird das Selbst-Bild verbessert, und der Geliebte wird mehr oder minder gleich groß wie man selbst.

2.10 Wahrnehmungspositionen im Sozialen Panorama

Das Modell der Wahrnehmungspositionen wurde in seiner heutigen Form von John Grinder und Judith DeLozier (1987) entwickelt. Es gehört zum Trainingspaket der meisten NLP-Practitioner und Master-Practitioner.

Das Modell umfaßt in der Hauptsache zwei Personen: „mich" und einen „anderen". Die dritte Komponente ist ein imaginärer Beobachter, der mich und den anderen sieht.

Die erste Wahrnehmungsposition besteht aus meiner Repräsentation der Welt, wie ich sie mit meinen Augen sehe – einschließlich des anderen.

Die zweite Wahrnehmungsposition besteht aus meiner Repräsentation der Welt – einschließlich meiner selbst, wie ich glaube, daß sie durch die Augen des anderen gesehen wird, während wir miteinander kommunizieren. In der zweiten Position versetze ich mich also in den anderen und sehe mich aus seiner Perspektive.

Die dritte Wahrnehmungsposition besteht aus meinen Repräsentationen meiner selbst und des anderen, mit dem ich kommuniziere – wir beide gesehen mit den Augen eines imaginären Beobachters. Um die dritte Position einzunehmen, stelle ich mir vor, mich zusammen mit dem anderen zu sehen.

Bei vielen Modelling-Projekten konnten NLPler feststellen, wie wichtig die Fähigkeit ist, Wahrnehmungspositionen zu wechseln. Menschen mit hochentwickelter sozialer Kompetenz wechseln häufig von einer Position in die andere. Die Verhaltensflexibilität eines Menschen ist weitgehend Folge dieser mentalen Fähigkeit; sie erlaubt einem, die Dinge aus verschiedenen Blickwinkeln zu sehen und entsprechend zu handeln.

Es braucht nicht viel Einbildungskraft, um die Wahrnehmungspositionen mit dem Sozialen Panorama in Verbindung zu bringen. Das Modellieren höherer sozialer Kompetenzen fällt leichter, wenn wir die Kombination dieser Konzepte im Sinn behalten. Wir können dann zwischen einem Sozialen Panorama der ersten Position, der zweiten und der dritten Position unterscheiden.

Den Wert dieser Konzepte illustriert folgendes Beispiel:

1983 machte ich eine Reise in das afrikanische Land Malawi. In dem „Resthouse", wo ich abstieg, gab es noch zwei andere Weiße, Südafrikaner. Einen von ihnen, Vitus, lernte ich in der Lobby kennen, und bald steckten wir mitten in der unvermeidlichen Diskussion über Apartheid. Diese zog sich drei Stunden hin, und ich war von unserem Gespräch so gefesselt, daß ich mich noch immer an viele Details erinnere. Ich werde versuchen, diese in die Sprache des Sozialen Panoramas zu übersetzen.

In meinem Sozialen Panorama der ersten Wahrnehmungsposition standen weiße Südafrikaner links von der Mitte, mehr als zwölf mentale Meter entfernt. Auch befanden sie sich etwas unterhalb des Horizonts. Meine Bilder von diesen Leuten waren mit ablehnenden Gefühlen verbunden. Diese meine Lokalisierung besagte, daß ich sie verachtete und ihnen mißtraute. Das komische Holländisch, das sie sprachen, war wohl der Grund für eine niedrigere Verortung, als es sonst der Fall gewesen wäre. Zugleich war ich auch fasziniert, und ich „zoomte" gleichsam auf sie ein. Ich saß in der Halle fünf Meter von Vitus entfernt, sah ihn aber mit einer leichten Form von Tunnelblick. Diese Faszination lag nahe, denn in den Niederlanden begegnet man nur selten offen rassistischen Südafrikanern.

In meinem Sozialen Panorama der ersten Position verteilten sich die schwarzen Afrikaner in weitem Spektrum über den Vordergrund. All die Begegnungen auf meinen Afrikareisen hatten zu einem instabilen, unscharfen Bild geführt. Doch die schwarzen Afrikaner standen alle unter dem Horizont, ein Hinweis auf meine überlegene Einstellung ihnen gegenüber. Wie die meisten Leute aus dem Westen fühlte ich mich höher entwikkelt, wohlhabender, gebildeter und intelligenter als sie, auch wenn ich es nicht richtig fand, so zu denken.

Manche schwarzen Afrikaner standen nah bei mir, etwa $1\frac{1}{2}$ mentale Meter entfernt oder etwas weiter. Darin zeigte sich meine Sympathie für die meisten Menschen, die ich auf meiner Reise getroffen hatte. Ich hatte von den Malawiern viel Freundschaft und Gastlichkeit erfahren.

Nun dürfte klar sein, daß diese Komponenten meines Sozialen Panoramas der ersten Position im Gespräch mit Vitus eine wichtige Rolle spielten. Durch die Unterhaltung mit ihm erfuhr ich viel über die sozialen Dimensionen, in denen er dachte, über die Kategorien von Menschen, die er unterschied, die hierarchischen Positionen, die er ihnen zuwies, und die Wörter und Metaphern, mit denen er sie kennzeichnete. Dies ermöglichte mir, ein Soziales Panorama der zweiten Position zu bilden – ein mentales Konstrukt, das, wie ich glaubte, Vitus' innerer Erfahrung entsprach. In diesem visuellen Gebilde sah ich weiße Südafrikaner auf einem hohen, zentralen Platz. Schwarze Afrikaner standen irgendwo links unten am Boden. Dieses Soziale Panorama der zweiten Position enthielt also die offenkundigsten Unterschiede unserer sozialen Weltbilder. Es war meine Rekonstruktion dessen, was Apartheid von innen gesehen bedeuten mochte. Bemerkenswert war die Tatsache, daß es in meinem Sozialen Panorama der ersten Position eine Trennung zwischen Holländern (weißen Europäern) und weißen Südafrikanern gab. Und in meiner Sicht gab es nur wenige Überschneidungen zwischen beiden Gruppen. Dies war eine künstliche Trennung, die auf meiner Ablehnung der Apartheid beruhte. Gewiß gab es manche Ähnlichkeiten zwischen uns, vor allem die gemeinsame Sprache. Aber für mein Ohr klang sein Africaans irgendwie kindisch, während ich glaubte, daß sich meine Sprache für Vitus normal anhörte.

In meinem Sozialen Panorama der zweiten Position sah ich, daß sich Vitus viel stärker mit mir identifizierte als umgekehrt ich mich mit ihm. Ich konnte mir vorstellen, daß er Holländer und weiße Südafrikaner auf den gleichen Platz stellte.
Während ich dies aufschrieb, konnte ich ein Soziales Panorama der dritten Position visualisieren. Es enthielt Vitus und mich und verdeutlichte unmittelbar, warum die Kommunikation zwischen uns so schwierig war.
Immer wieder mußte ich Bemerkungen über die großen kulturellen Unterschiede zwischen den Niederlanden und Südafrika einflechten. Er widersprach. Ich führte soziale Dimensionen ein, die die schwarzen Afrikaner in ein günstigeres Licht stellten, in eine hohe und zentrale Position. Er brachte natürlich Gegenbeispiele und rückte die Schwarzafrikaner wieder tiefer. Er wußte in unserem Gespräch mehr Beispiele anzuführen als ich. Als wir zu ethischen Fragen übergingen, wurde die Diskussion wirklich schwierig. Er glaubte, ich sei Protestant wie er. Es war ganz unmöglich, unsere Gegensätze mit Hilfe unseres jeweiligen „spirituellen Panoramas" zu überbrükken. (Letzteres wird im 7. Kapitel vorgestellt.)

2.11 Kommunikation und Soziales Panorama

Die Worte: „Meine Mutter, weißt du ..., und dieser Kerl", kamen langsam von Jimmys Lippen. Ich wußte genau, was er meinte, denn als er das Wort „Mutter" aussprach, blickte er auf seine linke Hand hinunter. Er hielt sie flach auf dem Schoß und bewegte sie ein wenig. Genau in dem Moment, als er „und dieser Kerl" sagte, hob er die rechte Hand wie einen Schirm in die Luft, knapp über Augenniveau. Den Bruchteil einer Sekunde lang schüttelte er kräftig die Hand. Auf diese Weise brachte er zum Ausdruck, wie sein Vater die Mutter und die ganze Familie dominierte.

Jimmys Handbewegung war das „Zeigen von Lokalisierungen". Er machte sichtbar, wo seine Mutter und sein Vater in seinem Sozialen Panorama standen.

Wenn Theresa über ihre Kollegin spricht, blickt und neigt sie sich nach rechts und leicht nach oben. Ich deutete mit der Hand in diese Richtung und fragte: „Weiß sie, daß sie deine Kreativität blockiert?" Theresas Antwort machte mir klar, daß sie ihre Kollegin tatsächlich an diesem Platz visualisierte.

Jimmys und Theresas Beispiele zeigen, wie der Ausdruck sozialer Erfahrung durch nonverbale Kommunikation unterstützt wird. Oft blicken die Leute in die Richtung, wo sie diejenigen, von denen sie sprechen, lokalisieren, und man bemerkt auch Gebärden, Körperhaltungen und Bewegungen, die auf die Struktur ihrer Erfahrung mit dem Sozialen Panorama hinweisen.

Bereits die Körperhaltung mancher Klienten verrät, wie mein Kollege Frits Schoon behauptet, daß sie an einer imaginären Interaktion mit einem anderen beteiligt sind – einer Interaktion von mehr oder weniger dauerhafter Art. „Sitzt dir jemand im Nacken?" fragte Frits einen Klienten, der sich sehr vorsichtig und zaghaft bewegte. „Ja", antwortete dieser, „ich gehe so, weil mich mein Vater jeden Moment erschrecken, mich anschreien und verletzen könnte."

Sobald man mit der Idee des Sozialen Panoramas vertraut ist, sind diese nonverbalen Zeichen des „Zeigens von Lokalisierungen" ohne weiteres zu erkennen. Und natürlich sind auch die verbalen Äußerungen, das „Sprechen über Lokalisierungen", unschwer nachzuweisen. Lesen Sie folgende Äußerungen und versuchen Sie, die zugehörigen Plazierungen zu rekonstruieren:

„Er ist an der Spitze des Feldes." „Der linke und der rechte Flügel haben sich angenähert." „Sie ist unsere Gegnerin." „Die Oberschicht wird hinabgezogen." „Er stellt sich außerhalb der Belegschaft." „Er steht einsam an der Spitze." „Sie sind mächtig abgefallen." „Die Belegschaft steht hinter uns." „Alle waren sich damals näher." „Er schießt wie ein Komet durch die Abteilung." „Sie ist so weit entfernt." „Ich brauche jemanden an meiner Seite." „Sie sind bei uns." „Er hat sich isoliert." „Auf wessen Seite steht er?" „Ich habe mein deutsches Erbe zu sehr in den Hintergrund gedrängt." „Die Leute sind mir zu sehr auf den Fersen." „Ich brauche mehr Platz."

Wir dürfen mit Recht annehmen, daß die Sprache des Sozialen Panoramas überwiegend aus prädikativen Aussagen besteht, die im wörtlichen Sinn die Submodalitäten der sozialen Erfahrung bezeichnen. Wie oben gesagt, wird die Art, wie diese Submodalitäten in Erscheinung treten, durch metaphorische Ausdrucksweisen beeinflußt. Wenn wir also die Aussage „John steht mir gegenüber" hören, kann eines von zwei Dingen – oder beide – der Fall sein:

1) Der Sprecher drückt aus, was er vor seinem inneren Auge sieht.
2) Der Sprecher gebraucht einen geläufigen metaphorischen Ausdruck.

Ob metaphorisch oder nicht, der Zuhörer muß jedenfalls einen Teil des Sozialen Panoramas des Sprechers rekonstruieren, um die Aussage zu verstehen. Bandler und Grinder gebührt das Verdienst, die Sprache so wörtlich zu nehmen. Dadurch hat NLP einen völlig neuen Gesichtspunkt in die Linguistik eingeführt.

Der finnische NLP-Pionier Veli-Matti Toivonen hat festgestellt, daß Veränderungen in der Sprache, den Submodalitäten, der Physiologie, dem Verhalten und den sozialen Rollen eines Sprechers gleichzeitig stattfinden. Mit anderen Worten, wenn sich das eine System ändert, ändern sich gleichzeitig auch alle anderen. Wenn wir also den Sprachmodus benutzen, um Änderungen zu erreichen, beeinflussen wir zugleich Submodalitäten, Physiologie, Verhalten und soziale Beziehungen. Dann sind keine Interventionen mehr nötig, um gesondert auf die anderen Systeme einzuwirken.

Für die Arbeit mit Gruppen bedeutet dies einfach, daß wir auch das (Sub)System Sprache benutzen können, um das Soziale Panorama einer Gruppe direkt zu verändern. Die gruppendynamische Kommunikation findet in der Sprache des Sozialen Panoramas statt. Auch in der Metakommunikation regen die Menschen einander zur Änderung der Submodalitäten ihrer Sozialen Panoramen an. Der Mann, der zu seinem Kollegen sagt: „Treten wir ihnen entgegen", leitet einen Wechsel der Submodalität ein. Sein Kollege kann diese Äußerung nur verstehen, wenn er „sie" (die anderen) buchstäblich vorne im Zentrum seines Sozialen Panoramas sieht.

3. Kapitel

Selbst-Erfahrung und Identität

3.1 Die soziale Welt dreht sich um mich

Im 1. Kapitel wurde die Selbst-Erfahrung als Prototyp dessen eingeführt, wie wir soziale Objekte begreifen, nämlich als Personifikationen. Im 2. Kapitel wurde das Selbst definiert als Mittelpunkt des sozialen Sonnensystems der Person. Wir brauchen also das Selbst – aber was ist der empirische Stoff, aus dem es besteht?

Die guten alten Begriffe „Selbst" und „Identität" gehören beide zum selben hermeneutischen Netzwerk, und seit jeher debattieren die Philosophen über ihre „eigentliche Bedeutung". Die „Selbst-Psychologie", wie sie aus dem Denken eines William James (1890) weiterentwickelt wurde, schenkte uns manche Einsichten, gab uns aber keine praktischen Werkzeuge an die Hand, um das Selbst zu stärken oder zu verändern. Auch Kenneth Gergen (1991) hat keine solchen Instrumente anzubieten. Seine postmoderne Auffassung zeigt, daß das Konzept einer stabilen Identität in dieser Zeit des sozialen Chaos ein Anachronismus ist.

Philosophie und Selbst-Psychologie waren nicht in der Lage, Instrumente zur Änderung und Stärkung des Selbst zu schaffen – NLP hat dies getan und wird es weiterhin tun. Vor allem Leslie Cameron Bandlers Workshops über das „Imperative Selbst" handelten vom Modellieren und Verändern bestimmter Aspekte der Selbst-Erfahrung, ähnlich wie die Arbeiten von Robert Dilts und Charles Faulkner.

3.2 Über das Selbst sprechen

Was ist die Identität eines Menschen?

Die meisten NLP-Practitioner beantworten diese Frage einfach mit der Definition: „Identität ist das, was die Person zu *sein glaubt*." Und wir NLPler sind auch der Meinung, daß es eine relativ konstante Ebene des

Seins gibt, nämlich „das, was ein Mensch war, ist und sein wird, sogar vor und nach seinem Leben." In diesem Buch nennen wir es die *transtemporale Selbst-Erfahrung.* Theologen, Philosophen und Gurus haben immer wieder Theorien formuliert, um zu beweisen, daß diese Erfahrung aus einer physischen Tatsache resultiert: „Seele" ist das populäre Konzept zur Stützung unseres Wunschdenkens, daß unser „Wesen" auch nach unserem Leben weiterexistieren möge. Doch die moderne Biologie verweist hier lediglich auf die Gene.

Das Substantiv „Identität", wie wir es auch im NLP verwenden, suggeriert fälschlich die Existenz einer Art von „Kern-Selbst", als gäbe es so etwas wie eine stabile und konstante Struktur des Selbst. Stabilität und Konstanz werden aber fraglich, sobald wir die „Selbst-Erfahrung" untersuchen, weil uns dann eine dauernd variierende Melodie entgegentönt – eine Melodie zudem, die nicht mal in der gleichen Tonart gespielt wird. Das Selbst ist kein festes Objekt, und Identität ist nie identisch; Selbst-Erfahrung wandelt sich mit dem Kontext und im Lauf der Zeit. Dennoch ist der Glaube, man bleibe sein Leben lang ein und dieselbe Person, manchmal ein stärkender und beruhigender Gedanke – doch er ist auch ein Hemmschuh für jene, die sich wirklich ändern wollen.

Die Definition von Identität als das, was die Person zu sein glaubt, könnte man als typisch linguistische Auffassung bezeichnen, in deren Mittelpunkt die Verben „glauben" und „sein" stehen.

Wenn wir andere Leute über sich selbst reden hören, hören wir häufig Äußerungen, die mit „ich bin..." oder sogar mit „ich glaube, ich bin..." anfangen. Die meisten könnte man als Identitäts-Aussagen bezeichnen. Solche Äußerungen werden hervorgerufen, indem man die Person fragt: „Wer bist du?"

Die Erfahrung lehrt aber, daß wir auf die Frage: „Sag mir, wer du bist?" selten direkte Antworten erhalten.

John: „Anita, sag mir, wer du bist."

Anita: „Oh, Mann ... verflucht nochmal ... (lange Pause). Das ist mehr als ich in Worten ausdrücken kann. (Wieder lange Pause.)

Ich war ich ... lange bevor ich wußte, daß ich ein Mensch oder ein Mädchen bin. Heute bin ich Sekretärin, ich glaube, ich bin eine zärtliche Geliebte ... finde mich elegant und sexy ... sehe mich als kleine Kampfmaschine... Ich bin Anita! (Lacht.) Aber vor allem bin ich ... ich, weißt du, einfach ich. Wie ich immer schon war." (Weiß anscheinend nicht weiter.)

Die Antworten auf diese Frage können sieben Arten von Komponenten enthalten:

- Ich bin X (wobei X synonym für „ich" ist, wie etwa: Ich bin ich, ich bin ich selbst)
- Ich bin Y (wobei Y der Eigenname ist, wie: Ich bin Peter)
- Ich bin wie Z (wobei Z ein metaphorischer Ausdruck ist: Ich bin wie ein Tiger in der Nacht)
- Ich bin U (wobei U einen Charakterzug darstellt: Ich bin flexibel)
- Ich bin E (wobei E die Bezeichnung für einen emotionalen Zustand ist, wie: Ich bin glücklich)
- Ich bin eine V (wobei V die Bezeichnung für eine soziale Kategorie ist, wie: Ich bin Lehrerin)
- Ich bin ein n-W (wobei n eine Wertung innerhalb der sozialen Kategorie W ist, wie: Ich bin ein schlechter Lehrer)

In der letztgenannten Identitätsaussage stellt sich die Person automatisch irgendwo in eine soziale Ordnung.

Wenn wir unsere Idee vom Selbst auf das beschränkten, was sich mit Worten ausdrücken läßt, könnten wir dies als „linguistische Definition von Identität" bezeichnen. NLP hat uns aber gelehrt, die Empfindungen hinter den Wörtern zu erkennen: Wir müssen auch die sogenannte „komplexe Äquivalenz" des Selbst modellieren. Diese bezeichnen wir als *Selbst-Erfahrung* – nämlich die Art, wie wir uns sehen, hören, fühlen, riechen und schmecken.

3.2.1 *Zuerst: Sollten wir es loswerden?*

Gurus geben ihren Schülern häufig den Rat, ihr Selbst aufzugeben: „Laß es los!" Identität, sagen sie, sei ein Hindernis für spirituelle Erfüllung und totale Hingabe: „Töte dein Ego ab!"

Diesen Ratschlag unterziehen Diana Alstad und Joel Kramer, *The Guru Papers* (1993, dt. 1995) einer brillanten Kritik. Sie räumen ein, daß es leichter sein mag, sich dem Guru zu unterwerfen, wenn man seine Identität aufgegeben hat. Aber sie stellen auch fest, daß ein Guru nie seine eigene Identität aufgibt. Im Gegenteil, er hat meist ein sehr starkes Ego.

Durch das Aufgeben des eigenen Selbst kann man in tiefe Abhängigkeit von seinem Guru geraten, der Ängste und Konflikte für einen löst und einem überhaupt sagt, was man tun soll. Nachdem ich seit 16 Jahren als Therapeut arbeite, darf ich sagen: Ein schwaches Selbst sorgt für mehr Schwierigkeiten als ein starkes. Darum passen Sie gut auf ihr Selbst auf!

3.2.2 Das Selbst sorgt für Einheitlichkeit des Denkens

Hierarchische Organisation ist das wichtigste Abwehrmittel des Gehirns gegen das Chaos. Hierarchische Ordnung ergibt sich, wenn starke mentale Programme weniger dominante Programme regieren und überwältigen. Und diese Hierarchie funktioniert am besten, wenn eine geringe Zahl starker Komponenten eine größere Zahl schwächerer Komponenten regiert. Unser Denken funktioniert also ganz gut, wenn einige übergeordnete Überzeugungen (Programme) alle anderen dominieren. Solche „Spitzen"-Programme beseitigen Unsicherheit und sorgen für Seelenfrieden.

Zum Teil können wir diese mentalen Hierarchien mit Hilfe der (neuro)logischen Ebenen erfassen, wie sie von Robert Dilts ins NLP eingeführt wurden, der dieses Konzept von Gregory Bateson übernahm, dessen Arbeiten wiederum von Wittgenstein inspiriert waren. Der Einfachheit halber (und um mich nicht John Grinders Kritik auszusetzen) möchte ich diese logischen Ebenen wie folgt zusammenfassen:

An der Spitze einer Hierarchie „mentaler Software" finden wir eine Ebene, die meist als „Spiritualität" bezeichnet wird. Sie besteht aus alleinigenden Erfahrungen, einschließlich der Beziehung des Individuums zum Universum, zur Natur, zur Gesellschaft oder zu Gott. Spiritualität nennen wir jene Kategorie von Erfahrungen, die das Individuum transzendieren. Diese spirituellen Vorstellungen werden in sehr starken Submodalitäten repräsentiert, die sie allen anderen mentalen Inhalten überlegen machen.

Wie Bateson sagt: Eine hohe logische Ebene organisiert die einer niedrigeren Ebene angehörenden Informationen. Eine starke spirituelle Erfahrung kann das ganze Denken eines Menschen prägen.

Etwas tiefer in der Hierarchie finden wir die Ebene der Selbst-Erfahrung. Wenn wir diese Ebene mit „linguistischer Identität" verwechseln, definieren wir sie als das, „was einer zu sein glaubt – und mit Worten auszudrücken vermag". In diesem Buch aber verstehen wir Selbst-Erfahrung als umfassendere Kategorie, die häufig über Worte hinausweist, sie aber auch einbegreift.

Die Selbst-Erfahrung kann zwar durch spirituelle Erfahrungen stark geprägt sein, steht aber an einem sehr hohen Platz des mentalen Systems. Die Submodalitäten der Selbst-Erfahrung können von sehr unterschiedlicher Intensität sein, erreichen aber selten die „höchste" Ebene der spirituellen Erfahrung. Wenn sie es allerdings tun, erlebt die Person manchmal einen sogenannten „Ego-Kick" oder „Ego-Schub". Ein andermal kann das Selbst-Gefühl auch ganz verlorengehen, was eine ebenso schreckliche wie befreiende Erfahrung sein kann.

Die hierarchische Struktur der mentalen „Software" erfüllt, wie gesagt, einen wichtigen Zweck. Sie verhindert Chaos, ermöglicht Entscheidungen und hilft dadurch, innere Konflikte zu eliminieren. Eine Entscheidung zwischen der höheren und der niedrigeren logischen Ebene wird automatisch zugunsten der höheren Ebene getroffen. Ein Dilemma zwischen zwei gleichwertigen, aber offenbar unvereinbaren Optionen kann gelöst werden durch Einbeziehung von Überzeugungen und Werten einer höheren logischen Ebene – ähnlich wie ein Konflikt zwischen zwei gleichrangigen Offizieren in der Armee durch einen Vorgesetzten gelöst werden kann.

Spirituelle Erfahrungen und die daraus abgeleiteten Überzeugungen sind die stärkste Kraft zur Bewahrung unserer inneren Einheit. Menschen, die den Glauben an ihre spirituellen Überzeugungen verloren haben, leiden meist an Unsicherheit und Zweifeln. Sie werden dann auf ihre Selbst-Erfahrung zurückgreifen, weil diese die zweitstärkste Kraft ist, die für innere Einheit sorgt. Wenn einer dagegen kein starkes Selbst hat, kann dieser Mangel auf spiritueller Ebene ausgeglichen werden.

Die Aufgabe des eigenen Selbst zwingt einen Menschen, wie zu Anfang dieses Kapitels gesagt, auf spirituelle Mittel zurückzugreifen, um den Zusammenhalt als Person zu bewahren. Wir können mit Sicherheit behaupten, daß die Selbst-Erfahrung drei wichtige Funktionen erfüllt, darunter in erster Linie der Erhalt der Persönlichkeitsgrenzen. Dies zeigt sich eindrucksvoll bei Problemen der multiplen Persönlichkeit. Die zweite Funktion ist eine vorwiegend kommunikative: nämlich, andere Menschen wissen zu lassen, wer man ist – in dem Sinn, daß man den anderen Hinweise gibt, wie man eingeordnet und in die soziale Ordnung gestellt werden möchte. Die dritte Funktion des Selbst besteht darin, die mentalen Repräsentationen von Beziehungen zwischen dem Selbst und anderen zu ermöglichen. Wie wir in der Arbeit mit dem Sozialen Panorama sehen, bestehen solche Beziehungen aus einer Selbst-Repräsentation und einer gleichzeitig vorhandenen Ander-Repräsentation.

3.3 Der Unterschied zwischen persönlichem und sozialem Selbst

Das persönliche Selbst ist jener Teil der Selbst-Erfahrung, von dem im NLP meist die Rede ist. Es besteht aus mentalen Repräsentationen, die den Gedanken stützen, daß man ein einmaliges Individuum ist. Unser persönliches Selbst sagt uns, daß es im ganzen Universum nur eine Person gibt, die mit uns identisch ist, nämlich wir selbst.

NLP betont die Einmaligkeit des Individuums. Darin zeigt sich das philosophische, von humanistischen und individualistischen Auffassungen geprägte Erbe des NLP. Dieser kulturelle Hintergrund verleitet manche NLPler, den anderen Teil des Selbst zu vernachlässigen: das *soziale Selbst*. Die Blindheit für den „Wir-Teil" des Selbst läßt NLPler auch Dinge wie kulturelle Werte, kulturelle Ähnlichkeiten und kollektive Spiritualität übersehen – obwohl letztere wohl die geläufigste Form spiritueller Erfahrung überhaupt ist. Ebenfalls vernachlässigt wird im NLP die Macht, die soziale Systeme über das Individuum haben – etwa Familie, Kirche, Stammesgemeinschaft oder Staat.

Das soziale Selbst (von heutigen Sozialpsychologen als soziale Identität bezeichnet) enthält Informationen darüber, in welcher Weise ein Mensch anderen Menschen ähnlich und mit ihnen verbunden ist. Die moderne anglo-amerikanische Gesellschaft wertet Individualität höher als Kollektivität. Romane und Filme handeln oft von einzelnen Helden, die mit anderen Einzelnen im Wettbewerb stehen; Stammeskriege oder Familienfehden sind dagegen weniger häufige Themen. Ein von der Kraft des Kollektiven motiviertes Verhalten erscheint dem heutigen westlichen Denken irrational. Auch die Idee, Menschen zu klonen, widerspricht der Ideologie der Einmaligkeit.

Wenn wir die Selbst-Erfahrung einer Person modellieren, berücksichtigen wir auch die oft kulturell konnotierte Frage, ob *das soziale Selbst das persönliche Selbst dominiere oder umgekehrt*. Um dies zu klären, können wir fragen: „Was ist dir wichtiger – was du über dich selbst denkst oder was andere über dich denken?" Die Vorherrschaft des Sozialen über das Selbst geht mit einer Höherbewertung der Meinung anderer vor der eigenen einher. Auch daran, wie oft Gruppen, Clans, Stämme oder Gemeinschaften erwähnt werden, können wir abschätzen, ob die Person „ich-gesteuert" oder „wir-gesteuert" ist. Die Herrschaft des Sozialen über das Selbst manifestiert sich auch in Kleidung, Tätowierungen oder Clan-Symbolen.

Logische Ebenen im sozialen Bereich	
Spiritualität	Individuelle spirituelle Verbindungen: ICH – Universum/Gott Kollektive spirituelle Verbindungen: WIR – Universum/Gott
SELBST-ERFAHRUNG	Transtemporales Selbst: ICH wie ich immer bin Persönliches Selbst (ICH als einzigartig) Kontextuelles Selbst: ICH in diesem Moment Stammesidentität: WIR sind eine Familie Soziales Selbst (WIR sind gleich) Selbstgewählte Gruppen: WIR sind Freunde Linguistische Identität: Ich- und Wir-Äußerungen
Glaubensvorstellungen	Glaubensvorstellungen über die soziale und spirituelle Welt Glaubensvorstellungen über die physische Welt
Fähigkeit	Soziales Betriebssystem Soziale Kompetenzen Rapport und andere Kompetenzen Alle anderen Kompetenzen
Verhalten	Soziales Verhalten: Umgang mit der eigenen Spezies Alle anderen Verhaltensweisen
Umwelt	Soziale Umwelt: Anschalten des SOZ. PAN. Nicht-soziale Umwelt: Abschalten des SOZ. PAN.

3.4 Struktur der persönlichen Selbst-Erfahrung

Die Selbst-Erfahrung läßt sich auf verschiedene Weise analysieren und zerlegen. Für uns NLPler ist die Aufgliederung nach sensorischen Systemen allerdings sehr praktisch, da sie allen unseren zentralen Modellen und Methoden entspricht.

3.4.1 Transtemporales Selbst-Bild

Welches sind die visuellen Teile des persönlichen Selbst?

Die Selbst-Bilder einer Person werden aktiviert durch Fragen wie: „*Siehst* du ein Bild von dir selbst?" Aber diese Art der Fragestellung kann zu einem unspezifischen Suchen führen. Das weite Spektrum von Bildern, die jemand im Anschluß an diese Anweisung sieht, macht es oft schwierig, eines von ihnen herauszugreifen. Als NLPler müssen wir wissen, worauf es uns ankommt, und dem Klienten helfen, eine korrekte Entscheidung zu treffen.

Meine umfangreichen Experimente auf diesem Gebiet haben gezeigt, daß Bilder des Selbst auf verschiedenen Abstraktionsebenen zugänglich gemacht werden können. Zum Beispiel mag jemand sich erinnern, was er morgens im Spiegel gesehen hat, aber er kann auch ein transtemporales Selbst-Bild visualisieren – zwangsläufig eine Abstraktion dessen, „wer er immer schon war und immer sein wird". Es ist eine Frage der Technik, den Klienten auf die richtige Abstraktionsebene zu führen.

Das „transtemporale Selbstbild" in drei Schritten zugänglich machen

1) Nimm dir Zeit und betrachte dein ganzes Leben, als sähest du einen Dokumentarfilm über deine Biographie. (Oder laß deine Timeline einen Moment außer Betracht.)
2) Frage dich: Wer bin ich immer gewesen, wer bin ich jetzt, und wer werde ich immer sein?
3) Entspanne dich und warte, bis dein Unbewußtes dir ein Bild schickt, das DICH zeigt. Akzeptiere jede Vorstellung, wie unbestimmt sie auch sein mag. Vertraue darauf, daß es die richtige sein wird.

Solch ein transtemporales Selbst-Bild kann als Ressource dienen, wenn Menschen nach Führung in ihrem Leben suchen. Oder es kann helfen, eine Reihe multipler Selbste zusammenzuführen.

3.4.2 Kontextuelles Selbst-Bild

Selbst-Bilder verändern sich allerdings erheblich je nach Zeit und Kontext. In der Therapie und beim Coaching müssen wir oft mit Selbst-Bildern arbeiten, die zu bestimmten Situationen gehören. Dieses weniger abstrakte „kontextuelle" Selbst spielt eine wichtige Rolle in der Arbeit mit dem Sozialen Panorama. Darum ist es wichtig, die folgenden Schritte gut zu beherrschen.

Das kontextuelle Selbst-Bild hervorrufen

1) Stelle einen Kontext her (z. B. Schule).
2) Imaginiere dich wieder inmitten dieses Kontexts. (Dem Klienten sollte geholfen werden, sich im vollem Umfang mit „Schule" zu assoziieren.)
3) Fühle das Gefühl, wer du in diesem bestimmten Kontext bist. (Hier machen wir das „kinästhetische Selbst" zugänglich, das im folgenden ausführlicher beschrieben wird.) (Empfinde das Gefühl, wer du in der Schule bist.)
4) Betrachte dieses Selbst-Gefühl und verstärke es.
5) Blicke geradeaus und halte dieses Gefühl fest.
6) Sieh das Bild deiner selbst, das (durch einen „Energiestrahl" oder einen Draht) verbunden ist mit dem Selbst-Gefühl in diesem bestimmten Kontext. (Während du dein Selbst in der Schule fühlst, suche nach einem Bild, das zeigt, wer du in der Schule bist.)

Einige technische Details

Auch wenn Sie dieses Verfahren in sechs Stufen anwenden, kann die Aufforderung, sich selbst zu sehen, für den Klienten verwirrend sein. Oft liegt dies an der Tatsache, daß ein Selbst-Bild nie eine stabile Entität und auch niemals voll bewußt ist. Dies macht die Klienten unsicher, was sie eigentlich sehen sollen. Oft sehen sie wechselnde Bilder von sich und wissen nicht recht, was genau diese zeigen.

Die Klienten können auch abgelenkt sein durch andere „Selbste", die irgendwo im Sozialen Panorama mancher Leute herumhängen. Darum gebe ich Ihnen ein paar weitere Richtlinien zum Hervorrufen des Selbst-Bildes.

Nach Hunderten von Fällen bin ich überzeugt, daß es am praktischsten ist, *so zu tun, als gäbe es nur ein einziges, bestimmtes Selbst-Bild, das direkt vorne lokalisiert ist*. Dieses vorn stehende Selbst-Bild ist im gegebenen Kontext das „führende Selbst". Wir dürfen also annehmen, daß jener Teil des Selbst, der die Person in der jeweiligen Situation beherrscht, auch einen „zentralen" Platz im Sozialen Panorama einnehmen wird.

Und ich empfehle Ihnen, von der Annahme auszugehen, daß die Person es zumindest unbewußt sehen kann. Wenn jemand behauptet, er könne es nicht sehen, fordern Sie ihn auf, so zu tun, als ob er es könnte. Gestatten Sie ihm, unsicher zu sein. Hilfreich ist die Anweisung: „Wenn später ein besseres Bild auftaucht, dann nimm dieses."

Eine noch wichtigere Richtlinie ist: Jede Suggestion, das Selbst-Bild zu ändern, wird befolgt werden, und sei es unbewußt.

Auch wenn das Selbst-Bild sehr unbestimmt ist, sind die emotionalen Reaktionen auf diesbezügliche Suggestionen deutlich fühlbar. Und Änderungen im Selbst-Bild gehen unmittelbar mit Änderungen in Gesichtsausdruck, Atemrhythmus und Körperhaltung einher.

Wenn aber alle verbalen und nonverbalen Signale zeigen, daß kein Selbst-Bild vorhanden ist, kann auch dies eine wichtige Information sein. Denn oft zensiert ein Teil der Person das Selbst-Bild – durchaus in positiver Absicht. Dann können Sie nur weiterarbeiten, indem Sie zunächst Kontakt mit diesem Teil aufnehmen.

Viele Psychologen sprechen von *„positiven Selbst-Bildern"* und *„negativen Selbst-Bildern"*. Sie meinen damit den Inhalt der Bilder. Wenn ich z. B. ein negatives Selbst-Bild habe, sehe ich mich in einer unvorteihaften Haltung, etwa beim Begehen einer Dummheit.

Wenn ein Selbst-Bild schwer auffindbar ist, kann dies durch seinen negativen Inhalt bedingt sein. Die Person möchte es nicht ansehen. In einem solchen Fall lohnt es sich, mit jenem Teil zu arbeiten, der hier eine Zensur übt.

3.4.3 *Entfernung, Größe und Verbindung zum Selbst*

Die Frage: „Wo siehst du dein Selbst-Bild?" wird den idealen Klienten dazu bringen, genau den entsprechenden Punkt im Raum vor sich anzugeben. Weniger perfekte Klienten benötigen Hilfe. Der NLPler kann z. B. aufstehen und zu der Stelle gehen, auf die der Klient den Blick richtet, und durch Handzeichen genau den Ort zu finden versuchen, wo das Selbst-Bild gesehen wird.

Die Submodalitäten *Entfernung* und *Größe* des Selbst-Bildes sind wichtig, wenn es darum geht, die Selbst-Erfahrung zu ändern und zu stärken. Ein noch wichtigeres Merkmal ist die *Selbst-Verbindung* (Self link), also das Bindeglied zwischen Selbst-Bild und Selbst-Gefühl (kinästhetisches Selbst). Ein Selbst-Bild kann nur dann das Selbst-Bild sein, wenn es mit dem kinästhetischen Selbst verbunden ist. Dieses Bindeglied kann von den meisten Menschen leicht visualisiert werden. Eine visuelle Repräsentation dieser Verbindung kann, falls erwünscht, etwa durch die Frage aktiviert werden: „Siehst du die Verbindung zwischen deinem Selbst-Gefühl und deinem Selbst-Bild?" In diesen Fällen wird häufig eine visuelle Metapher für eine energetische Verbindung gesehen, etwa eine Schnur oder ein Lichtstrahl.

Die Stärke des Selbst-Gefühls ist weitgehend abhängig von Faktoren wie Entfernung, Größe und Selbst-Verbindung. Das Selbst-Gefühl wird intensiviert durch

1) Verringerung der Entfernung,
2) Zunahme an Größe,
3) zunehmende Stärke der Selbst-Verbindung und
4) häufig eine Zunahme an Helligkeit und Klarheit.

In der Sprache des NLP können wir sagen, daß die Hinführung eines Klienten zu seinem Selbst-Bild oft zu einer vorübergehenden Assoziation/Dissoziation führt. Die Selbst-Verbindung zeigt, wenn sie visualisiert wird, das Maß an kinästhetischer Beteiligung am Selbst-Bild.

Völlige Dissoziation vom Selbst-Bild tilgt das Selbst-Gefühl. Ein Klient, der dies fortlaufend tut, wird darüber klagen, sich selbst aus dem Blick verloren zu haben.

Das Selbst-Bild kann aber auch *sehr nah* oder ganz ins Körperinnere aufgenommen sein. Dann wird weder das Bild noch seine Verbindung zum Selbst gesehen. Dies können wir als völlige Assoziation mit dem Selbst-Bild bezeichnen, und die Person sieht dann nichts mehr. Meine Forschungen auf diesem Gebiet zeigen, daß völlige Assoziation mit dem Selbst-Bild als positiver Zustand gewertet wird. „Zu sich selbst kommen", „eins mit sich selbst werden", „meditative Trance" – so etwa bezeichnen die Menschen diesen mentalen Zustand. Die meisten aber sind unfähig zu sozialen Interaktionen, wenn sie völlig mit ihrem Selbst-Bild assoziiert sind. Andere glauben, man könne in diesem Zustand ausgezeichnet kommunizieren. Vergessen wir nicht, daß das Selbst-Bild die Stellung eines Menschen zwischen anderen Menschen im Sozialen Panorama zeigt. Es gibt ihm Kenntnis von seiner sozialen Rolle und Position. Wenn es fehlt, verliert er bestimmte „strategische soziale Kompetenzen" (siehe 3.9, wo die „Strategie der sozialen Identität" behandelt wird).

3.4.4 Die Wahrnehmungsposition des Selbst-Bildes

Wie schon im 1. Kapitel gesagt, kann ein Selbst-Bild aus verschiedenen Perspektiven erfahren werden. Die Unterscheidung zwischen Selbst-Bildern der ersten und der zweiten Wahrnehmungsposition hat sich als fruchtbar erwiesen.

Ein Selbst-Bild der ersten Wahrnehmungsposition ist ein recht komplexes Phänomen, denn es zeigt das Selbst, aus zwei Perspektiven gleichzeitig betrachtet. Der Betrachter sieht es vom Mittelpunkt seines Sozialen Panoramas aus, sieht aber etwas, das aus diesem Blickwinkel gar nicht zu sehen ist. Etwa wie der Kapitän, der auf dem Schiff steht, dieses Schiff nicht zugleich am Horizont sehen kann.

Es mag künstlich erscheinen, aber eine sehr wirksame NLP-Technik, das „visuelle Umschalten" (*visual swish*, Bandler 1985, dt. 1991), beruht hauptsächlich darauf, daß ein starkes Selbst-Bild in einen Kontext zurückversetzt wird, wo das Selbst-Bild schwach war oder fehlte. Für den NLP-Practitioner beweist dies, welche therapeutische Wirkung das Selbst-Bild haben kann, auch wenn es ein mentales Konstrukt metaphorischer Art ist.

Ein Selbst-Bild der zweiten Wahrnehmungsposition trägt noch mehr den Charakter einer unrealistischen und fragilen Repräsentation, beruht es doch auf einer noch komplexeren kognitiven Konstruktion dessen, wie (wichtige) andere die Person sehen. Es zeigt also, wie das Subjekt vermutet (ahnt, glaubt, phantasiert), von anderen gesehen zu werden. Selbst-Bilder der zweiten Position verdanken ihre Bedeutung der Tatsache, daß Individuen, die von anderen dominiert werden, meist an Selbst-Bildern der zweiten Position festhalten. Durch das Beherrschtwerden wird das Selbst-Bild der ersten Position durch ein Selbst-Bild der zweiten Position ersetzt.

3.5 Die Stimmen des Willens: Das auditive Selbst

Wenn Menschen die Worte „ich", „ich selbst" oder „mich" aussprechen, geht dies mit unterschiedlichem Maß an Selbst-Bewußtheit einher. Die Selbst-Erfahrung kann auch durch das Aussprechen des Namens, Spitz- oder Kosenamens einer Person ausgelöst werden. Ein weiterer auditiver Aspekt ist das Hören unserer vertrauten inneren Stimme. Bei manchen Menschen bildet das Hören der eigenen inneren Stimme den Kern der Selbst-Erfahrung. Sobald diese Stimme schweigt (wie in der Meditation oder infolge von Aphasie), kann die Erfahrung des normalen Selbst verlorengehen.

Obwohl alle Personifikationen die Quelle innerer Stimmen sein können, gehört nur eine kleinere Anzahl von ihnen zu dem, was der Betreffende als zu seinem Selbst gehörig betrachten würde, nämlich die Personifikationen des Selbst. Wenn mehrere dieser Selbst-Teile nebeneinander aktiv sind, spricht das eigene „Ich" mit seiner Stimme zu dem anderen Ich, das in einer anderen Sprechweise antworten mag. Auditive Teile des Selbst haben oft seitlich oder im Hintergrund, selten im Vordergrund des Sozialen Panoramas ihren Platz.

Die Art, wie NLPler mit Persönlichkeitsanteilen arbeiten, kann uns lehren, wie diese personifiziert sind. Die an der Selbst-Erfahrung beteiligten Stimmen können mit den Stimmen aller möglichen Nicht-Selbst-Personifizierungen vermischt sein – ein Stimmengewirr, das anzeigt, daß die soziale Erfahrung mancher Menschen nicht wie ein visueller Schleier wirkt, sondern eher wie ein stetiges inneres Geplapper, das sie vom nicht-sozialen Schweigen der Außenwelt abtrennt.

3.6 Sich selbst riechen, schmecken und fühlen

In diesem Überblick über die inneren Repräsentationen des persönlichen Selbst dürfen wir auch die olfaktorischen und gustatorischen Aspekte nicht vergessen. Das Repertoire an persönlichen Körpergerüchen kann ebenfalls ein wichtiger Teil des Selbst sein. Patrick Süskind spielt in *Das Parfüm* mit der Idee, daß ein Mensch ohne persönlichen Geruch eine Unperson ist und von anderen unbemerkt bleibt. Dieser Roman öffnet unsere Nasen und legt den Schluß nahe, daß auch der Eigengeruch eine wichtige Komponente des Selbst sein kann. In dieser Hinsicht gleicht der Geruch dem Eigengeschmack.

Die visuellen und auditiven Bestandteile des persönlichen Selbst sind stark an dessen kinästhetische Komponenten gebunden. Die Selbst-Gefühle sind der Kern der Person: sich selbst fühlen, das ist wahrscheinlich das erste, was ein Embryo kann.

Die Anweisung „Fühle dich selbst!" genügt oft schon, um diese Art von Gefühlen hervorzurufen. Sobald die Person zu erklären anfängt, was sie fühlt, zeigt sich, wie kompliziert die Dinge hier sind. Darum finde ich es ganz nützlich, beim persönlichen Selbst zwischen drei Arten von Gefühlen zu unterscheiden:

1) kinästhetisches Selbst,
2) selbst-wertende Gefühle,
3) vertraute Selbst-Gefühle.

Diese wollen wir im folgenden Abschnitt genauer untersuchen.

3.6.1 Kinästhetisches Selbst

Wie gesagt ist das kinästhetische Selbst eine Gefühlsregion, die normalerweise irgendwo im Bauch lokalisiert ist. Im Aikido heißt diese Stelle der Ki-Punkt. Bewegungstherapeuten und Anhänger fernöstlicher Kampfsportarten haben entdeckt, daß diese Körperregion von großer Bedeutung für das Wohlbefinden des Menschen ist. Meist befindet sie sich ein paar Zentimeter im Körperinneren, knapp über oder unter dem Nabel.

„Welchen Teil deines Körpers spürst du am stärksten als *Selbst-Teil*?" Diese Frage hilft meinen Klienten oft, ihr kinästhetisches Selbst zu erkennen. Ich war überrascht, daß sie ihre Selbst-Gefühle sehr unterschiedlich lokalisieren – vom Kopf bis hinunter zur Brust und weiter zum Unterleib; und nicht immer in der Mitte, sondern oft auch seitlich.

Im Lauf der Jahre bin ich zu der Überzeugung gelangt, daß alle möglichen Erfahrungen, „außerhalb des eigenen Körpers" zu sein, mit dem Fehlen des kinästhetischen Selbsts zusammenhängen. Im Schlaf und während des Träumens schläft das kinästhetische Selbst wohl auch, genau wie in manchen Zuständen veränderten Bewußtseins.

Theoretisch nimmt das kinästhetische Selbst eine zentrale Stellung in der sozialen Erfahrung ein – aber in der Realität gibt es viele Ausnahmen von dieser Regel. Ich habe Klienten gesehen, die eine kinästhetische Personifikation eines *anderen* am Ort ihres „Zentralpunkts" hatten. Das kinästhetische Selbst befand sich bei ihnen irgendwo neben dem zentralen Punkt. Manche Klienten sagten auch, sie hätten früher einmal eine andere Person an diesem zentralen Punkt geortet, aber nachdem diese Person sie in der Realität verlassen hatte, sei ihnen nur noch ein leeres, hohles, kaltes, schwarzes Loch in ihrer Körpermitte geblieben.

Viele körpertherapeutische Schulen stimmen darin überein, daß Instabilität der Persönlichkeit und der Körperhaltung mit einem weit oben lokalisierten kinästhetischen Selbst einhergeht. Auch wenn dieses allzu frontal, zu weit unten oder hinten verortet wird, bedarf es einer Korrektur. Übungen und direkte Suggestionen dienen dazu, diesen Zustand zu ändern. Man spricht hier von „Zentrierungsübungen". Im NLP würden wir solche Interventionen als Wechsel der kinästhetischen Submodalitäten bezeichnen. Bislang haben nur wenige NLPler diese verfügbare Technik in ihre Arbeit integriert.

Im Zusammenhang mit der Selbst-Erfahrung empfiehlt es sich, zunächst beides zu untersuchen, das kinästhetische Selbst und das damit verbundene Selbst-Bild.

Manchmal sind das kinästhetische Selbst und das Selbst-Bild noch nicht miteinander verbunden. Was hier fehlt, ist das Link, die *Verbindung*. In solchen Fällen wird die Synästhesie zwischen Bild und Gefühl nicht funktionieren, und es besteht keinerlei signifikantes Selbst-Gefühl. Dann scheint das Selbstbild eine fremde Person zu zeigen. Man kann den Einfluß des Selbst-Bildes aber verstärken, indem man dem Klienten eine Verbindung der beiden Bilder suggeriert. Dies geschieht z. B. mit der Frage: „Kannst du dein Bild davon, wer du bist, mit deinem Selbst-Punkt verbinden?“ (Therapeut deutet auf den Bauch des Klienten.)

Optimale Selbst-Erfahrungen bestehen aus der simultanen Aktivierung aller sensorischen Systeme. Das Selbst-Gefühl ist dann vorhanden, wenn der Klient sein Selbst-Bild sieht oder wenn er (mit seiner inneren Stimme) den eigenen Namen oder das Wort „ich“ spricht. Um die Sensibilität meiner Klienten für ihr Selbst zu stärken, fordere ich sie auf: „Schau auf dein Selbst-Bild, fühle, daß du es fühlst, und sage ‚ich‘, während du die Verbindung zwischen deinem Selbst-Gefühl und deinem Selbst-Bild herstellst...“ (Wiederholen.)

Stärkung des kontextuellen Selbst

Diese Technik ist eine direkte Anwendung zum Hervorrufen des kontextuellen Selbst (siehe auch 3.4.2)

1) Wähle einen Kontext.
2) Fühle dein kinästhetisches Selbst in diesem Kontext.
3) Blicke nach vorne: Welches Selbst-Bild ist in diesem Kontext mit dem kinästhetischen Selbst verbunden?
4) Akzeptiere das Selbst-Bild. Prüfe seine Größe und seine Lokalisierung.
5) Mach dieses Selbst-Bild viel größer.
   Laß dieses Selbst-Bild viel näher kommen.
   Gib ihm eine stärkere Verbindung.
   Kläre es und mache es viel heller.
6) Teste wieder die Stärke des kinästhetischen Selbst.
7) Versetze diese Selbst-Erfahrung durch Future pacing in einen zukünftigen Kontext, in welchem der Klient sie brauchen wird.
8) Checke die persönliche Ökologie des Klienten. Manchmal ist eine Feinabstimmung nötig: Dann muß der Klient die optimale Größe und den besten Platz für sein Selbst-Bild finden.

3.6.2 Selbst-wertende Gefühle

Negative Selbst-Bilder sind negativ, weil man sich schlecht fühlt, wenn man sie betrachtet. Man fühlt sich schlecht, weil man sich nicht ansehen will. Oft wird dies durch verbale Äußerungen unterstrichen:

Peter: „Meine Güte, es widert mich an, wenn ich dies Ich da unten sehe."

Vereinfachend können wir feststellen, daß die Wahrnehmung des Selbst-Bildes selbst-wertende Gefühle auslöst, die sich einem von drei Typen zuordnen lassen:

1) sympathisch
2) ablehnend
3) neutral

Jeder weiß, daß es Probleme geben kann, wenn man sich selbst ablehnt. Menschen, die ein negatives Selbst-Bild haben, vermeiden, es anzusehen. Dies können wir feststellen, wenn wir die Klienten auffordern, eine bestimmte NLP-Technik, die V/K-Dissoziation, anzuwenden. Dabei fordern wir die Klienten auf: „Beobachte dich, wie du dies oder jenes tust..." Ein Mensch mit einem negativen Selbstbild wird diese Anweisung nicht befolgen können, weil er sich nicht mit einem so schrecklichen Bild seiner selbst konfrontieren will. Ein Teil seiner Persönlichkeit will ihn vor so nachteiligen selbst-wertenden Gefühlen bewahren.

Wer sein Selbst-Bild ablehnt, ist meist geneigt, dieses unangenehme Bild weit von sich wegzuschieben, zu verkleinern und aus dem Mittelpunkt zu rücken. Eine solche Betrachtung des Selbst-Bildes – wie durch ein umgekehrtes Fernrohr – hat aber verheerende Folgen für die sozialen Kompetenzen. Die Schwäche des kleinen, fernen Selbst-Bildes macht die Person anfällig, sich der Dominanz anderer Menschen zu unterwerfen. Man wird unfähig zu selbstbewußtem Verhalten und Selbstbehauptung und fällt leicht einem Machtmißbrauch zum Opfer. Bei einem negativen Selbst-Bild ist folgende einfache NLP-Technik zu empfehlen:

Ein positives Selbst-Bild schaffen

1) Fordern Sie den Klienten auf, an eine Person zu denken, die er liebt und respektiert. Helfen Sie ihm, dieses Gefühl zu verstärken, indem er die

geliebte und bewunderte Person sehr nah visualisiert. Wenn der Klient zu erkennen gibt, daß sein Gefühl intensiv ist, sollte der NLPler dieses Gefühl (kinästhetisch) ankern.

2) Nutzen Sie den Anker, um das liebe- und respektvolle Gefühl mit einem kontextuellen Selbst-Bild zu verbinden. „Schau wieder auf dein Selbst-Bild und fühle die gleiche Liebe und Achtung."

Bei vielen meiner Klienten hat diese einfache Intervention eine ungeheuer positive Wirkung gehabt. Auf transtemporale Selbst-Bilder angewandt, kann sie einem Menschen die erste Erfahrung von unbedingter Selbstliebe und Selbstachtung verschaffen. Natürlich können ihm dadurch auch alle möglichen ökologischen Probleme bewußt werden. Vielleicht erzählt der Klient Ihnen, welche Überzeugungen ihn daran hindern, das liebevolle Gefühl auf Dauer mit seinem Selbst-Bild zu verbinden. Vielleicht berichtet er von traumatischen Erfahrungen, von Stimmen internalisierter Elternfiguren, die einst negative Wertungen äußerten, und dergleichen. Alle diese Einwände müssen zuerst berücksichtigt werden, bevor wir eine Stabilisierung der positiven selbst-wertenden Gefühle erwarten dürfen.

3.6.3 *Vertraute Selbst-Emotionen*

Abgesehen von selbst-wertenden Gefühlen und dem kinästhetischen Selbst kann die Erfahrung des eigenen Selbst auch von sogenannten „vertrauten Selbst-Emotionen" beherrscht sein. Hier sei daran erinnert, daß die inneren Sinnesorgane des Körpers (deren Aufgabe es ist, Haltung, Muskeltonus, Atmung und Blutkreislauf zu regulieren) das Gehirn dauernd mit Informationen bombardieren. Innerhalb gewisser Grenzen sind diese Gefühle „normal". Meist sind sie konstant oder lösen sich in gewohnter Reihenfolge ab. Nur wenn das Herz schneller klopft, wenn der Magen sehr voll oder zu leer ist, wenn man eine ungewohnte Haltung einnimmt oder auf ungewohnte Weise atmet, werden einem diese Dinge bewußt. Aus solchen körperlichen Erfahrungen bestehen die vertrauten Selbst-Gefühle.

Vertraute Selbst-Emotionen sind vor allem eine Sache der Gewohnheit.

Der Mensch ist so an sie gewöhnt, daß sie ihm nur bewußt werden, wenn eine Änderung eintritt – etwa wenn die gewohnten Gefühle durch ungewohnte Gefühle abgelöst werden. Es ist ähnlich wie der Geschmack der eigenen Zunge. Man kann sie schmecken, aber nur, wenn man darauf achtet (z. B. bei Krankheit oder beim Lesen dieses Satzes).

Vertraute Selbst-Emotionen sind auch im Spiel, wenn die Person ihr gewohntes Selbst nicht zu fühlen vermag. Dies kann Angst und Selbstentfremdungsgefühle auslösen.

Viele Therapeuten stellen fest, daß die Klienten an ihren vertrauten Selbst-Emotionen festhalten, auch wenn diese sehr unangenehm sind. „Gebt mir den vertrauten Trost meiner guten alten Depression wieder." Eine therapeutische Änderung kann durch die Angst vor dem Fremden und Neuen blockiert werden. Manche Autoren (Wessler 1990) sprechen hier von einem „emotionalen Haltepunkt". Wenn der Klient durch eine Änderung gezwungen ist, diesen Haltepunkt aufzugeben, bekommt er Angst, leistet Widerstand und will sich nicht ändern. Er will an seinen vertrauten Gefühlen festhalten und erschwert dadurch die Veränderung. In solchen Fällen sollte der NLPler den Ökologie-Check machen und nach positiven Absichten der opponierenden Persönlichkeitsanteile suchen.

3.7 Das Selbst-Panorama

Während der Klient mit geschlossenen Augen dasitzt und sein Soziales Panorama überblickt, kann der NLPler fragen: „Wo fühlst du dich zwischen all den Menschen dieser Welt?"

Daraufhin werden vielleicht eine, zwei, drei – oder sogar noch mehr – *Selbst-Verortungen* genannt. Unter ihnen gibt es meist auch ein im jeweiligen Kontext *führendes Selbst*, das irgendwo im Vordergrund des Sozialen Panoramas lokalisiert ist, in der „12.00 Uhr"-Position. Außerdem finden sich bei manchen Menschen mehrere *beobachtende Selbste*, die meist an den Seiten des Sozialen Panoramas stehen (und von dort aus sprechen).

Für die komplexe Repräsentation der Selbst-Teile, wie sie im Raum erlebt werden, wählen wir den Begriff „Selbst-Panorama". Tatsächlich können alle Persönlichkeitsanteile, deren sich die Person bewußt ist, irgendwo in der Umgebung (und im Inneren) des Subjekts auftreten. Ihre

Größe und Entfernung gibt uns Aufschluß über die Struktur der betreffenden Persönlichkeit. Im 4. Kapitel, das von sozialer Macht handelt, werden wir das *Gesetz der dominierenden Personifikation* kennenlernen. Dieses Gesetz bestimmt, welcher Persönlichkeitsanteil in einer bestimmten Situation die Führung übernimmt. Das führende Selbst kann die dominierende Personifikation sein; wie wir aber im 4. Kapitel sehen werden, können auch Ander-Personifikationen und Gruppen-Personifikationen diese führende Stellung einnehmen. Dieses Gesetz erklärt auch die Dynamik des Selbst, soweit diese durch eine instabile Identität gekennzeichnet ist.

3.8 Das soziale Selbst aus der Sicht des NLP

Die Familie ist die erste Gruppe, der wir uns zugehörig fühlen. Für die meisten Menschen ist die Familie darum der Prototyp des sozialen Selbst. Die Familie, die Stammesgemeinschaft oder die Nation sind Gruppen, denen wir angehören, ohne uns dafür entschieden zu haben. Sie bilden die sogenannte „Stammesidentität". Die Zugehörigkeit zu „selbstgewählten Gruppen" (z. B. politische Parteien oder Sportvereine) ist dagegen etwas anderes und wird auch anders empfunden.

Wenn man einem vom sozialen Selbst dominierten Menschen (etwa einer „wir-motivierten" Persönlichkeit aus Indien) die Frage vorlegt: „Wer bist du?", wird er die sozialen Kategorien benennen, denen er angehört. Er wird z. B. sagen: „Ich bin Brahmane, Subrimaner, Hindu, Psychologe, Mitglied der Kongreßpartei, aus Bihar." Solche Informationen sind Ausdruck des sozialen Selbst (das auch als soziale Identität bezeichnet wird).

Die Grenze zwischen dem persönlichen Selbst und dem sozialen Selbst ist gekennzeichnet durch den Gebrauch der Wörter „ich" oder „wir" und „einmalig" oder „ähnlich". Das soziale Selbst umfaßt Eigenschaften, die ein Mensch mit anderen teilt.

Abgesehen von expliziten verbalen Aussagen darüber, welchen Gruppen ein Mensch angehört, wird Gruppenzugehörigkeit oft in Form von Kleidung, Autos oder Symbolen zur Schau gestellt. Das soziale Selbst wird sichtbar, bevor es spricht. Und wenn es spricht, ist es vor allem gekennzeichnet durch Muttersprache, Akzent oder Jargon.

Das soziale Selbst eines Menschen ist aber nicht nur eine Frage der Gruppenzugehörigkeit, sondern enthält auch Vorstellungen von der sozialen Position, die er in diesen Gruppen innehat. Mit anderen Worten, das soziale Selbst repräsentiert die Zugehörigkeit bzw. Nicht-Zugehörigkeit zu Gruppen sowie die Art, wie diese erlebt werden.

Theoretisch müßte die soziale Selbst-Erfahrung des Menschen ein riesiges kognitives Netzwerk sein, weil wir vielen Gruppen angehören – und vielen anderen nicht angehören. Doch in der alltäglichen Praxis bleibt die tatsächliche Erfahrung des sozialen Selbst auf eine bestimmte Anzahl dieser möglichen Mitgliedschaften beschränkt.

Ein Sozialpsychologe mag fragen: „Warum entwickelt der Mensch ein soziales Selbst? Wozu dient es?" Mit der Beantwortung solcher Fragen ist der Zweck des persönlichen Selbst schon beinah erklärt. Wir können sagen, daß das soziale Selbst uns klare Anweisungen für unser Verhalten gibt. Es befähigt uns, Entscheidungen zu treffen und innere Konflikte zu lösen. Mit anderen Worten, ein starkes soziales Selbst sagt uns, was wir tun und was wir unterlassen sollen.

Natürlich bedeutet Gruppenzugehörigkeit nicht automatisch eine Stärkung des Selbst. Die Mitgliedschaft in der National Geographic Society (mit Bezug der Zeitschrift) sagt Ihnen nicht, wohin Sie gehen, wie Sie sich anziehen, was Sie kaufen und wem Sie Ihre Stimme geben sollen.

Die Forschung zeigt, daß die Intensität der subjektiven Erfahrung von Gruppenzugehörigkeit und die damit verbundene Loyalität zur Gruppe wesentlich davon abhängen, auf welche Weise man einer Gruppe beigetreten ist. Wenn Sie nur Ihren Mitgliedsbeitrag zu einem Sportverein oder einer politischen Partei zu entrichten brauchen, um Mitglied zu werden, ist Ihr Gefühl der Zugehörigkeit und Loyalität bestimmt nicht sehr intensiv – jedenfalls nichts im Vergleich damit, was Sie empfinden würden, handelte es sich um eine eine Gruppe, der Sie kraft Geburt angehören, oder eine Vereinigung, die Sie als Mitglied ausgewählt hat, oder einen Konvent, der Ihnen als Novize eine lange und schmerzhafte Initiation auferlegt.

Wenn wir die Erfahrung des sozialen Selbst modellieren, stellen wir fest, daß dieses alles andere als stabil ist. Vielmehr zeigt das soziale Selbst ein hohes Maß an Dynamik und eine große zeit- und kontextabhängige Variationsbreite.

3.8.1 Struktur der sozialen Selbst-Erfahrung

Das Familienleben ist der Prototyp der Entwicklung eines sozialen Selbst. Im 6. Kapitel werden wir im Zusammenhang mit dem „Familienpanorama“ sehen, wie das Familienleben das soziale Selbst und ganz allgemein die Persönlichkeit formt.

Die Familie ist die erste Gruppen-Personifikation, die wir uns schaffen. Das heißt, am Anfang sehen wir unsere Familie als Einheit, die wir als soziales Objekt in unserem Sozialen Panorama visualisieren und uns mit eigenem Willen ausgestattet vorstellen. Diese Familien-Personifikation – den Geist der Familie – empfinden wir manchmal als etwas, das stärker ist als wir selbst. Darum kann die Familien-Personifikation uns dominieren, und unter dem Einfluß der Familie können wir uns selbst verlieren, obwohl wir zugleich ein starkes Gefühl der Zugehörigkeit zu „ihr“ haben.

Die auditive Modalität der Familie ist gekennzeichnet durch die Namen, die Mundart und das Vokabular der Familie. Auch Geschmack und Geruch können typisch für eine Familie sein: durch Nahrung und Getränke, Parfüms und Körpergerüche. Die Tatsache, daß Körpergeruch eine wichtige Rolle im Familienleben vieler Tierarten spielt, legt den Schluß nahe, daß es auch beim Menschen so etwas wie einen „Nest- oder Stallgeruch“ gibt.

Die Menschen unterscheiden zwischen Gruppen, denen sie angehören, und solchen, denen sie nicht angehören, indem sie ihnen verschiedene Orte in ihrem Sozialen Panorama zuweisen. *Entfernung*, *Größe* und *Verbundenheit* sind ebenso wichtige Submodalitäten wie beim persönlichen Selbst.

„In-Groups“, also Gruppen, denen die Person angehört, werden oft ganz nah visualisiert, aber auch kinästhetisch verbunden oder hinter dem oder rund um das Selbst gefühlt.

„Out-Groups“, also Gruppen, denen die Person nicht angehört, werden weiter entfernt lokalisiert und kinästhetisch dissoziiert. Die Größe, in der die Gruppen visualisiert werden, entspricht ihrem emotionalen Einfluß.

3.8.2 Kinästhetik des sozialen Selbst

Wie im Fall der persönlichen Identität können wir auch hier drei Kategorien von Gefühlen unterscheiden: das kinästhetische Wir, die wertenden Gruppen-Gefühle und die vertrauten In-Group-Gefühle.

Das kinästhetische Wir

Die an der Wir-Erfahrung beteiligten Gefühle erstrecken sich meist über eine größere Körperregion als die „Ich-Gefühle" des kinästhetischen Selbst. Letztere bestehen aus einem nur wenige Zentimeter breiten Punkt am Körper, während die „Wir-Gefühle" oft über die tatsächlichen Körpergrenzen hinaus, nach den Seiten und nach hinten ausgreifen. Zum Gefühl der Zugehörigkeit gehört auch die Lokalisierung derjenigen im Sozialen Panorama, denen man sich zugehörig fühlt.

Die Stetigkeit und Intensität des kinästhetischen Wir sind Zeichen dafür, welche Bedeutung dem kinästhetischen Selbst in unserer Kultur zukommt. In anderen, von kollektiven Prinzipien regierten Kulturen mag es sich anders verhalten.

„Zugehörigkeit" wird so empfunden, als stünden andere Mitglieder der Gruppe auf einem Platz neben oder hinter einem selbst. Die kinästhetische Submodalität des Zugehörigkeitsgefühls wird oft mit dem Wort „Wärme" bezeichnet. „Ich fühle Wärme und Offenheit für meine Freunde."

Auch das Wort „Anziehung" bezeichnet eine wichtige kinästhetische Submodalität des sozialen Lebens. Anziehung kann darin bestehen, daß man sich anderen Menschen annähern möchte oder sich zu ihnen hingezogen fühlt. Zugehörigkeit muß nicht mit Anziehung verbunden sein, ist es aber oft. Wenn sie fehlt, gibt es nicht viel Bewegung in den Beziehungen des Sozialen Panoramas.

Der Unterschied zwischen „ihnen" und „uns" regiert die soziale Identität. Sind Mitglieder der Out-Group anwesend, dann wird das kinästhetische Wir meist verstärkt. „Wir" und „sie" werden dann oft gleichzeitig gefühlt. Out-Group-Gefühle sind meist kühl und werden, wenn keine Sympathie für die anderen besteht, am Rücken und an den Schultern empfunden.

Die Komplexität dieser Dinge zwingt uns aber, sehr vorsichtig mit definitiven Aussagen über die „sozialen Gefühle" von Menschen zu sein. Mit Sicherheit wissen wir nur, daß wir alle das Gefühl von Gemeinschaft kennen und daß dieses im Leben sehr wichtig ist. Aber die Modellierung der kinästhetischen Submodalitäten solcher Gefühle liefert uns keine wissenschaftlichen Befunde darüber, was Menschen „im allgemeinen" füreinander empfinden.

Wertende Gruppengefühle

Wertende Gruppengefühle entstehen meist dadurch, daß eine bestimmte Gruppe visualisiert oder benannt wird; dann wechselt das Erleben vom visuellen zum kinästhetischen Gefühlsmodus (Synästhesie). Dieses Gefühl ist die unmittelbare Reaktion auf eine visuelle oder auditive Repräsentation der Gruppe. Wir finden – allgemein gesagt – drei Arten von wertenden Gefühlen:

1) Wertschätzung (Liebe, Bewunderung, Verbundenheit),
2) Ablehnung (Haß, Widerwille, Xenophobie, Entfremdung),
3) Neutralität.

Dies bedeutet nicht, daß die Person tatsächlich immer eines dieser drei Gefühle empfindet, wenn sie an eine Gruppe denkt. Infolge einer (visuell/kinästhetischen) Dissoziation können diese Gefühle auch fehlen. In diesem Fall sieht sich der Betreffende in seinem Verhältnis zur Gruppe aus einiger Distanz. Es mag vorteilhaft sein, abgelehnte Gruppen auf dissoziierte Weise zu erleben, doch ist der Umgang mit diesen Gruppen leichter, wenn man die negativen Gefühle ausschließt. „Ich sehe die Japaner durch die Stadt marschieren, aber es betrifft mich nicht mehr." Andererseits assoziieren die Menschen sich gern mit geschätzten Gruppen. Möglich ist aber auch, daß sich die Person von einer wertgeschätzten Gruppe dissoziiert, wenn sie z. B. von deren Mitgliedern abgelehnt wird. Denken wir an einen geschiedenen Mann, der seine Familie noch immer liebt, sich aber um seines Seelenfriedens von diesem Gefühl dissoziiert.

Vertraute In-Group-Gefühle

Vertraute In-Group-Gefühle werden empfunden, wenn man sich inmitten einer wohlbekannten Gruppe befindet und deren vertraute Atmosphäre genießt. Mit vertrauten In-Group-Gefühlen kann man leicht experimentieren. Man muß sich nur vorstellen, mit den Mitgliedern einer vertrauten Gruppe zusammenzusein und sich daran erinnern, welches Gefühl man dabei hatte. Versuchen Sie einmal, sich unter den anderen Kindern im Kindergarten zu fühlen oder unter den Kameraden beim Militär, oder versetzen Sie sich zurück in eine Gruppe, ein Team, eine Schulklasse usw. und erleben Sie noch einmal das Gefühl der Gemeinschaft.

Wenn jemand klagt, wie sehr sich die Arbeitsatmosphäre in seiner Firma verändert habe oder daß es zu Hause nicht mehr so sei wie früher, haben wir es mit dem Ausdruck von vertrauten In-Group-Gefühlen zu tun. Diese künden von subjektiven Erfahrungen, bei denen Erinnerungen an die Gefühle, die mit den betreffenden Gruppen verbunden waren, eine wichtige Rolle spielen.

Wenn es mit vertrauten In-Group-Gefühlen keine Probleme gibt, wenn wir uns alle einander nah fühlen, haben wir meist Freude an unserem geselligen Leben.

3.9 Strategien sozialer Identität

Um am sozialen Leben teilzunehmen, muß man wissen, wer man ist, und dies auch nach außen zeigen. Man muß in der Lage sein, sich als „einmalig" wie auch als „ähnlich" darzustellen, damit die anderen eine klare Vorstellung von einem gewinnen und entsprechend reagieren können. Wenn die anderen wissen, auf welche Art man einmalig und auf welche Art man ihnen ähnlich ist, bietet ihnen dies eine soziale Orientierung, die ihre Reaktionen steuern wird.

In diesem Abschnitt lassen wir die Frage, wie Einmaligkeit signalisiert wird, auf sich beruhen, und konzentrieren uns darauf, wie Ähnlichkeit gezeigt wird. Ähnlichkeit zeigen bedeutet, die eigene soziale Identität zum Ausdruck zu bringen: Auf wessen Seite steht man? Welchen Geschlechts ist man? Welcher Schicht, Arbeitsgruppe, Firma, Nation oder Bande gehört man an? Was ich hier meine, ist ein sehr allgemeines Phänomen, das sich in einer einzigen simplen Frage zusammenfassen läßt: Welche Rolle soll man übernehmen?

Wenn ich z. B. an einem psychiatrischen Kongreß teilnehme, welche

Rolle soll ich dort übernehmen? Soll ich mich als Psychologe oder als potentieller Patient darstellen? Soll ich als Kollege und Fachmann auftreten oder als kritischer Außenseiter? Und aufgrund welcher Kriterien soll ich eine solche Entscheidung treffen?

Um diese Entscheidung treffen zu können, muß ich wissen, was ich mir davon verspreche. Möchte ich Einfluß auf den Kongreß nehmen oder möchte ich anerkannt werden? Möchte ich möglichst viel Beachtung finden oder möchte ich meine Neugier befriedigen?

Eine *Strategie der sozialen Identität* läßt sich definieren als ein Prozeß, mittels dessen das Individuum unter verschiedenen möglichen Gruppen-Identifikationen auswählt – mit dem Ziel, die geeignete zu finden, um sich selbst darzustellen.

Eine richtige Entscheidung befähigt den Betreffenden, bei sozialen Begegnungen seine gesellschaftlichen Kriterien zu befriedigen.

Aus der Vielzahl solcher Kriterien, die wir im sozialen Verkehr miteinander erfüllt sehen möchten, hier zur Orientierung ein paar Beispiele. Ein Mensch kann anderen begegnen mit dem Ziel

1) zu dominieren,
2) akzeptiert zu werden,
3) bewundert zu werden,
4) sich auszuzeichnen,
5) unbemerkt zu bleiben (Geheimagenten, Soziophobiker),
6) Vertrauen zu finden,
7) geliebt zu werden,
8) Glauben zu finden.

Diese Kriterien sind primär durch die Reaktionen definiert, die man sich von den anderen erwartet. Es genügt aber nicht, zu wissen, was man sich von den anderen wünscht. Man muß auch wissen, was man tun kann, um das Verhalten der anderen den eigenen Zielen näherzubringen. Zu wissen, was man will, ist eines; zu wissen, was man kann, ist etwas anderes.

Wenn ich z. B. von einer Gruppe bewundert werden will (mein Ziel), wie stelle ich das an? Und über welche diesbezüglichen sozialen Kompetenzen verfüge ich?

Wenn ich gut im Diskutieren und Argumentieren bin, werde ich vielleicht Streit suchen, um Bewunderung zu finden. In diesem Fall werde ich die Partei derer ergreifen, von denen ich bewundert werden will, und mich mit demjenigen streiten, der ihr offenkundiger Gegner ist. Wenn ich diesen mit meinen Argumenten schlage, werde ich wahrscheinlich beim Rest der Gruppe Bewunderung finden.

In diesem Beispiel entscheidet sich die Person dafür, so zu handeln, als sei sie Teil der Gruppe. Sie versucht sich den anderen anzugleichen. Dies ist die von ihr gewählte soziale Identität. Streiten ist diejenige soziale Kompetenz, die sie einsetzt, um schließlich die Erfüllung ihres Kriteriums „Bewunderung" zu erreichen.

Da dieser Prozeß drei Komponenten enthält, kann die Sache an drei Punkten schiefgehen: die Kriterien werden nicht erfüllt; die sozialen Kompetenzen versagen; die Gruppen-Identifikation ist eine falsche. Wenn es Probleme im Zusammenhang mit sozialen Gruppenkontakten gibt, lassen sich diese manchmal mit Hilfe einer Analyse der gewählten sozialen Identitäts-Strategie verstehen.

Ein praktisches Werkzeug hierfür sind die sogenannten Metaprogramm-„Prozesse". Diese sind:

sich angleichen,
sich absetzen,
sich vergleichen,
polarisieren und
eine Meta-Strategie wählen.

Welche Rolle soll ich dann übernehmen, wenn ich als Psychologe auf eine Versammlung von Psychiatern gehe?

Falls ich mich ihrer sozialen Identität (wie ich sie mir vorstelle) *angleiche,* werde ich mich als ähnlich, nämlich als ein in einem Gesundheitsberuf Tätiger, definieren. Ich werde mehr Ähnlichkeit als Verschiedenheit zwischen Psychiatern und Psychologen sehen und die Psychologen vermischt mit den Psychiatern visualisieren. Wenn es mein Kriterium ist, akzeptiert zu werden, mag dies funktionieren – falls es mir gelingt, die Zurückhaltung eines Laien in medizinischen Fachfragen zu wahren.

Falls ich mich *absetze,* werde ich von „uns Psychologen" reden und uns als nicht-medizinische Experten bezeichnen, die den Einsatz von DSM-Diagnose und Psychopharmaka skeptisch beurteilen. Ich werde die Psychiater als Out-Group imaginieren, sie weit entfernt sehen, groß und etwas links vom Mittelpunkt meines Sozialen Panoramas. Dies kann gutgehen, wenn Konfrontation mein Kriterium ist. Aber dann brauche ich einige Geschicklichkeit im Debattieren und die Fähigkeit, mich der ärztlichen Kultur in gewisser Weise anzupassen. Wenn ich dies tue, werden sie mich wahrscheinlich ablehnen; und vielleicht werde ich Streit bekommen.

Falls ich mich *vergleiche*, werde ich über Unterschiede und Ähnlichkeiten sprechen. Ich könnte etwa sagen: „Sie haben es häufiger mit Fällen akuter Paranoia zu tun als wir, aber wir leisten mehr in der Langzeittherapie und in der Forschung." Dabei muß ich ziemlich oft von der ersten in die zweite Wahrnehmungsposition wechseln. Dies kann funktionieren, falls es mein Hauptkriterium ist, Anerkennung zu finden. Ich muß über die Fähigkeit verfügen, mein Wissen über Ähnlichkeiten und Unterschiede zu artikulieren. Manchen Psychiatern wird dies gefallen, andere werden meinen persönlichen Standpunkt vermissen und fragen: „Ja, aber was halten *Sie selbst* für richtig?"

Falls ich *polarisiere*, werde ich betonen, daß „wir" genau das Gegenteil von „ihnen" sind. Sie sind mächtig und konservativ. Wir sind eine unterdrückte Gruppe, die um Gerechtigkeit kämpft und uns und die Gesellschaft von der Tyrannei der Ärzte befreien will. Dann repräsentiere ich die Psychiater in einer voll entfalteten In-Group/Out-Group-Polarisierung (siehe 8. Kapitel). Diese Taktik wird erfolgreich sein, falls ich viel Aufmerksamkeit erregen, sogar eine Szene machen will. Die sozialen Kompetenzen, die ich dann brauche, sind Rhetorik und die Verwendung starker Metaphern.

Die Situation kann aber entgleisen, und dann diagnostizieren sie mich vielleicht als akuten Fall von paranoider Psychose.

Falls ich *eine Meta-Strategie wähle*, betrachte ich Psychologen und Psychiater aus einiger Distanz. Ich halte mich abseits und beobachte nur die Konfrontation der Standpunkte. Dann werde ich sehen, wie interessant Psychiater und Psychologen in neuerer Zeit miteinander kommuniziert haben; wie sich die Kommunikation der beiden Gruppen entwickelt hat und was nötig wäre, um sie zu verbessern. Vielleicht werde ich dann schweigen und brauche gar keine besonderen sozialen Kompetenzen.

Man kann auch kompliziertere Manöver wählen, an denen mehrere

Gruppen beteiligt sind. Zum Beispiel, sich an eine Gruppe angleichen und sich sofort gegen eine andere Gruppe polarisieren. Solch ein Manöver gehorcht der Struktur: „Deine Gruppe und meine Gruppe sind in Ordnung, aber ‚deren' Gruppe ist gar nicht o. k. Wir beide fühlen uns gut, weil wir im Recht und die anderen im Unrecht sind."

4. Kapitel

Soziale Macht

4.1 Bilder der Macht konstruieren

Welche Landschaft entsteht, wenn wir soziale Macht im Modell des Sozialen Panoramas visualisieren? Werden es Berge und Täler sein, und wird solch ein Anblick uns Macht über die Macht geben – so daß es eine Frage der Technik wäre, ob man ein prominentes Mitglied der Gesellschaft wird? Sollen wir von NLP-Methoden erwarten, daß sie einen schüchternen Menschen in einen dominanten Führer verwandeln? Manche äußern auch die Befürchtung, daß dies, wenn es wirklich möglich wäre, die Basis der Ungleichheit untergraben könnte, auf der die Gesellschaft beruht. Vielleicht lachen Sie auch nur, weil Sie sich an all die erfolglosen Seminare für Führungskräfte erinnern, die Sie mitgemacht haben. All die „Techniken sozialer Macht", die Ihnen vorgeführt wurden, haben Sie zu der Überzeugung geführt, daß Dominanz etwas tief Verwurzeltes ist und durch kognitive Techniken nicht erlernt werden kann. Sie bleiben also gelassen und betrachten soziale Macht weiterhin als etwas, das „einfach da" ist, ein Geschenk von dem Mann dort oben.

Wie aber, wenn Leute anfangen, mit etwas so Grundlegendem wie der sozialen Macht herumzuspielen? Und wie, wenn ein Mensch, den Sie seit Jahren beherrscht haben, plötzlich durch solche Spielchen Macht über Sie gewinnen könnte?

Dieses Kapitel will zweierlei: Erstens zeigt es, wie ein Großteil der Fragen, bei denen es um Phänomene der Macht geht, zu behandeln wäre; und zweitens konfrontiert es uns mit einer Reihe von allgemeinen Prinzipien des Sozialen Panoramas.

4.2 Vierte Annahme: Repräsentation dominiert Interaktion

Die vierte Annahme des Sozialen Panoramas leitet unser Vorgehen, wo immer wir es mit sozialen Einstellungen zu tun haben, auch solchen Einstellungen, bei denen es um Macht und Unterwerfung geht. Um die Werkzeuge, die uns im Modell des Sozialen Panoramas zur Verfügung stehen, effektiv zu nutzen, müssen wir von der Tatsache ausgehen, daß die Art, wie Menschen miteinander interagieren, aus den sozialen Bildern resultiert, die sie konstruieren. Kurz gesagt, die Repräsentation dominiert die Interaktion.

Ähnlich drücken es heute viele Psychologen aus: Vorstellungen formen das Verhalten. Es ist dieselbe Idee, nur allgemeiner formuliert.

4.3 Autoritätsprobleme

Im 3. Kapitel diskutierten wir die hierarchische Organisation als primäre Abwehr des Denkens gegen das Chaos. Ein Modell dieser Hierarchie bieten die sogenannten „logischen Ebenen". Hierarchische Ordnung wird in unserem Denken kreiert, sobald wir Entscheidungen treffen müssen und gezwungen sind, eine Option für wichtiger zu halten als die andere. Das lebenslängliche Entscheidungentreffen führt zu einer komplizierten Schichtung von Konzepten, die andere Konzepte dominieren, die wiederum weitere Konzepte beeinflussen usw. Dadurch entsteht eine hierarchische Organisation des Denkens.

Soziale Hierarchie entsteht immer dann, wenn wir dieses selbe mentale Organisationsprinzip auf den Prozeß des Personifizierens anwenden. Die vierte Annahme des Sozialpanoramas besagt, daß Personen, die einen hohen Platz auf der sozialen Stufenleiter einnehmen, dieses Niveau erreicht haben, weil sie wissen, wie sie sich selbst und wie andere sie repräsentieren.

Wenn wir glauben, daß Autorität das Ergebnis sozialer Repräsentationen ist, so impliziert dies, daß sie sich nur ändern wird, wenn diese sozialen Repräsentationen sich ändern. Ein Beispiel: Santa Claus war einmal für mich die höchste Autorität auf Erden. Selbst die Königin mußte ihm in meiner kindlichen Phantasie gehorchen. Also fragte ich meine Mutter:

„Warum konnte Santa Claus Hitler nicht verhindern?" Damals stellte ich ihn mir als nahes und riesiges, farbenfrohes Denkmal vor, das mit einer tiefen Stimme sprach. Aber meine Vorstellung vom Weihnachtsmann hat sich im Lauf der Jahre verändert. Ihre etwa auch?

Wie Hierarchie ein Chaos im Denken verhindert, so tut sie dies auch in der Gesellschaft. Soziale Machtunterschiede müßten also an sich nicht problematisch sein. Solch ein Organisationsprinzip kann ganz gut funktionieren (Hansen 1995). Aber wir wissen, daß Machtfragen dem häufig im Weg stehen. Es gibt zwei große Gruppen von Problemen im Zusammenhang mit der Autorität:

a) wenn man durch die Autorität anderer Menschen blockiert wird,
b) wenn man sich durch den eigenen autoritativen Einfluß auf andere eingeschränkt fühlt.

In diesem Buch werden wir beide Seiten der Medaille untersuchen. Von Autoritätsfiguren blockiert zu sein ist die bekanntere dieser beiden Erfahrungen, unter der eine große Zahl von Menschen leiden. Autoritätsprobleme vom Typ (b) sind vor allem Sache der Eliten. Es sind Präsidenten und Popstars, Adlige, Magnaten und Schauspieler, die sich in ihren Kreisen darüber beschweren. Dennoch sind diese Probleme vom Typ (b) ernst zu nehmen: weil ich es selbst ausbaden muß, wenn ich mich nicht mit meinem Chef verstehe. Wenn aber die Führer der Welt mit ihren Autoritätsproblemen nicht fertigwerden, haben wir alle darunter zu leiden.

Wie gesagt ist das Gefühl, durch eine Person von hohem Status blockiert zu sein, sehr verbreitet. Ich habe die *Unterwerfungserfahrung* modelliert und eine Reihe von Merkmalen festgestellt:

1) Man wechselt zusammen mit der Autoritätsperson in die *zweite Wahrnehmungsposition.* Ein Selbst-Bild der zweiten Position und der kinästhetische Andere verdrängen dabei das Selbst-Bild der ersten Position und das kinästhetische Selbst. Man fängt an, sich so zu sehen, wie man glaubt, daß die Autorität einen sieht, und fühlt manchmal, was man glaubt, daß die Autorität es fühlt.
2) Schüchternheit: Stammeln, Erröten, Herzklopfen, stockender Atem, Unfähigkeit, Blickkontakt zu halten.
3) Einschränkung von Ausdruck, Kreativität und Handlungsfähigkeit.

4) Eine Neigung, der Autoritätsperson zu gehorchen – manchmal auch wider Willen.
5) Eine Neigung, nur der Autoritätsperson positives Feedback zu geben: Komplimente, Zustimmung, Liebedienern, Lobpreisen.
6) Furcht vor Zurückweisung oder Bestrafung durch die Autoritätsperson.
7) Eine Neigung, das eigene unterwürfige Verhalten auf Eigenschaften der Autoritätsperson zurückzuführen. Die Kontrolle auf diese übertragen.

Wie gesagt ist die einschränkende Wirkung bedeutender Personen nur eine Seite der Medaille. Ein Mensch zu sein, der solchen Einfluß ausübt, kann ebenfalls problematisch sein. Die subjektive Erfahrung, eine Autoritätsperson zu sein und autoritativen Einfluß auf andere auszuüben, läßt sich folgendermaßen charakterisieren:

1) Man bleibt in der *ersten Wahrnehmungsposition* oder wird durch die Kommunikation mit unterwürfigen Personen in diese Position zurückgedrängt. Verbal oder nonverbal scheinen sich diese Personen auf die Wünsche und Wertungen der Autorität einzustellen. Sie ehren, preisen und bewundern einen und erwarten Führung von einem.
2) Ein (angenehmes) Gefühl von Macht, Stärke und Überlegenheit: Ein überragendes Selbst-Bild, kombiniert mit einem großen kinästhetischen Selbst, wird in der Regel als angenehm empfunden. Wenn man nach diesen Gefühlen süchtig wird, kann dies zu Mißbrauch der Macht führen.
3) Die Erfahrung unbegrenzter Ausdrucksmöglichkeit, Kreativität und Handlungsfreiheit: Selbst die unsinnigsten, gemeinsten und gröbsten Äußerungen der Autoritätsperson werden wie frohe Botschaften akzeptiert.
4) Man erfährt stets überwiegend positives Feedback in Form von Lächeln, Geschenken, Höflichkeit, Unterwürfigkeit und Servilität.
5) Keine schlechten Nachrichten, niemand wagt es, der Autoritätsperson negatives Feedback zu geben.
6) Mangel an Vertrautheit auf gleichberechtigter Basis führen oft zu Desorientierung und Isolation.
7) Mißtrauen gegen andere Menschen und Furcht, die Macht zu verlieren (Führer-Paranoia). Am meisten werden nahestehende Menschen gefürchtet: Vielleicht warten sie nur darauf, einen zu stürzen?

8) Starke Zweifel daran, wer die Kontrolle hat: Zwingen die Anhänger einen in die Machtposition, oder ist die Macht ein Produkt der eigenen Leistungen, überlegenen Eigenschaften und Aktivitäten?
9) Konflikt zwischen dem Selbst-Bild der ersten Position und dem Selbst-Bild der zweiten Position. Man erfährt eine große Diskrepanz zwischen dem, was man zu sein glaubt, und dem, was die unterwürfigen Anderen einem signalisieren.

Autoritätsprobleme können auftreten, wenn die Person eine oder mehrere dieser typischen Erfahrungen macht. Und abgesehen von diesen Problemen – die daraus resultieren, daß man selbst Teil der Autoritätsbeziehung ist – gibt es auch Probleme, die mit dem Machtmißbrauch anderer zu tun haben. Wenn ein General z. B. sieht, daß einer seiner Offiziere seine Macht über Untergebene mißbraucht, hat er ein Problem; aber er ist nicht unmittelbar Teil dieser Autoritätsbeziehung.

Bevor wir uns den Techniken zur Veränderung sozialer Macht zuwenden, wollen wir zuerst den Status der Macht als „natürliches Phänomen" untersuchen.

4.4 Soziale Dominanz als natürliches Phänomen

In prähistorischen Zeiten ... wenn der Säbelzahntiger plötzlich auftauchte ... wem sollte man folgen ... Urag oder Jummikit? Urag ist stark, aber Jummikit ist intelligenter. Was passiert, wenn der ganze Stamm in Panik ausbricht und Urag in den Wald läuft, während Jummikit das Grasland zu erreichen versucht?

Vor ein ähnliches Dilemma stellt uns das Leben in der modernen Gesellschaft. Wem sollen wir folgen? In Zeiten der Gefahr muß man Entscheidungen treffen. Wem sollen wir unsere Stimme geben? Wen unterstützen wir bei einem Meeting?

Man muß nichts Besonderes tun, damit sich hierarchisches Verhalten einstellt – es liegt an unseren Instinkten. Ein Wolfsrudel wird immer einen Führer aus seiner Mitte finden – und beim Menschen ist es nicht anders.

Ein Führer kann aktiv beeinflussen, auf welche Weise seine Anhänger ihn in der sozialen Rangskala einordnen. Er kann einen hohen Wert auf dieser Skala erreichen, indem er durch Sprache und Verhalten signalisiert, daß er der Stärkste ist. Wenn er dies überzeugend tut, werden die Anhänger tief wirksame Submodalitäts-Codes anwenden, die sie zwingen, in schwierigen Zeiten dem richtigen Mann (oder der richtigen Frau) zu folgen. Ein Anhänger wird daher ein größeres, höheres Bild vom Führer kreieren, das mehr in der Mitte steht und deutlicher ist als alle anderen.

Die Menschen neigen dazu, nur einen Führer in einem bestimmten sozialen Bereich zu dulden, wahrscheinlich um sich die Unsicherheit der Wahl zu ersparen. Wenn plötzlich der Feind droht, sind zwei Präsidenten nicht das Richtige. Wo zwei Führer gleichwertig sind, werden die Anhänger alles tun, um eine endgültige Entscheidung zu treffen. Dieses Bedürfnis nach jeweils nur einem Führer an der Spitze ist offenbar die Ursache der meisten Machtkämpfe.

Führung ist an den Kontext gebunden. Ein Eislauf-Champion wird nicht automatisch Ministerpräsident werden. Die sozialen Dimensionen, nach denen Menschen in einer bestimmten Situation beurteilt werden, gelten nicht automatisch für eine andere Situation. Jummikit ist z. B. der Führer, wenn in der Stammesgemeinschaft schwierige Situationen auftreten, etwa Fälle von Untreue oder Diebstahl. Doch Urag ist der Führer, wenn andere feindliche Stämme oder wilde Tiere eine Gefahr darstellen. Und darum folge man ihm ... wenn der Säbelzahntiger droht.

4.4.1 Dominanz aus sozialpsychologischer Sicht

In umfangreichen Forschungen bemühte man sich herauszufinden, welche Faktoren soziale Dominanz entstehen lassen. In weit geringerem Umfang wurde untersucht, welche Faktoren einen Menschen zum Anhänger eines Führers machen (Braun 1988). Besser wäre es, Dominanz als eine Form der Interaktion zu erforschen, bei der Führer und Anhänger beide in hierarchische Beziehungen treten. Wenn alles gutgeht, einigen sie sich darauf, wo sie einander in der Rangskala einordnen. Und wenn sie sich nicht einigen können, entsteht eine Konfliktsituation. Dann ist z. B. der Führer in den Augen seiner Gefolgschaft nicht genug Führer, oder die Gefolgschaft folgt in den Augen des Führers nicht genug.

Vier Arten von Interaktion können in einer Gruppe zum Entstehen einer Hierarchie beitragen:

1) Hierarchie definierende Interaktion zwischen Führer und Führer,
2) Hierarchie definierende Interaktion zwischen Führer und Anhängern,
3) Hierarchie definierende Interaktion zwischen Anhängern und Führer,
4) Hierarchie definierende Interaktion zwischen Anhängern und Anhängern.

Einfach gesagt lautet die Meta-Botschaft bei Interaktionen zwischen Führer und Führer: „Ich bin der Boss – nein, ich bin es!" (Machtkampf) Die Metabotschaft der Interaktion zwischen Führer und Anhängern lautet: „Ich bin der Boss, und ihr seid meine Gefolgschaft", während die Botschaft zwischen Anhängern und Führer lautet: „Du bist der Boss, und wir folgen dir."

In der Entwicklung einer demokratischen Führung wird die Hierarchie definierende Interaktion zwischen Anhängern und Anhängern den Ausschlag geben: „Er ist der Boss." In diesem Fall beschließen die Anhänger gemeinsam, den Führer an die Spitze ihrer Hierarchie zu stellen.

Übereinstimmend mit der vierten Annahme des Sozialen Panoramas sehen wir, daß all diese Interaktionen dadurch bestimmt sind, wie Menschen einander repräsentieren. Hierarchie definierende Interaktion zwischen Führer und Führer findet nur statt, wenn beide beteiligten Führer einander bereits als Führer oder als Konkurrenten um die Führung wahrnehmen.

Herden und Rudel können bekanntlich am besten überleben, wenn sie von starken und dominanten Exemplaren ihrer Spezies geführt werden. Beim Menschen aber, dies hat Burgoon (1991) in seiner Studie nachgewiesen, ist physische Attraktion offenbar von größerem Einfluß als bloße Körperkraft. Schöne Menschen werden mehr beachtet, man hört ihnen öfter zu. Beim Menschen, so müssen wir folgern, ist die Fortpflanzung (Sexualität) wichtiger als die Sozialordnung. Bei vielen Tierarten pflanzen sich nur die führenden Männchen und Weibchen fort. Beim Menschen gilt ein ähnliches Prinzip. Wissenschaftliche Untersuchungen zeigen bei Frauen die Tendenz, Männer zu bevorzugen, die in der männlichen Hierarchie eine hohe Stellung einnehmen. Anscheinend können Frauen sehr gut zwischen den hierarchischen Positionen von Männern unterscheiden.

Geschlechtsunterschiede in ihrer Bedeutung für das soziale Dominanzverhalten sind heute ein wichtiges Forschungsgebiet, und in der Regel bestätigt sich, daß Männer viel eher denn Frauen als Führer angesehen werden.

Ein schöner Mann zu sein ist also ein entscheidender Faktor im menschlichen Dominanzverhalten; hoher Wuchs scheint aber noch wichtiger zu sein. Gunn (1991) stellt fest, daß auch Aggressivität in die höheren Ränge einer Hierarchie führen kann. Er beobachtete, daß Personen, die Aggression einsetzen, um Einfluß, Macht und Ruhm zu gewinnen, dies auf anderen Wegen meist nicht erreichen konnten. Fehlende Macht, schreibt er, kann Menschen zu aggressivem Verhalten veranlassen. Falls Sie also weiblichen Geschlechts, klein von Wuchs und häßlich sind, sollten Sie lieber Anhängerin bleiben oder aber aggressiv werden und kämpfen.

Neben der äußeren Erscheinung ist auch die Beschaffenheit des Zentralnervensystems ein wichtiger Dominanzfaktor. Diese Eigenschaft macht sich als geistige, motorische und sprachliche Gewandtheit bemerkbar (Derks und Sinclair 1991). Mit einem raschen Verstand und entsprechender Motorik kann man andere übervorteilen und überholen. Schnelle Reaktionen sowie schnelles Sprechen und rasche Entschlossenheit ermöglichen einem, langsamere Menschen zu überrunden.

Verbale Ausdrucksfähigkeit, Tonfall, Artikulation und Sprachbeherrschung sind Voraussetzungen von Dominanz. Und im 9. Kapitel, das vom Gebrauch der metaphorischen Rede handelt, werden wir deren Bedeutung für die Macht-Kommunikation kennenlernen: Führer drücken sich oft in Metaphern aus.

Außerdem ist Dominanz weitgehend abhängig von der Fähigkeit, selektive Aufmerksamkeit zu üben. Die Natur hat die Menschen in unterschiedlichem Maß mit der Gabe der selektiven Aufmerksamkeit ausgestattet. Wer viel davon abbekommen hat, kann sich auf ein Ziel konzentrieren, ohne sich durch das, was andere tun oder sagen, ablenken zu lassen. So etwas nennt man „Willenskraft". Um eigene Ziele zu verfolgen, muß man in der Lage sein, alle äußeren Ablenkungen auszuschließen, sie abzuwehren und die Aufmerksamkeit von ihnen abzuziehen. Wie NLPler oft feststellen, wird die Konzentrationsfähigkeit oft durch innere Konflikte eingeschränkt. In vielen Fällen kommt die Ablenkung nämlich von innen. Die Fähigkeit, Zweifel und Unsicherheiten beiseite zu schieben, kann der Person oft Macht verleihen.

Man könnte sagen, daß es Führungs-Hardware und Führungs-Software gibt. Zusätzlich zu diesen, teilweise angeborenen Eigenschaften werden spezielle Führungsprogramme entwickelt. Morris (1992) hat das Verhalten von 281 Studentenführern untersucht. Bei ihnen gab es anscheinend weniger irrationale Überzeugungen als in den Kontrollgruppen, und ihr Denken war stark auf die Zukunft gerichtet. Im Durchschnitt hatten diese Führer eine Zukunftsperspektive von durchschnittlich vier bis sechs Jahren entwickelt. In der NLP-Praxis wird dieses Territorium durch persönliche Timelines abgesteckt. Zukunftsvisionen können einen Menschen zum inspirierten Führer machen, besonders wenn diese Visionen mit einer vernünftigen Dosis Realitätssinn – und dem richtigen Aussehen – gepaart sind.

Untersuchungen auf dem Gebiet der humanistischen Psychologie haben gezeigt, daß Menschen, die dem von Abraham Maslow aufgestellten Kriterium der „Selbstverwirklichung" entsprechen, oft Führungspositionen an der Spitze einer Organisation oder eines Unternehmens vermeiden. Leute, die solche Führungsposten anstreben, können mitunter sogar durch „Persönlichkeitsstörungen" motiviert sein. Bestätigt dies etwa die verbreitete Vorstellung, daß Menschen, die nach Macht streben, dadurch ihre Minderwertigkeitsgefühle zu kompensieren versuchen?

Der Kurs beginnt. Die Teilnehmer sitzen im Halbkreis, während der Trainer noch mit einem alten Bekannten über familiäre Dinge plaudert. In diesem frühen Stadium haben alle Anwesenden bereits Blicke ausgetauscht und sich erste Eindrücke verschafft. Solche Eindrücke sind bedeutsam, wenn die Submodalitäten relevanter sozialer Dimensionen hinzukommen. Laut Kalma (1991) sind wir in der Lage, soziale Dominanz auf den ersten Blick zu erkennen. Hierarchische Positionen werden schon im ersten Moment aufgrund nonverbaler Informationen zugewiesen. Und anscheinend wird die Rangfolge nur wenig beeinflußt durch das, was wir über andere Menschen sonst noch erfahren. Obwohl jeder Teilnehmer einer Trainingsgruppe bei der Vorstellung etwas von sich erzählt, wird dies den Platz, den die anderen ihm auf der hierarchischen Stufenleiter zugewiesen haben, nur marginal beeinflussen. Die äußere Erscheinung spricht also für die Gruppenteilnehmer, lange bevor sie etwas sagen oder tun, und die Wirkung ihrer visuellen Signale übertrifft die meisten nachfolgenden Informationen zumindest an Eindringlichkeit, soweit es um soziale Dominanz geht.

4.4.2 Symbolische Dominanz – ein Rätsel

Wie oben gesagt, ist relativ leicht zu begreifen, auf welche Weise der stärkste Stier eine Herde zu dominieren vermag oder wie eine schöne Frau all jene manipulieren kann, die sich zu ihr hingezogen fühlen. Physische Kraft, sexuelle Attraktion und die Kontrolle über lebenswichtige Ressourcen wie Nahrung, Geld, Arbeit, Wohnung, Karriere usw. verleihen logischerweise soziale Macht.

All diese greifbaren Attribute, die manchen Individuen mehr Bedeutung verleihen als anderen, könnte man als Machtressourcen bezeichnen. Viel schwerer ist aber zu begreifen, auf welche Weise Symbole und Worte als Machtressourcen fungieren – auf welche Weise sich manche in hohe Stellungen „hinaufreden". Ist es nicht seltsam, daß großer sozialer Einfluß in den Händen (oder Mündern) von Leuten liegt, die kleinwüchsig, fett, alt, verkrüppelt oder häßlich sind und deren einzige nennenswerte Fähigkeit im verbalen Ausdruck besteht? Um diese verbale Macht zu erklären, könnte man die vernünftige Hypothese aufstellen, daß sie immer dort entsteht, wo Worte stellvertretend für tatsächliche physische Machtressourcen eingesetzt werden und sogar, wie wir glauben, weit umfassendere Dinge repräsentieren wie Weisheit, Gerechtigkeit, Moral, Spiritualität und Wahrheit.

Eine andere mögliche Erklärung liefert die Entwicklungspsychologie und Suggestologie. Für ein Baby sind alle Erwachsenen dominierende Personifikationen, die sich auch durch überlegene Sprachbeherrschung auszeichnen. Unterwerfung und Identifikation (Trance) sind also für ein Kleinkind geläufige Erfahrungen. Meist sind uns auch Situationen vertraut, in denen wir einer dominierenden Person zuhören und dabei in einen semihypnotischen Zustand verfallen. Das Erlebnis, den Erzählungen oder Worten beherrschender Elternfiguren zu lauschen bereitet uns darauf vor, mit Unterwerfung zu reagieren, wenn jemand in dominierendem Tonfall zu uns spricht.

4.4.3 Heroismus als Quelle sozialer Macht

Ich möchte Ihnen Norman vorstellen. Norman ist mein Held. Er ist die Person, die ich am meisten bewundere. Wenn Norman sagt: „Spring", dann springe ich. Wenn er sagt „Gib mir Geld", gebe ich es ihm sofort. Norman ist jedoch ein äußerst schweigsamer Bursche. Allerdings besetzt er in meinem Sozialen Panorama denselben Platz, auf dem einst Santa Claus thronte. Warum? Wissen Sie, er ist der einzige Mensch auf der Welt, der 43 verschiedene Arten von Fledermäusen an ihren Ultraschallsignalen erkennen kann, nur mit Hilfe seiner zwei Ohren.

Das Maß an sozialer Macht, das wir einem anderen zuschreiben, ist oft unmittelbar abhängig davon,

1) welche sozialen Dimensionen für uns wichtig sind,
2) welchen subjektiven Rang wir dem anderen in diesen für uns wichtigsten sozialen Dimensionen zuschreiben.

Wenn das Belauschen von Fledermäusen für mich sehr wichtig ist, kann Norman mein Held sein. Seine Personifikation kann die mächtigste soziale Repräsentation meines ganzen Sozialen Panoramas sein.

4.4.4 Reichtum, Schönheit und Strafe

Stellen Sie sich vor, Sie gehen auf eine Party. Lauter gut aussehende Leute, phantastische Musik und eine herrliche Auswahl an Speisen und Getränken. Exotische Parfüms vermischen sich mit Düften vom Barbecue im Garten. Wie würde es Ihnen hier gefallen, wenn Sie wüßten, daß Sie bankrott sind? Und wäre es anders, wenn Sie $ 12.012.870,– auf dem Konto hätten? Überlegen wir einmal, welche Bedeutung es für unser gesellschaftliches Leben hat, ob wir Geld haben oder nicht. Materieller Besitz, das ist klar, fungiert als wichtige Machtressource in unserer Gesellschaft. Leute, die nicht darauf achten, ob jemand reich oder arm ist, sind selten. Andererseits ist die Überzeugung, daß dies keinen großen Unterschied machen sollte, sehr verbreitet – ebenso verbreitet wie innere Konflikte um die Frage, wie wir tatsächlich auf Geld reagieren und wie wir glauben, daß man reagieren sollte.

Im Grunde geht es darum: Wollen Sie, daß „Geld" einen so starken Einfluß auf Ihr Leben hat, wie dies in unserer Gesellschaft üblich ist?

Für viele ist das Geld, das sie besitzen, die Grundlage ihrer Selbstachtung. Ihr Wohlstand bestimmt weitgehend den Inhalt ihres Selbst-Bildes. Haben heißt sein. Und auf gewisse Weise ist das richtig so. Je mehr Geld Sie anhäufen können, desto einzigartiger wird Ihr persönliches Selbst. Schließlich werden Sie einer der wenigen wirklich Reichen sein.

Reichtum einüben

Erster Teil: Der reiche Andere

Reichtum besteht darin, daß Sie Reichtum als entscheidende Submodalität in Ihrem Sozialen Panorama verschieben. Falls reiche Leute Sie einschüchtern, werden Sie diese Methode genießen:

1) Denken Sie an einige reiche Leute und erforschen Sie Ihr Gefühl der Schüchternheit.
2) Untersuchen Sie die entscheidende Submodalität des Reichseins. Welche Ähnlichkeiten stellen Sie in Ihren Repräsentationen reicher Leute fest? Gibt es einen gemeinsamen Ort? Gibt es Gemeinsamkeiten in Färbung oder Größe der Personifikationen?
   Zum Beispiel: Reiche Leute sehen manchmal größer aus als man selbst. In diesem Fall ist „Größe" die entscheidende Submodalität.
3) Passen Sie das Bild eines reichen Menschen an, bis Sie sich wohlfühlen. Dies kann einfach bedeuten, daß Sie ihn kleiner machen, falls er groß ist, oder ihn dunkler erscheinen lassen, falls er hell ist. Fahren Sie fort, die Submodalitäten zu verändern, bis die Person nicht mehr reich aussieht.
4) Falls Sie damit Schwierigkeiten haben, kann dies bedeuten, daß ein Teil von Ihnen nicht einverstanden ist. Nehmen Sie Kontakt mit diesem Teil auf und finden Sie dessen positive Absichten heraus. Integrieren Sie diesen Teil in den Prozeß und versuchen Sie es noch einmal.

Eine Veränderung der Submodalitäten von Reichtum braucht keine permanente Wirkung zu haben, um nützlich zu sein. Manch einer wendet diese Methode nur an, kurz bevor und während er tatsächlich in Interaktion mit reichen Menschen tritt. Dies kann genügen. Wenn Sie also nächstens mit einem Millionär verabredet sind, stellen Sie sich vor, daß er ein bißchen kleiner ist, während Sie ihn auf einen Drink einladen (falls Körpergröße Ihre entscheidende Submodalität für Reichtum war).

Reichtum einüben
Zweiter Teil: Das arme Selbst

1) Untersuchen Sie, wie Ihr Selbst-Bild sich verändern würde, wenn Sie zehnmal mehr Geld hätten, als Sie tatsächlich haben. Welches sind die entscheidenden Submodalitäten?
2) Experimentieren Sie mit den entscheidenden Submodalitäten, indem Sie sich einbilden, Sie wären so reich, wie Sie wollen. Benutzen Sie dabei Ihre Vorstellung von einem Bekannten, der tatsächlich so reich ist. Sehen Sie sich in ähnlichen Submodalitäten, dann verbinden Sie dieses Bild mit Ihrem kinästhetischen Selbst.
3) Nehmen Sie alle nötigen ökologischen Anpassungen vor, damit dies in einem bestimmten Kontext funktioniert. Aber Vorsicht: Wenn Sie die ökologischen Aspekte nicht gründlich checken, könnte dies eine der kostspieligsten Erfahrungen Ihres Lebens werden. Arbeiten Sie mit einem erfahrenen NLP-Practitioner, um ein negatives Ergebnis zu vermeiden.

Die Submodalitäten für Reichtum zu ändern ist nichts Neues, auch braucht man dazu keine NLP-Techniken. Haben Sie nicht schon jemanden sagen hören: „Jetzt, da ich sie so gut kenne, sehe ich sie gar nicht mehr als reiche Frau, sondern nur noch als nette Person!" Jemand, der solche Bemerkungen macht, hat auch ohne NLP einen ähnlichen Prozeß durchlaufen. Leute, die vom „Reichtum des Herzens" sprechen, haben wahrscheinlich die gleichen Prinzipien entdeckt.

Jim ist Börsenmakler, und er sagt, daß reiche Leute ihm kleiner vorkämen. Warum? Er konnte es mir erklären: „Sie sind gezwungen, starr an materialistischen Werten festzuhalten, um reich zu werden. Wenn man dies tut, ist es gar nicht schwer, viel Geld an der Börse zu verdienen. Wenn ich so einen reichen Kerl treffe", sagte Jim, „denke ich mir etwa: Na schön, du hast dein Spielchen gewonnen, aber was hast du sonst noch zu bieten?" Mit dieser Einstellung war es für Jim nicht schwer, reich zu werden. Nur leider war er manchmal fast bankrott. Im allgemeinen bewahrt sich Jim ein sehr flaches Soziales Panorama, das, wie er erklärt, seinen egalitären, antiautoritären Lebensstil widerspiegelt.

Man braucht nicht viel Einbildungskraft, um zu erkennen, daß sich diese Methode auch auf jede andere soziale Dimension anwenden läßt. Sobald Sie die entscheidende Submodalität eines sozialen Attributs ändern, können Sie auch Ihre Wahrnehmung von Leuten, die dieses Attribut haben, verändern. Natürlich gibt es oft viele Einwände dagegen, eine solche Änderung dauerhaft zu machen. Und die NLPler haben gelernt, inneren Widerstand als Sicherheitsklausel zu respektieren. Wie gesagt, diese Methode kann zur Selbsttäuschung werden, und darum sollte man sich des Risikos bewußt bleiben. Vergessen Sie nicht, daß reiche Leute gewöhnt sind, als etwas Besonderes behandelt zu werden. Wenn Sie dies nicht tun, wie Jim, können sie leicht verärgert sein.

Betrachten Sie es einmal aus der dritten Wahrnehmungsposition: Versuchen Sie Ihr eigenes Soziales Panorama und das der reichen Person zu sehen. Die beiden sind unvereinbar, falls Sie eine der für den anderen wichtigen Dimensionen vernachlässigen. Die Frage ist, ob Sie damit umgehen können. Was passiert, wenn der Reiche Sie seinen Reichtum empfindlich fühlen läßt?

4.4.5 Belohnung, Bestrafung und vorenthaltener Beifall

Lohn und Strafe formen das Verhalten und setzen stets soziale Ungleichheit voraus (Raven 1965). Die belohnende oder bestrafende Person dominiert per Definition die Beziehung: Daraus vor allem bezieht Santa Claus seine Macht. Lohn und Strafe sind eine so geläufige Erfahrung der Menschen, daß wir sie als Dimensionen sozialer Macht nicht unerwähnt lassen dürfen. Erst die Eltern, dann Lehrer, Feldwebel, Polizisten, Finanzbeamte, Chefs, Vorgesetzte, Ehegatten und viele andere sind in der Lage, uns zu belohnen oder zu bestrafen. Furcht vor Strafe wird früh gelernt und bleibt oft ein Leben lang bestehen.

Menschen, die über die Macht verfügen, uns zu bestrafen, müssen in unserem Sozialen Panorama auf bedrohliche Weise repräsentiert sein. Suchen wir sie hoch oben und links, denn dort sind potentiell strafende Personen häufig lokalisiert.

An ähnlichen Stellen sind auch Menschen lokalisiert, deren Beifall wir ersehnen. Wenn sie ihn uns vorenthalten, empfinden wir dies als Bestrafung. Vorenthalten von Beifall ist ein sicheres Mittel, um Autorität zu gewinnen.

Wie man vorenthaltenen Beifall erlangt

Immer wenn jemand durch eine Autorität blockiert ist, die ihren Beifall vorenthält, kann das folgende Muster hilfreich sein:

1) Visualisiere die Autoritätsperon.
2) Welche Ressourcen fehlen ihr, was veranlaßt sie, ihren Beifall vorzuenthalten? Benenne diese Ressourcen.
3) Versetze dich in eine Situation deines Lebens, als du über diese Ressource in kraftvoller Weise verfügtest. Versetze dich in diese Situation zurück und erlebe noch einmal, wie es ist, diese Ressource zu besitzen.
4) Fliege über deine Timeline zurück und suche nach der Timeline der Autoritätsperson. Finde einen Zeitpunkt im Leben des anderen, der günstig gewesen wäre, um diese Ressource zu erwerben. Gebrauche deine Phantasie.
5) Übertrage die Ressource auf die Autoritätsperson – auf jede Art, die dir erfolgreich erscheint. Verabreiche ihr die Ressource in einem Drink, sende sie ihr als Lichtstrahl oder bring ihr einfach bei, die Ressource zu gebrauchen.
6) Betrachte das Leben der Autoritätsperson von oben und sieh, wie deren Leben sich nun, da sie die Ressource besitzt, verändert.
7) Jetzt ist es Zeit, sich in der Phantasie vorzustellen, wie die Autoritätsperson dir den Beifall spendet, den sie dir schuldet, und noch viel mehr. Dann „klone" schließlich in Gedanken die Autoritätsperson und fülle ein ganzes Fußballstadion mit Zehntausenden von Klonen. Stelle dich mitten in dieses Stadion und genieße den Beifall all der Klone zugleich. Halte dieses Gefühl, Beifall gespendet zu bekommen, fest.

Tierexperimente haben gezeigt, daß ein unvorhersehbares Muster von Belohnungen und Bestrafungen einschneidende Folgen hat. Eltern, die ihre Kinder aufs Geratewohl belohnen oder bestrafen, erzeugen bei ihnen stärkste Abhängigkeit und Bindung an die Eltern. Ihre Autorität ist der Autorität derer überlegen, die sich vorhersagbar und vernünftig verhalten. Das gleiche Muster „vorenthaltenen Beifalls" läßt sich auch einsetzen, um solch einer unberechenbaren Autorität (letztlich sogar post mortem) beizubringen, mehr Zuverlässigkeit im Gewähren von Gratifikationen zu zeigen.

Immer wenn man grundlegende soziale Emotionen ändert, ist der ökologische Aspekt zu beachten. Bedenken Sie auch, daß Furcht vor Strafe manchmal einem Menschen das Leben retten kann.

4.5 Das Rätsel der unterwürfigen Reaktion

Ein dominanter Alpha-Wolf braucht seine Überlegenheit nicht zu beweisen, indem er jeden Moment seines Lebens darum kämpft. Wenn die anderen Wölfe ihn als Führer akzeptiert haben, zeigen sie automatisch ihre Unterwerfung, solange das Alpha-Tier die Rute hochstellt.

Die Unterwerfungsreaktion läßt sich als Ergebnis klassischer Konditionierung begreifen. Diese Auffassung ist aber zu beschränkt, um entsprechende Reaktionen tatsächlich zu verstehen. Ich glaube, die Unterwerfungsreaktion resultiert aus einer mit Macht ausgestatteten Repräsentation, die durch einen entsprechenden Stimulus ausgelöst wird. Im Gehirn eines Wolfes, der den Alpha-Wolf sieht (Stimulus) wird eine machtvolle Repräsentation des Alpha-Wolfes aktiviert, die wiederum das unterwürfige Verhalten des rangniedrigeren Wolfes auslöst.

Sobald eine Person als Autorität repräsentiert wird, dient sie häufig als Stimulus unterwürfigen Verhaltens. Dies kann in dramatischen Formen geschehen – denken wir nur an die unterwürfige Furcht, die ein Diktator den Bürgern seines Landes einflößt.

Aus biologischer Sicht kann man sagen, daß die Ankerung (klassische Konditionierung) von Autorität die Führung stabilisiert. Das Überleben des Tüchtigsten ist schön und gut, aber das Überleben gelingt am besten, wenn die Beteiligten ihre Kräfte nicht in Machtkämpfen verschleißen.

Haben wir einen Führer erst einmal akzeptiert, zum Beispiel nach Wahlen, dann müssen wir unsere Aufmerksamkeit auf das Sammeln von Nahrung und das Hervorbringen von Nachkommenschaft richten. Wenn wir das Phänomen der Führung im menschlichen Leben untersuchen, entdecken wir, daß Spitzenpositionen erstaunlich stabil sind. Deshalb bleiben Führer (wie Mobuto, Suharto oder Moi) an der Macht, wenn ihnen keine demokratischen Strukturen entgegenwirken.

Wenn eine Autoritätsperson zum Anker für Unterwerfung wird, sind auch die Selbst-Bilder der zweiten Position bei der unterwürfigen Person in das auf diese Weise geankerte Bild eingegliedert. Dies führt zu einem relativ robusten System und erschwert die Auflösung hierarchischer Beziehungen. Denn die Person verliert aus dem Blick, was sie oder er zu sein glaubt, und sieht sich statt dessen aus der Perspektive der dominanten Person: „Hat mein Chef mich noch lieb?“

4.5.1 Einige grundlegende Fragen

Sozialpsychologisch könnte man Macht ganz allgemein definieren als „die Fähigkeit, andere zu beeinflussen, während man deren Versuche, Einfluß zu nehmen, zurückweist“ (Hogg and Vaughan 1995). Dies ist aber nur eine deskriptive Aussage. Sie beantwortet nicht die Frage, wie jemand sich verhalten soll, wenn die andere Person wichtiger ist als er selbst. Es gibt so lächerliche Beispiele des Selbstopfers für den Kaiser, den General oder die Nation, daß wir uns fragen, wie Menschen sich nur so töricht verhalten können.

Die meisten Sozialwissenschaftler sind – wie alle Menschen – mit dem Phänomen sozialer Macht so vertraut, daß sie sich lieber ausgefalleneren Themen zuwenden. Mulder (1977) bildet mit seinen herausragenden Arbeiten eine Ausnahme. Aber ganz gleich, wie geläufig und vertraut uns die Autoritätsphänomene erscheinen mögen, bergen sie doch große Rätsel.

Denken wir nur an folgende Tatsache: Wenn man Leute auffordert, an eine Person von hohem gesellschaftlichen Status zu denken, visualisieren sie unweigerlich Menschen, die größer und stärker als sie selbst erscheinen. Diese verblüffende Ähnlichkeit in der Art, wie Menschen Autorität repräsentieren, muß logischerweise aus der einfachen Tatsache resultieren, daß alle für uns in der Kindheit wichtigen Personen viel größer waren als wir. Dies haben die meisten von uns wahrscheinlich für immer gelernt.

Sowohl die vertikale Dimension wie die Entfernung in den Submodalitäten des Sozialen Panoramas scheinen eine natürliche Folge dessen zu sein, wie die Realität mit Hilfe von Verallgemeinerungen im Gehirn repräsentiert wird. Daraus folgt, daß die emotionale Wirkung einer Personifikation nur noch von Entfernung und Größe abhängig ist. Aber der logische Schluß, daß alle Autoritätsfiguren groß und nah visualisiert werden müßten, findet keine Bestätigung. Hohe Autoritäten sind häufig in weiterer Ferne lokalisiert. Durch entsprechende Experimente habe ich herausgefunden, daß Menschen das hohe Autoritätspotential einer Person einschätzen können, ohne sie von der Nähe zu sehen und ohne sich tatsächlich von ihr überwältigt zu fühlen. So könnte man sagen: „Ich sehe meinen Chef weit entfernt, ich fühle ihn nicht, aber ich weiß, er kann mich beherrschen." Auch merkten die Testpersonen häufig an, daß sie, würde die „reale" Person plötzlich vor ihnen stehen, ihrer Autorität keinen Widerstand entgegensetzen könnten.

Nehmen wir z. B. die Königin der Niederlande. Normalerweise beeindruckt sie mich nicht allzu sehr. Wie aber, wenn sie plötzlich vor mir stünde? Ich frage mich also: Welche Bedeutung hat physische (reale) Distanz für die Autorität? Denn in dem Moment, da die Königin vor mir steht, ist es, als würde mein Zentralschalter gedrückt und alle Merkmale des Eingeschüchtertseins treten zugleich auf: Ich werde unterwürfig und schüchtern. Auch denke ich unwillkürlich an das, was die Königin möglicherweise verlangen und wünschen könnte. Mein Selbst-Gefühl schwindet in unmittelbarer Gegenwart ihrer Königlichen Hoheit.

Über ähnliche Erfahrungen klagen auch viele meiner Klienten. Es wird schwierig für sie, wenn ihre Chefs, Väter oder Pfarrer vor ihnen stehen.

Warum also muß sich die Person A einer hochgestellten Person B unterwerfen, wenn diese in der Nähe ist?

4.5.2 Die neutrale Distanz durchbrechen

Im allgemeinen können wir feststellen, daß Personifikationen, die eine starke und unangenehme emotionale Wirkung haben, in einiger Entfernung lokalisiert sind. Ich hatte z. B. einmal Gelegenheit, eine Gruppe von Sozialarbeitern zu untersuchen, die mit Drogensüchtigen und Kriminellen arbeiteten. In ihren Sozialen Panoramen hielten sie ihre Klienten mehr als 25 mentale Meter von sich fern. „Das ist bequemer", erklärten sie. Aber natürlich fiel es ihnen schwer, über solche Distanz einen Rapport mit den Leuten herzustellen.

In diesem Buch verwende ich den Ausdruck „neutrale Distanz". In neutraler Distanz wird z. B. eine unangenehme Personifikation nah genug visualisiert, um ihr noch Aufmerksamkeit zu schenken, aber weit genug entfernt, um sich nicht durch sie bedroht zu fühlen. Das Bild einer Autoritätsperson, so kann man sagen, befindet sich in neutraler Distanz oder noch weiter entfernt, wenn das mit ihr verbundene Gefühl schwach ist und die erste Wahrnehmungsposition beibehalten werden kann. Wird die Autoritätsfigur jedoch in weniger als der neutralen Distanz gesehen, dann wird ihre Personifikation uns dauernd bewußt bleiben.

All dies beantwortet noch nicht die zentrale Frage: Wie kommt es, daß reale Autoritäten, wenn sie in Fleisch und Blut und in weniger als neutraler Distanz vor uns stehen, solch einen starken Einfluß haben? Um diese Frage zu beantworten, müssen wir unsere wissenschaftliche Phantasie bemühen. Handelt es sich etwa um eine Folge übernatürlicher Kräfte?

Nein. Denn wenn ich die Königin nicht kenne, wenn ich keine Repräsentation von ihr im Kopf habe, könnte sie auf meinem Schoß sitzen, ohne einen beherrschenden Einfluß auf mich zu haben.

Weil aber übernatürliche Erklärungen so leicht als Erklärung zur Hand sind, wann immer die Menschen ihre unbewußten Fähigkeiten unterschätzen, könnte auch etwas Unbewußtes beim Unterwerfungsverhalten mit im Spiel sein.

4.5.3 Perspektive

Um unbewußte Prozesse verstehen zu können, brauchen wir nur daran zu denken, wie wir unser Modell der sozialen Welt aufbauen. Wenn wir unsere Sozialpanoramen kreieren, greifen wir auf unsere frühesten Erfahrungen mit den räumlichen Beziehungen zwischen natürlichen Objekten zurück. Im Spiel, mit Kinderspielzeug und anderen Gegenständen, haben wir die Regeln der Wahrnehmung gelernt. Später werden dieselben kognitiven Gesetze auch auf die Bilder des Sozialen Panoramas angewandt.

Eines davon ist das Gesetz der Perspektive. Und zwar in dem Sinn, wie junge Maler es an den Kunsthochschulen lernen. Das Gesetz der Perspektive besagt, daß Objekte um so größer wahrgenommen werden, je näher sie sind.

Die Erdoberfläche ist die wichtigste Bezugsebene, aufgrund deren der Mensch die Größe von Gegenständen sowie seine Distanz zu ihnen abschätzt. Solange sich die Gegenstände am Boden befinden, fällt uns dies relativ leicht. Wenn uns aber die Erdoberfläche als Bezugsebene fehlt, fallen Schätzungen schwerer, wie man dies in den Bergen, in der Luft, unter Wasser oder im Weltraum feststellen kann.

Was passiert, wenn eine reale Autoritätsperson die neutrale Distanz durchbricht? Was passiert, wenn die Königin plötzlich in unsere Nähe kommt?

Sobald man bemerkt, daß die „reale" physische Distanz zu einer Autoritätsperson geringer als die neutrale Distanz ist, paßt man sein mentales

Bild entsprechend an. Diese Anpassung geschieht vor allem durch Anwendung des Gesetzes der Perspektive auf das innere Bild – auch wenn diese Reaktion ganz unbewußt und automatisch ablaufen mag. Die Autoritätsfigur wird zwar weit entfernt, aber stets sehr groß repräsentiert. Und weil das Bild der Autorität den Horizont überragend gesehen wird, verwandelt das Gesetz der Perspektive sie in eine Figur von ungeheuren Dimensionen, sobald sie näherrückt. Folglich wird die Autoritätsperson eine starke emotionale Wirkung ausüben.

Natürliche Objekte sind meist an die Erdoberfläche gebunden. Ein Hügel zum Beispiel, den wir etwa einen Kilometer entfernt sehen und zu dessen Kuppe wir in einem Winkel von etwa 15° aufblicken, muß etwa 500 Meter hoch sein. Das Gehirn decodiert Höhe und Entfernung automatisch als Größe.

Die Einheiten des Sozialen Panoramas sind nicht an die Erde gebunden. Wir können ohne weiteres Personifikationen hoch an den Himmel versetzen. Wenn wir eine Person also über uns selbst stellen, hat dies nur geringe Konsequenzen, solange sie weit entfernt ist. Doch sobald sie näherkommt, wird unser Denken sie als riesig empfinden – ganz so, als stünden wir vor einem hohen Gebäude.

Diese Theorie besagt also, daß die starke Wirkung, die Autoritätspersonen auf uns ausüben, aus einer unbewußten Anwendung der Perspektive auf die Personifikation der Autorität folgt.

4.5.4 *Fünfte Annahme: Das Gesetz der dominanten Personifikation*

Das Gesetz der dominanten Personifikation besagt, daß die Menschen vom jeweils stärksten sozialen Bild in ihrem Kopf beherrscht sind. Wenn also meine Repräsentation der Königin stärkere Submodalitäten hat als meine Selbst-Erfahrung, wird die Königin mich dominieren. In diesem Gesetz ist Stärke folglich definiert als die Macht der Submodalitäten der betreffenden Personifikationen.

Der entscheidende Faktor, der das Gesetz der dominanten Personifikation erklärt, verweist auf die Begrenztheit der kinästhetischen Repräsentation. Wir können viele Bilder gleichzeitig vor unserem inneren Auge sehen, aber wir können nur wenige verschiedene Gefühle gleichzeitig empfinden.

Wenn der kinästhetische Andere stärker wird als das kinästhetische Selbst, wird letzteres durch ersteren ersetzt, was zu einer Erfahrung der zweiten Wahrnehmungsposition führt. Auch scheint es sehr schwierig zu sein, mehr als eine „kinästhetische Person" gleichzeitig zu aktivieren. Wenn also zwei vorhanden sind, muß man eine unbewußte Entscheidung treffen, und was man dann fühlt, ist die Kinästhetik der stärkeren Personifikation.

Das Gesetz der dominanten Personifikation erklärt eine Reihe von Identitätsphänomenen, von Zuständen der Besessenheit (siehe 5. Kapitel) bis hin zu Problemen der multiplen Persönlichkeit. Im Augenblick aber beschränken wir uns auf Fragen der Autorität.

4.6 Die Erfahrung des Selbst/des Anderen verändern

Wenn wir uns mit Menschen beschäftigen, die über ein starkes Selbst, hohe Selbstachtung und ein starkes Ich verfügen, werden wir meist feststellen, daß ihr Selbst-Bild überlebensgroß und ganz nah gesehen wird. Auch ist ein solches Selbst-Bild mit einem kinästhetischen Selbst verbunden, das niedrig und in der Körpermitte lokalisiert ist.

Solch ein starkes Selbst-Gefühl ist aber keine Garantie dafür, daß sich die betreffende Person nie einer Autorität unterwerfen wird. Denn das Selbst variiert mit dem Kontext. Der Generaldirektor wird sich rückhaltlos einem jungen, armen Bergführer unterwerfen, wenn er in einem Überlebenskurs das Abseilen lernt.

Um das Phänomen der Unterwerfung besser zu verstehen, müssen wir unsere Selbst-Erfahrung und unsere Erfahrung des Anderen zusammen in einem dreidimensionalen Bild sehen. Im Modell des Sozialen Panoramas können wir die beiden gleichzeitig modellieren. Dann wird klar, daß die Macht der Selbst-Erfahrung und die Macht der Ander-Erfahrung gemeinsam die Position einer Person in einer Beziehung bestimmen.

Die Erfahrung, von einer Autoritätsfigur überwältigt zu sein, resultiert, so könnte man sagen, aus einem Ungleichgewicht zwischen den Submodalitäten der beteiligten Selbst- und Ander-Bilder. Verändert werden kann dies, indem wir auf beide Seiten des Ungleichgewichts einwirken: indem wir das Selbst wichtiger oder den anderen unwichtiger machen. Hier folgt eine kurze Darstellung, wie dies geschehen kann.

Von der Unterwerfung zur Gleichheit

1) Finde einen Kontext, in dem du dich unterwürfig verhältst.
2) Untersuche den Ort der beteiligten Autoritätsperson.
3) Untersuche den Ort deines Selbst-Bildes.
4) Baue ein positives und starkes Selbst auf (siehe 3. Kapitel).
5) Kreiere eine neue Erfahrung, in der das Selbst größer und näher als die Autoritätsperson erlebt wird. Ankere diese Erfahrung.
6) Denke eine Zeit in deiner persönlichen Geschichte, als du die Autoritätsperson noch nicht kanntest.
7) Benutze den Anker, während du mit dieser neuen Erfahrung über deine Timeline fährst – von der Zeit, bevor du die Autoritätsperson kennenlerntest, bis in die Zukunft.
8) Checke die Ökologie.

Wenn man jedoch Autoritätsprobleme von Typ b) hat, wenn man zuviel autoritären Einfluß auf einen anderen zu haben meint, kann man eine abgewandelte Form dieser Methode anwenden.

Von der Dominanz zur Gleichheit

1) Finde den Kontext, in dem du dich dominant verhältst.
2) Untersuche den Ort des unterwürfigen Anderen.
3) Untersuche den Ort deines Selbst-Bildes.
4) Baue einen positiven und mächtigen Anderen auf. Sende ihm die Ressourcen, die er braucht, indem du diese zuerst bei dir selbst aktivierst.
5) Kreiere eine neue Erfahrung, in welcher der andere ganz nah und auf gleicher Höhe erlebt wird. Ankere diese Erfahrung.
6) Finde einen Moment in deiner persönlichen Geschichte, als du die unterwürfige Person noch nicht kanntest.
7) Benutze den Anker, während du mit dieser neuen Erfahrung über deine

Timeline fährst – von der Zeit, bevor du die unterwürfige Person kennenlerntest, bis in die Zukunft.

8) Checke die Ökologie.

Welch eine einseitige Methode, mögen Sie sagen. Um die mögliche Wirkung dieser Methode ganz zu erkennen, muß man schon an die – wie wir sagen – „frivole Annahme" glauben.

4.7 Sechste Annahme: Die magische Wirkung einseitiger Veränderung

Die sogenannte frivole Annahme hilft uns, eine Beziehung zu verändern, auch wenn wir nur mit einer der beteiligten Personen arbeiten. Diese Annahme besagt: Wenn wir unsere mentale Repräsentation eines Menschen einseitig verändern – und damit auch unsere Einstellung zu ihm –, wird dies auch die Haltung dieser (realen) Person zu uns beeinflussen. Dies heißt also, daß, wenn wir den anderen als gleichwertig ansehen, er auch tatsächlich gleichwertiger werden wird. Halt! Ist da Magie im Spiel?

Wieder müssen wir, wenn wir eine solche Wirkung nicht mit übernatürlichen Kräften erklären wollen, von der Möglichkeit ausgehen, daß die nonverbale unbewußte Interaktion ausschlaggebend ist. Wenn ich meine Einstellung zu einem Menschen ändere, wird er wohl meine noch so subtil veränderten nonverbalen Signale unbewußt auffangen. Die Entspanntheit meiner Gesichtsmuskeln, die Festigkeit meines Blicks, die fließenden Bewegungen meiner Hände, meine gleichmäßigen Atemzüge und der Klang meiner Stimme signalisieren auf unbewußter Ebene, daß meine Haltung ihm gegenüber jetzt eine andere ist. Der andere wird diese Signale völlig unbewußt auffangen und doch sofort, ohne einen Moment des Nachdenkens, anders auf mich reagieren.

Bandlers (1985, dt. 1991) Maxime über die Submodalitäten könnte man abwandeln: Menschen haben die Freiheit, alle Submodalitäten zu ändern, wie sie wollen. Besonders bei Problemen mit Autoritätspersonen erweist sich diese Wahrheit oft auf dramatische Weise. Klienten, die unter Autoritätsbeziehungen leiden, können ihre Probleme augenblicklich lösen, indem sie sich selbst nach oben oder die Autoritätsfigur nach unten verschieben. Meist brauchen sie aber einen NLPler, der sie auf diesen Gedanken bringt. Werden sie nicht darauf aufmerksam gemacht, können sie sich diese Möglichkeit gar nicht vorstellen.

Hier ein selbst erlebtes Beispiel:

Professor Drent ist ein führender Psychologe in den Niederlanden. Was noch bedeutsamer ist, er ist auch Vorsitzender des höchsten wissenschaftlichen Gremiums in unserem Land. Eines Tages rief mich meine Mutter an und sagte: „Lucas, hör zu, Professor Drent hat in einer Rundfunksendung gesprochen. Er sagt, NLP sei Blödsinn. Es sei unwissenschaftlich. Es sei ein Schwindel. Und er sagte, der Direktor des Max-Planck-Instituts und ein anderer Psychologieprofessor seien derselben Meinung."

An diesem Abend und am nächsten Tag führte ich heftige innere Debatten. Ich versuchte, Professor Drent vom Wert pragmatischer Kriterien in den angewandten Verhaltenswissenschaften zu überzeugen und – bla-bla-bla. Ich verteidigte den Standpunkt akademischer NLP-Practitioner, die sich entschlossen hätten, ein alternatives Paradigma anzuwenden, das ein nächster Schritt sein könnte zu – bla-bla-bla. Je mehr ich meine innere Stimme reden hörte, desto gehemmter fühlte ich mich. Alles, was ich vorbrachte, klang uralt und langweilig. Ich berief mich sogar auf Ansichten, die ich an der Universität vertreten hatte – damals, als ich an allem und jedem Kritik übte. Meine innere Stimme erinnerte Professor Drent an meine Aufsätze aus den Jahren 1981, 1982, 1983 und 1985, die sich mit der Kluft zwischen akademischer Psychologie und dem pragmatischen Ansatz des NLP befaßten. 1983 hatte ich selbst solch ein Schriftstück in den Briefkasten eines seiner Kollegen gesteckt... Keine Antwort.

„Verschwende deine Energie nicht an Professor Drent", protestierte plötzlich ein anderer Teil von mir. Und dieser Teil fügte hinzu: „Denn kein Wissenschaftler wird sich jemals durch wissenschaftliche Beweise oder logische Argumente irgendwelcher Art überzeugen lassen... Denk nur an das, was die Wissenschaftsphilosophen Kuhn und Feierabend gesagt haben. Kein wissenschaftliches Argument wird die Gegner eines neuen Paradigmas zum Nachgeben veranlassen. Sie müssen einfach aussterben. Und auch kein Anhänger eines neuen Paradigmas wird auf Kritiker hören, die

dem wissenschaftlichen Establishment angehören. Solange das alte Paradigma an der Macht ist, sind alle Argumente vergebens."
An der MACHT???
Bald darauf entdeckte ich, daß Professor Drent bei mir mehr als 6 mentale Meter entfernt und mindestens 2 Meter über dem Horizont lokalisiert war, ein wenig nach links in meinem Sozialen Panorama. Mir ist beinah peinlich, daß ich ihm so viel Autorität zugestanden hatte. Nachdem ich dies eingesehen hatte, war ich bereit für eine Intervention bei mir selbst. Ich brauchte kaum 5 Minuten, um Drent unter den Horizont und ein wenig nach rechts zu verschieben. Nach sechs oder sieben Versuchen hatte er permanent seinen Platz gewechselt. Sofort verstummte mein imaginärer Disput. Auf diese Weise habe ich meinem internalisierten Professor Drent bewiesen, wie gut NLP funktioniert.

Es kann auch passieren, daß man sein Selbst-Bild nach oben oder das Bild der Autorität nach unten verschiebt, ohne daß eine permanente Änderung eintritt.

„Warum kannst du es dann nicht festhalten?" Diese Frage fördert oft Ansichten und Wertungen zu Tage, die einer dauerhaften Lösung im Weg stehen: hauptsächlich Vorstellungen von eigenen Mängeln. Dann helfen manchmal die im 5. und 6. Kapitel vorgestellten Techniken, mit denen solche einschränkenden Überzeugungen geändert werden können.

4.8 Politische Macht

Politiker leben in einem viel komplizierteren Machtmilieu als die meisten von uns. Für einen regulär gewählten Parteivorsitzenden gibt es z. B. eine Reihe von wechselseitig verbundenen Personifikationen, die über Gedeih und Verderb entscheiden. Da ist vor allem seine Selbst-Personifikation: Er muß positiv von sich denken. Bei einem Demokraten wird die Qualität seines Selbst-Bildes weitgehend davon abhängen, wieviel Unterstützung er von der eigenen Partei und von seinen Koalitionspartnern erfährt. Diese Erfahrung politischer Rückendeckung ist in seinem Sozialen Panorama leicht nachzuweisen. Schon seine spontane Redeweise mag zeigen, daß er sich „von seinen Wählern auf Händen getragen fühlt". Wichtig ist auch als Kriterium, ob er seine Partei größer oder kleiner als sich selbst repräsentiert. Wenn die Partei für einen Politiker die dominierende Personifikation ist, wird er sich durch seine eigene Anhängerschaft eingeschüchtert fühlen. In diesem Fall wird er zu sehr dem gehorchen, was seine Partei – seiner Ansicht nach – von ihm erwartet. Von ähnlicher Bedeutung ist, in welcher Richtung und welcher Distanz seine Partei gesehen und gefühlt wird, und wie sie mit ihm selbst verbunden ist. Ist er von ihr umgeben oder abgeschnitten?

Demokratische Macht beruht auf den Stimmen der Wähler. Demokratische Politiker müssen einen wichtigen submodalen Code anwenden, um die Unterstützung des Wahlvolks nicht nur für sie selbst, sondern auch für die Führer anderer Parteien zu repräsentieren. Wenn Politiker die Erfahrung machen, daß ihre vermeintlichen Anhänger das Gegenteil dessen tun, was sie von ihnen erwarten, nämlich die Macht ihrer Führer untergraben, werden auch diese „subversiven Elemente" im Sozialen Panorama eines Politikers sichtbar sein.

Nicht-demokratische Führer werden ihre Macht natürlich auf andere Kriterien als das Votum ihrer Wähler gründen. Und wir fragen uns, auf welche Weise sie wohl ein loyales oder illoyales Militär repräsentieren?

Immer wenn zwei Führer zusammentreffen, wird jeder für sich die Macht des anderen repräsentieren. Die Bilder der ersten und zweiten Wahrnehmungsposition, die die beiden von allen beteiligten Personifikationen im Kopf haben, laufen auf die Frage hinaus, wie so ein Führer beim Zusammentreffen mit einem anderen Führer seine eigene Macht erlebt. Wie visualisiert er die Verbindung des anderen Führers zu dessen Partei? Und wie viele subversive Elemente werden in dieser Menschengruppe visualisiert? Noch entscheidender: unter welchem Gesichtswinkel repräsentieren die beiden Führer sich selbst und den anderen? Stehen sie sich gegenüber oder nebeneinander?

In meinen Seminaren zum Sozialen Panorama lasse ich mehrere Gruppen miteinander Verhandlungen führen. Dies gibt den Teilnehmern und mir die Möglichkeit, das von mir so bezeichnete „Verhandlungspanorama" zu untersuchen. Leute, die zum Verhandlungsführer gewählt wurden, kann man auf ihre Aufgabe vorbereiten, indem man zuerst, vor ihrem Einsatz, ihr jeweiliges Verhandlungspanorama überprüft. Damit

Verhandlungen zu optimalen Ergebnissen führen, braucht der Verhandlungsführer die richtige Konfiguration der Personifikationen in seinem Sozialen Panorama. Vielleicht sollte man das Bild der anderen Partei etwas niedriger lokalisieren; oder den Verhandlungsführer der anderen Gruppe um ein paar zusätzliche Ressourcen bereichern. Vielleicht sollten auch die subversiven Elemente in der eigenen Partei etwas niedriger plaziert werden.

Die kartographische Abbildung größerer Machtstrukturen mit den Methoden des Sozialen Panoramas bietet die Möglichkeit, diese an die Bedürfnisse der Politiker anzupassen. Auch in der Unternehmenskommunikation bieten die gleichen Prinzipien vielversprechende Möglichkeiten.

5. Kapitel

Die Veränderung sozialer Einstellungen

5.1 Verallgemeinernde Urteile über andere Menschen

Was passiert, wenn Sie schon als Wickelkind in der Wiege hörten: „Oh, was bist du für ein nettes kleines Mädchen!"

Solche Redeweisen bringen „verallgemeinernde Wertungen" über Sie zum Ausdruck. Die Person, die so etwas äußert, z. B. Ihre Tante Betty, will damit sagen, daß sie Sie nicht nur in diesem Moment „nett" findet, sondern vielleicht für immer. Indem sie dies tut, bringt sie ihre positive soziale Einstellung zu Ihnen hörbar zum Ausdruck.

Nicht nur Tante Betty, sondern alle Menschen geben dauernd Wertungen über andere Menschen ab. Zu dieser Aktivität des Bewertens gehören mentale Vorgänge, bei denen Kriterien, Wertvorstellungen und Überzeugungen vermischt werden und zu *Urteilen* führen. Theoretisch könnte man sagen: Wenn soziale Wertungen immer wieder zu den gleichen Urteilen führen, bringt diese Wiederholung soziale Einstellungen hervor. Was wir soziale Einstellungen nennen, sind verallgemeinerte Werturteile über Menschen.

Ist das so wichtig? Ja! Denn die Art, wie andere Menschen *Sie* bewerten, bestimmt weitgehend *Ihren* Lebensweg.

Man darf aber vernünftigerweise annehmen, daß soziale Einstellungen nur in den seltensten Fällen auf Schlußfolgerungen beruhen, die aufgrund anhaltender Beobachtung tatsächlichen Verhaltens gezogen wurden. Tante Betty braucht also keine 65 Beobachtungen, um überzeugt zu sein, daß Sie „nett" sind. Nein, Sie brauchen Tante Betty nur ein oder zweimal anzulächeln, um ihr genügend Beweise dafür zu liefern.

Die meisten sozialen Einstellungen entstehen überhaupt ohne alle Fundierung durch tatsächliches Verhalten. In der Regel werden soziale Einstellungen durch Kommunikation von einer Person zur anderen übermittelt. Diese Urteile aus zweiter Hand bilden den Großteil sozialer Haltungen, mit denen die Leute leben. Vielfach kommen die Leute sogar zu verallgemeinernden Urteilen über Individuen und Gruppen, denen sie tatsächlich nie begegnet sind.

In Bereichen, die sich einer eindeutigen Bewertung entziehen, wie Kunst, Wissenschaft, Ethik, Religion, Spiritualität oder Politik, ist es schwerer, sich ein eigenes Urteil zu bilden. In diesen Lebensbereichen verläßt man sich weitgehend auf die Meinungen anderer. Wer als guter Künstler, Wissenschaftler oder religiöser Führer gelten soll, wird von den Meinungsmachern entschieden. Ihnen verdanken die Berühmten und Mächtigen weitgehend ihre Positionen.

Darum darf man wohl feststellen, daß umfassende Änderungen sozialer Einstellungen die Gesellschaft und mithin unsere Zukunft transformieren können. Und man braucht kein Soziologe zu sein, um zu erkennen, welch fundamentale Bedeutung den sozialen Einstellungen sowie deren Veränderung zukommt. Ob wir die Welt verbessern können, wird weitgehend davon abhängen, ob sich die Art, wie Menschen andere Menschen beurteilen, verändern läßt.

5.2 Einstellungen ändern mit NLP

NLP ist ein Fundus pragmatischen Wissens. Es ist keine Ideologie, die sagt, wie die Welt aussehen sollte. Es bietet uns lediglich Techniken, um Änderungen herbeizuführen, aber es sagt nicht, was geändert werden soll und auf welche Weise. So gesehen ist NLP einfach eine neutrale Technik. Es kann für jeden Zweck eingesetzt werden, unabhängig von den politischen oder ethischen Überzeugungen des Anwenders.

Die Idee, soziale Einstellungen durch NLP verändern zu können, hat bereits Kritiker auf den Plan gerufen. In der Psychotherapie wird NLP zumeist akzeptiert, aber wenn es um soziale Einstellungen geht, sehen manche Leute ihre Normen und Werte in Gefahr. In ihren Alpträumen sehen sie weltweit eine Manipulation der Massen voraus!

Menschen bewerten andere Menschen, und durch das Modellieren dieses Vorgangs sind wir besser in der Lage, soziale Einstellungen wirksam zu ändern. Ob die Welt dadurch besser wird, ist schwer zu entscheiden; natürlich hoffe ich das, wie die meisten NLPler. Robert Dilts und Robert

McDonald haben dies schon 1995 deutlich ausgesprochen: „Welchen Wert hätte NLP überhaupt, wenn es nicht zur positiven Veränderung dieser Welt beitragen könnte?"

Ich bezweifle nicht, daß NLP ein wirksames Instrument ist, um Menschen beim Überwinden traumatischer Erfahrungen zu helfen, wie sie etwa durch ethnische Konflikte oder Stammeskriege bedingt sind. Aber solche Katastrophen sind zweifellos die Folge einer radikalen Polarisierung sozialer Einstellungen. Darum wäre es besser, wir hätten eine Technik zur Hand, die verhindern könnte, daß solche Dinge geschehen. In diesem Kapitel möchte ich einige der sich abzeichnenden Möglichkeiten beleuchten.

5.3 Soziales Panorama und In-Group/Out-Group-Denken

Falls es etwas gibt, worauf Psychologen sich heute einigen können, so ist es die Idee, daß unser Denken weitgehend durch die kogitiven Grundfunktionen des „Klassifizierens" und der „Hierarchisierung" bestimmt ist. Wir unterscheiden Kategorien von Phänomenen und ordnen sie in Rangfolgen nach Wichtigkeit ein. Auch Menschengruppen werden klassifiziert und in Hierarchien gestellt. Komplexe soziale Landkarten haben viele Kategorien und eine Vielfalt hierarchischer Ebenen. Eine simple Landkarte hingegen unterteilt die soziale Welt nur in „oben" und „unten" oder „sie" und „wir". Letzteres bezeichnen Sozialpsychologen als In-Group/Out-Group-Denken: eine Denkweise, die uns Menschentieren sehr geläufig ist. Und es ist müßig, darüber zu spekulieren, wie es im Lauf der Evolution zur Ausprägung dieses unseres Wesensmerkmals gekommen ist.

Viele Tierarten haben Territorien und leben in Herden oder Rudeln. Auch bei Menschen hat das Bedürfnis, Jagdgründe zu sichern und den Nachwuchs zu schützen, zwangsläufig zu einer Tendenz geführt, andere Menschen in „Fremde" und „Vertraute" zu unterteilen. Draußen in der Wildnis darf man nicht lange zögern. Dort verlangt die Landkarte der sozialen Realität eindeutige Grenzbestimmungen, um zwischen den Impulsen „Schützen" und „Vertreiben" unterscheiden zu können.

Doch der Preis für soziale Eindeutigkeit ist meist hoch. Wir wandern, metaphorisch ausgedrückt, als Touristen durch eine schöne, aber komplexe Bergwildnis. Irgendwann fühlen wir uns zwischen Hügeln, Felsen und Wasserfällen verloren; zum Glück hat man uns eine Landkarte verkauft.

Leider ist unsere Karte nur eine grobe Skizze, und wir erkennen auf ihr nicht einmal die markantesten Bäume, Klippen und Gipfel. Verdammt nochmal, wo sind wir? Wir fühlen uns jämmerlich. Wenn wir auf dieser Landkarte nicht mal den Bach erkennen, vor dem wir stehen, fangen wir an, überhaupt die ganze Gegend zu hassen. Und wenn sich der Pfad, dem wir gefolgt sind, schließlich in dichter Vegetation verläuft, bekommen wir plötzlich Angst! Wir haben doch diese Landkarte gekauft – und haben uns nun verirrt! Wir geraten in Panik. Verdammt, wie kommen wir hier raus?

In solchen Momenten wären wir beinah bereit, die ganze Natur mit Kettensägen, Bulldozern, Beton und Dynamit einzuebnen. Nur um die ganze Welt unserer verfluchten Landkarte anzugleichen!

Wenn die soziale Welt nicht immer schwarz-weiß ist, könnten wir versucht sein, auch sie mit Gewalt schwarz-weiß zu machen.

Die psychologischen Mechanismen der Identifikation mit einer Gruppe und der Gegnerschaft zu einer anderen sind zweifellos die treibenden Kräfte hinter vielem Blutvergießen. Doch wenn wir sagen, die scharfe Unterscheidung zwischen „ihnen" und „uns" sei ein genetischer, angeborener und daher unwandelbarer Charakterzug des Menschen, würde sich dadurch nicht viel ändern. Der pragmatischen Philosophie zufolge, auf der NLP beruht, hat eine Theorie, die die menschliche Aggression zum unveränderlichen Faktum erklärt, nur wenig Wert. Denn eine so fatalistische Auffassung wird nicht dazu führen, daß etwas getan wird, um die Dinge zu verbessern.

In-Group/Out-Group-Denken braucht gar nicht als Übel an sich betrachtet zu werden. Oft wird es zum Wettbewerb veredelt, ja kultiviert, der ja die besten Leute hervorbringt. Sport, Kunst, Wirtschaft, Wissenschaft und Technologie gedeihen durch den Wettbewerb.

Die meisten Menschen, die ich kenne, wären glücklich, in einer Welt zu leben, wo der Wettbewerb dem Fortschritt dient, während die Menschheit gleichzeitig in Frieden lebt.

Als NLPler braucht man nicht allzu viel Einbildungskraft und Idealismus, um sich zu fragen, ob die Kunst der friedlichen Koexistenz nicht modelliert werden könnte. Läßt sich da eine Friedensstrategie finden? Gibt es da eine Reihe von mentalen Schritten, die, wenn von vielen praktiziert, den Weltfrieden fördern würde?

Friedliebende Eltern versuchen dies bereits. Sie lehren ihre Kinder: „Wir sind alle gleich!" (= Infragestellen der Klassifikation). Oder sie sagen: „Alle Menschen sind gleich wichtig!" (Infragestellen der Hierarchie).

Besser wäre es, wenn wir außerdem noch die Denkmuster „friedliebender" Menschen in allen Einzelheiten modellieren könnten. In den folgenden Abschnitten werde ich die Muster vorstellen, die meine Kollegen und ich auf diesem Gebiet erkannt haben.

5.4 Polarisierung und Nicht-Polarisierung

Im sozialen Dschungel verirrt, werden viele Reisende zuerst einmal versuchen, Klarheit in ihre sozialen Landkarten zu bringen. Dies kann geschehen, indem sie die Kontraste zwischen den Submodalitäten ihrer Sozialen Panoramen hervorheben. Die Unterscheidung zwischen den „Guten" und den „Bösen" wird erleichtert, wenn man sie durch zusätzliche, kontrastierende Submodalitäten kennzeichnet, wie etwa hell/dunkel oder rot/blau. Dies führt dazu, daß sie wie durch einen mentalen Farbfilter gesehen werden.

Eine andere, beliebte Methode, den Gegensatz zwischen den Guten und den Bösen hervorzuheben, ist die Einführung der horizontalen Dimension: links und rechts. Dies kann noch verbessert werden durch eine vertikale Differenzierung zwischen oben und unten. So kann man eine „böse" Ecke und eine „gute" Ecke in seinem Sozialen Panorama schaffen.

Gut und Böse koinzidiert häufig mit „uns" und „ihnen", wobei „wir" meist die Guten und „sie" die Bösen sind.

Die Sozialpsychologen bezeichnen „uns" als die „In-Group" und „sie" als die „Out-Group". Die Unterscheidung beider wird oft aufgrund der Submodalität „Entfernung" getroffen – wobei die In-Group in der Nähe der Person, die Out-Group jenseits der neutralen Distanz lokalisiert ist.

Im 1. Kapitel führten wir den Begriff Gruppen-Personifikation für Situationen ein, in denen mehrere Individuen an der gleichen Stelle im Sozialen Panorama repräsentiert werden. Dies paßt auch hier. In-Groups und Out-Groups sind beides Personifikationen von Gruppen und müssen ihre visuellen, auditiven und kinästhetischen Komponenten aufweisen. Die Orte, wo In-Groups visualisiert werden, müssen sich ganz wesentlich von den Plätzen unterscheiden, wo die Out-Groups visualisiert sind. Und wie oben erklärt, können zusätzliche Submodalitäten dazu beitragen, die sozialen Einstellungen zu klären, die jeweils der In-Group oder Out-Group entgegengebracht werden.

Der auditive Teil jeder Personifikation besteht aus einer Stimme, die deren Absichten und Motive zum Ausdruck bringt. Im Fall der Gruppen-Personifikationen hört man diese Stimmen von der Seite, wo das Bild der Gruppe lokalisiert ist. Die Stimme der In-Group wird also automatisch von nahegelegenen Orten kommen, während die Stimme der Out-Group aus größerer Entfernung tönt.

Die kinästhetische Unterscheidung zwischen beiden erfordert zumindest zwei Arten von Gefühlen:

a) kinästhetische Gruppen und
b) wertende Gruppengefühle.

Die kinästhetische Gruppe ist zuständig für die Erfahrung der Zugehörigkeit oder Nicht-Zugehörigkeit. Die wertenden Gruppengefühle bestimmen die positive oder negative Haltung zur In-Group oder Out-Group.

Kinästhetische Gruppen werden auf jener Körperseite empfunden, wo die Gruppe im Sozialen Panorama visualisiert wird. Wenn die Gruppe also auf der linken Seite gesehen wird, ist auch das Gefühl auf dieser Seite. Diese Gefühle sind mit den Gruppen-Bildern verbunden. Diese Verbindungen bestehen aus *interpersonalen Bindegliedern*. Wenn die In-Group rund um die Person visualisiert wird, kann auch die kinästhetische Gruppe auf allen Seiten gefühlt werden. Die interpersonalen Bindeglieder werden dann vielfältig sein. Die Person sieht diese interpersonalen Bindeglieder so, als befände sie sich im Mittelpunkt eines Spinnennetzes. Die Intensität der „Verbundenheit“ zeigt sich, wenn die interpersonalen Bindeglieder visualisiert werden.

Wie zu erwarten, geht eine positiv bewertete In-Group mit einem aktiven und warmen Gruppengefühl einher. Die Stärke dieses Gefühls ist abhängig von Distanz und Größe. Eine hoch visualisierte In-Group, die sehr nah erfahren wird, bewirkt also eine starke kinästhetische Gruppe.

5.4.1 Gruppengefühle erwerben

Im Zusammenhang mit dem sozialen Selbst erwähnten wir bereits: Der kinästhetische Andere wird erworben, indem man sich mit diesem Anderen identifiziert (in die zweite Wahrnehmungsposition geht). Wir fühlen, was der andere – unserer Meinung nach – fühlt, wenn wir uns an seine Stelle versetzen. Und falls dieser andere uns dominiert, tun wir dies ganz automatisch.

Genauso entstehen kinästhetische Gruppen, indem man mit der ganzen Gruppe in die zweite Wahrnehmungsposition geht. Wenn die Gruppen-Personifikation die Selbst-Erfahrung dominiert, wird das Gesetz der dominanten Personifikation die Person automatisch in die zweite Wahrnehmungsposition zwingen. Dies kann Ihnen immer dann passieren, wenn Sie sich inmitten einer Menschenmenge befinden – einer Menge, die personifiziert werden kann. Die Folge ist, daß Sie die kinästhetische Gruppe (die Menge) in Ihrem Kopf speichern.

Sobald dieses Gefühl im Gedächtnis gespeichert ist, kann es unabhängig davon reproduziert werden, ob die „reale" Menge anwesend ist. Wenn die Person dieses Gefühl dauernd beibehält, führt dies zu einer permanenten Erfahrung der Zugehörigkeit zur Gruppe. Solch eine permanente kinästhetische Gruppe ist ein wichtiger Baustein für das soziale Selbst. Im sozialen Selbst der meisten Menschen gibt es ein permanentes Bewußtsein der Zugehörigkeit zur Familie – das elementarste Beispiel dieses Sachverhalts.

Übrigens, wenn Sie mit einer großen Menschenmenge konfrontiert sind und diese als dominierend personifizieren, sind Sie gleichwohl nicht wehrlos gegen den Zwang, sich mit ihr zu identifizieren. Manche Leute haben die Fähigkeit, sich inmitten einer großen Menschenmenge aufzuhalten und sich dennoch vom Gruppengefühl zu dissoziieren – und auch in der ersten Wahrnehmungsposition zu bleiben. Aber ein Mensch, der sich der Identifikation mit einer physisch nahen und großen Gruppe widersetzt, wird sich dessen immer sehr bewußt bleiben. Denken wir nur an das Beispiel einer Person, die zufällig in eine Faschingsparty gerät, aber nicht mitmachen will; oder an einen Polizisten inmitten einer Protestdemonstration, deren Anliegen er nicht teilt.

Wertende Gruppengefühle resultieren daraus, daß man sich eine Meinung über die Eigenschaften einer Gruppe bildet. Diese Gefühle bewegen sich über eine Skala von Wertschätzung über Neutralität bis zur Ablehnung.

Wenn ein Mitglied eine gute Meinung von seiner In-Group hat, wird es positiv wertende Gruppengefühle haben: „Wir sind gute Jungs." Dies ist der Kern jener positiven Haltung, die man normalerweise gegenüber seiner In-Group einnimmt.

5.4.2 *Extreme Polarisierung*

Eine starke In-Group/Out-Group-Polarisierung beginnt bei Menschen, die eine schwache kinästhetische Out-Group fühlen, meist mit einem diese Gruppe negativ bewertenden Gefühl. Mit anderen Worten, sie fühlen keine Verbindung zur Out-Group und halten sie nicht für „gut". In diesem Fall werden sie niemals mit der Out-Group in die zweite Position gehen und dies auch nicht versuchen, weil kein Anreiz zur Identifikation gegeben ist. Was immer die Out-Group fühlen mag, braucht ja den Polarisierer nicht zu interessieren. Keine Identifikation bedeutet auch keine Ausbildung von Out-Group-Gefühlen.

Dies kann schließlich dazu führen, daß das Out-Group-Gefühl in der Erfahrung der polarisierenden Person völlig fehlt. Und der im 1. Kapitel erläuterten Logik folgend kann man sagen: Wenn das Out-Group-Gefühl in der Repräsentation der Out-Group gelöscht ist, wird letztere automatisch de-personifiziert. Dann werden die Mitglieder der Out-Group nicht mehr als fühlende menschliche Wesen betrachtet.

Wie bereits gesagt, muß man mit einer Gruppe in die zweite Wahrnehmungsposition gehen, um ein kinästhetisches Gruppengefühl für sie zu entwickeln. In die zweite Position zu gehen ist leicht, wenn die „realen" Mitglieder einer Gruppe physisch nahe sind. Teambuilding-Übungen mit viel Körperkontakt nutzen diese Erfahrung.

Wenn aber eine Gruppe sehr weit entfernt ist, etwa wenn sie am anderen Ende der Welt lebt, kann sie dennoch, auch ohne kinästhetische Gruppe, repräsentiert werden. Das bedeutet aber nicht, daß sie zwangsläufig negativ bewertet werden müßte. Auch die Kombination „nicht personifiziert, aber positiv" ist möglich. Eine solche Einstellung habe ich bei Touristen in Afrika vorgefunden, die die Eingeborenen zwar sympathisch finden, sich ihnen aber nicht ähnlich fühlen. Diese Touristen könnten etwa erzählen: Am dritten Tag unserer Safari sahen wir Löwen, Hyänen, Geparden, *Massai* und Büffel.

Eine extreme Polarisierung geht meist mit völliger De-Personifizierung der Out-Group einher. Die Kommunikation ist dann vom Ausdruck sehr negativ wertender Gruppengefühle beherrscht. Diese soziale Struktur in Sprache übersetzt, kann zu Äußerungen führen wie: „Die anderen sind keine Menschen, haben keine Gefühle, keine positiven Absichten und wollen nur das Böse." Dies wird meist in durchaus kreativen, fäkalisch inspirierten Metaphern ausgedrückt!

5.4.3 Frieden – wie macht man das?

Nicht-Polarisierung, die friedliche Koexistenz, verlangt ein Gleichgewicht zwischen „ihnen" und „uns", das im Sozialen Panorama sichtbar werden muß. Die subjektive Realität der Nicht-Polarisierung beruht zwangsläufig darauf, daß die Distanz zwischen den entscheidenden Submodalitäten der In-Group und der Out-Group reduziert wird.

Wenn Sie sich von einem NLPler modellieren lassen, der auf Nicht-Polarisierung spezialisiert ist, werden Sie anfangs vielleicht herausfinden wollen, wie er selbst einige bedeutsame In-Groups und Out-Groups repräsentiert. Er wird dies erklären können, weil diese Gruppen im Leben jedes Menschen existieren. Wie unterscheidet er zwischen den eigenen Kindern und denen anderer Leute? Wie nimmt er den Gegensatz zwischen Landsleuten und Ausländern wahr? Wie erkennt er den Unterschied zwischen Kollegen und den Angestellten einer Konkurrenzfirma? Und wie unterscheidet er in seinem Denken zwischen Männern und Frauen?

Meine Forschungsergebnisse haben bislang gezeigt: Die subjektive Erfahrung von Friedensexperten ist gekennzeichnet durch die Priorität, die sie dem Individuum geben. Sie sehen das Individuum im Vordergrund und ihre jeweilige Gruppenzugehörigkeit mehr im Hintergrund. Die Personifikationen, aus denen ihr Soziales Panorama besteht, sind primär Individuen. Und oft sprechen sie von der Schönheit und Einzigartigkeit einzelner Menschen.

Auch scheint ihr persönliches Selbst ihr soziales Selbst zu dominieren.

Nicht-Polarisierungs-Experten finden es wenig sinnvoll, den Gegensatz zwischen den Submodalitäten von Gruppen zu verstärken. Nur selten sprechen sie in Verallgemeinerungen über Gruppen von Menschen, es sei denn die Menschheit insgesamt.

Die gesamte Menschheit ist ihre wichtigste In-Group. Wie stark die mit der gesamten Menschheit verbundene kinästhetische Gruppe ist, drückt sich in ihrer Sprache aus: „Ich fühle mich als Teil der Menschheit und empfinde stark, auch ein Mensch zu sein."

Die Kehrseite dessen ist eine relativ schwache Bindung an ihre eigenen sozialen Einheiten. Sie fühlen sich nicht so sehr als Mitglieder von Clubs, Familien oder Stammesgemeinschaften. Sie fühlen sich mit Individuen oder mit der Menschheit insgesamt verbunden. Neben diesem Charakterzug gibt es noch etwas Bemerkenswertes: Friedens-Experten gebrauchen einigende Submodalitäten – wie etwa einen goldenen Glanz, der auf In-Groups wie Out-Groups, ja überhaupt auf jeden Menschen fällt. Die Prädikate dieser einigenden Submodalitäten können sich hinter religiösen, philosophischen oder sonstigen ideologischen Äußerungen verbergen. Zum Beispiel: „Wir alle sind Kinder Gottes."

Oder stellen Sie sich vor, wie „Mitleid mit der ganzen Menschheit" in Gandhis Sozialem Panorama ausgesehen haben mag: Sah er ein Netz von interpersonalen Bindegliedern, das ihn mit allen Menschen verband? Dieses „Mitleid" ist natürlich Ausdruck seiner kinästhetischen Gruppe für die gesamte Menschheit, und dazu gehört die Fähigkeit, mit jedem Menschen in die zweite Wahrnehmungsposition zu gehen. NLPler erkennen in diesen Ausdrucksweisen Core states (Kernzustände) wie „Verbundenheit". Harmonie, Liebe, Verbundensein mit dem Gott in jedem Menschen, das Gefühl, ein Teil der Natur zu sein, kosmische Einheit und ein Leben in Frieden – all dies sind Worte, die auf die Erfahrung dessen verweisen, was wir NLPler heute als „Kern-Zustände" bezeichnen. Diese inneren Zustände bestehen aus einigenden Erfahrungen, die häufig mit transpersonaler Bewußtheit einhergehen. Wer das Gefühl etwa des „Einsseins" kennt, hat anscheinend kein Bedürfnis nach In-Group/Out-Group-Polarisierung mehr. Spirituelle Erfahrungen bringen offenbar die inneren Widersprüche des Menschen zum Ausgleich, was sich oft in seiner Wahrnehmung der Außenwelt widerspiegelt.

Bedenken wir aber, daß nicht jeder, der spirituelle Begriffe im Mund führt, auch unbedingt von spiritueller Erfahrung spricht. Haben Sie schon die In-Group/Out-Group-Polarisierung von Leuten festgestellt, die behaupten: „Wir sind spirituelle Wesen, aber ‚ihnen' fehlt diese Qualität ganz und gar"? Solche Äußerungen werden vorwiegend in poetische Metaphern gekleidet, welche die In-Group als Engel und die Out-Group als Dämonen der schlimmsten Art erscheinen lassen.

Wenn wir „friedliche Koexistenz" modellieren, werden wir feststellen, welch wichtige Rolle das Selbst spielt. Wie oben dargestellt, kann eine Schwäche des persönlichen Selbst durch eine Stärkung des sozialen Selbst kompensiert werden. Man sieht dies häufig bei Jugendlichen, die gerade ihr soziales Selbst entwickeln. Schlimmstenfalls schließen sie sich einer Bande an, tragen Gang-Klamotten und tun nur das, was die Gruppe sagt. Dadurch gewinnen sie tatsächlichlich ein starkes Gefühl dafür, wer sie sind und was sie tun sollen.

Das In-Group/Out-Group-Denken gedeiht oft bei Persönlichkeiten, die auf der logischen Ebene der Spiritualität und des Selbst nicht besonders stabil sind. Wenn wir „Friedfertigkeit" modellieren, lernen wir auch, wie wichtig es ist, sich ein starkes Gefühl des persönlichen Selbst zu bewahren und mit transpersonalen Ressourcen in Verbindung zu bleiben.

Alle Menschen brauchen anscheinend Hierarchien und Kategorien, um sich in großer Zahl zu organisieren. Wenn wir also friedliche Koexistenz und Nicht-Polarisierung modellieren, wird klar, daß diese nicht unbedingt mit Anarchie und Desorganisation einhergehen. Nicht-Polarisierung braucht nicht gänzlich auf Hierarchisierung und Kategorienbildung zu verzichten. Der Nicht-Polarisierungs-Experte muß verstehen, beide Prinzipien der sozialen Organisation unproblematisch zu vereinbaren. Dies verlangt die Anwendung vielfältiger sozialer Repräsentationen, nicht deren Vereinfachung – also ein Kontinuum der Ebenen in vielen sich überschneidenden und konvergierenden Dimensionen und Kategorien.

Oder anders ausgedrückt: Nicht-Polarisierung entsteht dann, wenn man erkennt, daß es nirgends auf dieser Welt nur Schwarz und Weiß gibt; und daß Menschen in allen Schattierungen von Grau, Rosa, Bräunlich, Hellbraun usw. existieren. Jeder Zuwachs an Komplexität vermehrt automatisch auch die Zahl der Verhaltens-Optionen. Weil weniger Ausschließung, Verallgemeinerung und Verzerrung stattfinden, wird das daraus resultierende, vielfältige Modell der sozialen Realität die Entscheidungen schwerer machen; denn man muß aus einem weiteren Spektrum alternativer sozialer Handlungsmöglichkeiten auswählen.

Viele Menschen setzen z.B. dunkle Hautfarbe mit niedriger sozialer Schicht gleich. Wenn diese Verallgemeinerung aufgebrochen ist, müssen sie die soziale Schicht dunkelhäutiger Menschen unabhängig von deren Hautfarbe beurteilen. Wenn sie vordem einen Schwarzen im Business-Anzug in ihrem Firmengebäude antrafen und ihn womöglich fragten: „Kann ich Ihnen weiterhelfen? Wen suchen Sie?“ müssen Sie nun mit der Möglichkeit rechnen, daß dieser Mann im Vorstand des Unternehmens sitzt.

5.5 Natürliche Veränderungen sozialer Einstellungen

Die „reale“ soziale Welt besteht aus „realen“ Menschen; das muß ein furchtbares Chaos sein, um Gottes willen – wie gut, daß wir's nicht kennenzulernen brauchen. Wie schon gesagt, müssen die Menschen in ihrem Kopf eine soziale Ordnung schaffen. Sie müssen stets die Welt in gewissem Maß vereinfachen, um sich zurechtzufinden. Man muß seine sozialen Einstellungen also ständig umorganisieren.

Soziale Landkarten entwerfen Menschen vor allem dann, wenn sie mit anderen ihre Meinungen austauschen. In endlosen Debatten versuchen sie zu entscheiden, „wer" auf dieser Welt „was" ist. Und die meisten unserer sozialen Landkarten werden uns von Eltern, Gleichaltrigen und Lehrern übermittelt. Was wir Kultur nennen, besteht teilweise aus kollektiv vertretenen sozialen Einstellungen. Zum kulturellen Fortschritt gehört auch die Veränderung sozialer Einstellungen.

Eine weitere Vereinfachung sozialer Landkarten scheint automatisch als Nebenprodukt stattzufinden, wenn viele Menschen diese durch Kommunikation an andere weitergeben. Außerdem haben Gemeinschaften die Tendenz, die Vereinfachung kollektiver sozialer Landkarten zu erzwingen. Gemeinsam schaffen wir Menschen Sicherheit; wenn die gleiche Meinung von vielen gäußert wird, erscheint sie als wahr!

Wenn eine bestimmte soziale Landkarte von vielen Individuen benutzt wird, gewinnt sie ein Eigenleben und wird zu einer einflußreichen Kraft in der Gesellschaft.

Ein negatives Bild der Out-Group wird in der Regel von den meisten Mitgliedern einer In-Group vertreten. Sie bringen einander bei, den „Gegner" abzuwerten, und belohnen einander dafür, daß sie dies tun. Obwohl es die Gruppe als ganze ist, die ein diskriminierendes Verhalten gegenüber einer anderen Gruppe als ganzer an den Tag legt, wird dieses von Individuen in ihr Soziales Panorama einprogrammiert.

Auf Polarisierung folgt aber immer De-Polarisierung. Mit der Zeit verschieben sich die Meinungen von einem Ende des Spektrums zum anderen. Vor zwanzig Jahren galt es z. B. als Verbrechen, ein an Biologie und Medizin orientierter Psychologe zu sein. Heute kann man dafür als Held gefeiert werden. Soziale Haltungen verändern sich ohnehin von selbst, aber wir können diesen Prozeß durch besonders dafür vorgesehene Interventionen steuern und beschleunigen.

5.5.1 Soziale Einstellungen mit Hilfe von NLP ändern

Wenn jemand seine Haltung gegenüber einer bestimmten Gruppe ändern möchte und zu diesem Zweck einen NLP-Practitioner aufsucht, ist die Sache relativ einfach. Die Gruppen-Personifikation, zu der die Person ihre Einstellung ändern will, kann auf einen günstigeren Ort verschoben werden; dies kann bereits genügen. Die damit verbundenen technischen Probleme werden im folgenden Teil dieses Kapitels ausführlicher dargestellt. Unsere Erfahrung mit der *freiwilligen Änderung von Einstellungen*, die Hunderte von Fällen umfaßt, erlaubt uns, dem Leser an dieser Stelle eine ziemlich robuste und erprobte Technik an die Hand zu geben.

Ganz anders ist die Situation, wenn wir NLPler von jemandem gebeten werden, anderen Menschen bei der Änderung ihrer sozialen Einstellung behilflich zu sein, die ihrerseits kein Motiv zu einer solchen Änderung haben. So etwa mögen Politiker oder Manager den Wunsch haben, die Einstellungen ihrer Mitbürger oder Mitarbeiter in eine bestimmte Richtung zu verändern. Was wir über Modalitäten, Metaphern und Sprache wissen, kann durchaus dazu beitragen, andere zu veränderten sozialen Einstellungen zu überreden. Doch was wir auf dem Gebiet der „Überredungstechniken" zu bieten haben, ist weitgehend provisorischer Natur.

Wenn man mit Überredung arbeitet, erhebt sich eine Reihe von ethischen Fragen. Es wird keinem NLPler einfallen, Änderungen in eine Richtung zu unterstützen, die ihm selbst nicht ökologisch erscheint (z. B. Menschen zu überreden, gegen das NLP zu sein). Die persönliche Ethik des NLP-Experten muß darüber entscheiden, ob er an dieser Art der Veränderung von sozialen Einstellungen mitwirken kann.

Es bleibt also Ihnen selbst überlassen, was Sie mit diesem Technik-Angebot anfangen wollen. Es gibt Kollegen, die kein Vertrauen in die Urteilskraft anderer Menschen setzen und daher nicht bereit wären, über diese Methode zu schreiben. Ich persönlich bin der Meinung, daß ein Verständnis dafür, wie Macht entsteht, immer eine emanzipatorische Wirkung hat. Wissen ist auf diesem Gebiet jedenfalls besser als Naivität, da die Techniken der Beeinflussung sozialer Einstellungen von den Mächtigen dieser Welt überall praktiziert werden.

5.6 Vier Fälle von freiwilliger Änderung

Merel

Vor einem Jahr fusionierte das Unternehmen, bei dem Merel beschäftigt ist, mit einer anderen Firma. Sie ist nicht sehr glücklich darüber; vor allem, weil die Angestellten beider Firmen im selben Bürogebäude sitzen. Merel sagt immer „sie", wenn sie von Kollegen spricht, die aus der anderen Firma stammen, und „wir", wenn sie die Mitarbeiter ihrer alten Firma meint. Diese Unterscheidung zwischen „uns" und „ihnen" hindert Merel, in ihrer Arbeit erfolgreich zu sein.

Das Problem wurde akut in einem ihre Arbeit betreffenden Evaluierungsgespräch.Es wurde deutlich, daß Merel offenbar nicht mit „ihnen" zusammenarbeiten kann, solange sie den Unterschied so stark empfindet.

Die sozialen Dimensionen, auf die Merel ihre In-Group/Out-Group-Unterscheidung stützt, sind offenkundig. Natürlich trifft sie noch manche andere wichtige Unterscheidungen, wie etwa zwischen arm und reich, Männern und Frauen, vor allem zwischen Leuten mit und ohne Kinder. Dies bleibt aber unerheblich, denn „die anderen" mögen zwar Kinder haben, doch dieser Umstand hat bislang nichts dazu beigetragen, die Kluft zwischen „ihnen" und der sehr kinderlieben Merel zu überbrücken.

Die entscheidenden Submodalitäten, in denen Merel den Unterschied zwischen „uns" und „ihnen" codiert, sind Farbe und Plazierung. „Sie", die anderen, erscheinen blau und weiter entfernt. Außerdem sind „sie" oft links lokalisiert und kleiner.

Die hier eingesetzte NLP-Methode zur Änderung von Verhaltensmustern bestand erst einmal in der direkten Suggestion, die Submodalitäten zu ändern. Ich frage Merel also: „Was passiert, wenn du ‚ihnen' wärmere Farben gibst und sie näher heranholst?" Sie brauchte ein paar Sekunden für ihre Antwort, dann sagte sie: „Es ist komisch." Nach weiterem Nachdenken sagte sie: „Ich würde dann nicht mehr wissen, wer ‚wir' sind." Und überrascht rief sie aus: „Wie können ‚wir' die Kontrolle behalten, wenn ‚sie' ‚uns' so nah sind?"

Wie immer bei der Arbeit mit Submodalitäten melden sich unmittelbar nach einem Wechsel der entscheidenden Submodalitäten ökologische Einwände. Ich fragte Merel: „Wie kannst du sicher sein, daß es dir nichts mehr ausmachen würde, nicht zu wissen, wer ‚wir' sind?"

Merels Kriterium des Wissens, wer „wir" (soziales Selbst) im Hinblick auf „Kontrolle" sind, wurde ihr als Rückmeldung vorgehalten. Und ich vermutete: „Könnte doch sein, daß ‚wir' jetzt sowohl ‚wir' als auch ‚sie' sind? Wäre das möglich?" Merel, die in tiefe hypnotische Trance gefallen war, nickte zustimmend. Darum fuhr ich fort, die Ökologie zu checken: „Was kann schief gehen, wenn du nicht mehr die Kontrolle hast?" Merel überlegte.

Nach ein paar weiteren kleinen Interventionen schien es, als sei die Unterscheidung zwischen „uns" und „ihnen" verblaßt. Merel fühlte sich anschließend viel freier und ungezwungener. Sie verspürte auch einige emotionale Unruhe. Noch interessanter war, daß jetzt Gefühle auftauchten, die als „Solidarität mit der ganzen Menschheit" zu bezeichnen wären. Merel sah ein, wie kleinlich sie gewesen war, und war jetzt froh, daß sie nicht mehr so empfand.

Jane

Jane stammt aus Indonesien und lebt in den Niederlanden. Ihre Geschichte ist typisch für viele Angehörige ethnischer Minderheiten. Ihr engeres Lebensumfeld teilt mehrheitlich ihr Soziales Panorama. Dadurch haben sie manchmal ein sehr schwaches soziales Selbst-Gefühl.

Weil sie in einer dominierenden Mehrheit anderer leben, haben sie auch gelernt, ihre eigene Gruppe unterzubewerten. Da sie gezwungen sind, mit der Out-Group in die zweite Wahrnehmungsposition zu gehen, bekennen sie sich leicht zu den Werten der Out-Group. Dies erinnert an Klagen von Afro-Amerikanern, die mit Minderwertigkeitsgefühlen gegenüber Weißen aufgewachsen sind. Manchmal ist diese Selbst-Diskriminierung nur ein Teil des Gesamtbildes. Viele Angehörige von Minderheiten weisen in ihrem Sozialen Panorama zwei verschiedene Lokalisierungen für die eigene Gruppe auf. In-Group-Bilokationen nennen wir diesen Zustand, der stets zu Konflikten im sozialen Selbst führen muß.

Jane verfiel auf den Gedanken, sie könne wegen ihrer indonesischen Herkunft in ihrer Arbeit nicht so erfolgreich sein, wie sie gern wollte. Zu ihren Aufgaben gehörte es, den Vorsitz über wichtige Meetings zu übernehmen. Es gelang ihr zwar, aber auf Kosten ihrer körperlichen Gesundheit. Sie litt unter Streß. Sie mußte sich vorbereiten und immer wieder vorbereiten — mehr als andere, weil sie eine „Indo" (holländischer Ausdruck für eine Person indonesischer Herkunft) war.

In ihrem Sozialen Panorama standen Indos auf der rechten Seite, niedriger als der Horizont. Holländer (Belandas) standen höher, auf der linken Seite.

Dies war ein deutlicher Unterschied in der Codierung. Nachdem Jane die Indos als Gruppe nach links verschoben hatte, schien sie nicht sehr glücklich damit. Da standen sie – etwas niedriger als die Holländer – und schauten ziemlich verdrießlich drein. Ich fragte Jane, was (welche Ressource) ihnen fehlen könnte. „Selbstbewußtsein", sagte sie. Nun forderte ich sie auf, sich an einen Zeitpunkt in ihrem Leben zu erinnern, als sie solches Selbstbewußtsein reichlich besaß. Es fiel ihr nicht schwer, solch einen Augenblick aufzufinden und sich völlig mit ihm zu assoziieren. Dann wurde sie aufgefordert, dieses Selbstbewußtsein durch einen Lichtstrahl zu den Indos hinüberzusenden, um zu beobachten, wie sie an Selbstbewußtsein gewannen.

Sie mußte lächeln, als sie das Ergebnis sah. Nun bat ich sie, den kinästhetischen Wir-Teil ihres sozialen Selbst zu fühlen. Dies bedeutete, daß sie die Indos und die Holländer fühlte, die sie rings um sich sah. Dann forderte ich sie auf, die In-Group und die Out-Group visuell durchzumischen, bis sie eine homogen zusammengesetzte Gruppe bildeten. Auch das gelang ihr ohne weiteres, obwohl es einige Zeit dauerte, und der Seufzer, den sie ausstieß, besagte etwas über die Wirkung dieser Intervention. Jetzt konnte sie visuell nicht mehr zwischen den zwei Gruppen unterscheiden. Dasselbe sollte sie auch im kinästhetischen Teil ihres Selbst tun. Als sie dann sagte, daß die Holländer und Indos nicht mehr unterscheidbar wären, forderte ich sie auf, die Verbindung zwischen dem, was sie sah, und dem, was sie fühlte, zu verstärken. Dadurch sollte sie in diesem Teil ihres neuen sozialen Selbst wieder Einheit herstellen. Es zeigten sich keine Einwände gegen diese Veränderungen.

All dies dauerte nicht länger als 20 Minuten. Am nächsten Tag sagte sie, eine von ihr geleitete Sitzung sei großartig verlaufen. Die neu gebildeten Repräsentationen waren noch an Ort und Stelle.

Tanja

Betrachten wir nun einen Fall von Veränderung positiver Diskriminierung. Die Klientin war Tanja, eine Entwicklungshelferin, die sich oft in Afrika aufhält. Sie lokalisierte die Afrikaner hoch, nah und auf der linken Seite ihres Sozialen Panoramas. Europäer waren rechts plaziert, kleiner und weiter entfernt.

Obwohl dies mit einer sehr positiven Haltung gegenüber Afrikanern einherging, hatte es auch einen Nachteil. Sie konnte sich bei Meinungsverschiedenheiten nicht gegen sie behaupten – auch dann nicht, wenn sie beruflich dazu gezwungen war. Bei dem Versuch, dies durch einen Wechsel der Submodalitäten zu beeinflussen, ergab sich folgende Situation: Wenn die Afrikaner nach rechts gerückt wurden, überlagerten sie entweder die Europäer oder standen hinter ihnen. Dies fühlte sich nicht richtig an, sagte Tanja.
Eine weitere Suggestion, beide Gruppen zu mischen, traf offenbar auf weitere ökologische Einwände, die aber bald beseitigt wurden. Nach einem Future Pace stellte Tanja fest, daß sie den Afrikanern jetzt sogar böse sein konnte. Diese Intervention brachte sie rasch zur Einsicht. Ohne weitere Anleitung gelang es ihr, ihre Einstellung an die beruflichen Erfordernisse anzupassen. Ein paar Monate später, wieder zurück in Afrika, provozierte sie eine Konfrontation mit ihren afrikanischen Kollegen und gewann viel Respekt bei ihnen.

Petra

Um Punkt sechs Uhr betrat Petra das Restaurant, in dem wir verabredet waren, um aus der Sicht des NLP über „Apartheid" zu sprechen. Damals lebte sie seit drei Jahren in den Niederlanden. Vorher hatte sie irgendwo in der Nähe von Johannesburg Psychologie studiert.
In Petras Sozialem Panorama waren die Holländer rechts vorne lokalisiert. Auch die Deutschen standen rechts, aber im Hintergrund (Petras Vater, der Anfang der 50er Jahre nach Südafrika auswanderte, war während des Krieges in Holland gewesen). Die weißen Südafrikaner waren links vorne lokalisiert und mit den schwarzen Südafrikanern verbunden. Zwischen den Weißen und den Schwarzen war eine graue Zone – „vertraute Schwarze". Schwarze und Weiße waren alle etwa von gleicher Größe. Petras ganzes Soziales Panorama zeigte mehr oder minder gleiches Niveau. Ein wichtigerer Parameter war die Distanz. Nach einigem Nachdenken über die Schwarzen meinte Petra, sie differenziere zwischen „guten" und „bösen" Schwarzen. Letztere seien gewalttätig und kriminell. Es fiel ihr schwer, sie anzusehen, sagte Petra, und sie hatten die Tendenz, nach links hinten wegzugleiten. Radikale weiße Rassisten waren hinter den „guten" Weißen lokalisiert, und zwar so, daß sie eigentlich kaum zu sehen waren.

Nach dieser Anamnese fragte ich Petra, ob sie etwas an ihrer Einstellung zu ändern wünsche. Sie bejahte, und ich bat sie, folgendes zu tun:
Vermische die Schwarzen und Weißen, bis du keinen Unterschied mehr siehst. Während Petra dies versuchte, beobachtete ich sie aufmerksam. Ich ließ sie mehr als fünf Minuten daran arbeiten. Dann unterbrach ich sie, um festzustellen, was geschehen sei. Sie sagte: „Wir brauchen Platz für uns selbst."
Petra hatte erwähnt, daß sie mehr Schwarze als Weiße in ihrem Panorama repräsentierte (was der realen Situation in Südafrika entspricht). Diese ökologische Feststellung wurde in den Prozeß eingeflochten. Ich forderte sie also auf, dafür zu sorgen, daß es auch „Platz für uns selbst" gab. Daraufhin arrangierte sie Schwarze und Weiße auf eine Weise, die mehr Vielfalt zeigte – aber nun gab es mehr Weiße in Petras näherem Umkreis. „Jetzt ist es gut", sagte sie.
Dann bat ich sie, ringsum zu fühlen, was sie visualisiert hatte: „Stell dir vor, du bist wieder in Südafrika und fühlst, was du eben gesehen hast… Petra war sich nun sicher, wie sie sagte, daß ihre bereits gemäßigte Einstellung noch besser geworden sei.

5.7 Techniken der freiwilligen Änderung

Die Techniken zur freiwilligen Änderung von sozialen Einstellungen sind bei meinen Kollegen und mir sehr beliebt. Obige Beispiele haben Ihnen gezeigt, wie diese Methoden häufig in Kombination eingesetzt werden. Wie auch andere NLP-Techniken sind sie wirksamer, wenn sie flexibel und in sorgfältig abgestimmter Kombination eingesetzt werden.

Allgemeines Veränderungsmuster für soziale Einstellungen 1: Verschiebe sie!

1) Mache das Soziale Panorama des Klienten zugänglich.
2) Finde im Sozialen Panorama den Ort der Personifikation, zu der die soziale Einstellung verändert werden soll.
3) Suche im Sozialen Panorama des Klienten den Ort einer (Referenz-)Personifikation, zu der er eine ähnliche Haltung hat, wie er sie zukünftig gegenüber der problematischen Personifikation einnehmen möchte.

4) Verschiebe die Personifikation, zu der die Einstellung verändert werden soll, auf die Referenz-Stelle. Wiederhole dies mehrmals. Beachte dabei, daß die Referenz-Stelle in der Praxis nur selten erreicht wird. Aber auch wenn die Personifikation nur in der Nachbarschaft der Referenz-Personifikationen visualisiert wird, kann sich die Einstellung ausreichend verbessern.

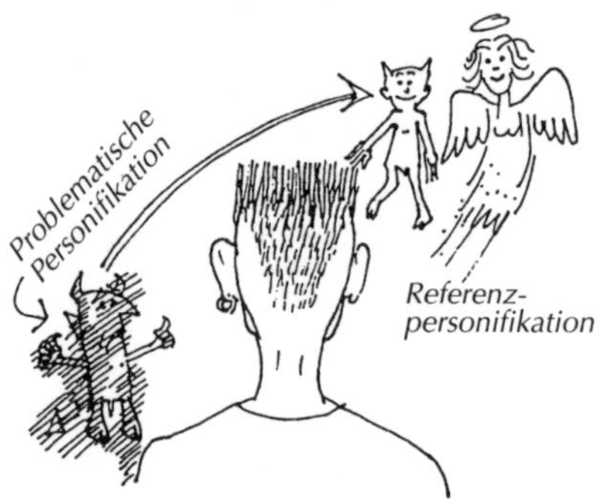

5) „Säubere" den alten Ort, bis keine Reste des Bildes der Personifikation mehr sichtbar sind.
6) Checke die Ökologie: Forsche nach verbalen und nonverbalen Zeichen des Widerstands. Jeder Widerstand ist so zu behandeln, daß eine permanente Veränderung der sozialen Einstellung bewirkt wird. Am leichtesten geschieht dies, indem jede inkongruente Verhaltensweise einem bestimmten Persönlichkeitsanteil zugeschrieben wird (siehe 5.8).

Allgemeines Veränderungsmuster für soziale Einstellungen 1: Vervollständige sie!

1) Mache das Soziale Panorama des Klienten zugänglich.
2) Suche im Sozialen Panorama den Ort der Personifikation, zu der die soziale Einstellung geändert werden soll.
3) Auf welche fehlenden Ressourcen geht das negative Image dieser Personifikation zurück? Benenne eine oder mehrere fehlende Eigenschaften.
4) Finde ein Beispiel, wo der Klient selbst diese Ressource besaß (die jene Personifikation nicht hatte). Wann oder wo in deinem Leben hattest oder benutztest du diese Eigenschaft, die jenem Individuum oder jener Gruppe fehlt? (Falls Haß oder Angst störend dazwischenkommen, verwende die Techniken *„Schieße!"* oder *„Ziffer acht!"* – siehe 5.7.1).
5) Assoziiere dich mit dieser Ressource, gestalte die Erinnerung so lebhaft wie möglich. Wenn das Gefühl intensiv ist, wähle eine Farbe, um diese Ressource zu ankern.

6) Sende diese Ressource als farbigen Lichtstrahl zu der Personifikation hinüber. Sende weiter Ressourcen, bis der Klient glaubt, es sei genug.
7) Prüfe die Einstellung. Überzeuge dich, ob und in welchem Ausmaß die Plazierung verändert wurde.
8) Checke die Ökologie.

De-Polarisierung der Out-Group 1:
Tanze!

1) Erinnere dich an die beste Party, auf der du je warst. Sieh die Leute, höre die Geräusche, rieche, schmecke und fühle es wieder. Wenn du es ein Weilchen genossen hast, kehre ins Hier und Jetzt zurück.
2) Visualisiere die problematische Out-Group in deinem Sozialen Panorama.
3) Imaginiere, wie du der Out-Group immer näher kommst.
4) Imaginiere, wie die Mitglieder der Out-Group dich umgeben: Fühle, rieche und berühre sie. (Falls Haß oder Angst störend dazwischenkommen, verwende die Technik *„Schieße!“* oder *„Ziffer acht!“* – siehe 5.7.1).
5) Imaginiere dich zusammen mit Mitgliedern der Out-Group auf einer Party. Greife auf deine Erinnerung an die beste Party zurück, auf der du je gewesen bist. Führe einen imaginären Tanz mit der Out-Group auf (ein realer Tanz mit geschlossenen Augen funktioniert besser; ein realer Tanz mit der realen Out-Group funktioniert natürlich am besten!).
6) Checke die Ökologie.

De-Polarisierung der Out-Group 2:
Vermische sie!

1) Visualisiere die Out-Group.
2) Visualisiere und fühle eine In-Group.
3) Jetzt verteile die Mitglieder der Out-Group außen rund um die Leute der In-Group.
4) Vermische die In-Group mit der Out-Group, bis du die beiden Gruppen nicht mehr unterscheiden kannst. (Nimm dir dafür genügend Zeit.)
5) Checke die Ökologie.

5.7.1 *Eine Technik für sehr negative soziale Emotionen*

Wenn Menschen ein Individuum oder eine Gruppe hassen, muß man etwas mehr tun, um dies zu ändern. Durch eine zusätzliche Technik aus der klassischen Hypnotherapie (Wolbergs „Stumme Abreaktion") können wir diese Probleme sehr zuverlässig in den Griff bekommen. Die Methode *„Schieße!"* hat uns so gut wie nie im Stich gelassen. Und wenn es eine Technik gibt, die von den Teilnehmern meiner Workshops gern angewandt wird, ist es dieses Muster zur „Neutralisierung von Haß".

Die andere, unten vorgestellte Technik – mit dem Spitznamen *„Ziffer acht!"* – entstammt einer neueren Entwicklung in der Psychotherapie, genannt EMDR*. Tim Hallbom hat diese Methode entwickelt, und ich habe sie um Ideen von Henk Hoenderdos erweitert und unseren Bedürfnissen angepaßt. Im allgemeinen ist es eine Methode zur Reduktion von Angstgefühlen, nunmehr auch auf angstbesetzte Personifikationen angewandt.

Haß auf eine Personifikation neutralisieren: Schieße!

1) Stumme Abreaktion.
   Visualisiere eine Kinoleinwand. Sieh dich selbst auf ihr – so mächtig, wie du es dir nur vorstellen kannst, und ausgestattet mit allem, was dazu beitragen könnte, in für dich befriedigender Weise mit der verhaßten Personifikation umzugehen. Jetzt führe die verwünschte Personifikation auf die Leinwand ein.
   Schau zu und höre, wie du alles tust, was du tun mußt, um deinen Haß auszuleben. Bleibe in der Rolle eines Beobachters, der sich selbst sieht, wie er kämpft, Rache nimmt oder der verhaßten Personifikation in die Ohren schreit.
   Mach weiter so, bis es langweilig wird oder du Mitleid fühlst.
2) Forsche nach fehlenden Ressourcen. Jetzt schau die verhaßte Personifikation an und frage dich: „Welche Mängel führen zu so unangeneh-

* Eye Movement Desensibilization and Reprocessing; wurde von der amerikanischen Psychotherapeutin Francine Shapiro für die Arbeit mit traumatisierten Patienten entwickelt (Anm. d. Red).

mem Verhalten?" Liste diese Fähigkeiten auf. Zum Beispiel: Selbstvertrauen, Grundvertrauen, Sensibilität für die Bedürfnisse anderer.

3) Aktiviere diese Ressourcen in dir selbst.
Nimm dir jeweils eine Ressource nach der anderen vor. Suche ein Beispiel aus deinem Leben, wo du über diese Ressource verfügtest. Versetze dich in diese Erinnerung und belebe sie wieder. Sieh, höre und fühle sie. Achte auf deinen Atem, lausche auf deine Stimme. Es funktioniert am besten, wenn du die Erfahrung übertreibst. Jetzt wähle eine Farbe, die zu dieser Ressource paßt. Halte das Gefühl dieser Ressource fest und stelle dich mitten in eine Wolke von dieser Farbe.
4) Sende die Ressource.
Nun schau auf das Bild der verhaßten Personifikation. Sende ihr die Ressource zu. Sieh die farbige Wolke der Ressource, wie sie die verhaßte Personifikation erreicht. Wenn du zögerst oder nicht weißt, wie du das machen sollst, kannst du imaginieren, daß du die Ressource mittels einer Art Laserkanone hinüberschießt. Oder du füllst eine Injektionsspritze und verabreichst der verhaßten Personifikation eine „aufbauende Dosis" der Ressource.
5) Falls du noch mehr Ressourcen zu übertragen hast, kehre zurück zu Punkt 3). Fahre fort, die fehlenden Ressourcen zu übermitteln, bis die Personifikation ein neutrales Gefühl hervorruft.
6) Checke die Ökologie.

Umgang mit gefürchteten Personifikationen: Ziffer acht!

1) Beobachte die Stelle im Raum, auf die der Klient den Blick richtet (Fokalpunkt), während er Angst vor einer Personifikation empfindet.
2) Schaffe nun mit der Hand einen visuellen Anker für diesen Platz.
3) Weise den Klienten an, den Kopf ruhig zu halten und deiner Hand mit den Augen zu folgen.
4) Bewege die Hand in Form einer Ziffer „Acht" vor dem Klienten. Achte darauf, daß du den Fokalpunkt als Kreuzungspunkt der „Acht" verwendest. Dies soll langsam geschehen.
5) Fahre fort mit diesen Bewegungen und verändere diese, bis der Klient zu erkennen gibt, daß die Angst nachgelassen hat.
6) Checke die Ökologie.

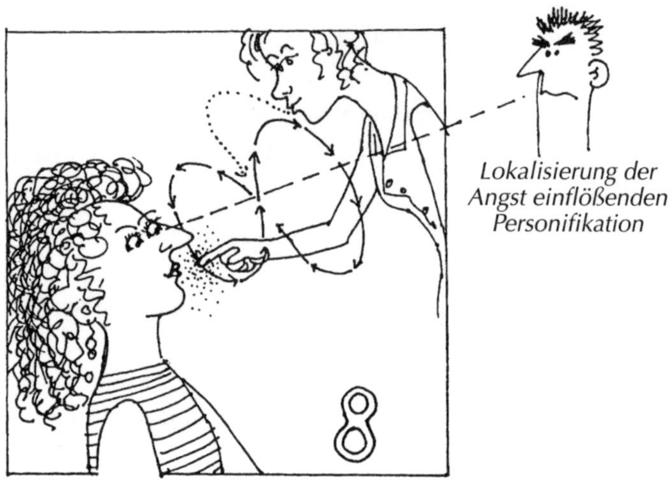

5.8 Ökologie, Persönlichkeitsanteile und positive Absichten

Alle oben vorgestellten Techniken enden mit der Anweisung: *Checke die Ökologie.* Dies ist natürlich ein sehr wichtiger Bestandteil der Veränderungsarbeit mit Hilfe von NLP, besonders wenn diese weitreichende Konsequenzen hat.

Die meisten ökologischen Einwände bei jeder Art von NLP-Arbeit lassen sich sichtbar gestalten, indem man sie bestimmten Persönlichkeitsanteilen zuschreibt. Widerstand setzt ein, wenn solche Teile aktiviert werden, weil sie eine „gefährliche Situation" antizipieren. „Gefährlich" bedeutet hier, daß der Zweck, dem ein Persönlichkeitsanteil dient, in Gefahr zu sein scheint.

Wenn solch ein Teil merkt, daß Submodalitäten auf gefährliche Weise verschoben werden, strengt er sich an, um sie wieder „zurück" zu verschieben. Wenn ein Persönlichkeitsanteil die Fäden zu ziehen beginnt, zeigt sich dies sofort in der Art, wie die betreffende Personifikation im Sozialen Panorama gesehen wird. Wenn der Klient also eine Personifikation auf einen anderen Platz verschiebt, hat er eine ganz unmittelbare Erfahrung der „Strecke", die zur Verfügung steht. Manche Personifikationen haben reichlich die Strecke, die sie benötigen, um ihren Ziel-Ort zu erreichen. Anderen ist nur erlaubt, sich ein kleines Stück in die richtige Richtung zu bewegen.

Sobald Widerstand auftritt, wird sich der erfahrene NLPler bemühen, Kontakt mit dem opponierenden Teil aufzunehmen. Dieser Teil wird personifiziert, und wenn die Kommunikation hergestellt ist, gilt es als nächtes, seine positive Absicht zu entdecken. Welches Ziel versucht er für den Klienten zu erreichen?

Meine Kollegen und ich konnten bei unseren Bemühungen um die Veränderung ethnozentrischer Haltungen immer wieder feststellen, daß Persönlichkeitsanteile, die eine In-Group/Out-Group-Polarisierung stützen, zuweilen positive Absichten haben können. (Oder anders gesagt, man kann viele verschiedene Teile haben, die zusammen ethnozentrisches Verhalten hervorbringen.) Ähnlich wie Rauchen eine Vielzahl von Zwecken erfüllen kann – es bietet z. B. Ablenkung, Entspannung, guten Geschmack auf der Zunge, warmes Gefühl, Konzentration, soziale Interaktion –, kann es auch bei ethnozentrischem Verhalten viele Zwecke geben.

5.8.1 Ethnozentrische Persönlichkeitsanteile und ihre Zwecke

Wenn wir unsere ethnozentrischen Haltungen zu ändern versuchen, können Einwände von Teilen erhoben werden, deren wichtigste positive Absicht wohl die Reproduktion unserer Gene ist. Ihr vorrangiger Zweck ist die Sicherung des Brutraums und Nistplatzes sowie der Schutz von Nahrungsressourcen zur Aufzucht der Nachkommen. Sobald wir diese positiven Absichten kennen, können wir zu deren Befriedigung nach anderen Mitteln suchen, als eine aggressive Haltung sie bietet.

Eine klassische Option des NLP ist das „Six step reframing" (Reframing in sechs Stufen). Der wichtigste Beitrag des NLP zu dieser Debatte läßt sich wie folgt zusammenfassen: Ethnozentrismus ist nicht die einzige Verhaltens-Option zu dem Zweck, den Fortbestand der eigenen Gene zu sichern.

Die Geschichte zeigt, daß genetisch motivierte Teile nicht eben leicht zu Verhaltensänderungen bereit sind. In dieser Hinsicht darf man wohl pessimistisch sein. Aber ich finde, es gibt keinen Grund, genetische Motive aus der NLP-Arbeit auszuschließen.

Jene Persönlichkeitsanteile, die unser genetisch angelegtes In-Group/Out-Group-Verhalten regieren, haben einen ähnlichen neurologischen Status wie unser Immunsystem. Denn in gewisser Weise sind sie unser soziales Immunsystem. Und NLPler können auch (erfolgreich) mit dem Immunsystem anderer Menschen kommunizieren. Warum also nicht mit den Genen selbst kommunizieren?

Die Klienten könnten also entdecken, daß der Wunsch, sich fortzupflanzen und die eigene Nachkommenschaft zu sichern, in Konflikt mit einer Änderung ihrer ethnozentrischen Einstellung gerät. Auch das Motiv, die eigenen Gene bevorzugt vor denen anderer zu reproduzieren, wird von manchen als ein solches Hindernis genannt.

Welche weiteren positiven Absichten lassen sich feststellen, die mit einer Änderung ethnozentrischen Verhaltens in Konflikt geraten können?

Da ist natürlich einmal die Furcht vor Fremden. Xenophobische Persönlichkeitsanteile streben nach Sicherheit. Daneben gibt es weitere ethnozentrische Persönlichkeitsanteile, die nach Einfachheit, Klarheit und sozialer Orientierung drängen. Diese auf Klarheit hinwirkenden Teile sind bestrebt zu erkennen, was man tun soll.

Auch die Polarisierung hilft der Person, ihr soziales Selbst zu stärken: „Ich bin ein Mitglied der Gruppe X und gewiß nicht der Gruppe Y. Jetzt weiß ich, wie ich mich verhalten und was ich denken soll."

In den 60er Jahren bewies Sherif mit seinem berühmten sozialpsychologischen Experiment in einem Sommerlager, daß die In-Group/Out-Group-Polarisierung den Zusammenhalt der Gruppe fördert. Viele Diktatoren hatten vor ihm die gleiche Einsicht und simulierten eine Bedrohung durch äußere Feinde, nur um die Geschlossenheit im eigenen Land zu wahren. Wenn man zusammen mit Zehntausenden in die Schlacht marschiert, muß es nicht immer eine angstvolle Erfahrung sein; für manche Leute ist es ein ruhmreicher Augenblick (bis sie erschossen werden). Ethnozentrismus war die Ursache einer langen Reihe von Kriegen.

Auch eine Familienfehde, eine Vendetta, kann die beteiligten Familien einigen.

Und noch etwas: Wettbewerb funktioniert am besten, wenn die Wettbewerber miteinander kompatibel sind. Eine positive Absicht, die sich oft hinter ethnozentrischem Denken verbirgt, besagt, daß ohne starke Polarisierung die „anderen" zur Herrschaft gelangen würden und die eigene Gruppe zu kurz kommen könnte. Nach dem Niedergang der Sowjetunion fürchteten viele Amerikaner, die USA könnten ohne einen starken Konkurrenten ihre Macht und Einheit verlieren.

Positive Absichten finden sich auch auf spiritueller Ebene. „Gott hat uns zum heiligen Krieg gegen die Gruppe Y aufgerufen. Sie sind Sünder, und wir sind die Erwählten." Gegen positive Absichten auf der logischen Ebene von Identität und Spiritualität muß man schon sehr überzeugende Alternativen ins Treffen führen.

Außerdem richtet sich der Haß häufig auf andere, die stellvertretend für unterdrückte Teile des Selbst (von C. G. Jung als „Schatten" bezeichnet) stehen. Was Sie hassen, ist Ihnen also ganz gut bekannt, und Sie wollen es bei sich selbst ändern. Wenn Sie eine Gruppe hassen, hassen Sie einen Teil von sich selbst, der die Personifikation dieser Gruppe ist. Die Gruppe, wie Sie sie in Ihrem Sozialen Panorama sehen, ist ein Bild jenes Persönlichkeitsanteils von Ihnen. Alle Personifikationen sind Teile von uns, auch die Personifikationen verhaßter Out-Groups.

5.8.2 Drei Arten von Persönlichkeitsanteilen beim Ändern sozialer Einstellungen

Im folgenden finden Sie einen systematischen Überblick über die Arten von Persönlichkeitsanteilen, die am Verändern sozialer Einstellungen beteiligt sind. Ich kenne drei Arten solcher Teile:

1) Out-Group-Personifikationen
2) Teile, die eine Änderung der Einstellung befürworten
3) Teile, die eine Änderung der Einstellung ablehnen.

1) Out-Group-Personifikationen
Was die Person in ihrem Sozialen Panorama sieht, ist die visuelle Projektion ihrer Out-Group-Personifikation.

Wenn wir mit Out-Group-Personifikationen arbeiten, sind wir direkt mit der Tatsache konfrontiert, daß das menschliche Gehirn keine „realen"

Menschen kennt, sondern nur Personifikationen. Ich kenne nicht die Deutschen, sondern nur meine Vorstellungen von ihnen. Und wenn ich nach positiven Absichten der Deutschen suche, suche ich nur nach den positiven Absichten meiner Personifikation der Deutschen. Die Frage: „Was ist die positive Absicht der Deutschen?" bedeutet also: „Was ist die positive Absicht dieses Teils von mir?"

Die Unterscheidung zwischen „realen Menschen draußen in der Welt", einerseits, und der Repräsentation dieser Menschen in meinem Kopf, andererseits, muß von dem NLPler, der mit dem Sozialen Panorama arbeitet, klar und eindeutig verstanden werden.

Doch für die meisten Klienten ist dies eine reichlich komplizierte Vorstellung. Und die Verwechslung von „realen Menschen" mit „vorgestellten Menschen" ist nicht so leicht auszuschalten. Die Erfahrung zeigt, daß es unnötig ist, diese Unterscheidung allen Klienten klar zu machen, es sei denn, die Arbeit mit ihnen wird dadurch blockiert, daß sie sich weigern, ihre Repräsentation der betreffenden Out-Group zu ändern. Aber selbst wenn dieses Problem nicht gelöst wird, darf ein erfahrener NLP-Experte die Suche nach positiven Absichten vorübergehend suspendieren, um weiter nach fehlenden Ressourcen zu suchen.

Der „schlechte Ruf" der Out-Group läßt sich definieren als Folge eines Mangels an Fähigkeiten und Kompetenzen. Die Frage: „Welches ist die positive Absicht der Moguln?" könnte man ändern: „Welche Ressourcen fehlen den Moguln, und welche benötigen sie folglich?"

„Vervollständigung" ist eine sehr wirksame Intervention, wenn es gilt, soziale Einstellungen zu ändern. Sie besteht darin, der (verhaßten) Out-Group-Personifikation die ihr fehlenden Ressourcen zu transferieren. Wenn aber die Einstellung sehr negativ ist, ist *„Schieße!"* meist die erfolgreichere Variante dieser Methode.

Sobald eine solche Out-Group-Personifikation die Ressourcen empfangen hat, die ihr fehlten, wechselt sie meist auch sogleich ihren Platz.

2) Teile, die eine Änderung sozialer Einstellungen befürworten

Diese Teile haben den Klienten überhaupt erst in Ihre Praxis geführt. Bevor Sie irgend etwas zu ändern anfangen, sollten Sie die Motive dieser Persönlichkeitsanteile verstehen lernen. Was ist das erwünschte Resultat einer Einstellungsänderung? Zum Beispiel: Was wird der Klient tun können, wenn er nun eine positivere Meinung über die Belgier hat? Hier muß das Kriterium der „Wohlgeformtheit" auf die Resultate angewendet werden.

Positive Absichten

Positive Absichten von Persönlichkeitsteilen, die eine Veränderung sozialer Einstellungen anstreben, können z. B. sein:

a) Seelenfrieden zu erlangen;
b) fähig zu werden, mit bislang mißtrauisch betrachteten, verhaßten oder stark bewunderten Gruppen zu kommunizieren;
c) moralische Konflikte (manchmal mit religiösen und ethischen Aspekten) zu lösen;
d) Gesundheit zu erlangen durch die Befreiung von (posttraumatischem) Streß, der aus Konfrontationen mit der Out-Group resultierte.

3) Teile, die eine Änderung sozialer Einstellungen ablehnen

Wie immer, wenn eine Einstellungsveränderung mit Hilfe von NLP-Methoden vorgenommen wird, verdienen jene Persönlichkeitsanteile, die diese ablehnen, unsere volle Aufmerksamkeit. Denn ohne ihre Mitwirkung werden wir nichts erreichen. Eine Änderung ist nur möglich, wenn diese Teile einverstanden sind.

Als erstes müssen wir Rapport mit diesen Teilen herstellen. Das kann geschehen, indem wir die Schlüsselwörter, Kriterien, Werte und Überzeugungen dieser Teile ansprechen. Dies kann aber für einen NLPler, der selbst entgegengesetzte Überzeugungen vertritt, recht schwierig sein. Allerdings ist der Rapport gefährdet, wenn wir diese Persönlichkeitsanteile verbal oder nonverbal zurückweisen. Wenn wir ihnen allzu negativ begegnen, werden sie unseren Bemühungen mißtrauen und sie durch ihr Schweigen sabotieren.

Um überhaupt etwas ändern zu können, müssen wir wohl oder übel diese häufig verlogenen, sexistischen, rassistischen, ethnozentrischen, angstbesetzten, kolonialistischen, faschistischen, machthungrigen, territorial aggressiven und engherzigen Teile des Klienten motivieren. Wir müssen aber auch die übrigen Teile motivieren, damit sie einen Moment lang aufhören, jene anderen zu bekämpfen. Wir müssen also den Klienten zu einem Verständnis dieser Persönlichkeitsanteile hinführen.

Um Rapport herzustellen, ist es oft hilfreich, wenn wir uns klar machen, daß wir selbst ähnliche Teile in uns haben. Meist ist das Eis gebrochen, sobald wir dies aussprechen.

Am besten lernen wir die positiven Absichten ethnozentrischer Teile kennen, indem wir Rapport mit ihnen herstellen. Kennen wir ihre positiven Absichten, dann wird dies sowohl unsere Meinung wie auch die des Klienten über diese Teile verändern. Sobald die positiven Absichten bekannt sind, erscheint der ethnozentrische Teil in einem anderen Licht. Nicht mehr als irrationales und aggressives Übel, sondern als – wenn auch begrenzt – vernünftiger Wert. Und wie Sie sehen werden, sind die positiven Absichten niemals „böse". Was wäre zum Beispiel verkehrt an dem Wunsch, die eigenen Gene zu reproduzieren?

Sobald wir die Ziele kennen, nach denen diese Teile des Klienten streben, brauchen wir sie nicht mehr zurückzuweisen, sondern können ihnen behilflich sein, jene Ressourcen zu erwerben, die sie brauchen, um ihr ethnozentrisches Verhalten zu ändern.

In der NLP-Praxis haben wir gelernt, welch mächtigen Einfluß es haben kann, Vermeidung in Annäherung umzuwandeln. Die Formulierung einer positiven Absicht, zu der auch das „Vermeiden von etwas" gehört, sollten wir übersetzen in „Annäherung an etwas". Durch solch eine Übersetzung wird auch die emotionale Bedeutung der positiven Absichten sozial wie kulturell akzeptabler, und wir erfüllen zudem eine der „Wohlgeformtheitsbedingungen" für Ziele – die positive Formulierung. Im folgenden sind (in Klammern) die Übersetzungsprozesse von der Vermeidung zur Annäherung zusammengestellt.

Wenn Person A eine Gruppe B mißbilligt, können wir sie fragen: „Was nützt es dir, diese Gruppe zu hassen; welchem Zweck dient es?" In den Antworten erkennen wir eine oder mehrere der folgenden Alternativen:

1) Um zu vermeiden, daß die eigenen Nachkommen, Verwandten und Clanmitglieder verletzt, geschädigt oder getötet werden (mit anderen Worten, um Sicherheit, Gesundheit und Zukunftsaussichten für einen selbst, für Kinder, Familie und Freunde zu gewährleisten).

2) Um die Auslöschung des eigenen Stammbaums und genetischen Materials zu vermeiden (mit anderen Worten, um die eigenen Gene zu reproduzieren).
3) Um beschränkte Ressourcen zu verteidigen (mit anderen Worten, um genug zum Leben zu haben).
4) Um den Verlust an Land, Ressourcen und Brutraum zu vermeiden (mit anderen Worten, um genug Platz für die Aufzucht von Kindern, den Anbau von Feldfrüchten zu haben, um arbeiten zu können und angemessenen Wohnraum zu schaffen).
5) Um den Verlust des kulturellen Erbes zu vermeiden (mit anderen Worten, um die eigene Religion zu praktizieren, Feiertage einzuhalten und die eigene Muttersprache zu pflegen).
6) Um Angst und Unsicherheit zu vermeiden, die von Fremden ausgelöst werden können (mit anderen Worten, um sich in Gegenwart von Fremden wohlzufühlen).
7) Um den Verlust des sozialen Selbst zu vermeiden (mit anderen Worten, um das Gemeinschaftsgefühl und das soziale Selbst zu stärken).
8) Um Gefühle der Isolation und Entfremdung zu vermeiden (mit anderen Worten, um starke soziale Bindungen zu unterhalten).
9) Um soziale Desintegration zu vermeiden (mit anderen Worten, um durch Wettbewerb gestärkt und stimuliert zu werden).
10) Um Minderwertigkeits- und Ohnmachtgefühle zu vermeiden (mit anderen Worten, um sich stark und selbstbewußt zu fühlen).
11) Um das Gefühl der Eifersucht zu vermeiden (mit anderen Worten, um mit dem eigenen Leben und der eigenen Lebensart zufrieden zu sein).
12) Um ein Gefühl mangelnder Kontrolle zu vermeiden (mit anderen Worten, um fähig zu sein, Unsicherheit zu ertragen und chaotische Situationen zu tolerieren).

5.9 Einschränkende soziale Überzeugungen ändern

Yoriko, eine Japanerin, wollte ihre negative Einstellung gegenüber Afrikanern verändern. Auf meinen Vorschlag hin rückte sie diese in ihrem Sozialen Panorama von links unten nach rechts oben. Gleich darauf blickte sie mich direkt an und sagte: „Ja, aber…, was beweist mir, daß sie diese hohe

Stellung verdienen?" Yoriko betonte, daß hohe hierarchische Positionen durch Leistung errungen werden müßten. Doch der erste Teil der Intervention, das Lokalisieren der Afrikaner auf der rechten Seite, fiel ihr nicht schwer. „Auf der rechten Seite machen sie einen gutmütigen Eindruck", erklärte sie. Schwierig war es dagegen, die Afrikaner höher zu plazieren. Und Yoriko sagte mir: „Europäer, Japaner und vor allem die Amerikaner haben alle etwas geleistet; die Afrikaner nicht."

Sie vertrat also eine soziale Überzeugung, die eine weitere Veränderung ihrer Einstellung momentan einschränkte.

Dieses Beispiel für Widerstand von Persönlichkeitsanteilen führt uns zu dem Begriff „Überzeugung". Yoriko war überzeugt, daß hierarchische Positionen (repräsentiert durch die vertikale Position) von Leistung abhängig seien.

Einige weitere Fragen ergaben, daß bestimmte Arten von Leistung in Yorikos Weltbild wertvoller waren als andere. Sportliche Auszeichnung galt ihr weniger als Literatur, Kunst, Wirtschaft und Technik.

Yorikos Denken war stark hierarchisch geprägt; ihr Soziales Panorama war außerordentlich vertikal strukturiert, und sie vermochte die geringfügigsten Statusunterschiede zu unterscheiden. Der Aufstieg auf der sozialen Stufenleiter aufgrund von Leistung war in ihrem Denken als wichtiges Motiv verankert. Durch diese Überzeugung wurde die Möglichkeit einer Veränderung ihrer negativen Einstellung gegenüber Afrikanern eingeschränkt.

Ein Muster der raschen Veränderung sozialer Überzeugungen: Tabula rasa!

Das Reimprinting (Neuprägung) ist eine bekannte NLP-Technik zur Veränderung von Überzeugungen. Immer wenn soziale Einstellungen aus traumatischen Erfahrungen mit einer Out-Group resultieren, kann Neuprägung das Mittel der Wahl sein. Wenn aber keine negative emotionale Geschichte mit der Out-Group vorliegt, ist folgende schnelle und bei Problemen mit sozialen Haltungen bewährte Methode die wirksamste Intervention.

Indikation: Das erwünschte Sozialverhalten des Klienten wird blokkiert durch eine soziale Überzeugung, die nicht traumatischen Ursprungs ist.

1) Lassen Sie den Klienten seine soziale Überzeugung mit seiner inneren Stimme wiederholen; und gleichzeitig soll er zu dem Zeitpunkt zurückkehren, als diese Überzeugung bei ihm entstand. „Wo, wann und wie hast du diese Überzeugung gelernt?"
2) Erkunden Sie, welche Vorteile an erworbener Sicherheit, Gewißheit, sozialer Identität und Verhaltensorientierung diese Überzeugung dem Klienten bislang geboten hat. Mit anderen Worten: „Was war positiv am Beibehalten dieser Haltung?" Oder: „Was bringt es dir, diese Überzeugung zu vertreten?"
3) Fordern Sie den Klienten auf, eine alternative Überzeugung zu formulieren, die zwei Bedingungen erfüllen muß:
   x) Sie muß die gleichen positiven Resultate erbringen wie die bisherige Überzeugung.
   y) Sie muß das erwünschte Sozialverhalten ermöglichen.
4) Schicken Sie den Klienten auf seiner Timeline zurück zu sich selbst, wie er war, *bevor* diese Überzeugung bei ihm entstand – als der Klient noch eine *Tabula rasa* (leer) war. Wir können mit der Metapher arbeiten, der Klient sei ein Onkel (oder eine Tante) aus der Zukunft – auf Reisen mit einer Zeitmaschine. Und dann, nachdem dieser Onkel-Klient angekommen ist, also vor dem Moment, da die Überzeugung entstand, erzählt der Onkel-Klient dem jungen Klienten die im 3. Schritt neu formulierte Einstellung. Dies soll vom Klienten möglichst überzeugend verbalisiert werden.
   Beachten Sie, daß die Formulierung einer neuen Einstellung nicht laut ausgesprochen werden muß. Viele Klienten sind in der Lage, die neue Überzeugung im stillen zu formulieren, ohne daß der NLPler davon erfahren muß. Sie fangen einfach an, ihr jüngeres Selbst zu überzeugen, und finden dabei die richtigen Formulierungen.
5) Sobald der jüngere Klient die neue Einstellung akzeptiert hat, kann er sich mit der neu erworbenen Meinung weiterentwickeln. Lassen Sie sich Zeit, die Weiterentwicklung des Klienten zu beobachten und die Veränderungen mitzuerleben.
6) Testen Sie die Einstellung im Sozialen Panorama. Wenn die neue Einstellung ökologisch ist, kann der Klient sie beibehalten, ebenso wie das erwünschte Sozialverhalten.

5.10 Größere Zuhörergruppen zur Änderung sozialer Einstellungen überreden

Bislang haben wir über die Veränderung sozialer Einstellungen bei einzelnen Klienten gesprochen, die, getrieben von eigenen inneren Motiven, in unsere Praxis kommen. Es leuchtet ein, daß eine solche Arbeitsbeziehung der bestehenden NLP-Tradition ohne Schwierigkeiten entgegenkommt. Unsere wichtigsten Erfahrungen dazu können Sie in diesem Buch bereits lesen.

Darüber hinaus könnten Politiker, Manager und Führer mit starkem sozialem Engagement auch den Wunsch haben, die Einstellung von Menschen zu verändern, auch wenn diese selbst nicht dazu motiviert sind. Dann treten Sie vielleicht mit der Bitte an sie heran: „Helfen Sie mir, diese hartnäckigen Rassisten einer Gehirnwäsche zu unterziehen, ja?" Ich selbst wurde z. B. von einem Vertreter der Vereinten Nationen konsultiert, dem es um die Heilung der in Ruanda geschlagenen seelischen Wunden ging. Die Massaker in Ruanda waren die Folge einer systematischen ethnozentristischen Indoktrinierung durch Radio Mille Colline. Konnten ähnliche Kommunikationstechniken diesem Prozeß auch entgegenwirken?

Bietet uns NLP tatsächlich das geeignete Technik-Konzept für solche Aufgaben? Wo bleiben da die ethischen und ökologischen Grundsätze des NLP? Ist das Verändern von Einstellungen gegen den Willen der Menschen ein Verstoß gegen „Landkarten und Territorien" oder „Respekt vor dem Welt-Modell" anderer Menschen?

Im Gegensatz zu den gesicherten Aussagen, die in der ersten Hälfte des 5. Kapitels vorgetragen wurden, muß ich dem Leser hier empfehlen, den Versuchscharakter der restlichen Ausführungen dieses Abschnitts in Rechnung zu stellen.

5.10.1 Das Gut-Sein trainieren

Die Arbeit der amerikanischen Anti-Rassismus-Trainerin Jane Alliot zeigt, welche Probleme auftauchen, wenn man Menschen zum Aufgeben ihrer ethnozentrischen Haltung überredet. Alliot ist eine willensstarke weiße Frau mittleren Alters. Selbstverständlich ist sie überzeugt, daß der Rassismus eine Gefahr für die Zukunft der USA darstellt und daß die Notwendigkeit, etwas dagegen zu tun, beinah jedes Mittel der Überredung rechtfertigt.

Das wichtigste Werkzeug ihrer Trainingskurse ist das „Umkehren" der Situation. Sie unterteilt ihre Trainingsgruppen in braunäugige und blauäugige Menschen. Und für die Dauer des Trainings sorgt Alliot dafür, daß die Blauäugigen die gleiche Behandlung erfahren müssen wie Afro-Amerikaner in den USA. Um dies zu erreichen, ist sie bereit, manchmal sehr autoritäre Rollen zu übernehmen. Die Art, wie sie die Regeln, denen die Blauäugigen gehorchen müssen, kontrolliert und verändert, macht diese sehr abhängig von ihr. Und bald geht es den Blauäugigen ziemlich schlecht. Proteste der Blauäugigen dienen aber nur als Munition, um immer wieder auf sie einzuschlagen. Erwachsene blauäugige Männer werden „Boy" genannt und wie Dummköpfe behandelt. Blauäugige Frauen werden gedemütigt und kritisiert, wenn sie z. B. versuchen, sich „nett" zu benehmen.

Die Braunäugigen hingegen sitzen bei diesem Training im Kreis um die Blauäugigen, die in der Mitte des Zimmers am Boden hocken. Jane Alliot schafft es, die Situation auf eine sehr ernste und dramatische Weise zu inszenieren, die starke Emotionen weckt. Und Alliot sorgt dafür, wie sie sagt, daß die dominierende weiße Bevölkerung sich so fühlt wie die schwarze Minderheit in ihrem Land. Wir könnten sagen, sie drängt die Blauäugigen in eine Zwangserfahrung der zweiten Position mit der Out-Group.

Die Teilnehmer an Alliots Kursen sind meist Angestellte des öffentlichen Dienstes, die von ihren Arbeitgebern zu diesem Training geschickt werden; aber sie scheinen freiwillig daran teilzunehmen. Die nachhaltige Erfahrung, mit der Out-Group in die zweite Wahrnehmungsposition versetzt zu werden, hat zweifellos auf die meisten von ihnen einen nicht-polarisierenden Einfluß. Natürlich könnten sie das ganze Unternehmen auch sabotieren. Diese Tendenz bezeichnet die Sozialpsychologie als „Reaktanz" – eine diffuse Auflehnung dagegen, manipuliert zu werden. Jane Alliot verfügt aber über so eindrucksvolle soziale Kompetenzen, daß sie ihre Zuhörer meist vom Wert einer solchen Schocktherapie überzeugen kann. Trainer mit weniger persönlicher Macht dürften aber Schwierigkeiten haben, dies nachzuvollziehen.

Wenn Menschen freiwillig an einem Anti-Rassismus-Training teilnehmen, muß es bei ihnen wohl Persönlichkeitsanteile geben, die zu solch einer Änderung motiviert sind – sonst kämen sie gar nicht. Darum ist es fraglich, ob eine erzwungene Konfrontation mit ihrem eigenen Rassismus geeignet ist, sie zu weiteren Fortschritten in die wünschenswerte Richtung zu drängen. Dies könnte sich sogar als kontraproduktiv erweisen, da es die Tatsache ignoriert, daß diese Menschen sich immerhin bemühen, und ihnen die Anerkennung und Belohnung dafür, daß sie bereits so „gut" sind, vorenthält. Wenn man solche, schon vorher motivierte Teilnehmer dazu bringt, sich mit Angehörigen von Minderheiten zu identifizieren und sich einer gründlicheren Selbstprüfung zu unterziehen (was gängiger Bestandteil vieler Anti-Rassismus-Programme ist), werden in ihrem Denken stets viele Vorurteile ans Licht kommen. Wer in einer rassistischen Gesellschaft aufwächst, wird selbst in gewissem Umfang Rassist werden, ungeachtet seines Geschlechts oder seiner Hautfarbe.

Auch wenn starke Persönlichkeitsanteile in den Teilnehmern eines Anti-Rassismus-Trainings eine Änderung wünschen, wird ein anderer Teil – der rassistische, so schwach er auch sein mag – immer präsent sein. Eine Konfrontation mit diesem Persönlichkeitsanteil aktiviert bei den Teilnehmern innere Konflikte, die sie zu Selbstvorwürfen oder gar zur Selbstbestrafung treiben können. Wenn sie nicht dafür belohnt werden, daß sie an dem Training teilnehmen, dann werden sie vermutlich mit angestauten Schuldgefühlen nach Hause gehen und sogar ihre Angehörigen wegen ethischer Mängel verurteilen.

Selbst wenn dies dem vom Trainer gewünschten Ergebnis entspräche, braucht es nicht zu einer Änderung im ethnozentrischen Verhalten der Teilnehmer zu führen. Sozialpsychologen sind überzeugt, daß zwischen Einstellung, Absicht und tatsächlichem Verhalten eine große Kluft besteht. Wenn Sie also die Welt verändern wollen, genügt es nicht, Ihren Zuhörern deren Unzulänglichkeit bewußt zu machen. Sie sollten sie vielmehr lehren, *wie* man gut sein, gut denken und Gutes tun kann.

Ich meine, ein Anti-Rassismus-Training sollte ein Training für friedliche Koexistenz sein. Und im Kern müßte es darum gehen, die mentalen Kompetenzen der Nicht-Polarisierung zu erlernen.

Ein Teil der Energie, die man dafür aufbringt, die Teilnehmer lernen zu lassen, welch unmoralische Rassisten sie sind, könnte besser genutzt werden, um sie zu lehren, wie sie die rassistischen Einstellungen von anderen ändern könnten – von Leuten, die nicht das Glück hatten, an einem solchen Training teilzunehmen.

5.10.2 Nach Modellen spontaner Bekehrung suchen

Ein typischer Ausgangspunkt für die NLP-Arbeit wäre die Frage: Wie gelingt es unmotivierten Menschen, ihre ethnozentrischen Einstellungen von selbst zu ändern oder beizubehalten? Und was ist der natürliche Verlauf solcher Prozesse?

William erzählte mir: „Weißt du, ich hatte schon immer viele Vorbehalte gegen in Holland lebende Ausländer. Aber eines Tages fuhr ich in einer überfüllten U-Bahn durch Amsterdam; da waren auch Chinesen, Afro-Amerikaner, Nordafrikaner, Araber und viele andere. Wir saßen eng zusammengedrängt. Sie hatten Spaß miteinander, sie lachten, scherzten und redeten ein recht bruchstückhaftes Holländisch. Ich roch aber keinen Alkohol. Vielleicht kamen sie gerade von einem Schulungskurs. Ich sah sie notgedrungen aus ziemlich geringer Entfernung. Ich sah lachende Augen, ich war Zeuge von Mißverständnissen, Wiedererkennen, Lächeln und unbefangenem Lachen, auch von Unsicherheit. Ich roch ihre Lederjacken und Rasierwasser. Ich stellte mir vor, wie jeder das Beste aus seinem Leben machen wollte. Sie alle hofften auf eine glückliche Zukunft. Und auf einmal fühlte ich meinen Widerstand dahinschmelzen. Ein warmes Gefühl überflutete mich ... und plötzlich, ich kann's nicht anders beschreiben, fühlte ich mich *eins* mit der ganzen Menschheit. Sie waren mir wirklich nah. Wir waren Teil aller Menschen auf Erden. Ich hatte keine Angst mehr. Alle Spannung wich aus meinem Körper. Es war der Zusammenbruch meiner ethnozentrischen Einstellung!"

Solch eine spontane „Bekehrung" zeigt, daß eine fremdenfeindliche Einstellung schwer durchzuhalten ist, wenn die Out-Group einem zu nahe kommt. Die Dominanz der Out-Group-Personifikation bedingt einen Wechsel – zusammen mit der Out-Group – in die zweite Wahrnehmungsposition. So war es William anscheinend ergangen. Allgemein gilt: Die mit ethnozentrischen Erfahrungen einhergehende Konstellation im

Sozialen Panorama bricht zusammen, wenn die „reale" soziale Geographie in einem allzu großen Mißverhältnis dazu steht.

Eine plötzliche, nahe Konfrontation mit der Out-Group kann also eine spontane Haltungsänderung bewirken. Dies zeigt sich auch in der klassischen Dramaturgie von Romanen oder Filmen, in denen ein Junge oder ein Mädchen sich in ein Mitglied der Out-Group verliebt – ein Mitglied der anderen Rasse, des anderen Stammes, der anderen Ideologie, der anderen Religion, der anderen sozialen Schicht oder der anderen Straßenbande. Und immer endet die Geschichte in einer von zwei Varianten: Entweder die Liebenden werden von ihrer eigenen In-Group getötet, oder beide Gruppen finden bei der Hochzeit des Paares zusammen, und alles wird gut.

Die Beliebtheit dieser Erzählstruktur veranschaulicht die soziale und emotionale Schnittstelle, wo Out-Groups sich über das erträgliche Maß hinaus zu nahe kommen. Die stillschweigende Botschaft solcher Storys ist, dem Zuschauer nicht-polarisierende Kompetenzen zu vermitteln.

Diese Themen illustrieren das gleiche Phänomen: Sobald die Out-Group zu nahe kommt, droht die In-Group/Out-Group-Polarisierung sich aufzulösen. In nationalem Maßstab kann dies zu sozialer Instabilität und Unsicherheit führen, die oft dadurch beseitigt werden, daß die Distanz mit Gewalt wieder hergestellt wird. Vergeltungsangriffe nach dem Prinzip „Auge um Auge" und Vendetta-Morde stellen sozusagen den Status quo der In-Group/Out-Group-Polarisierung wieder her. Friedliche Phasen, in denen die Polarisierung zwischen In-Group und Out-Group nachläßt, finden oft ihr Ende durch terroristische Bombenanschläge. Immer wenn z. B. die Einigung zwischen Israelis und Palästinensern bevorsteht, ist schon der nächste verrückte Bombenwerfer unterwegs.

Wenn wir einer Zuhörergruppe also suggerieren, die Out-Group „nah" zu sehen, müssen wir dies sehr vorsichtig tun. Vielleicht sollten wir suggerieren, sie schrittweise näherkommen zu lassen. Wenn sie „zu nah" kommen, kann dies gewalttätige Reaktionen auslösen.

Wenn wir die spontanen Veränderungen ethnozentrischer Einstellungen untersuchen, sollten wir auch darauf achten, in welchen Fällen die Leute zu unserer Überraschung *nicht* „bekehrt" werden. Leute zum Beispiel, die jahrelang unter Angehörigen einer anderen Rasse lebten und noch immer eine negative Einstellung haben; oder Menschen, die intime Beziehungen zu Mitgliedern einer Out-Group unterhalten und dennoch an rassistischen Ideologien festhalten – wie etwa: „In erster Linie ist sie für mich schwarz; erst in zweiter Linie ist sie meine Frau." Oder: „Er mag ein guter Kollege oder sogar ein guter Freund sein, aber für mich wird er immer ein Jude bleiben."

Eine Änderung ethnozentrischer Einstellungen kann auch ausbleiben, weil keine „Verallgemeinerung" stattfindet. Dies klingt vielleicht merkwürdig, ist aber eine sehr geläufige Abwehr gegen Verhaltensänderungen. Man kann jede beliebige soziale Überzeugung beibehalten, indem man alle Beweise fürs Gegenteil disqualifiziert und einfach sagt: *Dies ist eine Ausnahme.* Wenn Sie z. B. Palästinenser sind und Ihr Sohn ein sehr nettes jüdisches Mädchen liebt, heißt das noch lange nicht, daß Sie Ihre Einstellung zu allen Juden ändern müßten. Sie könnten Ihre Schwiegertochter einfach als einmaliges Gegenbeispiel ansehen, eine ausnahmsweise „gute Jüdin".

Etwas Ähnliches konnte ich bei meinen Eltern beobachten, die die Deutschen ablehnten, obwohl sie im Urlaub nur nette Deutsche kennenlernten. Sie betrachteten diese eben als glückliche Ausnahmen. Im Zweiten Weltkrieg behaupteten anti-deutsche Stimmen: „Nur ein toter Deutscher ist ein guter Deutscher." Und ähnliche Aussagen hört man überall dort, wo Menschen versuchen, die In-Group/Out-Group-Polarisierung zu verstärken. Solche Aussagen sind wie Befehle: „Du sollst ein einmaliges Gegenbeispiel nicht verallgemeinern, sondern ‚sie' weiterhin hassen."

Wenn wir also vor Zuhörern über „gute" Mitglieder der Out-Group sprechen, laufen wir Gefahr, unser Ziel zu verfehlen. Falls das Auditorium überhaupt zuhört, könnte es allerlei Gegenbeispiele anführen. Aber selbst wenn wir verallgemeinernd behaupten, die ganze Out-Group sei „okay", können wir dies doch nicht beweisen. Jedes Gegenbeispiel könnte unsere Behauptung sofort disqualifizieren, wodurch wir an Glaubwürdigkeit und Rapport verlieren würden.

Wenn ich z. B. als Palästinenser behaupte: „Alle Juden sind gut", werde ich sofort den Rapport mit meiner In-Group verlieren. Doch wenn ich sage: „Ich habe *einen* getroffen, der ganz in Ordnung war", mag dies als einmalige Ausnahme aufgefaßt werden.

Verallgemeinerungen sind trotzdem nötig, wenn wir bei unseren Zuhörern die Haltung gegenüber einer bestimmten Out-Group verändern wollen. Wenn wir aus Zuhörern, die etwa die Luxemburger hassen, in Leute verwandeln wollen, die diese lieben, bleibt unseren Zuhörern nichts anderes übrig, als wiederum zu verallgemeinern: Sie müssen die Personifikation *aller* Luxemburger in ihrem Sozialen Panorama an eine günstigere Stelle verschieben.

Dieses Vorgehen führt aber in ein schwieriges Dilemma, falls Sie die ethnozentrischen Einstellungen der eigenen In-Group ändern wollen. Dies vor allem ist wohl der Grund, weshalb die „Boten des Friedens", wie wir sie nennen (siehe 5.10.4) es anscheinend überhaupt vermeiden, von In-Groups und Out-Groups zu sprechen.

5.10.3 Beispiel Unternehmensfusion: Wie man die Einstellungen beeinflußt

Stellen Sie sich vor, Sie sind der Generaldirektor einer Bank; und stellen Sie sich vor, Ihre Bank soll mit einer konkurrierenden Bank fusionieren. Da haben Sie ein echtes In-Group/Out-Group-Problem. Auf den ersten Blick scheint es recht verschieden von Rassenkonflikten, kann aber für Sie recht verheerende Folgen haben, wenn das Schlachtfeld Ihre Firma ist.

Dies in den Griff zu bekommen verlangt strategische Kommunikation. Eine Fusion kann nur funktionieren, wenn sie in den Sozialen Panoramen aller Beteiligten abgesichert ist. Ihre In-Group- und Out-Group-Repräsentationen müssen zu einer neuen In-Group vereinigt werden.

Vor allem müssen die Submodalitäten des Out-Group-Bildes verändert werden; es muß positiver gemacht und näher herangeholt werden, während das Bild der In-Group um die Out-Group-Mitglieder erweitert werden muß.

Die Gestaltung der gruppendynamischen Prozesse, die mit einer Firmenfusion einhergehen, ist eine entscheidende Führungsaufgabe.

Die wesentliche Kommunikation im Falle einer Unternehmensfusion besteht aus Ansprachen der Autoritätspersonen: Ihr Ziel ist es, die In-Group/Out-Group-Polarisierung zu entschärfen.

Dabei kann der Unternehmensführer so vorgehen, daß er zuerst einmal den Status der Out-Group aufwertet: „Immerhin sind sie gar nicht so schlecht." Sobald die Out-Group aufgewertet ist, kann sie ihren gleichberechtigten Status betonen: „Wir leisten, jeder auf seine Weise, gute Arbeit." Dann muß der Führer die Vereinigung propagieren, vielleicht indem er „sie" und „uns" in Kontrast zu einer neuen Out-Group stellt: „Wir haben gemeinsame Werte, Ziele und Interessen; wir müssen uns zusammen der Konkurrenz stellen."

Bei Experimenten mit dem Sozialen Panorama teile ich meine Trainingsgruppen in zwei (zufallsbestimmte) Hälften auf. Beide Untergruppen bekommen einen Namen und ihren eigenen Konferenzraum. Nach einer Reihe von Übungen werden diese Gruppen von mir, dem Trainer, polarisiert, indem ich eine Reihe von Feststellungen über „sie", die anderen, treffe:

- Sie sind langsamer, wir müssen auf sie warten.
- Sie bringen den Zeitrahmen des Projekts in Gefahr.
- Sie verstehen die Anweisungen nicht.
- Sie haben Schwierigkeiten, ihre Aufgabe zu organisieren.
- Sie haben keine sehr positive Meinung von uns.
- Sie versuchen uns zu schlagen.

Auf diese Weise wird auch Wettbewerb eingeführt, und schließlich werden die Mitglieder beider Gruppen so manipuliert, daß sie eine gewisse Feindseligkeit füreinander empfinden.

Anschließend werden die Submodalitäten der auf diese Weise entstandenen Out-Group-Personifikationen untersucht.

Sobald den Teilnehmern ausreichend bewußt geworden ist, daß sie die In-Group/Out-Group-Polarisierung selbst in ihren Köpfen schaffen, erhalten sie die Anweisung, auf das Gegenteil, nämlich Nicht-Polarisierung hinzuarbeiten. Beide Gruppen müssen eine Rede verfassen, die der Vorsitzende in einer gemeinsamen Sitzung beider Gruppen halten soll – mit dem Ziel, die Vereinigung zu propagieren. Diese „politischen Ansprachen" beruhen auf folgenden, für die Führer beider Gruppen geltenden Richtlinien:

Anweisung an den Vorsitzenden

Entwirf eine fünfminütige firmenpolitische Rede, die sich stark für die Vereinigung der beiden Gruppen einsetzt. Als Vorsitzender wirst du diese Ansprache vor beiden Gruppen halten.

Zuerst aber teile die Gruppe auf in drei Sub-Teams und dich selbst.

Team A: Metaphern

Finde eine überzeugende Metapher für den Übergang vom Jetzt-Zustand zum erwünschten Zustand, die den Prozeß der Vereinigung beschreibt.

Team B: Über Lokalisierungen sprechen

Erstelle eine Liste von Prädikaten und Formulierungen, die von jedem und in allen sensorischen Systemen verstanden werden und dazu beitragen können, daß die Fusion im Sozialen Panorama positiv erfahren wird.

Team C: Beziehungen benennen

Notiere einige meta-kommunikative Formulierungen über den Prozeß des Zusammenkommens und der Vereinigung beider Gruppen.

Vorsitzender: Lokalisierungen zeigen

Um eine auf nonverbaler Ebene passende Rede zu halten, solltest du die nächsten Schritte allein tun, während die anderen an ihren Aufgaben arbeiten.

1) Nimm in deinem Sozialen Panorama mehr Abstand von deiner eigenen Gruppe.
2) Visualisiere beide Gruppen in gleicher Distanz.
3) Nimm diese Visualisierungen in deiner Phantasie in beide Hände.
4) Führe deine Hände zusammen: V–K-Integration.
   (Kurz, mache für dich allein eine starke kinästhetische Erfahrung der Vereinigung, bevor du dich an die Trainingsgruppe wendest.)
5) Konzentriere dich auf starke Gesten und nonverbale Ausdrucksformen, mit denen du die Vereinigung veranschaulichst.
   Dann sammelst du die Beiträge der Teams A, B und C ein und verwendest sie alle in deiner Rede.

Die gleichen Strukturen, wie wir sie bei einer Fusion feststellen, können wir auch in der internationalen Politik beobachten. Etwa dann, wenn neue Mitglieder in die Europäische Union aufgenommen werden. Neu dazukommende Staaten müssen bestrebt sein, eine ähnliche Kluft zwischen In-Group und Out-Group zu überwinden. Und sie müssen mit der Furcht fertigwerden, ihre nationale Identität, ihre nationale Souveränität und ihre nationale Autonomie einzubüßen. Dänemark z. B. hat solche Änderungen bereits hinter sich. Auch Großbritannien bietet ein gutes Beispiel, aber in einem anderen Sinn.

Dort geht es nämlich um die Beziehung zwischen geographischer Lage und den Vorstellungen des Sozialen Panoramas. Großbritanniens geographische Lage entspricht einer In-Group/Out-Group-Repräsentation. Stellen sie sich vor, Sie sind in England und imaginieren das restliche Europa. Wahrscheinlich sehen Sie die Festlandsmitglieder der EU weit jenseits des Meeres. Psychologische Landkarten von Territorien entsprechen manchmal den Konstellationen im Sozialen Panorama. So etwa könnte ein Familienpanorama durchaus der inneren Landkarte Europas entsprechen, die Niederlande im Familienkreis der Nationen, wobei Deutschland und Frankreich als Papa und Mama, Belgien und Dänemark als kleine Brüder figurieren würden. England wäre unsere nörgelnde Großmutter und die Türkei ein entfernter Onkel.

Der multinationale Philips-Konzern bemüht sich, die Einigkeit seiner Auslandsniederlassungen auch in der Gestaltung der „Intranet"-Seiten seines firmeneigenen Kommunikationsnetzes sichtbar zu machen. Ein Blick auf den Bildschirm zeigt alle Mitarbeiter, als wären ihre Arbeitsplätze „gleich nebenan".

5.10.4 Boten des Friedens

Historische Beispiele dafür, wie man ein Land in den Krieg führen kann, sind ausreichend dokumentiert. Und in neuerer Zeit haben Diktatoren und Führer, die die Massen bewußt manipulieren, öffentlich eingestanden, daß sie historische Rollenmodelle studierten und nachahmten. Das wichtigste Muster ist dabei die Stimulation zur De-Personifizierung der Out-Group. Offenbar fällt es nicht schwer, diese „Werke des Bösen" zu reproduzieren; es ist also keine so dringliche Aufgabe für NLPler, Figuren wie Josef Stalin, Pol Pot, Saddam Hussein oder Adolf Hitler zu modellieren.

Wenn man die Menschen im Sinne friedlicher Koexistenz beeinflussen will, geht es nicht nur darum, die Suggestionen solcher Tyrannen „umzudrehen". Dazu bedarf es mehr. Ein Beispiel dafür bieten die Fähigkeiten der – von uns so genannten – „Friedensboten" (wie Mubarak, Abi Nathan, Jimmy Carter, Mahatma Gandhi, De Klerk, Mandela und viele, viele andere).

Diese sprechen selten über Out-Groups, nicht einmal in positivem Sinn, sondern sie lehren Frieden auf einer höheren Abstraktionsebene. Sie vermitteln ihren Zuhörern allgemein friedensfördernde Haltungen – Einstellungen also, die über die Muster des In-Group/Out-Group-Denkens hinausgehen.

Davon war schon am Anfang dieses Kapitels die Rede, wo wir die Nicht-Polarisierung behandelten. Wir sahen, daß man, wenn man das Individuum in den Mittelpunkt stellt und es mit spirituellen Submodalitäten verbindet, viel komplexere soziale Landkarten erhält. Von diesen Dingen sprechen die Boten des Friedens, und damit beeinflussen sie das ganze soziale Betriebssystem ihrer Zuhörer.

So könnten sie etwa sagen: „Seht doch, wie einzigartig jeder einzelne Mensch ist, und begreift, daß Gott sie alle liebt. Alle diese Individuen bilden zusammen ein farbiges und vielfältiges Universum. Vor langer Zeit haben unsere Ahnen, und in jüngster Zeit unsere Eltern, unsere Gesellschaft zu einer multikulturellen Umwelt gestaltet. Damit haben sie uns beschenkt, da sie die ganze weite Welt in unsere Städte holten. In Zukunft wird der ganze Planet unsere Wohnung sein. Wir leben in einem Universum, das in dauerndem Wandel begriffen ist und sich wie eine Wiese voll wilder Blumen ausbreitet, vielgestaltig und duftend und blühend, bewässert von den gleichen Regentropfen und beleuchtet von ein und derselben Sonne."

Wenn wir also das ganze soziale Betriebssystem unserer Zuhörerschaft ändern wollen, können wir große Menschheitsvisionen vortragen, von fernen Vergangenheiten sprechen, eine strahlende Zukunft ausmalen und die Macht des Individuums beschwören, das zum Aufbau einer Welt des Friedens, der Liebe und des Glücks beitragen wird.

Vielleicht fragen Sie sich, wie solche leeren Reden die Einstellungen von Menschen verändern können?

Dies zu verstehen hilft uns vielleicht der Satz, den Bandler und Grinder (1979) formulierten: „Alle Kommunikation ist Hypnose." Damit meinten sie, daß, sobald Rapport hergestellt ist, jede Suggestion, unabhängig vom Bewußtseinszustand des Zuhörers, zu einer Veränderung in dessen Erfahrung führen muß. Doch die Veränderung kann auch völlig unbemerkt vom Zuhörer eintreten.

Wenn ich etwa sage: „Sehen Sie, wie die Chinesen näherkommen", werden Sie diese Suggestion sofort in Ihrem Kopf ausführen. Zwangsläufig müssen Sie für einen Moment die Chinesen näherkommen sehen, auch wenn dies außerhalb Ihres Bewußtseins geschieht. Gleich anschließend mag Widerstand gegen dieses Bild erwachen und zu einer Wiederherstellung des alten Bildes von den weit entfernten Chinesen führen. Bandlers und Grinders Hypothese ist schwer zu verifizieren oder zurückzuweisen, weil der empirische Beweis im Bereich des Unbewußten liegt.

Wenn wir aber einfach annehmen, daß jeder Satz, der verstanden wird, die subjektive (unbewußte) Erfahrung des Zuhörers verändert, ergeben sich viele Möglichkeiten, die Menschen zu beeinflussen. Denn dies bedeutet, daß, entsprechenden Rapport vorausgesetzt, alle von uns gebrauchten Prädikate eine Änderung der Submodalitäten herbeiführen können. Und diese Änderungen werden eintreten, gleich ob der Zuhörer es wünscht oder nicht. Metaphern verändern die Submodalitäten auf ähnliche, aber indirekte Weise. Wenn ich sage: „Es ist, als befänden wir uns zusammen mit vielen Chinesen an Bord eines kleinen Bootes", so ist dies eine Metapher, bei der die Chinesen ähnlich nah wahrgenommen werden wie in obigem Satz. Solche Metaphern lösen einen Wechsel der Submodalitäten aus.

Solche submodalen Veränderungen sind unvermeidlich, sobald wir ein gewisses Maß an Rapport mit den Mitgliedern einer größeren Zuhörergruppe erreicht haben.

Wenn es also zutrifft, daß, nachdem Rapport hergestellt ist, Suggestionen auf fruchtbaren Boden fallen, sollten Sie dieses Phänomen getrost nutzen und vor der Gruppe über die positiven Aspekte einer Verhaltensänderung sprechen. Solche Ansprachen können die soziale Haltung bislang unmotivierter Zuhörer durchaus beeinflussen.

Bedenken wir auch: Wenn Menschen nicht zu Änderungen motiviert sind, heißt dies nicht automatisch, daß sie dagegen Widerstand leisten. Sobald wir Rapport mit ihnen hergestellt haben, brauchen wir nur die immer gleichen Prädikate zu wiederholen, um bei ihnen eine neue Haltung zu entwickeln. Zwischen Rapport und Widerstand besteht ein enger Zusammenhang. Wenn sich die Menschen unseren Absichten widersetzen, verlieren wir natürlich schnell den Rapport mit ihnen. In solchen Fällen müssen wir Pacing und Leading genau dosieren. Und diese Aufgabe, das Spiegeln und Führen, stellt uns manchmal vor die Schwierigkeit, Rapport aufgrund von Überzeugungen, Werten und Kriterien herzustellen, die uns fremd sind.

Wenn man Rapport mit einer Gruppe herstellen will, die alle Anwälte haßt, kann man sich leicht auf die Leute einstellen, um im Sinne des Rapports zu sagen: „Nur ein toter Anwalt ist ein guter." Aber das paßt natürlich nicht zu unseren friedlichen Absichten. Wie also stellt man Rapport mit einer polarisierten In-Group her?

Die dazu nötigen Aussagen können auf die positiven Absichten der ethnozentrischen Persönlichkeitsanteile zurückgreifen.

Rapport mit einer polarisierten In-Group

Die positiven Absichten (und damit verbundenen Überzeugungen, Wertungen und Kriterien), die sich oft hinter ethnozentrischen Persönlichkeitsanteilen verbergen, können dazu dienen, Rapport mit ethnozentrischen Zuhörergruppen herzustellen.

Beim Abfassen einer Rapport-herstellenden Rede kann es ganz nützlich sein, diese positiven Absichten und Kriterien hinter dem In-Group/Out-Group-Denken der Zuhörer genau zu analysieren. Hier folgt eine Reihe solcher positiven Absichten, nur um Ihnen eine ungefähre Idee davon zu vermitteln:

1) Ihr wollt Sicherheit und Gesundheit und Zukunftsaussichten für euch, eure Kinder, eure Familie und Freunde.
2) Ihr wollt in euren Kindern weiterleben und eure Art erhalten.
3) Ihr wollt Arbeit und genug zum Leben haben.
4) Ihr wollt genug Platz haben für die Aufzucht von Kindern, den Anbau von Feldfrüchten, um arbeiten zu können und angemessenen Wohnraum zu schaffen.
5) Ihr wollt eure Religion ausüben, Feiertage einhalten und eure Muttersprache pflegen.

6) Ihr wollt euer Gemeinschaftsgefühl und eure soziale Identität stärken.
7) Ihr wollt starke soziale Bindungen unterhalten.
8) Ihr wollt durch Wettbewerb gestärkt und stimuliert werden.
9) Ihr wollt euch stark und selbstbewußt fühlen.
10) Ihr wollt mit eurem Leben und eurer Lebensart zufrieden sein.

Nachdem eine Reihe dieser Aussagen vorgetragen wurden reagieren die Zuhörer mit der von uns so bezeichneten „Ja-Reihe". Sie werden denken: Ja, ja, ja, ja. Wenn diese Ja-Reihe etabliert ist, wird es Zeit, sich an die subjektive Erfahrung ihrer Sozialen Panoramen anzupassen.

Der Rapport kann verbessert werden, indem Sie Ihre Worte dem bestehenden In-Group/Out-Group-Bild angleichen. So könnten Sie z. B. sagen: „Hier stehen wir und schauen uns um – und sehen all die anderen Menschen dieser Welt. Und wir sehen Menschen, die wir lieben, und sehen Menschen, die uns sympathisch sind. Und wir sehen Menschen, bei denen wir nicht wissen, was wir von ihnen halten sollen, oder bei denen wir an ihren positiven Absichten zweifeln. Sie erscheinen uns weit entfernt, aber dennoch nah genug, um uns vielleicht angenehm zu werden.

Wenn dies geankert ist, können Leitsätze folgen, die in eine weniger polarisierende Richtung weisen. Sie sollten in einer schrittweisen Steigerung die friedfertige Gesinnung unterstützen.

Vorschläge zur Verringerung der In-Group/Out-Group-Polarisierung

Wenn Sie Out-Group-Polarisierung bei einer unmotivierten, aber nicht ablehnenden Zuhörergruppe reduzieren wollen, können Sie folgende Suggestionen anwenden:

1) Suggerieren Sie einigende Submodalitäten, die die In-Group mit der Out-Group verbinden. Sprechen Sie von der Menschheit als ganzer. Sprechen Sie von unserem Platz im Universum.
2) Benutzen Sie den Zeitrahmen der fernen Zukunft oder einer längst vergangenen Menschheitsgeschichte, vor welcher heutige In-Group/Out-Group-Konflikte lächerlich erscheinen. Die Botschaft soll lauten: Konflikte sind dumm und nutzlos.
3) Benutzen Sie Metaphern (siehe 9. Kapitel), die Einheit und Toleranz gegenüber sozialer Komplexität und Unsicherheit suggerieren.

4) Verwenden Sie multiple Perspektiven und alle drei Wahrnehmungspositionen.
5) Suggerieren Sie die Out-Group als nah. Suggerieren Sie die ganze Menschheit als nah.
6) Suggerieren Sie, wie sich die Out-Group fühlt.
7) Suggerieren Sie in aller Ausführlichkeit die allgemein-menschlichen Gefühle, die Out-Group-Mitglieder empfinden: indem Sie Geschichten von Out-Group-Mitgliedern erzählen, die ganz normale positive menschliche Emotionen erleben.
8) Suggerieren Sie die In-Group aus der Perspektive der Out-Group, aber auf solche Weise, daß die Gemeinsamkeiten zwischen den beiden hervorgehoben werden.
9) Suggerieren Sie die Individualität der Out-Group-Mitglieder; erzählen Sie Geschichten von einem, der ein ganz besonderer Mensch ist.
10) Nehmen Sie den Leuten die Angst vor der Out-Group: Alle sind Menschen wie du und ich.

5.10.5 Wie man Xenophobie bei einem Auditorium verringert

Unsere natürliche Reaktion auf das Fremde, Unvertraute und Ausländische ist Furcht. Anscheinend müssen die Menschen ihre anfängliche Furcht vor einer Out-Group überwinden, bevor sie lernen, Freundschaft zu empfinden.

Den Menschen bei der Überwindung ihrer Ängste zu helfen ist tägliche Routine von Zehntausenden NLPlern, und da Xenophobie auch ein Angstphänomen ist, sollte NLP auch hier funktionieren.

Ein Phobieheilungs-Muster mit doppelter Dissoziation könnte hier angezeigt sein, ist aber viel zu kompliziert, um an größeren Zuhörergruppen vorgenommen zu werden. Besser ist es, sich auf das einfachste NLP-Muster zur Angst-Reduktion zu beschränken: das Verschmelzen von Ankern.

Um das Kollabieren der Anker bei einer ethnozentrischen Zuhörerschaft durchzuführen, sollte man als Ressource einen Zustand suggerieren, der alle Komponenten von sozialer Geborgenheit und Annehmlichkeit enthält – ähnlich wie das oben erwähnte „Party-Gefühl". Urlaub im

Ausland, Spaß mit den Einheimischen usw. – auch solche Dinge können funktionieren. Oder: Mit vielen Fremden zusammen ins Theater gehen und die gleichen Gefühle haben.

Ankern Sie dies und aktivieren es in Kombination mit der geankerten Repräsentation der gefürchteten Out-Group. Der Anker muß unbedingt ein visueller oder auditiver sein. Vielleicht gebrauchen Sie zu diesem Zweck das Wort „Theatergefühl" oder „Urlaubsgefühl". Zur visuellen Ankerung deuten Sie in eine bestimmte Richtung. Bedenken Sie aber, daß sich diese Richtung mit dem Ort überschneiden kann, wo die Out-Group im Sozialen Panorama visualisiert wird.

Der Prozeß der Integration von Ankern kann stattfinden, indem der Name der Out-Group im selben Satz wie der auditive Anker benutzt wird. Zum Beispiel: „Ich frage mich, ob es Menschen gibt, die dieses *Theatergefühl* haben, während sie an *Anwälte* (Bezeichnung der Out-Group) denken."

Das Verschmelzen der Anker passiert immer und überall. Dann etwa, wenn ein Araber, Schwarzafrikaner, Holländer, Japaner oder ein Mitglied jeder beliebigen Gruppe, gegen die Sie ein negatives Vorurteil hegen, etwas tut, was Sie sehr positiv bewerten – zum Beispiel hervorragend Fußball spielt, wunderbare Musik macht, Romane schreibt oder was immer. Doch wie gesagt, reicht dies manchmal nicht aus, um verallgemeinernde Urteile zu ändern; es kann auch als Ausnahme aufgefaßt werden. Eine gewisse Angstreduktion kann aber immer stattfinden. Und wenn man sich besser fühlt, verliert die negative Einstellung meist ihre Schärfe.

Wenn Sie zu einer In-Group sprechen, die Angst vor einer Out-Group zu haben scheint, empfiehlt es sich, dieses Problem indirekt zu bearbeiten.

1) Dissoziation von oben.
   Suggerieren Sie den Zuhörern die Out-Group, wie sie vom Himmel oder vom Mond betrachtet aussieht.
2) Zeitliche Dissoziation.
   Suggerieren Sie den Zuhörern die Out Group, wie sie in hundert oder tausend Jahren aussehen mag, wenn sie sich endlich gebessert haben wird.

3) Suggerieren Sie den Zuhörern, die Out-Group kleiner zu machen.
4) Suggerieren Sie den Zuhörern, die Mitglieder der Out-Group als Kinder zu sehen, die sie einst waren, und ihre Stimmen zu hören.
5) Suggerieren Sie den Zuhörern, diesen Kindern die Lektionen zu senden, die sie lernen müßten, um in Zukunft angenehmere Menschen zu sein.

5.11 Xenophobie, persönliches Selbst und Spiritualität

Wir haben schon mehrfach betont, daß Menschen, die ihre fremdenfeindliche Einstellung (radikal) ändern, dabei womöglich auf ihre spirituellen Ressourcen zurückgreifen. Diese Ressourcen bestehen aus Erfahrungen, die manche Psychologen als „transpersonal" bezeichnen.

Connirae und Tamara Andreas bezeichnen in ihrem Buch *Core Transformations* (dt. 1995) diese Art von Ressourcen als *core states* (Kernzustände). Solche inneren Zustände weisen in ihrer Qualiltät über das persönliche Selbst hinaus. Während persönliche Selbst-Ressourcen oft mit Ausdrükken wie „das wirkliche Ich" oder „mein tieferes Selbst" bezeichnet werden, umfassen die transpersonalen Ressourcen auch andere Wesenheiten als die Person selbst.

Zu den spirituellen Ressourcen, die einen Menschen befähigen, sein ethnozentrisches Vorurteil zu überwinden, kann auch dessen Beziehung zur „gesamten Menschheit" oder zum „ganzen Universum" gehören. So könnte er etwa sagen: „Ich fühle mich mit allem und jedem verbunden." Auch das Wort Liebe wird oft gebraucht, wenn Menschen von ihrer Erfahrung mit einer radikalen Änderung von Vorurteilen berichten. Typische Ausdrücke wie „universelle Liebe", „allumfassende Liebe" oder „bedingungslose Liebe zur ganzen Schöpfung", bezeichnen diese Art von Ressourcen.

Die Arbeiten von Andreas und Andreas zeigen, daß die meisten Menschen fähig sind, solche spirituellen Ressourcen zu entfalten, und wenn wir von den Leuten eine Änderung ihrer negativen Einstellung zur Out-Group erwarten, kann die Aktivierung transpersonaler Ressourcen ein wirksames Instrument sein.

Hier stoßen wir auf ein interessantes Phänomen: Die lange Geschichte der Religionskriege bietet wohl keinen Anhaltspunkt dafür, daß spirituelle Ressourcen zu friedlicher Gesinnung führen, nicht wahr? Tatsächlich gibt es weitverbreitete ethnozentrische Einstellungen, die auf religiösen Überzeugungen beruhen.

In vielen Religionen spielen diese spirituellen Ressourcen eine wichtige Rolle. Wenn Religionen die Einheit aller Menschen und aller Geschöpfe propagieren, arbeiten sie mit spirituellen Ressourcen, um bei den Menschen eine solche Einstellung zu fördern.

Wenn wir annehmen, daß die Menschen tatsächlich, wie NLP es uns lehrt, alle Ressourcen besitzen, die sie zu einer Veränderung benötigen, dürfen wir auch annehmen, daß alle Menschen die nötigen spirituellen Ressourcen haben, um ihre ethnozentrische Haltung zu überwinden. Diese Annahmen vorausgesetzt, müssen wir untersuchen, was manche Leute daran hindert, diese spirituellen Ressourcen zu nutzen, um ihren Seelenfrieden zu erlangen und Frieden in der Welt zu erreichen.

Die Hauptursache könnte ein Mangel an Verbundenheit mit den spirituellen Ressourcen sein. Der Grund, warum diese Verbindung so schwach ist oder fehlt, findet sich zumeist in der kulturellen, politischen und religiösen „Programmierung", der die Individuen unterworfen waren.

Ein weiterer, häufiger Grund, transpersonale Ressourcen nicht einzusetzen, mag darin liegen, daß diese mit abgelehnten Out-Groups assoziiert werden. Dabei glaubt die betreffende Person, daß diese Seelenzustände und ihre Bezeichnungen zur Religion der als negativ betrachteten Out-Group gehörten. Begriffe wie „Eins-Sein" oder „universelle Liebe und Bejahung" werden von Mitgliedern und Führern von Kirchen und Kulten verwendet. Schon das Wort „spirituell" könnte manch einen zu Anfällen einer – wie ich es nennen möchte – „Kult-Phobie" veranlassen. Solche Worte aktivieren tatsächlich auch Submodalitäten des religiösen Fanatismus – vor allem dann, wenn sie mit Nachdruck und Enthusiasmus ausgesprochen werden.

Antireligiöse Haltungen und Kult-Phobien können Menschen davon abhalten, ihre transpersonalen Ressourcen für eine Änderung ihrer rassistischen, ethnozentrischen Out-Group-Vorurteile einzusetzen.

Wenn Sie Menschen dahingehend beeinflussen wollen, daß sie sich für andere öffnen und ihren Haß begraben (und zwar Menschen, die eigentlich nicht dazu motiviert sind), benötigen Sie andere kommunikative Kompetenzen, als der durchschnittliche Therapeut sie einsetzt. Sie müssen die Menschen durch indirekte Suggestion motivieren. Dazu brauchen Sie soziale Macht und die Werkzeuge der Rhetorik. Zu diesen Werkzeugen gehören Metaphern. Im folgenden werde ich noch einige Richtlinien für solch eine indirekte Kommunikation geben. Hier sollte sie in Form einer „Selbstenthüllung" geschehen: Erzählen Sie von sich selbst und stimulieren Sie die anderen dadurch, gewisse mentale Schritte nachzuvollziehen.

Weitere indirekte Techniken sind das „Zitat" und der „Fallbericht". Zum Beispiel: „Ein Mann hat mir von seiner Schwester erzählt, die sich in einen Araber verliebte. Die Familien der beiden waren nicht einverstanden, doch die Gefühle der Liebenden waren stärker..." (Das Ende der Geschichte sollten Sie sich selbst kreativ ausmalen.)

Diese Methoden der indirekten Kommunikation bestehen darin, von anderen zu erzählen, die Ihnen von ihren Erlebnissen erzählten – und Sie erzählen sie nun Ihren Zuhörern weiter. Es ist oft der leichteste Weg, diese Art von Botschaften zu überbringen. Tatsächlich haben sich Prediger und Gurus aller Kulturen und aller Zeiten solcher Techniken bedient; ist dies aber ein Grund, auf diese Kommunikationsformen zu verzichten?

Ich möchte nun die Struktur einer Rede skizzieren, die Sie für die indirekte Kommunikation mit einer Gruppe von Zuhörern einsetzen können. Nehmen wir an, Sie treten als Motivationsredner vor der Gruppe auf. Sie brauchen also eine gewisse Autorität, und die Gruppe muß die Bereitschaft mitbringen, Ihnen zuzuhören. Aber die Zuhörer müssen nicht unbedingt gewillt sein, ihre negative Einstellung zur Out-Group zu ändern. Diese Struktur ist nur als Rahmen gedacht und sollte genau an die Situation angepaßt werden, in der Sie sich ihrer bedienen.

Indirekte Kommunikationsmuster zur Förderung positiver sozialer Einstellungen, unter Verwendung der „Selbstenthüllung"

1) Sprechen Sie über Beispiele aus Ihrer eigenen transpersonalen Erfahrung: „Und plötzlich fühlte ich etwas ganz Intensives, etwas, das schwer zu beschreiben ist. Nennen wir es das ‚Eins-Sein'."

Solches Erzählen löst bei den Zuhörern eine Besinnung auf ähnliche

Erfahrungen aus. Nun erzählen Sie, wie Sie sich immer wieder mit diesem „Eins-Sein" assoziieren und wie Sie dieses Gefühl festhalten: „Wenn ich mir Mühe gebe, fühle ich es noch immer. Ja, das Gefühl des Eins-Seins ist immer noch da. Es tut gut, es zu fühlen, während ich zu euch spreche..."

Und nehmen Sie sich Zeit dafür. Gebrauchen Sie Formulierungen, die auf den möglichen Widerstand der Zuhörer eingehen. Unterlassen Sie die Erwähnung von auditiven und visuellen Submodalitäten der religiösen Führung oder des Fanatismus. Kein Halleluja! Arbeiten Sie mit der „Selbstenthüllung"; erzählen Sie, daß Sie sich selbst darüber wundern, was Sie da sagen: „Liebe Güte, ich rede ja wie meine alte Religionslehrerin! Aber trotzdem..." Sprechen Sie auch von Ihren Zweifeln, ob es gut sei, so etwas von sich zu erzählen: „Vielleicht klingt dies für manche von euch allzu persönlich. Aber ich hoffe, ihr habt nichts dagegen..."

Eine andere Methode, antireligiösem Widerstand zuvorzukommen, ist das Einnehmen eines technischen oder wissenschaftlichen Standpunkts. Spielen Sie den Anthropologen oder „Human Software"-Programmierer.

2) Sprechen Sie über eine fremde Out-Group, die Sie ablehnen, zum Beispiel „die Metzger". Wählen Sie ein Beispiel, das jeden auffordert, sich auf seine/ihre eigene Out-Group zu besinnen. Je persönlicher und ausgefallener Ihr Beispiel ist, desto mehr wird es die Zuhörer stimulieren, sich an sinnvolle Beispiele aus ihrem Leben zu erinnern. Sprechen Sie langsam, tun Sie so, als suchten Sie nach Worten; dies gibt den Zuhörern Zeit zum Nachdenken.
3) Erzählen Sie den Zuhörern, wie Sie sich in Ihre Vergangenheit zurückversetzen: in eine Zeit Ihres Lebens, als Sie den Unterschied zwischen Ihrer In-Group und der Out-Group des Beispiels noch nicht kannten. „Damals waren Metzger und Bäcker für mich einfach Ladenbesitzer." Und dann tun Sie so, als fiele Ihnen jetzt erst ein, wie Sie schließlich zu einer negativen Bewertung dieser Out-Group gelangten: „Oh, ich weiß wieder, was dann passierte. Der Nachbar sagte zu meinem Vater: ‚Herr X ist gemein wie ein Metzger'."

Dann schildern Sie die Lokalisierung der Out-Group in Ihrem Sozialen Panorama. „Daraufhin plazierte ich die Metzger in meinem Kopf ganz links, und dort sind sie seither geblieben."

Erläutern Sie die positive Absicht jenes Persönlichkeitsteils in Ihnen, der eine solche Meinung über die Out-Group hatte.

„Jetzt erkenne ich, was es mir nützte, sie so zu sehen. Mein Vater war nämlich Bäcker. Indem ich die Metzger für böse hielt, entschädigte ich mich für die Tatsache, daß sie mehr Geld machten als mein Vater. Ja, tatsächlich! Jetzt erkenne ich, daß es nur eine Frage des Marktes war. Fleisch war damals ein knappes Gut." Solche Bemerkungen sollen die Zuhörer veranlassen, ihre eigenen negativen Meinungen über Out-Groups zu revidieren. Und vergessen Sie nicht, deren positive Absichten zu betonen.

4) Nun reaktivieren Sie die transpersonale Ressource. „Heute, da ich das ‚Eins-Sein' fühle, kann ich die Metzger in meinem Kopf auf die rechte Seite plazieren. Sie sind auch nur Menschen..." Und machen Sie ein paar Bemerkungen darüber, wie anders unsere Einstellung wäre, hätten wir damals, als wir uns eine negative Meinung über die Out-Group bildeten, schon diese transpersonalen Ressourcen gehabt.
5) Dann erzählen Sie, wie anders Ihr Leben verlaufen wäre, hätten Sie eine positivere Auffassung von der Out-Group gehabt. Und wie Sie sich jetzt auf die transpersonale Ressource stützen, um diese neue Auffassung beizubehalten.

Was damit bei den Zuhörern erreicht werden soll, ist ein „History-Change"-Prozeß – eine Veränderung der persönlichen Geschichte.

6) Der letzte Schritt versetzt Sie zusammen mit Ihren Zuhörern in die Zukunft. Hier können Sie von der Selbstenthüllung zu direkten Fragen übergehen: „Wie wird sich euer Leben ändern, wenn ihr euch auf eure veränderte Einstellung stützen könnt?"

6. Kapitel

Familienpanoramen

6.1 NLP und das Familiensystem

Angeregt durch die familientherapeutischen Arbeiten Virginia Satirs, gebrauchten Richard Bandler und John Grinder in *Kommunikation und Veränderung. Die Struktur der Magie II* (dt. 1982) und in *Mit Familien reden. Gesprächsmuster und therapeutische Veränderung* (dt. 1978) erstmals den Begriff „systemische Therapie". Um die Mitte der 70er Jahre war die systemische Therapie etwas Neues, und Bandler und Grinder beschritten einen Weg, den Bateson, Weakland, Haley, Laing, Erickson, Satir, Jackson, Watzlawick und Minuchin erschlossen hatten.

„Wenn man die Familie in der Therapie als systemische Einheit behandelt", schrieben Grinder und Bandler (1976), „so heißt dies in der Arbeit mit der Familie eine Strategie anzuwenden, als sei diese ein lebender Organismus und jedes Mitglied ein wesentlicher Teil von diesem, eine Ressource, und daher wichtig für das zufriedenstellende Funktionieren des ganzen Organismus."

Die systemische Auffassung hat die Therapeuten von psychoanalytischen und medizinischen Traditionen befreit, die den Patienten durch eine psychiatrische Diagnose stigmatisierten. Nun konnte der Therapeut nach dysfunktionalen Interaktionsmustern suchen und entsprechend zuhören. Der Therapeut befaßte sich also nicht mehr mit dem einzelnen „eingewiesenen" Patienten, sondern erweiterte seinen Blick auf das ganze Familiensystem. Ein solches System ist als geheilt anzusehen, wenn alle seine Mitglieder bessere Formen der Kommunikation entwickelt haben.

6.1.1 Familiensysteme – eine Halluzination der Therapeuten?

Zwar gebrauchen manche Therapeuten das Wort „Familiensystem" in jedem zweiten Satz, aber noch keiner von ihnen hat solch ein Ding in der

Wirklichkeit gesehen. Das „Familiensystem" ist eine kollektive Halluzination der Therapeuten – und zwar deshalb, weil Familiensysteme unsichtbare Nicht-Entitäten sind. Wir können Vater, Mutter und die Kinder beobachten, hören, anfassen und riechen, nicht aber ein Familiensystem. Wenn wir uns die Familie als System vorstellen, so beruht dies auf weit gefaßten Verallgemeinerungen.

Die therapeutische Arbeit mit Familien ist gar nicht leicht. Sie ist sogar ziemlich schwierig. Man kann eine Familientherapie mit einem großen Hausputz in einem Haus vergleichen, in dem es spukt. Da rasseln Poltergeister mit ihren Ketten und rücken Gegenstände hin und her. Zombies marschieren durch Korridore, und in jedem Schrank, unter jedem Bett, hinter jeder Tür, unter jedem Teppich hausen mächtige Schreckgespenster. Der Therapeut mag noch so tüchtig den Besen schwingen, aber es spukt weiter in diesem Haus. Kaum hat der Staubsauger so ein Gespenst aufgesaugt, taucht es am anderen Ende der Luftdüse wieder auf.

Wenn der Therapeut in seiner Praxis mit einer Familie beisammensitzt, darf er nicht glauben, er hätte eine begrenzte Anzahl von Personen vor sich, die auf tatsächliche Verhaltensweisen der anderen reagieren. Wohl sind die Familienmitglieder körperlich anwesend, doch das besagt nicht viel. Sie reagieren ja nicht auf tatsächliche Vorgänge zwischen ihnen, sondern auf Dinge, die in ihrer Phantasie passieren. Der Therapeut mag noch so genau beobachten, doch die Mitglieder der Familie sehen und hören etwas, das der Therapeut weder sieht noch hört.

Nehmen wir ein beliebiges Beispiel aus der Familientherapie: Der Vater lächelt und nickt seinem Sohn zu. Die Mutter fängt an zu weinen. Die Tochter schreit den Sohn an: „Dauernd tust du sowas. Laß das, ein für allemal!" Der Vater droht, ihr eine zu knallen. Die Mutter sagt: „Ja." Der Vater erklärt dem Therapeuten: „Wir haben seit dem Urlaub nicht mehr über Geld gesprochen, müssen Sie wissen. Und letzte Woche gab es Streit um sein Taschengeld." Der Sohn sagt zur Mutter: „Dumme Kuh."

Familiensitzungen sind oft atemberaubend. Nicht nur reagieren die Familienmitglieder auf eingebildete Vorstellungen, die sie voneinander haben, sie reagieren auch auf Vorstellungen von Personen, die gar nicht anwesend sind – Verstorbene, Kinder, Großeltern usw. Erschwerend kommt hinzu, daß die meisten dieser Vorstellungen längst überholt oder grotesk verzerrt sind und lange (fast schon vergessene) Geschichten hinter sich herschleppen, die manchmal mehrere Generationen umspannen. Bedenken wir noch, daß die Familienmitglieder – nach Auffassung des NLP – nur auf Persönlichkeits-*Teile* reagieren und daß ihre eigenen Persönlichkeitsanteile allerhand unlogische Verhaltensweisen zeigen, die vom Therapeuten schwer wahrzunehmen sind: Kein Therapeut auf der Welt vermag all diese Gespenster-Bilder und Persönlichkeitsanteile im Auge zu behalten. Wie finden sich professionelle Familienberater damit zurecht?

Diese verwirrende Situation zwingt den Therapeuten manchmal, Abstand zu nehmen und die Familie in ihrer Gesamtheit zu beobachten. Aus der Distanz kann er sich in seinem Kopf ein Bild des „interagierenden Familiensystems" schaffen. Und indem er dieses selbstgeschaffene Phantasiebild der Familie betrachtet, kann er sich bequem fernhalten von diesem Chaos der Mißverständnisse, Schuldgefühle und wechselseitigen Vorwürfe, von Mißtrauen, Neid und Paradoxie. Aus der Sicht des NLP können wir sagen, daß das Konzept „Familiensystem" dem Therapeuten erlaubt, sich von dem Chaos, das er vor sich sieht, zu dissoziieren. Fraglich ist aber, ob ihm diese distanzierte Haltung die besten Werkzeuge zur Intervention bietet.

6.1.2 Repräsentation dominiert die Interaktion

Familientherapeuten sind nicht die einzigen, die die Familie als Einheit sehen. Die meisten Menschen tun dies und äußern es in Redewendungen wie: „Meine Familie möchte, daß..."; „Ich bin in einer Familie aufgewachsen, die mich..." Für die meisten Menschen sind Familien-Personifikationen ein Teil ihrer sozialen Wirklichkeit. Familien kann man sehen, fühlen und hören. Man kann sich von seiner Familie trennen, sich von ihr entfernen, sich ihr nähern, sich mit ihr vereinigen. Und genau diese alltägliche, unwissenschaftliche Auffassung vom Familienleben steht im Mittelpunkt dieses Kapitels.

Der Therapeut glaubt, daß soziale Systeme aus Interaktionsmustern bestehen. Interaktionsmuster sind repetitive Sequenzen kommunikativen Verhaltens. Solch ein Muster wäre zum Beispiel: Immer wenn der Vater der Mutter zulächelt, lächelt die Mutter der Tochter zu. Beim Tennis finden wir eine Analogie zu diesen Interaktionsmustern. Wenn in einem Match immer ein *Schmetterball* auf einen *Lob* folgt, ist dies ein interaktives (Spiel-)Muster.

Im Modell des Sozialen Panoramas geht es aber nicht um Interaktionsmuster. In diesem Buch beschäftigen wir uns mit sozialen Repräsentationen. Eine Familie wird also nicht als System von Interaktionsregeln verstanden; vielmehr definiert der Ansatz des Sozialen Panoramas die *Familie als Ansammlung von miteinander verbundenen Familien-Repräsentationen*. Die Art, wie der Vater die Familie sieht, wie die Mutter die Familie sieht, wie die Kinder die Familie sehen – all dies zusammen macht die subjektive Familienstruktur aus. Und es gibt Ähnlichkeiten und Unterschiede dieser Betrachtungsweisen. Die Ähnlichkeiten bilden das *kollektive Familienpanorama* einer Familie.

Die Ähnlichkeit zwischen den Familienpanoramen der einzelnen Familienmitglieder resultieren daraus, daß diese ihre bildlichen Vorstellungen voneinander wechselseitig beeinflussen. Kollektive Familienpanoramen entstehen durch Kommunikation. Die Familienmitglieder kommunizieren darüber, wie die Familie gesehen werden „sollte"; dies geschieht vor allem durch das Benennen von Beziehungen, das Sprechen über Lokalisierungen, das Zeigen von Lokalisierungen und den Gebrauch von Metaphern (siehe 2. und 9. Kapitel). Nicht die *Muster* dieser Kommunikation, sondern deren *Beziehungsinhalt* gestaltet die Familien-Repräsentationen: Dadurch, daß die Familienmitglieder einander suggerieren, was sie sehen und fühlen sollen, entstehen ihre Bilder voneinander. So könnte die Mutter zu den Kindern sagen: „Euer Vater ist mein großes Baby", und zugleich auf etwas (das Bild eines Babys) hinunterlächeln, das sie im Arm hält. Dies hat unmittelbar Einfluß auf die Vorstellung der Kinder von ihrem Vater.

Ich vertrete in diesem Buch den Standpunkt, daß die Art, wie die Familienmitglieder ihre Familie „im Kopf" sehen, fühlen und hören, darüber entscheidet, wie ihre Interaktionsmuster aussehen. Wenn die Mutter z. B. von allen Mitgliedern als stark und dominierend gesehen wird, interagieren diese mit ihr auf typisch unterwürfige Weise.

Vergleichen wir dies mit Tennis, so können wir sagen, daß die Positionen auf dem Feld, wo ein Spieler den anderen im nächsten Moment lokalisiert glaubt, schon das ganze Spiel ausmachen. Und nicht die Muster von Lobs und Schmetterbällen entscheiden über den Fortgang des Spiels. Familienrepräsentationen ähneln, in dieser Analogie, den Positionen der Spieler auf dem Feld. Ob ein Spieler *schmettert* oder *lobbt*, hängt davon ab, wo er den anderen Spieler plaziert glaubt, und nicht von der Art des vorangegangenen Schlages.

6.1.3 Repräsentation versus Interaktion – ein Paradigmenwechsel

Eine Familientherapie, die mit Repräsentationen arbeitet, hat die Änderung *kollektiver Familienpanoramen* zum Ziel. Das geht am besten, wenn alle Familienmitglieder versammelt sind. Es ähnelt dem, was Satir mit ihrer Technik der „Familienskulptur" machte. Im Rahmen der hier entwickelten Methode fordern wir logischerweise ein Familienmitglied auf, alle anderen Mitglieder im Raum auf Plätze zu stellen, die seinem Familienpanorama entsprechen. Diskutiert und verändert wird diese Aufstellung unter der Leitung des Therapeuten. Ich hoffe, daß andere diesen Ansatz in Zukunft weiterentwickeln werden. Wenn der Leser sich eine eigene Meinung über meine Methode bilden möchte, empfehle ich, das 8. Kapitel zu lesen, wo diese auf Teams und Teambildung angewandt wird. Der dort vorgestellte Ansatz läßt sich ohne weiteres auf die Familie übertragen.

In diesem Kapitel beschreibe ich nur die Arbeit mit dem *persönlichen Familienpanorama*. Sie ist insofern praktisch, als der Therapeut immer nur mit einem Familienmitglied arbeitet.

Die Arbeit mit Repräsentationen überträgt dem Therapeuten eine Rolle, die sich erheblich von seiner Rolle in der auf Interaktionsmuster ausgerichteten Therapie unterscheidet. Interaktionsmuster vermag nur der Therapeut zu erkennen, während Familien-Repräsentationen eine persönliche, subjektive Erfahrung des Klienten sind. In der Interaktionstherapie wird der Prozeß durch die überlegene Beobachtungsgabe und Einsicht des Therapeuten gesteuert. Bei der Repräsentationsmethode kommt dem Therapeuten keine solche Stellung zu. Hier werden die Interventionen nicht durch die analytische Sicht des Therapeuten auf die Familie und ihre Kommunikation gestaltet, sondern durch das Familienpanorama des Klienten.

Falls diese Grundsätze von den Therapeuten in der Praxis ernst genommen werden, dürfte die Annahme des Sozialen Panoramas: *Repräsentation dominiert die Interaktion*, in Zukunft die Familientherapie entscheidend beeinflussen.

Diese Annahme besagt: Wenn sich Familien-Repräsentationen ändern, werden sich auch die Interaktionsmuster entsprechend verändern. Das Gute daran ist, daß Familienrepräsentationen relativ leicht zu verändern sind, wenn man weiß, wie man vorzugehen hat.

Dieser Paradigmenwechsel bedeutet, daß Familientherapeuten nicht allzuviel Mühe für die Untersuchung der Interaktionsmuster und Kommunikationsstrukturen aufwenden sollten; auch brauchen sie nicht mehr der zeitraubenden Frage nachzugehen, wie die Generationen durch Loyalität und Schuld miteinander verknüpft sind. Statt dessen werden sie untersuchen, wie die Familienmitglieder einander repräsentieren und wie sich dies verändern läßt.

6.2 Das persönliche Familienpanorama ändern

Menschen stellen sich Menschen in Gedanken vor, und die Submodalitäten dieser Vorstellungen entscheiden darüber, wie sie ihre Beziehungen erleben. Dies ist in der ersten Annahme des Sozialen Panoramas zusammengefaßt: Beziehung entspricht der Lokalisierung. Ein Familienpanorama ist also als Ansammlung solcher Verortung aufzufassen. Die Positionen der Familienmitglieder gegenüber dem Selbst und zueinander bestimmen die Familienstruktur.

In der Familientherapie geht es also darum, die Repräsentationen der Familienmitglieder von einem Platz zum anderen zu verschieben.

Das klingt einfach, und Einfachheit ist oft der besondere Charme dieser Methode. In diesem Fall ist Einfachheit aber auch effektiv.

Veränderte Positionierungen der Familienmitglieder haben eine tiefgreifende Wirkung auf die Person. Dafür gibt es viele Gründe:

Vor allem sind die Familienmitglieder unter allen Menschen, die im Sozialen Panorama repräsentiert sind, die wichtigsten. Das Verschieben eines wichtigen Familienmitglieds kann in der sozialen Einstellung eine große Veränderung bedeuten, die sich auch auf Beziehungen außerhalb des Familienkreises auswirken wird.

Probleme in der *gegenwärtigen Familie* können sich radikal verändern, wenn die Positionen ihrer Mitglieder verschoben werden. Denn Familienkonflikte werden von bestimmten „Positionen" aus ausgefochten. Wenn sich diese Positionen ändern, ist die Schlacht häufig schon geschlagen. Man könnte sagen: Die „Kanonen" der Familie waren auf bestimmte Ziele gerichtet; und nach einem Ortswechsel dieser Ziele lohnt es nicht mehr, auf sie zu schießen.

Die Mitglieder der *Herkunftsfamilie* sind die ersten Personen im Leben, die wir repräsentieren. Darum werden Repräsentationen dieser Familienmitglieder zu Bausteinen der Sozialisation. Im Umgang mit Eltern und nächsten Angehörigen erlernen wir unsere wichtigsten sozialen Kompetenzen. Darum sind die Beziehungen zu Familienmitgliedern der Prototyp dessen, was wir für „normal" halten. Und wir reproduzieren diese Beziehungen im späteren Leben in unserer eigenen Familie und auch im Umgang mit anderen Menschen. Die Struktur eines Familienpanoramas der Kindheit wird auch unser späteres Familienpanorama beeinflussen. Wenn Boszormenyi-Nagy die Bedeutung der Herkunftsfamilie betonte, so behaupten wir im NLP, daß die Verortung von Familienmitgliedern in der Kindheit das ganze spätere Leben beeinflussen wird.

Werden die Orte in der Herkunftsfamilie verändert, so beeinflußt uns dies auf der Ebene der Persönlichkeit. Entwicklungspsychologen kennen den Grund: Die Persönlichkeit des Menschen wird durch die Identifikation mit Familienmitgliedern in frühester Kindheit und Jugend geformt. Dadurch, daß Kinder die wichtigsten Mitglieder ihrer Familie in die Struktur ihres Selbst assimilieren, werden sie Teil ihrer Familie. Dies geschieht ganz automatisch, weil das Gesetz der dominierenden Personifikationen die Kinder zwingt, sich mit den mächtigeren Mitgliedern ihrer Familie zu identifizieren. Dies ist auch der Grund, weshalb wir so leicht mit unseren Eltern in die zweite Wahrnehmungsposition gehen können: Wir haben es in der Kindheit oft genug getan. Die zentrale Position des Selbst im Panorama der Herkunftsfamilie ist also nicht die einzige uns vertraute Perspektive. Wir können ohne weiteres auch den Blickwinkel des Vaters, der Mutter, der Brüder und Schwestern einnehmen und uns aus deren Perspektive sehen. Dieses multi-perspektivische System bestimmt die Struktur unserer subjektiven Herkunftsfamilie.

Die Veränderung einer Beziehung, z. B. das Verschieben des Bruders oder der Schwester auf einen anderen Platz, hat erheblichen Einfluß auf unsere ganze kognitive Struktur. In diesem Sinn haben wir es mit einem System zu tun – einem System von miteinander verknüpften Repräsentationen.

6.3 Repräsentation von Familienmitgliedern

Piagets (1965) klassischer Begriff der „Objektpermanenz" wurde hier spezifischer als „Personenpermanenz" gefaßt. In diesem Kapitel geht es vor allem um die Unterkategorie „Familienmitglieder-Permanenz", allgemeiner gesagt, um die „Familienpermanenz". Wenn sich das Kleinkind eine „Familienmitglieder-Permanenz" oder „Familienpermanenz" geschaffen hat, wird es seine Angehörigen nicht mehr vermissen, falls es einmal allein ist. Es braucht nur seine mentalen Repräsentationen der Familienmitglieder zu sehen, zu hören und zu fühlen, um sich sagen zu können, daß diese noch immer existieren. Obwohl die Familie ein stets im Wandel begriffenes Phänomen ist, kann man sie sich als etwas Stabiles denken.

Eine 40jährige Klientin von mir klagte über heftige Anfälle von Verlassenheitsgefühlen. Sie sprach sogar von „existentieller Einsamkeit". Es zeigte sich, daß sie soziale Bilder nicht lange festhalten konnte. Ihr fehlte das starke Gefühl der Familienmitglieder-Permanenz, das die meisten von uns haben. Sie sah ihre beiden Eltern in aufblitzenden Bildern, weit entfernt und ganz einander zugewandt – jedenfalls zu weit entfernt, um elterlichen Trost spenden zu können. Wenn sie heute eine Freundin längere Zeit nicht gesehen hat, glaubt sie, sie müsse die Beziehung von Grund auf wieder aufbauen.

Die meisten Menschen sind sich ihrer Familienbindungen stets bewußt; sie bilden den Hintergrund ihrer sozialen Erfahrung. Die Familienmitglieder stehen immer vor ihrem inneren Auge. Welches sind aber die entscheidenden Merkmale dieser Familien-Bilder?

Ich konnte feststellen, daß die meisten Erwachsenen ihre Kinder und Ehepartner sehr nah repräsentieren – verglichen damit, wo sie andere Menschen repräsentieren. Dies ist ihr vertrauter Kreis. Wenn Familienmitglieder hingegen weiter entfernt gesehen und gefühlt werden, deutet dies fast immer auf Schwierigkeiten hin. Nähe ist bei Verwandten die Norm. Kinder werden manchmal unmittelbar auf oder unter der Haut gesehen und gefühlt. Diese Plätze sind von universeller Bedeutung: Es ist unvorstellbar, daß nah repräsentierte Kinder nicht von ihren Eltern geliebt würden. „Ich liebe meine Tochter sehr; ich imaginiere sie zwanzig Meter entfernt, links unten" – so etwas macht keinen Sinn. Wenn man sie liebt, sieht man sie nah.

Bei den meisten Kindern dreht sich das Familienpanorama um das eigene Selbst. Selbstbezogenheit ist bei ihnen normal. Wenn sie sich außerhalb der Familie sehen, muß man sich fragen, was dies bedeuten mag. Wenn junge Erwachsene die Familie verlassen, um unabhängig zu werden, geht dies mit einer „Erweiterung" des Familienpanoramas einher. Wenn man auf eigenen Füßen zu stehen beginnt, rücken die Eltern von vorne nach hinten. Wenn die Eltern beieinander und nah gesehen werden, ist das ein Zeichen für eine stabile Familienstruktur.

Wenn Sie im spontanen Gespräch über das Familienleben auf verortende Prädikate achten, werden Sie feststellen, daß Begriffe wie Nähe, Ferne und Nebeneinander in der Luft liegen. „Mein Vater war für mich unerreichbar." „Meine Ex-Frau stand zwischen uns." „In meinem Leben gibt es keinen Platz für einen anderen Mann." „Meine Schwester stand mir immer am nächsten." „Meine Eltern standen zusammen und unterstützten mich." „Meine Brüder standen in Opposition zueinander."

Solche verbale Evidenz wird unterstützt durch ein begleitendes nonverbales Verhalten: Wir beobachten Blicke, Kopfnicken und Gesten in bestimmte Richtungen. Außerdem hören wir kinästhetische Prädikate wie Wärme und Kälte, die Ausdruck für die Beschaffenheit der „Ander-Gefühle" oder des „kinästhetischen Anderen" sind. Je näher der andere lokalisiert, je größer sein visuelles Bild ist, desto stärker ist dieser kinästhetische Andere. „Sie ist mir so nah, ich fühle ihre Gegenwart jetzt viel stärker." Andere kinästhetische Prädikate bezeichnen „wertende Meta-Gefühle" wie Wertschätzung, Leidenschaft, Haß oder Liebe. „Wenn ich sie vor meinem inneren Auge sehe, muß ich mich übergeben. Ich hasse sie!"

Wörter wie „Unverbundenheit", „Festigkeit" oder „Stärke" beschreiben häufig die Art der „interpersonellen Verknüpfungen". Es ist ein ähnliches Phänomen, wie wir es in den vorhergehenden Kapiteln kennenlernten. Die gleiche Art von Verknüpfung, die wir zwischen dem kinästhetischen Selbst und dem Selbst-Bild festgestellt haben, findet sich auch zwischen dem kinästhetischen Anderen und dem Ander-Bild. Wenn diese interpersonellen Verknüpfungen bewußt werden, sind sie unmittelbar ein Zeichen für die Qualität der Beziehung.

6.3.1 Empirische Belege für das Familienpanorama

Den überzeugendsten Beleg für die Existenz und Bedeutung des Familienpanorama-Paradigmas erkenne ich in der Art, wie die meisten Menschen darauf reagieren. Anscheinend ist es nichts Neues für sie, wenn ich es ihnen erkläre. Sie finden die Idee ganz „natürlich". Immer wenn das Wort „natürlich" fällt, ist dies ein Zeichen für Gewohntes und automatisch Ablaufendes. Es verweist auf Bereiche der menschlichen Informationsverarbeitung, die dem Bewußtsein nicht zugänglich sind. Auch ich selbst finde die interessantesten Aspekte der Psyche, die ich kennenlerne, anfangs immer „natürlich".

Weitere Hinweise auf die große Bedeutung der Submodalität „Lokalisierung" liefern die Interventionen der verschiedenen familientherapeutischen Schulen.

Satir hat, wie gesagt, mit Lokalisierungen gearbeitet, wenn sie ihre Klienten aufforderte, Familien-Bilder zu zeichnen, oder die Technik der „Familienskulptur" (1972, dt. 1988) anwandte. Dabei wurden die Familienmitglieder aufgefordert, ein *tableau vivant*, ein lebendes Bild ihrer Familie zu stellen. Dies war von großem diagnostischen Nutzen. Und wenn in solch einem Bild oder einer Skulptur die Positionen der Mitglieder verändert wurden, änderte dies auch die Struktur der Familie.

Minuchin ließ tatsächlich Familienmitglieder die Plätze tauschen oder von einem Stuhl zum anderen rücken, um Änderungen in den Beziehungen sichtbar herbeizuführen. Diese sogenannten „topographischen Interventionen" resultierten aus Minuchins Beobachtung, welch große Wirkung ein solcher Platzwechsel haben kann.

Auch in den 60er Jahren wurden schon Familienaufstellungen auf Papier gezeichnet. Man nannte sie „Soziogramme", und die Therapeuten, die mit dieser Methode arbeiteten, waren von Kurt Lewins (1952) sozialer Feldtheorie beeinflußt.

Auch in Morenos Psychodrama und in der psychomotorischen Therapie nach Pesso finden wir Interventionen, bei denen räumliche Beziehungen berücksichtigt werden. Aber keine dieser Methoden beruht auf der Annahme, daß Lokalisierung für uns Menschen die primäre oder fundamentale Art sei, Beziehungen zu repräsentieren.

Interessanterweise hat mein österreichischer Kollege Walter Ötsch mich auf die Tatsache aufmerksam gemacht, daß es tatsächlich eine Therapie gibt, bei der es um Lokalisierung geht. Er fragte mich: „Findest du nicht, daß Bert Hellingers ‚systemische Therapie' viel Ähnlichkeit mit dem Sozialen Panorama hat? Das Herumschieben der Familienmitglieder ist bei ihm die wichtigste Intervention."

Hellinger? Nie gehört.

6.4 Bert Hellinger modellieren

Seit über zehn Jahren strahlt Hellingers Stern über der deutschen Therapie-Gemeinde. Das ist nicht verwunderlich, denn seine Methode löst starke Emotionen aus, hat scheinbar etwas Übernatürliches an sich und ist in Begriffen der etablierten therapeutischen Richtungen schwer zu erfassen. Dies macht sie sehr attraktiv für Leute mit einer Vorliebe für das Neue und Unerklärliche.

Hellinger arbeitet mit Gruppen. Die intensive Atmosphäre seiner Arbeit erzeugt starke Bindungen zwischen den Gruppenmitgliedern, die als sehr positives Nebenprodukt empfunden werden.

Der magische Charakter seiner Arbeit und sein Selbstdarstellungsstil ziehen ein Heer von Bewunderern an, die zu Hunderten in seine Seminare strömen. Die erste Reaktion, die von den meisten nach einem solchen Seminar geäußert wird, ist Erstaunen: „Ich war perplex, welche Gefühle ich hatte, nur durch meine Teilnahme an der Sitzung eines anderen. Alles war so real und paßte zur Situation des Klienten."

Hellinger hat aber nicht nur Bewunderer, sondern auch Kritiker. Sie mißbilligen die Arroganz seines Auftretens, seine kühnen Aussagen, seine simplifizierenden Verallgemeinerungen, die fehlenden Nachbehandlungen sowie die passive Rolle, die er seinen Klienten zuweist. Aber ich habe nie gehört, daß Kritiker ihm Nachahmung vorgeworfen hätten. Es gibt allen Grund, ihn für sein selbständiges kreatives Vorgehen zu bewundern. Er ist ein Nonkonformist, der zur Weiterentwicklung der Psychotherapie beigetragen hat. Hellinger hat auf diesem Gebiet einiges in Bewegung gebracht.

Im folgenden Abschnitt schildere ich die Gegensätze und Gemeinsamkeiten zwischen dem Modell des Sozialen Panoramas und Bert Hellingers systemischer Therapie, soweit ich diese verstanden habe. Hellingers Arbeit in einen NLP-Rahmen zu übersetzen war eine der spannendsten Unternehmungen im Projekt über das Soziale Panorama.

6.4.1 Es ist wie Schach!

Hellinger nennt seine Methode „systemische Psychotherapie" oder „phänomenologische Psychotherapie". Anscheinend kennt er kaum Kontraindikationen gegen die Anwendung seines Verfahrens. Alle psychischen Probleme – von der Sucht über das Trauma bis zur Depression – werden im großen und ganzen auf ähnliche Weise behandelt. Nicht nur akute psychische Probleme werden mit seiner Methode therapiert, sondern auch schwere physische Leiden wie Krebs.

Hellinger findet anscheinend immer einen Grund, Familienmitglieder von einem Platz auf den anderen zu stellen. Eine Kernfrage beim Modellieren seiner Arbeit lautet: Wie weiß er, wen er wohin bewegen soll?

Ich finde, daß das „Schachspiel" eine klärende Metapher für Hellingers Arbeit ist.

Erinnern Sie sich, wie es war, als Sie zum erstenmal eine Schachpartie beobachteten? Wahrscheinlich fragten Sie sich: Woher wissen die Spieler, welche Figur sie wohin bewegen sollen? So ähnlich ist es, wenn man Hellinger bei der Arbeit zuschaut.

Am Anfang einer Sitzung sammelt er Informationen über die Zusammensetzung der Familie des Klienten: Anzahl der Kinder, Geschlecht, Alter und Reihenfolge ihrer Geburt. So wählt er die Schachfiguren, mit denen er spielen wird. Bei seiner Arbeit nutzt er genealogische Fakten und schwerwiegende Ereignisse im Leben einer Familie. „Ist jemand früh verstorben?" „War ein Elternteil vorher verheiratet?" „Hat deine Mutter ein Kind verloren?" Ereignisse wie früher Tod, Konflikt, Krankheit, Verbrechen, Krieg, Scheidung, Eheschließung und Trennung scheinen ihm besonders wichtig zu sein. Aber solche „historischen Fakten" werden nur kurz erörtert, bis ihre mögliche Bedeutung geklärt ist. Man kann dies mit einer abgebrochenen Schachpartie vergleichen. Hellinger muß sozusagen rekonstruieren, was in dem Spiel geschehen ist, bevor sich der gegenwärtige Spielstand ergab. Welche Figur wurde bei einem früheren Spielstand geschlagen? Gab es am Anfang eine andere Königin?

Ein Spiel mit lebensgroßen Figuren

Hellinger hat eine dramatische Art entwickelt, Familienpanoramen sichtbar zu machen. Seine „Show" ist viel besser als die meisten NLP-Demonstrationen. Bis zu fünfzig Personen sitzen dabei und sehen zu, wie jemand mit geschlossenen Augen „denkt". Hellingers Methode ist dem Psychodrama verwandt, aber bei ihm geht die Handlung langsamer vonstatten, und es wird wenig gesprochen. Die Zuschauer bekommen aber wirklich etwas zu sehen, und sie verfolgen jeden Zug, als sei es ein Schachspiel mit lebensgroßen Figuren.

Der Klient wird aufgefordert, Personen auszuwählen, die einige Ähnlichkeit mit Mitgliedern seiner Herkunftsfamilie aufweisen. Aber Ähnlichkeit spielt offenbar keine große Rolle. Weil der Therapeut diese Stellvertreter braucht, muß er mit Gruppen arbeiten. Auch die kurze Dauer von Hellingers Sitzungen ist vorteilhaft für die Arbeit mit Gruppen. So macht er mehrere Behandlungen pro Tag. Er spielt eine Reihe von schnellen Partien.

Der Klient muß in „ernster" und gesammelter Stimmung sein, während er die Stellvertreter aufstellt. Hellinger erklärt seinen Klienten in *„Ordnungen der Liebe"*:

„Also du nimmst jetzt nacheinander jede der ausgewählten Personen mit beiden Händen und stellst ihn an seinen Platz in Beziehung zu den anderen, so wie du sie im Augenblick wahrnimmst. Wenn du siehst, daß es stimmt, hörst du auf. – Mache es ganz nach dem Gefühl, so wie du es im Augenblick spürst. Prüfe dann noch einmal, ob es so stimmt, und dann setze dich hin." (Hellinger 1994, S. 387)

Auch ein Schachspiel verlangt Ernst und Sammlung.

Nachdem Hellingers Klient auch einen Stellvertreter für sich selbst gewählt hat, kann er das aufgestellte System (die Familienkonstellation) aus der dritten Wahrnehmungsposition beobachten. In der Rolle des Beobachters kann der Klient verfolgen, wie der Therapeut die Stellvertreter umherbewegt.

In meiner Schachmetapher ist der Klient der König, der durch einen anderen König ersetzt wird. Der ursprüngliche König beobachtet, wie sich das Spiel um seinen Stellvertreter herum entfaltet. Sobald der Klient aus der Konfiguration der Stellvertreter herausgenommen ist, werden an ihn keine Fragen mehr gerichtet. Die Aufgabe des Klienten beschränkt sich darauf, die Stellvertreter aufzustellen und die Bewegungen Hellingers zu beobachten. Die relativ passive Rolle des Klienten erscheint den meisten Psychotherapeuten recht unorthodox.

Deutsche Eröffnung

Aber die Frage: Wie weiß Hellinger, wer wohin bewegt werden soll? ist noch nicht beantwortet. Welche Informationsquellen, abgesehen von genealogischen und biographischen Fakten, zieht er bei der Entscheidung über seine Interventionen heran?

Hellingers wichtigste Informationsquelle sind die Stellvertreter. Sobald der Klient seine Familienkonstellation aufgestellt hat, fragt Hellinger, wie sich die Stellvertreter fühlen, dort, wo sie stehen. Routinemäßig überprüft er ihre Emotionen:

„Wie fühlt sich der Vater?"

Stellvertreter des Vaters: „Lausig."

„Wie fühlt sich die Schwägerin?"

Stellvertreterin der Schwägerin: „Sehr eifersüchtig."

Aufgrund dessen, was ihm die Stellvertreter über ihr Gefühle an einem bestimmten Platz verraten, trifft er Entscheidungen, wohin sie sich bewegen sollen. In einem Schachspiel würde dies bedeuten, daß der Spieler seine Figuren fragt, was sie von dem Feld halten, auf dem sie stehen. Zum Beispiel: „Turm, wie fühlst du dich auf H7?" Der Turm: „Ich fürchte den schwarzen Läufer."

Dies ist natürlich bemerkenswert. Weil Hellinger sich auf Informationen verläßt, die ihm die Stellvertreter liefern, nimmt er wohl stillschweigend an, daß die Gefühle der Stellvertreter eine echte Informationsquelle im therapeutischen Prozeß des Klienten sind. Was äußert er selbst dazu?

Die Familienaufstellung mit Stellvertretern vermittele „unmittelbares Wissen", behauptet er, und anscheinend hinterfragt er nie die Gefühle, von denen die Stellvertreter berichten. Hellinger behandelt die Gefühle der Stellvertreter als „reine" und verläßliche Daten. Je impulsiver und intuitiver ihre berichteten Gefühle sind, desto besser. In gewisser Weise handelt er wie ein Schachspieler, der seine Figuren fragt, zu welchem Feld sie ziehen wollen, und dabei annimmt, sie wüßten es selbst am besten. Merkwürdig? Ja!

Geheimnisvolle Gefühle

Hier erkenne ich in Hellingers Arbeit die wichtigsten Prinzipien des Sozialen Panoramas wieder. Denn was die Stellvertreter erleben, sind soziale Emotionen (Beziehungen), wie sie mit bestimmten Plazierungen verbunden sind. Weil „Lokalisierung" anscheinend die gemeinsame und entscheidende soziale Submodalität ist, haben alle Orte irgendeine Bedeutung für uns. Und wenn ein Stellvertreter dieses „unmittelbare Wissen" weder anzweifelt noch wegrationalisiert, wird er sich seiner Gefühle sehr sicher sein.

Ein Stellvertreter, der sich der sozialen Submodalitäten nicht bewußt ist – und die meisten sind es nicht –, wird durch diese Gefühle überrascht sein. „Wie kann man Gefühle empfinden, die zur Familie eines anderen gehören?"

Hellingers implizite Annahme, daß die Gefühle, die ein Stellvertreter hat, tatsächlich Gefühle sind, die zur Familie des Klienten gehören, übersteigt die Voraussetzungen der „normalen" Psychologie. Und man fragt sich: Ist das Telepathie? Ist das die Art, wie Jungs Unbewußtes funktioniert? Oder sind hier transpersonale Konzepte wie Seele, Geist oder Schutzengel angebracht?

Warum so überrascht? Wäre der Stellvertreter, wie er da steht, einfach er selbst, dann wäre die Sache nicht halb so geheimnisvoll. Aber die Tatsache, daß er nicht er selbst ist und keinerlei Beziehung zu den anderen Stellvertretern hat, daß er so gut wie nichts über die Familie des Klienten weiß, ist schon erstaunlich.

Für mich, der ich die Erklärungen der „normalen" Psychologie bevorzuge, zeigt sich hier etwas anderes. Die Tatsache, daß der Stellvertreter so tut, als sei er nicht er selbst, hindert sein Denken nicht automatisch daran, sein soziales Betriebssystem zu benutzen. Die Plätze, auf denen die anderen Stellvertreter stehen, haben für das rasch und unbewußt funktionierende soziale Betriebssystem tatsächlich die Bedeutung bestimmter Beziehungen. Und daraus folgen unmittelbar die entsprechenden Gefühle.

Hellingers „unmittelbares Wissen" ist als Zugang zum Bereich der primären Repräsentationen zu verstehen; die Positionierung ist die Grundlinie der sozialen Erfahrung. Auf dem Schachbrett wäre dies, als wüßten die Figuren, was eine bestimmte Position bedeutet; als fühlten sich ein Springer, ein Läufer oder ein Turm durch die Figuren hinter ihnen unterstützt und durch die gegnerischen Figuren bedroht; als könnte ein Turm, der einen Turm aus einem anderen Spiel ersetzt, unmittelbar erfahren, was diese neue Position bedeutet. Unterstützung und Bedrohung gehorchen den gleichen Regeln.

Fragt sich nur: Wird das Spiel nach den gleichen Regeln gespielt? Haben die sozialen Submodalitäten tatsächlich die gleiche universelle Geltung wie die internationalen Schachregeln? Oder wendet hier jeder seine eigenen Regeln an?

Hellinger verrät wenig über die psychologischen Prinzipien, nach denen er arbeitet. Aber das kann man ihm nicht verdenken. Grundsätzliche Fragen beantwortet er mit philosophischen Exkursen in die Phänomenologie und Theologie. Hier ein Zitat aus *Ordnungen der Liebe*:

„Ich erkläre mir gar nichts. Ich sehe, daß es so ist, daß es so abläuft und daß man nachprüfen kann, daß die Mitwirkenden bei einer Familienaufstellung wirklich wahrnehmen können, was in dieser Familie abläuft, und das genügt mir für meine Arbeit." (S. 418)

Hellinger gleicht einem Schachmeister, der gewinnt, wenn er auf seine Figuren hört, aber nicht erklären kann, wieso diese Holzfigürchen so schlau sind.

Über die Stellvertreter sagt er:

„Manche, wenn sie so dastehen, lesen von dem Bild ab, was das Gefühl sein müßte. ... Es ist besser, wenn du dich auf dich sammelst und einfach spürst, was im Augenblick in dir vorgeht, unabhängig vom äußeren Bild." (S. 399)

Aufgrund dessen, was die Stellvertreter ihm über ihre Gefühle mitteilen, entwickelt Hellinger eine verbesserte Familienaufstellung. Während er mit verschiedenen Positionen der Familienmitglieder experimentiert, prüft er immer wieder die Gefühle der Stellvertreter. Er läßt sich weitgehend davon leiten, was die Stellvertreter ihm sagen.

Jetzt wissen wir schon einiges darüber, wie Hellinger wissen kann, „wen er wohin bewegen soll..." Offen bleibt aber die entscheidende Frage, ob jeder dieses „Beziehungsschach" nach den gleichen Regeln spielt? Als ich mit 11 Jahren Schach spielen lernte, stritten wir oft über die Regeln. Was bedeutet es, wenn ein Stellvertreter sagt, daß er Schuldgefühle hat? Soll man stillschweigend annehmen, daß das Familienmitglied, für das er einsteht, die gleichen Gefühle hat? Sind diese Schuldgefühle die einzig richtigen, die man an diesem bestimmten Platz fühlen kann?

Wenn jeder Schachspieler nach anderen Regeln spielt

Bandler schlägt vor, Submodalitäten als idiosynkratische Phänomene aufzufassen, weil die Menschen bestimmten Submodalitäten sehr unterschiedliche Bedeutungen beimessen. Was für den einen furchterregend ist, kann einen anderen glücklich machen. Strukturen und Formen, die für das eine Geschlecht „Sex Appeal" haben, sind für das andere langweilig. Kunstwerke, die manche Menschen in Ekstase versetzen, bedeuten für andere einen Sturz in tiefste Depression. Musik, die manchen Leuten in die Glieder fährt, findet z. B. meine Mutter zum Erbrechen –

usw. Und so folgern wir: Submodalitäten sind als idiosynkratisch aufzufassen.

In unserer Schachmetapher würde das heißen, daß ein König, der bei einem bestimmten Spielstand auf H5 steht, etwas anderes fühlt als ein anderer König (aus einem anderen Spiel) auf demselben Feld. Wenn Orte für die Schachfiguren persönliche Bedeutungen haben, gibt es keinen Grund anzunehmen, daß die Gefühle des Ersatzkönigs identisch sind mit dem, was der ursprüngliche König am selben Platz auf dem Brett empfindet.

Hellingers Praxis widerspricht der NLP-Annahme, daß Submodalitäten idiosynkratisch sind. Denn das Zurückgreifen auf die Gefühle von Stellvertretern setzt voraus, daß alle Menschen die Submodalitäten für soziale Beziehungen auf gleiche Weise codieren. Hellinger tut so, als wären Submodalitäten eine universelle Sprache bestimmter Verortungen, die jeweils bestimmte Beziehungen bedeuten. Wenn man Hellingers Prämissen gelten lassen will, sind die Gefühle von Stellvertretern ebenso gut geeignet wie die jedes beliebigen anderen, um die Qualität einer Position in einer Familienkonstellation zu testen. Aber hat Hellinger damit recht?

Ist die Tatsache seines Erfolges ein Beweis dafür, daß den sozialen Submodalitäten universelle Bedeutung zukommt? Ich glaube nicht. Ich glaube eher, die Sache kann funktionieren, weil genügend Überschneidungen stattfinden. Genug jedenfalls, um Hellingers Methode erfolgreich zu machen.

Ist die emotionale Wirkung, die sein Vorgehen auf die Teilnehmer hat, ein Beweis für die universelle Bedeutung der Lokalisierung? Nein. Dies könnte auch nur beweisen, daß die Aufstellung einer Familienkonstellation starke soziale Emotionen aller Art auslöst, nicht aber unbedingt solche Emotionen, die zur Familie des Klienten gehören.

Ist Hellingers therapeutischer Erfolg ein Beweis für die universelle Codierung der sozialen Submodalitäten? Nein. Dies beweist nur, welch eine starke Wirkung jede Veränderung in der Plazierung von Familienmitgliedern haben kann, einerlei, ob diese tatsächlich den Bedürfnissen des Klienten entsprechen oder nicht.

Ich möchte damit folgendes sagen: Selbst wenn ein Therapeut nur „zufällige“ Platzveränderungen vornimmt, können diese eine bedeutsame

Suchbewegung und schließlich eine Veränderung herbeiführen. Es könnte also auch sein, daß die Dinge in Bewegung geraten, sobald die Person mit irgendeinem alternativen Familien-Bild ausgestattet wird. Ist eine Änderung im Familien-Bild des Klienten eingetreten, dann zwingt diese ihn, das Rätsel zu lösen – was manchmal wochenlanger Anstrengung bedarf.

Mit Familienkonstellationen experimentieren

Doch meine Argumentation ist ebenfalls nicht beweiskräftig. Und offen bleibt die Frage: Hat ein Ersatzkönig die gleichen Gefühle wie der eigentliche König? Oder anders gesagt: Fühlt ein Stellvertreter des Klienten das gleiche wie der Klient selbst?

Um die Zuverlässigkeit der Gefühle, die ein Stellvertreter in einer Familienkonstellation empfindet, genauer zu untersuchen, habe ich folgendes Experiment durchgeführt:

Im März 1997 lud ich in Utrecht eine Gruppe von 13 Studenten ein, die von Familienkonstellationen und vom Konzept des Sozialen Panoramas keine Ahnung hatten.

Ich erklärte ihnen, daß mir dieses Experiment sehr wichtig sei und Ernst, Sammlung und Disziplin verlange.

Dann fragte ich nach einer Person mit unkompliziertem Familienhintergrund. Es meldete sich ein 50jähriger Mann, der sagte, er habe nur einen Bruder gehabt. Ich half ihm (dem Klienten), seine Familie – zu der Zeit, als er sieben war – so aufzustellen, wie Hellinger es tut. Sobald er damit zufrieden war, bat ich die vier Mitwirkenden, sich auf ihre Gefühle zu konzentrieren. Dann wurde der Klient durch eine von ihm gewählte Person ersetzt. Die Familienkonstellation hatte nur vier Mitglieder: den Klienten, seine Mutter, seinen Vater und seinen Bruder. Aufgestellt waren sie gemäß der Abbildung.

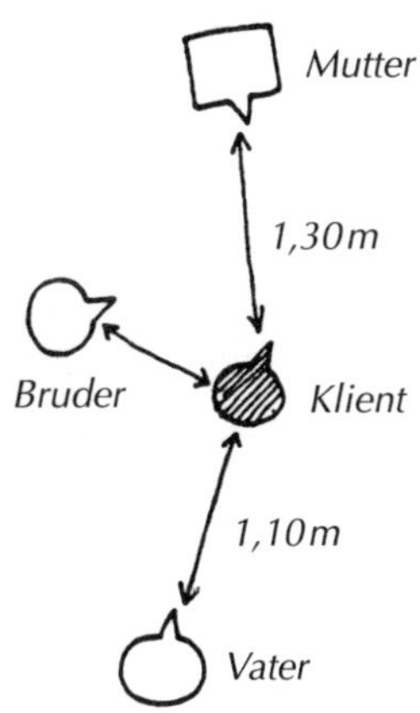

Während der Stellvertreter des Klienten dastand, sollte er einen Fragebogen ausfüllen, den alle Mitglieder der Gruppe bereits für die Emotion „Liebe zu einem nahestehenden Menschen" bearbeitet hatten. Der Fragebogen diente dazu, die Struktur von Emotionen zu messen. Er beruhte auf den von Cameron-Bandler entwickelten Kriterien zur Erfassung von Emotionen.

Die Schuhe aller Stellvertreter wurden mit Kreide am Boden markiert, um zu gewährleisten, daß sie ihre Position nicht veränderten. Sobald der Stellvertreter des Klienten den Fragebogen ausgefüllt hatte, wurde er vom Klienten beiseite geführt, und der Klient wählte einen neuen Stellvertreter, den er auf den selben Platz stellte. Auch dieser neue Stellvertreter wurde aufgefordert, seine Emotionen zu fühlen und nach einer Weile, während er dort stand, den Fragebogen auszufüllen.

Dieses Verfahren wurde neunmal wiederholt. Schließlich stellte sich der Klient wieder an seinen Platz und füllte ebenfalls den Fragebogen aus.

Die ersten zwei Fragen ergaben ein deutliches Bild der sozialen Emotionen, die diese Stellvertreter empfanden.

Frage 1 lautete: Wie nennst du diese Emotion?

Frage 2 lautete: Was ist das Wichtigste, das du willst oder nicht willst, während du diese Emotion empfindest?

ich will: ich will nicht:

Der Klient nannte sein Gefühl „Einsamkeit" und gab an, was er wollte: „Liebe".

Hier folgen die Antworten der acht Testpersonen zu diesen Fragen:

	Frage 1: genannte Emotion:	*Frage 2: was will ich:*
Testp. 1	*- Sehnsucht*	*- Mutterliebe*
Testp. 2	*- Furcht*	*- Harmonie*
Testp. 3	*- Druck, Zwang*	*- will nicht zwischen nicht-kommunizierenden Eltern stehen*
Testp. 4	*- Einschränkung, Ärger*	*- mehr Freiheit, will nicht, daß sie auf mich aufpassen*
Testp. 5	*- Zorn*	*- Nähe*
Testp. 6	*- Bedrohung*	*- meinen Papa sehen*
Testp. 7	*- festgenagelt*	*- Freiheit*
Testp. 8	*- Unruhe, Unbehagen*	*- zurückblicken*

Alle diese Emotionen sind dysphorischer Natur. Keine ist angenehm. Doch innerhalb dieses Spektrums zeigen sie eine bemerkenswerte Vielfalt. Frage 8 (siehe unten) verlangte eine Bewertung der Intensität auf einer Skala von 1 bis 7. Der Mittelwert für empfundene Intensität war 6,11; dies war 0,1 höher als die Intensität, die empfunden wurde, als ich die Testpersonen aufforderte, „Liebe zu einem nahestehenden Menschen" zu fühlen.

Unten folgen weitere Antworten auf die Fragen. Sie sprechen weitgehend für sich. Die Zahl der Antworten ist über der anzukreuzenden Option angegeben. ‚K' verweist auf die Antwort des Klienten.

3) Wo ist deine Aufmerksamkeit während dieser Emotion?

Antworten:

2	K6	4
Vergangenheit	*Gegenwart*	*Zukunft*

4) Welches dieser Verben paßt am besten für diese Emotion?

K1 1 1 1 1
brauche/muß/muß nicht/will/soll/sollte/sollte nicht/kann/

3 2 1 1 1
kann nicht/darf/möchte/möchte nicht/begehre/hasse/fürchte/liebe

5) Fühlst du dich bei dieser Emotion aktiv oder passiv?

4	K5
aktiv	*passiv*

6) Achtest du bei dieser Emotion auf Ähnlichkeit oder Verschiedenheit?

K2	5
Ähnlichkeit	*Verschiedenheit*

7) Welches ist das „musikalische Tempo" (allegro, andante usw.) für die Stimmung dieser Emotion?

	1	*1*	*2*			*K3*	*2*	
sehr langsam	*1*	*2*	*3*	*4*	*5*	*6*	*7*	*sehr schnell*

8) Wie intensiv ist diese Emotion?

sehr gering				*1*	*5*	*K2*		*sehr stark*
Intensität	*1*	*2*	*3*	*4*	*5*	*6*	*7*	*Intensität*

9) Achtest du während dieser Emotion auf Verallgemeinerungen oder Details?

			3		*2*	*3*	*K2*	
winzige Details	*1*	*2*	*3*	*4*	*5*	*6*	*7*	*sehr allgemein*

Es war nur ein kleines Sample, und jeder ist eingeladen, den Versuch mit einer größeren Gruppe zu wiederholen. Bis jetzt ist aber klar, daß die von einem aufgestellten Stellvertreter gefühlten sozialen Emotionen sehr intensiv waren. Alle waren sich einig über die negative Art des Affekts. Was aber genau gefühlt wurde und welche Motive diese Emotionen hervorriefen, darin gab es erhebliche Unterschiede.

Auch das Maß an Idiosynkrasie entspricht meinen früheren, im 2. Kapitel dargestellten Ergebnissen, die zeigen, daß die Menschen Submodalitäten wie rechts/links oder Distanz sehr unterschiedlich anwenden. Auch die von Jan Snoek unabhängig durchgeführte Untersuchung an Schulkindern deutet auf ein hohes Maß an Idiosynkrasie hin. Nur die vertikale Dimension zeigt mehr Gemeinsamkeit. Doch diese Dimension spielt in Hellingers Arbeit eine geringe Rolle.

Insgesamt ist es fraglich, ob die Codierung sozialer Submodalitäten von so universeller Geltung ist, daß es gerechtfertigt wäre, Stellvertreter in der Weise heranzuziehen, wie Hellinger es tut.

Wie ist die therapeutische Wirkung von Familienkonstellationen zu erklären?

Bestimmt ist die starke emotionale Wirkung einer Veränderung in der Familienaufstellung weitgehend durch die Tatsache bedingt, daß die Menschen nie aus eigener Initiative alternative Repräsentationen ihrer Familie erfinden. Nachdem sie ihr ganzes Leben mit ihrem einen und einzigen persönlichen Familienpanorama gelebt haben, sind sie daran gewöhnt. Die einzigen Veränderungen, die sie kennen, resultieren aus familiären Ereignissen und der entsprechenden Familienkommunikation; eindeutige Änderungen der Submodalitäten sind aber selten. Ein Satz wie „Ich bin zu meinem Vater auf Distanz gegangen" drückt einen Wechsel der Submodalität aus. Es bleibt aber die Frage, wieweit sich solch eine natürliche Veränderung von einer suggerierten submodalen Verschiebung unterscheidet, bei der ein Therapeut sagt: „Stelle deinen Vater dorthin!"

Die meisten Menschen kennen wie gesagt nur das Familienpanorama, das sie im Lauf ihres Lebens entwickelt haben, mehr nicht. Daß eine Veränderung möglich wäre, kommt ihnen nicht in den Sinn. Von einem Therapeuten auf diese Möglichkeit hingewiesen, kann der Klient aus einem

System starker, unbewußter Einschränkungen hinaustreten: wie eine Schachfigur in einem Schaufenster, die irgendwann in einer bestimmten Position auf das Brett gestellt wurde und dort eine Ewigkeit stand. Es war eine fabrikneue Figur, sie wußte nicht, daß sie sich bewegen konnte, bis dann ein Kunde sie eines Tages auf ein anderes Feld stellte. Nachdem sie die Möglichkeit von Bewegung kennengelernt hatte, fing sie an, auch andere Bewegungen zu imaginieren.

Hellingers Interventionen sind aber keineswegs zufällig. Er bewegt seine Figuren nach bestimmten, grundlegenden Kompositionsregeln. Einige dieser Regeln werden am Schluß dieses Kapitels vorgestellt, und dort werden wir auch auf eine Sammlung von Mustern eingehen, die Handlungsanweisungen für Veränderungsarbeit im Familienpanorama geben. Diese Muster bezeichnen wir als *Familienpanorama-Muster*.

Schachmatt

Mit den Familienpanorama-Mustern hängt auch unsere nächste Frage zusammen: Wie weiß Hellinger, wann er fertig ist und aufhören kann, seine Figuren zu bewegen? Was bedeutet „schachmatt" in der systemischen Psychotherapie?

Hellinger definiert sein Kriterium für therapeutischen Erfolg ausschließlich als Verbesserung der sozialen Repräsentationen beim Klienten. Über seinen Klienten Bruno äußert er:

„Er hatte ein inneres Bild von den Beziehungen seiner Familie. Der Lösungsversuch der Familie war unheilvoll und hat zum Tod seiner Schwester und zum Tod seiner Mutter geführt. Bruno hat sein inneres Bild nach außen gestellt, und wir konnten es sehen. Als es nun draußen stand, konnte es verändert werden auf eine bessere Lösung hin. Damit diese Lösung für Bruno wirksam wird, braucht sich in seiner Familie überhaupt nichts zu ändern. Sein Vater braucht sich nicht zu ändern, er braucht gar nichts davon zu wissen, was hier abgelaufen ist. Und die Toten bleiben tot. Bruno aber *kann jetzt dieses andere, bessere Bild in seine Seele hineinnehmen*, liebevoll, und dann wirkt es für ihn zum Guten." (Hellinger 1994, S. 407)

Ziel dieses Vorgangs ist, ein Familienpanorama zu finden, bei dem jeder an der richtigen Stelle steht. Dies nennt Hellinger die „Lösung".

Nachdem der Klient eine Weile zugeschaut hat, wird ihm diese Lösung vorgetragen, und er muß sie akzeptieren. Indem er mit seinem persönlichen Stellvertreter die Plätze tauscht, ist der Klient in der Lage, die neue Familiensituation von innen zu erkunden. Diese „Neuprägung" in der ersten Wahrnehmungsposition ist meist der abschließende Test des therapeutischen Verfahrens.

Im Sinn unserer Schachmetapher könnten wir dies mit einer Situation vergleichen, wo der König schon beinah schachmatt war. Der Therapeut vertauschte den König gegen einen Ersatzkönig und fing an, die Figuren zu bewegen. An einem bestimmten Punkt fühlten sich alle Figuren befriedigt. Dann nahm der Therapeut den Ersatzkönig heraus und stellte den ursprünglichen König wieder an seinen Platz. Dieses Vorgehen bietet dem ursprünglichen König neue Chancen, und jetzt kann er wieder gewinnen.

6.5 Über inneren Frieden

Ich habe Hellingers Methoden und erst recht seine Verallgemeinerungen mit einigen Fragezeichen versehen, aber mit zweien seiner Kriterien für „Lösungen" stimme ich völlig überein. Hellingers Lösungen müssen zwei Bedingungen erfüllen:

1) Alle Stellvertreter müssen an ihrem schließlich gefundenen Platz zufrieden sein.
2) Jede Person in der Familie muß respektiert und geachtet werden und das Recht haben, zur Familie zu gehören.

Diese Kriterien sind sinnvoll, weil die Stellvertreter die grundlegenden Persönlichkeitsanteile des Klienten repräsentieren. Harmonie zwischen den Stellvertretern spiegelt also Harmonie im Klienten.

Jedes Familienmitglied einer Person, so sagt Hellinger, gehört zu dieser Person. Mit anderen Worten, der Mensch internalisiert alle seine Familienmitglieder; und diese Internalisierungen werden zu Persönlichkeitsanteilen. Wir haben also internalisierte Mütter, Väter, Schwestern, Brüder, Großväter und Großmütter, die in unserem Kopf hausen. Therapeutischer Erfolg stellt sich ein, wenn die Beziehung zu allen internalisierten Familienmitgliedern (Personifikationen) positiv ist, und wenn diese Teile auch tatsächlich positive Einstellungen zueinander haben.

Eine Familien-Repräsentation ist als eigentliche Grundlage der Persönlichkeit aufzufassen. Mißachtung, Ausschluß und Konflikte in der Familie werden internalisiert und machen sich in der Person als Belastungen bemerkbar.

6.6 Die frivole Annahme über das Familienleben

In der traditionellen Familientherapie sitzen alle Familienmitglieder beim Therapeuten und hören seinen Interventionen zu. Unter solchen Bedingungen versteht es sich, daß jeder einzelne irgendwie beeinflußt wird. Da die „realen" Familienmitglieder unzweifelhaft anwesend sind, braucht man nicht zu fragen, wie die therapeutische Wirkung zustande kommt. Doch bei dem repräsentationalen Ansatz sind durchaus Bedenken angebracht. Man darf dem Therapeuten die Frage stellen: Was passiert mit allen anderen Familienmitgliedern, wenn nur die Bilder eines einzelnen Familienmitglieds geändert werden? Was passiert mit dem System?

In den 70er Jahren, als die systemische Therapie neu war, behaupteten „moderne" Theorien, daß die Familie durch homöostatische Prozesse gesteuert sei. Solch ein System, sagte man, müsse immer zu einem stabilen Zustand zurückkehren, auch um den Preis, daß eines der Familienmitglieder verrückt wird. Die Behandlung dieses einzelnen Patienten könne ein krankes System nicht heilen, wandten die Befürworter der systemischen Therapie ein. Und sie untermauerten ihre Auffassung mit Hinweisen auf Fälle, in denen die Behandlung einzelner Patienten sogar dazu führte, daß ein anderes Familienmitglied zum neuen „eingewiesenen" Patienten wurde. Dies war eine interessante Betrachtungsweise, die auch zum heutigen Ansehen der systemischen Therapie beigetragen hat.

Die praktische Kehrseite dieser Doktrin war, daß sie auch eine „akzeptable" Erklärung für ein Scheitern der Therapie bot. Das Scheitern sei nicht durch den Therapeuten bedingt, sagte man. Vielmehr sei ein Mißerfolg der Behandlung z. B. den Eltern des Klienten zuzuschreiben, die sich weigerten, an der Therapie ihrer Kinder teilzunehmen. Ich kann mich an Fälle erinnern, in denen Therapeuten das Mißlingen der Therapie einem Vater, einem Bruder oder einer Mutter anlasteten, weil diese nicht bereit waren, zu den Sitzungen ihrer Söhne und Töchter zu kommen – obwohl diese Kinder selbst schon erwachsen waren.

Das theoretische Konzept der Homöostase mag ästhetisch reizvoll sein, ist aber, wie ich meine, zu abstrakt für die Zwecke der Psychotherapie. Es ist eine weithergeholte Metapher für bestimmte sozialpsychologische Vorgänge, aber kein Naturgesetz. Die allgemeine Systemtheorie hat uns gelehrt, Familien aus einigem Abstand zu beobachten. Sie hat uns auch Einsichten über Interaktion und Rückkoppelungsmechanismen vermittelt, mehr aber nicht. Sie hat dem Therapeuten keine sehr brauchbaren Werkzeuge an die Hand gegeben. Man könnte sie mit einem Automechaniker vergleichen, der zwar weiß, daß die Sätze der Thermodynamik und die Gesetze der Quantenphysik auch im Straßenverkehr gelten, ohne daß diese abstrakten theoretischen Konzepte ihm etwas nützten, wenn er ein Auto reparieren soll.

Abgesehen von Zweifeln am praktischen Nutzen des Homöostase-Begriffs sei an die vielen Fälle erinnert, in denen die Behandlung nur einer Person im System durchaus zum Erfolg geführt hat.

Neben dem Prinzip der Homöostase beeinträchtigt nämlich auch die Verwechslung von „realen" Menschen mit „sozialen Bildern" das Verständnis für den Wert der Behandlung einzelner Familienmitglieder. Wenn der Therapeut ein Vater-Bild des Klienten verbessert, mögen Kritiker einwenden: „Aber was passiert mit dem *realen* Vater?" Solche Fragen sind Zeichen dieser Verwechslung. Die richtige, aber oft enttäuschende Antwort eines mit Repräsentationen arbeitenden Therapeuten müßte lauten: „Nichts, weil der reale Vater nicht existiert. Der realste Vater, den man kennt, ist das eigene mentale Konstrukt von ihm. Man braucht nur dieses innere Bild zu verändern, und schon funktioniert die Therapie."

Doch so eine einseitige Änderung hat manchmal tiefgreifende Konsequenzen für die realen Väter (und andere) in der Außenwelt. Klienten berichten: „Vater wurde viel freundlicher, als ob auch er sich geändert hätte." Solche Berichte sind so häufig, daß manche Therapeuten geneigt sind zu glauben, eine Änderung der inneren Bilder ihrer Klienten könne auch deren soziale Realität beeinflussen; damit hält aber das rein magische Denken Einzug auf diesem Gebiet.

In New-Age-Kreisen spricht man im Zusammenhang mit diesem Phänomen von „Energie-Arbeit“. Manche glauben an eine übernatürliche, weder durch Zeit noch Distanz beschränkte energetische Beeinflussung der Menschen untereinander. Man glaubt also, daß die Änderung des Bildes, das eine Person von der anderen hat, auch die andere Person auf geheimnisvolle Weise beeinflussen wird. Solch magisches Denken unterschätzt aber, wie ich meine, die Macht der unbewußten nonverbalen Kommunikation.

Vor ein paar Jahren fiel mir für diesen Themenkomplex die Bezeichnung „frivole Annahme“ ein. Diese Annahme besagt, daß, wenn wir einseitig unsere mentale Repräsentation einer Person und mithin unsere Einstellung zu ihr verändern, dies auch die Einstellung der (realen) anderen Person zu uns beeinflussen wird.

Aber wenn wir diese Wechselwirkung nicht auf übernatürliche Kräfte zurückführen wollen, muß sie durch unbewußte nonverbale Interaktion bedingt sein. Wenn ich z. B. meine Einstellung zu einer Person ändere, wird diese auf meine noch so geringfügig veränderten nonverbalen Signale unbewußt reagieren und dadurch auch ihre Einstellung zu mir ändern. Die Entspanntheit der Gesichtsmuskeln, die Festigkeit des Blicks, die Spannung in den Händen und im Hals, die Atemfrequenz, die Stimme, der Tonfall und dergleichen teilen dem anderen auf unbewußter Ebene mit, daß sich meine Einstellung zu ihm gewandelt hat. Der andere wird diese Signale unbewußt bestätigen und sofort anders auf mich reagieren. Beispiele für unbewußte nonverbale Kommunikation sieht man allenthalben: Beobachten Sie einen Menschen, der sich eben verliebt hat. Seine unbewußten nonverbalen Mitteilungen werden die geliebte Person dazu bringen, sich ebenfalls zu verlieben.

Eine ähnliche Beeinflussung findet in Situationen statt, wo Kinder in gewalttätigen Familien leben. Nach einer grundlegenden Veränderung der Bildvorstellungen des Opfers vom Täter sowie vom eigenen Selbst hören manchmal die Mißhandlungen auf. Dies gilt auch für Mobbing-Opfer an den Schulen.

Welche Rolle die soziale Bildsymbolik im Verhalten des Opfers spielt, verdeutlicht die Tatsache, daß ein Kind manchmal Mißhandlungen förmlich anzuziehen scheint. An einer neuen Schule oder bei Pflegeeltern fangen die Mißhandlungen oft wieder an. Wenn so ein Kind mit seiner alten

Vorstellung von den Tätern brechen kann, tritt häufig eine fühlbare Besserung ein.

Doch wie ich zu meinen Studenten zu sagen pflege, gibt es bei der frivolen Annahme keine Garantien, nur Überraschungen!

6.7 Das Familienpanorama der Kindheit

Im Verlauf einer Schachpartie bewegen sich die Figuren in alle Richtungen und werden nacheinander geschlagen. Im Familienpanorama findet eine ähnliche Bewegung statt. Die Mitglieder streben vom Zentrum fort, um selbst Familien zu gründen und schließlich zu sterben. Beim Schach befindet sich der Himmel neben dem Brett. Dort finden die geschlagenen Schachfiguren ihre letzte Ruhe.

Den Schachregeln zufolge können sich Bauern in Damen verwandeln, wenn sie den gegenüberliegenden Rand des Spielfeldes erreichen. Aber man kann keine neuen Figuren einführen. Im Gegensatz dazu erlauben die Regeln des „Familienschach" die Einführung vieler neuer Figuren in einem nie endenden Spiel: Geliebte, Gatten und Kinder.

Hellinger hat recht mit seiner Behauptung, daß die Gestaltung des Familienpanoramas eines Individuums hauptsächlich von den Personen bestimmt ist, die schon vor seiner Geburt da waren. Ein Baby wird ja in eine existierende Familie hineingeboren. Die älteren Angehörigen haben bereits Familienpanoramen. Die älteren Mitglieder interagieren aufgrund dieser inneren Bilder und diktieren daher dem Neuankömmling ihre Sicht der Dinge. So beeinflussen ältere Familienmitglieder das Familienpanorama der jüngeren Mitglieder.

Wie Hellinger legen viele Psychologen großen Wert auf die Reihenfolge, in der man in eine Familie hineingeboren wird.

Inwieweit entscheidet aber die Reihenfolge der Geburten über das Familienpanorama? Hier kann der Vergleich der Familienpanoramen von Zwillingen Auskunft geben. Die Abbildungen auf der nächsten Seite zeigen die von Jan Snoek gesammelten Beispiele von eineiigen Zwillingen. Falls die Reihenfolge der Geburt das Familienpanorama bestimmt, müßten eineiige Zwillinge und Zwillinge im allgemeinen sehr ähnliche Familienpanoramen haben. Die Unterschiede in der Abbildung zeigen,

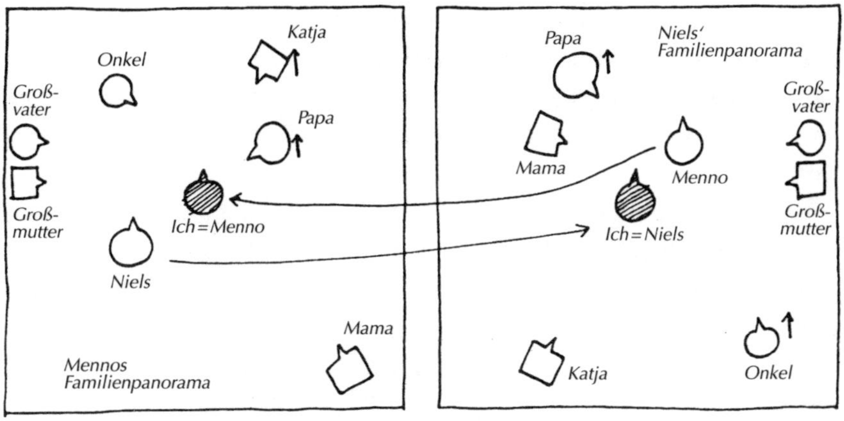

Menno und Niels sind eineiige Zwillinge im Alter von 18 Jahren

daß dies nur zum Teil der Fall ist. Die Unterschiede zwischen den Familienpanoramen eineiiger Zwillinge geben auch Aufschluß über die idiosynkratische Codierung von Submodalitäten. Vor allem aber zeigen sie, daß die Reihenfolge der Geburt nur einer von vielen Faktoren ist, die das Familienpanorama gestalten.

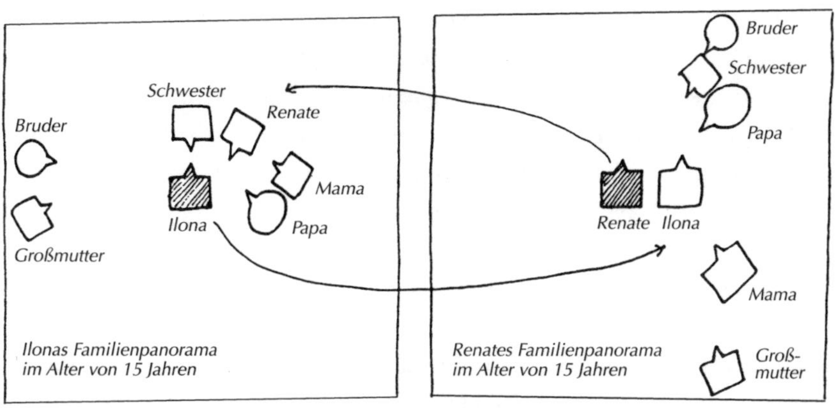

Dennoch ist anzunehmen, daß ältere Soziale Panoramen in einer Familie die jüngeren gestalten werden. Informationen über das Familienpanorama der Personen, die schon früher da waren, erreichen das Gehirn auf allen Kanälen. Nicht nur durch das Benennen von Beziehungen, das Sprechen über Lokalisierungen und das Zeigen von Lokalisierungen gestalten die älteren Familienmitglieder das Familien-Bild der Neuankömmlinge. Sie tun dies vor allem durch Blicke und Gesten. Manche meiner Klienten machen im Gespräch mit mir so eindeutige Gebärden, daß ich die jeweiligen Lokalisierungen in ihrem Sozialen Panorama erkenne, lange bevor sie mir diese zeigen. Ich bin überzeugt, daß diese nonverbale Kommunikation auch bei Kleinkindern die Gestaltung der Familien-Bilder beeinflußt.

Wenn Vater immer dann, wenn er von der Großmama spricht, auf eine bestimmte Stelle blickt und deutet, lernen die Kinder, wo sie Großmama plazieren sollen. Auch durch seinen Tonfall, durch die von ihm verwendeten Prädikate und Metaphern steuert er die Art, wie die (verstorbene oder lebende) Großmutter in den Familien-Bildern der Kinder portraitiert wird.

Indem die Eltern die Sozialen Panoramen der Kinder beeinflussen, reproduzieren sie auch ihre eigenen Erinnerungslücken, Verallgemeinerungen und verzerrten Wahrnehmungen. Wird ein Familienmitglied im Denken der Eltern eliminiert, dann wird es auch in der Kommunikation der Eltern mit den Kindern unterschlagen. Dennoch werden die Kinder bewußt oder unbewußt spüren, daß da jemand fehlt.

In meiner Familie, zum Beispiel, sprach niemand über die Ex-Frau meines Vaters. 1945 wurde sie von einem Soldaten der kanadischen Befreiungsarmee schwanger. Mein Vater legitimierte das Kind, ließ sich aber bald darauf scheiden. Ein Jahr später heiratete er meine Mutter. Daß diese Tatsachen aus der Familiengeschichte gestrichen waren, hat eine Lücke in meinem Familienpanorama hinterlassen.

Hellinger entwickelt ein sehr gutes Gespür für diese sogenannten „systemischen Verstrickungen". Ein Elternteil stellt z. B. ein neugeborenes Kind auf den Platz eines verstorbenen Kindes und gibt ihm manchmal sogar dessen Namen. Dies kann für die betreffende Person, durch Identifikation mit verstorbenen Geschwistern, zu einer Verstrickung führen. „Vielleicht bin ich gar nicht der, der ich bin", könnte zur einschränkenden Überzeugung dieses Kindes werden. Manchmal steht ein Kind auch am selben Platz wie der oder die längst verstorbene Geliebte eines Elternteils. Namensverwechslungen lassen auf solche Phänomene schließen. Vor allem dann, wenn ein männliches Kind ein Mädchen ersetzen soll, oder umgekehrt, führt dies laut Hellinger häufig zu Identitätsproblemen. Die Tatsache, daß der Einfluß älterer Sozialer Panoramen auf jüngere Soziale

Panoramen unbewußt bleibt, macht die Erforschung von Familienpanoramen der Kindheit manchmal zu einer aufwühlenden emotionalen Erfahrung.

Das Familienpanorama der Kindheit erkunden

Dabei können uns tiefe Einsichten zuteil werden, die einen Ausgangspunkt für die Veränderungsarbeit am Familienpanorama bieten.

1) Finde eine Erinnerung aus der frühen Kindheit (2–7 Jahre). Geeignet ist jede einigermaßen deutliche Erinnerung (Ferien, Geburtstag, Weihnachten).
2) Assoziiere dich voll mit dieser Erinnerung; regrediere auf diese Altersstufe.
3) Wenn die Regression auf die frühere Altersstufe vollzogen ist, blicke dich um und denke an all die Menschen dieser Welt.
4) Finde den Platz deiner Mutter. Ist er gefunden, dann schau, wo dein Vater steht.
5) Finde die Plätze deiner Schwestern und Brüder.
6) Wo befinden sich alle wichtigen anderen Personen, lebend oder verstorben, anwesend oder abwesend?
7) Zeichne eine Familienaufstellung. (Siehe oben)
8) Tritt mit allen Bestandteilen deines Kindheits-Familienpanoramas in die zweite Wahrnehmungsposition. Finde heraus, wie sie sich in der Familie fühlen und in ihr zurechtkommen. Schreibe dies auf.

6.8 Kann Änderung so leicht sein?

Man staunt manchmal, wie zuverlässig die Ergebnisse der Arbeit mit Submodalitäten sind. Es ist kaum zu glauben, daß eine scheinbar „oberflächliche" Veränderung, etwa die Verschiebung des inneren Bildes der Mutter auf einen anderen Platz, eine so bedeutende und anhaltende Wirkung haben sollte. „Das geht alles viel zu leicht!" sagen die Kritiker.

Als NLPler sind wir gewöhnt, über Paradigmen der Veränderung zu debattieren. Und oft haben wir festgestellt, daß eine rasche Änderung nur schwer zu akzeptieren ist. Selbst innerhalb der NLP-Gemeinde gibt es noch viele Zweifler, obwohl die Resultate unmittelbar vor ihren Augen erscheinen. Auch solche einschränkenden Überzeugungen könnten wir mit unseren NLP-Techniken augenblicklich verändern, wenn uns die Skeptiker nur ließen!

Kritiker halten aber gern an ihren Überzeugungen fest. Die positiven Absichten hinter der Überzeugung, daß Veränderung schwierig und schmerzhaft sein müsse, stehen bei Therapeuten anscheinend hoch im Kurs. Diese Auffassung schützt sie vor Enttäuschungen und Mißerfolgen. Und sie schützt die NLP-Kritiker vor der einen, unausweichlichen Frage: „Was habe ich eigentlich in diesen letzten zwanzig Jahren, seit es NLP gibt, gemacht?"

6.8.1 Wohin mit den Möbeln?

Unseren Klienten fällt es nicht schwer, Familienmitglieder in ihrem Sozialen Panorama zu verschieben – ebenso leicht, wie gedanklich Möbel in der Wohnung umzustellen. Das Umstellen innerer Personifikationen mag den Klienten leichtfallen, aber für Therapeuten bleibt die Frage bestehen: *Was muß wohin gestellt werden?*

Für Hellinger sind die Stellvertreter das Orakel. Dabei wird aber, wie wir gesehen haben, die idiosynkratische Natur der Submodalitäten nicht berücksichtigt. Wie kann man gute Aufstellungen finden, ohne Stellvertreter einzusetzen?

Warum fragen wir nicht den Klienten?

Eine NLP-Grundannahme besagt, daß der Klient über alle Ressourcen verfügt, die er zu einer Änderung benötigt. Also fragen wir ihn doch selbst, wohin die Personifikationen verschoben werden sollten.

Die meisten meiner Klienten äußern Unsicherheit, wenn sie zum ersten Mal ihr Soziales Panorama betrachten – ein Beweis dafür, daß es ihnen bislang unbewußt geblieben war. Es ist, als blicken sie zum ersten Mal in eine unbekannte Welt. Auch wenn ich an mein eigenes Familienpanorama denke, zweifle ich manchmal: „Sehe ich wirklich ein solches Bild meiner Familie, oder erfinde ich es gerade?" Wenn man bewußt entscheiden muß, wohin Personifikationen gestellt werden sollen, wird man noch unsicherer: „Stell sie nach links, nein, stell sie nach rechts... Ich bin mir nicht sicher."

Wenn ich meine Klienten frage, welche Art von Verschiebung ihnen nützlich erscheint, geraten sie oft in Verlegenheit. Vielleicht hat auch Hellinger die Unsicherheit seiner Klienten gesehen und daraus geschlossen: Sie wissen es nicht.

Die Metapher des Möbelrückens zur Verschönerung eines Wohnzimmers veranschaulicht das Problem, um das es hier geht. Vielleicht haben Sie manches schöne Wohnzimmer gesehen und blättern gern in Wohnzeitschriften und besuchen Möbelhäuser. Dann werden Sie bestimmte Vorstellungen haben, wo was in einem Zimmer stehen sollte. Um sicher zu sein, werden Sie sich hinsetzen und einen Plan zeichnen.

Wenn Sie aber Ihr ganzes Leben in einer Umgebung verbracht haben, in der alle Wohnzimmer ähnlich aussehen, etwa in einem traditionellen Dorf, braucht es nicht viel bewußtes Nachdenken, wie Sie Ihr Haus einrichten wollen. Sie werden es so machen, wie es schon immer gemacht wurde. Kommt dann jemand und teilt Ihnen mit, daß man Tische und Stühle und Schränke auch anders plazieren könnte, werden Sie verwirrt reagieren.

Im Fall der Familienaufstellung kennen Sie vermutlich nur ein einziges Beispiel, nämlich Ihr eigenes.

Aber die Tatsache, daß andere Möglichkeiten weitgehend unbekannt sind, bedeutet nicht, daß man die Lokalisierung der Personifikationen in seinem Familiensystem nicht ändern könnte; man tut es wahrscheinlich oft, aber unbewußt, und folgt einfach den Regeln des eigenen sozialen Betriebssystems. Dieses Betriebssystem ist darauf programmiert, Personifikationen im Rahmen bestimmter Gegebenheiten zu manipulieren. Wenn beispielsweise der Sohn in der Schule gute Noten bekommt, rückt er im Familienpanorama des Vaters ein wenig näher. Wenn z. B. die Tochter mit einem stadtbekannten Gauner ausgeht, schiebt die Mutter sie weit nach links außen. Solche Verschiebungen besorgt das soziale Betriebssystem ganz unbewußt, nach den gewohnten Mustern. Und darum wissen Klienten oft keine Antwort, wenn man sie fragt: „Welcher Platz, glaubst du, wäre besser für deine Mutter?“

Ich weiß nicht, ob Hellinger seinen Klienten solche Fragen gestellt hat. Er ist aber überzeugt, daß sie zwecklos wären. Er setzt sich über seine Klienten hinweg und entscheidet selbst. Die Stellvertreter sagen ihm, wie sie sich fühlen und welchen Platz sie in der Familienkonstellation einnehmen wollen. Die Klienten beobachten nur.

6.8.2 Die Spielregeln erkunden

Hellinger hat viele Familienaufstellungen gesehen und verallgemeinert aufgrund seiner Erfahrung. Er sagt aber nicht, was er tut und wie er es tut. Auch seine Schüler wissen anscheinend nicht, nach welchen Regeln sie vorgehen. „Intuition", „Gefühl", „unmittelbares Wissen", „Sehen" – solche und ähnliche Auskünfte werden gegeben. Hellinger selbst erklärt: „Ich schaue immer wieder nur hin, denn die Wahrheit des einen Augenblicks wird von der Wahrheit des anderen Augenblicks abgelöst. Deswegen gilt für mich das, was ich sage, nur für den Augenblick. Diese Ausrichtung an der Wahrheit des Augenblicks meine ich übrigens, wenn ich meine Vorgehensweise ‚phänomenologische Psychotherapie' nenne." (S. 522)

Als Modellierer finde ich das unbefriedigend. Solche Aussagen über die „Wahrheit des Augenblicks" sind wie ein Guru-Trick. So kann Hellinger jeden entwaffnen, der an der Schlüssigkeit seiner Aussagen zweifelt.

Doch wenn man einen erfahrenen Experten modelliert, darf man nicht erwarten, daß dieser tatsächlich seine innere Strategie erklärt. „Intuition" ist nur die Bezeichnung für komplexe unbewußte Fähigkeiten, die sich der Introspektion entziehen.

Wieso können Hellinger und seine Schüler so leicht entscheiden, wohin sie die Personifikationen ihrer Klienten stellen? Aus welchen Quellen schöpfen sie? Liegt es an ihrer jahrelangen Übung im Aufstellen von Familienkonstellationen? Vielleicht ja, vielleicht nein.

Nehmen diese Therapeuten lediglich ihre eigenen sozialen Submodalitäten als Richtschnur? Falls es sich so verhält, daß alle Plätze für alle Menschen die gleiche Bedeutung haben, wird jede beliebige Position in einer Familienaufstellung einem jeden irgend etwas sagen. Also auch dem Therapeuten. Dann wäre es so, daß das unbewußte soziale Betriebssystem des Therapeuten auch ohne spezielle Ausbildung in der Lage ist, mit diesen Dingen zu arbeiten!

Wenn die sozialen Submodalitäten tatsächlich universelle Geltung haben, kann jeder einzelne mit seinem eigenen Code operieren. Dann sind die submodalen Codes eines Therapeuten ebenso zuverlässig wie die eines Stellvertreters und aller anderen Menschen. Aber mein kleines Experiment hat gezeigt, daß man mit Recht an einer universellen Geltung der sozialen Submodalitäten zweifeln kann. Wie sollen wir also entscheiden?

Die Antwort liegt in der Erkenntnis, daß soziale Codes zum Teil universeller, zum Teil idiosynkratischer Natur sind.

Bemühen wir noch einmal unsere Möbel-Metapher. Auch in den unkonventionellsten Wohnungen stehen Stühle um einen Tisch; es gibt Schränke, Bilder an den Wänden, Bücherregale und Lampen. Auch Schlafzimmer haben gemeinsame Merkmale, Küchen ebenfalls. Bei aller kreativen Freiheit gibt es also universelle Muster.

Ich glaube, es muß auch in der systemischen Familientherapie möglich sein, Muster zu erkennen, die besser verständlich und vermittelbar sind als „Intuition" oder „Hellsehen". Wir sollten bei unserer Arbeit die universellen Gemeinsamkeiten wie auch die Idiosynkrasien berücksichtigen.

Welche universellen Muster sind also feststellbar?

Hellingers Buch *Ordnungen der Liebe* (1994) hat mir – das möchte ich noch gerne festhalten – wichtige Anregungen gegeben. Außerdem war es für mich sehr wertvoll, ihn bei der Arbeit – direkt und in lehrreichen Video-Dokumentationen – kennenzulernen.

6.8.3 Offenkundige Muster

Universelle Muster zeichnen sich dadurch aus, daß sie allen Menschen offenkundig einzuleuchten scheinen. Darum nenne ich sie „offenkundige Muster". Es sind dieselben Muster, die wir im zweiten Kapitel kennengelernt haben – die Muster des Sozialen Panoramas. Sie resultieren aus der Routine des allen Menschen gemeinsamen sozialen Betriebssystems. Ich zähle hier einige auf:

1) **Die Intensität der Gefühle nimmt mit der Entfernung ab.**
2) **Personifikationen, die nah beisammen gesehen werden, werden auch als zusammengehörig erlebt.**
3) **Personifikationen, die einander außerhalb des vertrauten Kreises gegenüberstehen, haben Konflikte. Stehen sie einander innerhalb des vertrauten Kreises gegenüber, so bedeutet dies Liebe.**

4) **Personifikationen, die um 180° voneinander abgewandt sind, haben die Kommunikation abgebrochen.**
5) **Personifikationen, die in die gleiche Richtung blicken, leben miteinander in Frieden.**
6) **Personifikationen, die hinter anderen und diesen zugewandt stehen, unterstützen diese.**
7) **Größe entspricht dem Status.**

Diese offenkundigen Muster sind bei der Planung therapeutischer Interventionen sehr hilfreich. Man braucht nur Veränderungen zu suggerieren und diese in der ersten und zweiten Wahrnehmungsposition zu überprüfen, um beachtliche Resultate zu erzielen. Da diese Muster uns allen „offenkundig" sind, erübrigen sich langatmige Erklärungen, wie sie in der Praxis anzuwenden seien. Es geht immer um Positionen wie vorne und hinten, oben und unten, links und rechts usw. Die horizontale Dimension ist idiosynkratisch und daher ohne offenkundige Bedeutung. Auch der Maßstab in der vertikalen Dimension und der Distanz ist weitgehend persönlich bestimmt.

6.9 Muster im Familienpanorama

Neben diesen offenkundigen Mustern und den allgemeinen Mustern des Sozialen Panoramas, von denen im zweiten Kapitel die Rede war, werden wir im folgenden eine Reihe von weniger offenkundigen Mustern untersuchen. Da wir im NLP anschauliche Begriffe bevorzugen, nenne ich sie die *„Bedingungen der Wohlgeformtheit von Familienpanoramen"*. In der Praxis gaben wir ihnen aber den (an die Thai-Küche erinnernden) Namen „Fam Pan Mu" – Familienpanorama-Muster. Diese „Muster" geben Auskunft darüber, welche Konfigurationen des Familienpanoramas sich zur Veränderung eignen. Falls Sie als Therapeut eines oder mehrere dieser Phänomene des Sozialen Panoramas erkennen und glauben, daß sie den Klienten am Erreichen seiner Ziele hindern, versuchen Sie, sie zu ändern.

Die Fam Pan Mus sind teilweise nach Bert Hellinger modelliert, und ich hoffe, daß die Formulierung solcher Muster etwas zur Mehrung unseres Wissens über das Familienpanorama beitragen kann. Ich stelle sie hier in einer „Check-Liste" zusammen, die von anderen Pracititionern jederzeit erweitert und ergänzt werden mag. Die bei der therapeutischen Intervention empfehlenswerten Suggestionen ergeben sich aus den Ausführungen des fünften Kapitels.

Familienpanorama-Muster

Nachdem man Informationen über ein Familienpanorama gesammelt hat, stellt sich die Frage: Was könnte geändert werden?

a) Feindselige Einstellungen

Familienmitglieder, die gehaßt, abgelehnt, nicht ernst genommen, vernachlässigt usw. werden, sollten in Personifikationen verwandelt werden, die der Klient positiv oder zumindest neutral empfindet. Dies kann geschehen, indem solche Teile des Familienpanoramas mit fehlenden Ressourcen ausgestattet und auf günstigere Plätze gestellt werden.

b) Lücken

Falls Erinnerungen im Familiensystem des Klienten fehlen, ist dies ein Hinweis auf ausgeschlossene Angehörige. Solche Familienmitglieder stehen sozusagen „nirgendwo". Familienmitglieder, die auf eine Leerstelle blicken, sind ein Hinweis auf Kinder, die zur Adoption freigegeben wurden, auf abgegangene Kinder, auf inhaftierte Verwandte oder exilierte Kriegsverbrecher. Testen Sie, wer da fehlt, und stellen Sie ihn wieder auf seinen Platz. Ausgeschlossene Familienmitglieder brauchen oft zusätzliche Ressourcen, bevor sie wieder als Teil der Familie akzeptiert werden können.

c) Zweifachbesetzung (Bilokation)

Wenn der Klient ein Familienmitglied an zwei oder mehr Orten repräsentiert, verweist dies auf Konflikte mit dieser Person. Jede Personifikation ist ja ein projizierter Persönlichkeitsanteil des Klienten. Wird eine „reale" Person zweimal repräsentiert, dann sind dies Persönlichkeitsanteile, die ein entstelltes Bild der sozialen Realität abgeben. Beide Persönlichkeitsanteile des Klienten gilt es anzusprechen und zu integrieren. Wenn ein Klient im Anschluß an eine Änderung seines Sozialen Panoramas über

Unruhe klagt, muß man zuerst prüfen, ob eine neue Doppelrepräsentation eingetreten ist. Dies muß korrigiert werden.

In der Therapie mit Familienkonstellationen dürfen keine Bilokationen auftreten, weil es nur einen Stellvertreter pro Familienmitglied geben kann. Falls der Klient zögert, wo er den Stellvertreter hinstellen soll, ist dies ein Hinweis auf Bilokation.

d) Gemeinsame Lokalisierung

Sind im Familienpanorama eines Klienten mehrere „reale Personen" an ein und demselben Platz lokalisiert, deutet dies auf eine problematische Einstellung zu Verallgemeinerungen hin. Vorsicht ist geboten, wenn die Plätze lebender Familienmitglieder von verstorbenen geteilt werden: dies bedeutet eine Identifikation *post mortem*. So kann ein Kind etwa ein totes Kind ersetzen. Stehen mehrere Familienmitglieder am selben Platz, dann äußert sich dies oft in Namensverwechslungen. Achten Sie darauf, daß der Klient hier genau unterscheidet. Die Toten müssen ins Geisterreich geschickt und von den Lebenden getrennt werden. Bei Hellinger kann es keine zwei Stellvertreter am selben Platz geben. Hinzu kommt, daß gemeinsame Orte nicht auf gleicher Höhe stehen und daher vom Klienten schwer zu plazieren sind. Problematisch ist es auch, wenn der Klient sein Soziales Panorama im Inneren seines Körpers sieht. Familienmitglieder, die man in sich fühlt, kann man nicht auf der Grundlinie repräsentieren.

e) Unreife Positionen

Wenn der Klient als Erwachsener die Mitglieder seiner Familie noch immer am gleichen Platz repräsentiert wie in der Kindheit, deutet dies auf Reifungsprobleme hin. Ablösung von den Eltern wird möglich, sobald etwas Abstand von ihnen gewonnen ist. Unreife Positionen lassen sich aufspüren, indem man die Herkunftsfamilie mit dem gegenwärtigen Familienpanorama vergleicht.

f) Grenzüberschreitende Personifikationen (Selbst, Anderer, Geist)

Der Klient kann auch Personifikationen repräsentieren, die sich schwer einordnen lassen. Vertreten diese das eigene Selbst, den Anderen oder einen Geist? Helfen Sie dem Klienten, zwischen seinem Selbst und dem Anderen, zwischen Lebenden und Toten zu unterscheiden.

Grenzüberschreitende Personifikationen lassen sich nicht mit Hilfe von Stellvertretern repräsentieren.

g) Ein zu schwaches oder gespaltenes Selbst

Manche Klienten haben im Kontext der Familie ein unsichtbares, zu kleines, verschwommenes oder sehr weit entferntes Selbst-Bild.

Der Klient glaubt in solchen Fällen, sich in Gegenwart seiner Familie zu verlieren. Es kann hilfreich sein, die Familien-Personifikationen weiter unten und weiter entfernt zu plazieren und kleiner zu machen. Das Selbst-Bild ist näher heranzuholen und größer zu machen. Multiple Selbst-Bilder im Kontext der Familie (Selbstbild-Bilokationen) deuten auf innere Konflikte hin, die gelöst werden sollten. Dieser Parameter wird in Hellingers Therapie bislang nicht berücksichtigt.

h) Scheidende Familienmitglieder

Steht ein Familienmitglied im Familienpanorama des Klienten von anderen abgewandt, so ist anzunehmen, daß die betreffende Person aus der Familie ausscheiden möchte. Prüfen Sie mit dem Klienten, ob er das Mitglied freigeben kann. In der Arbeit mit Stellvertretern sind scheidende Mitglieder eindeutig durch Distanz und Ausrichtung zu erkennen.

i) Ehepartner zu weit entfernt; der vertraute Kreis

Ehepartner stehen meist eine Armeslänge entfernt oder näher. Steht der Partner weiter entfernt, ist dies ein Zeichen für fehlende Intimität. Sehr nah, sehr hoch und direkt vorne plazierte Partner sind zu dominant und sollten nach unten und auf die Seite gestellt werden. Bilokalisierte Partner sind problematisch. Auch im Körper lokalisierte Partner oder Ex-Partner sind ein Hinweis auf Schwierigkeiten in der Beziehung. Man sollte ihnen fehlende Ressourcen transferieren, damit sie nach außen treten können. Stehen andere Personifikationen zwischen dem Selbst und dem Partner, ist auch dies ein Hinweis auf Schwierigkeiten.

Der vertraute Kreis sollte dem Ehepartner, kleinen Kindern und den Eltern vorbehalten bleiben.

j) Isolation

Repräsentiert der Klient bestimmte Familienmitglieder in großer Distanz zu allen anderen, dann sollten diese näher herangeholt werden. Angehörige sind am besten zwischen dem vertrauten Kreis und der neutralen Distanz plaziert. Man sollte ihre Gegenwart fühlen. Ausschluß und Isolation lassen sich gut mit Hilfe von Stellvertretern aufzeigen.

k) Familien„störung"

Ein gutes Muster – nach Hellinger – sieht so aus: Der Mann steht rechts von der Frau, die Kinder sind in der Reihenfolge ihrer Geburt aufgestellt – die Neuankömmlinge am Ende eines Halbkreises im Uhrzeigersinn.

Wenn erwachsene Kinder die Familie verlassen, kehren sie den Eltern den Rücken und blicken in den offenen Raum. Ein so aufgestelltes Familiensystem läßt sich aber noch verbessern.

l) Vertikale Dimension zu stark betont; Autoritätsprobleme

Stehen Familienmitglieder im Sozialen Panorama des Klienten zu hoch und dem Klienten zugewandt, sollte dies ausgeglichen werden. Solche Familienmitglieder haben zuviel Einfluß und müssen nach unten gestellt werden.

Andererseits ist es gut, wenn ein hoch plaziertes Familienmitglied (ob lebend oder verstorben) von hinten Unterstützung bietet.

m) Fatale Beispiele

Früh verstorbene nahe Verwandte dienen dem Klienten manchmal als unbewußtes Vorbild, um ebenfalls einen frühen Tod zu suchen. Auch wenn dies unbewußt bleibt, hat der Klient in diesem Fall die „mentale Software" des toten Verwandten verinnerlicht, die diesen zu seinem traurigen Ende führte. Hellinger erkennt diese Tendenz, verstorbenen Angehörigen „nachzufolgen". In der NLP-Arbeit sollte man einen „internalisierten toten Verwandten" mit Ressourcen ausstatten, die geeignet gewesen wären, seinen Tod zu verhindern. Der Klient kann auf seiner persönlichen Timeline in eine frühere Lebensphase zurückkehren, um dem Verstorbenen fehlende Ressourcen zu transferieren.

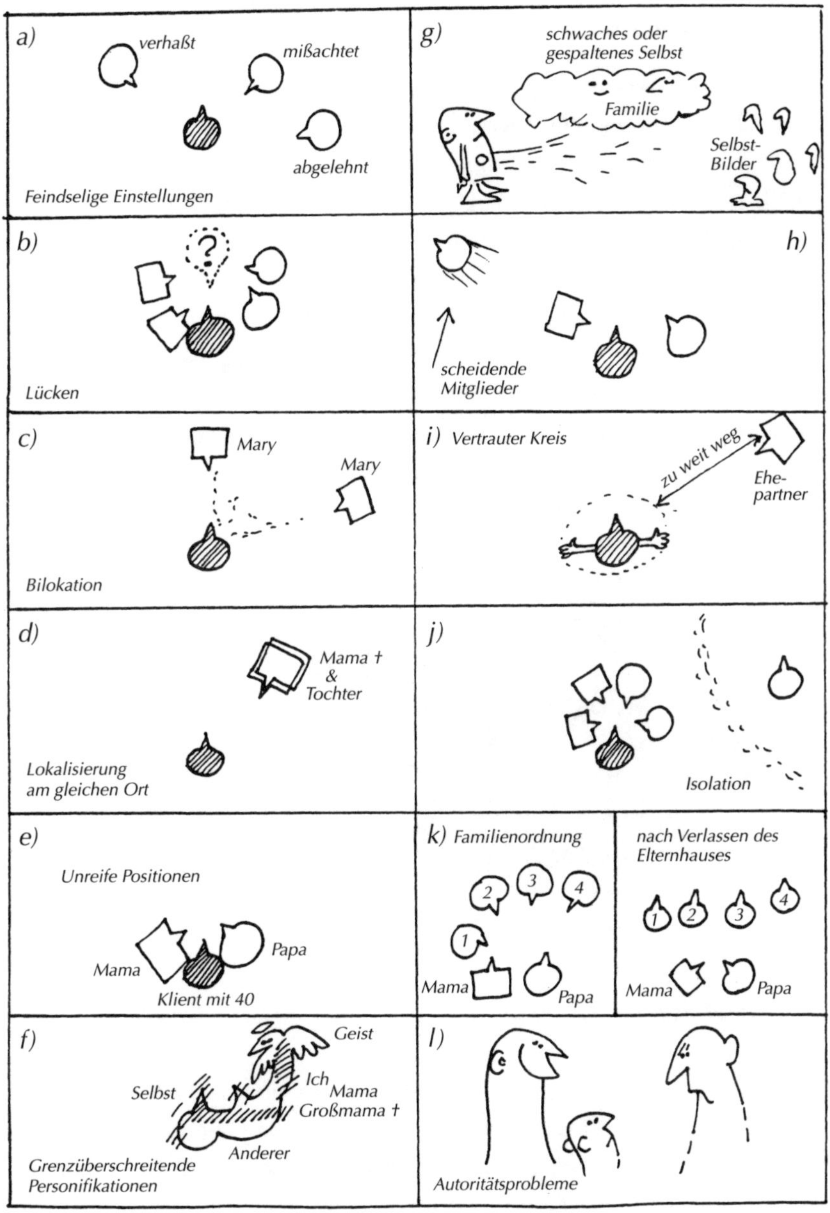
a)
verhaßt
mißachtet
abgelehnt
Feindselige Einstellungen
g)
schwaches oder gespaltenes Selbst
Familie
Selbst-Bilder
b)
Lücken
h)
scheidende Mitglieder
c)
Mary
Mary
Bilokation
i) Vertrauter Kreis
zu weit weg
Ehe-partner
d)
Mama †
&
Tochter
Lokalisierung am gleichen Ort
j)
Isolation
e)
Unreife Positionen
Mama
Papa
Klient mit 40
k) Familienordnung
Mama
Papa
nach Verlassen des Elternhauses
Mama
Papa
f)
Geist
Ich
Mama
Großmama †
Selbst
Anderer
Grenzüberschreitende Personifikationen
l)
Autoritätsprobleme

6.10 Interpretation von Familienaufstellungen

Die Skizze unten zeigt das Familienpanorama von Petra als fünfjährigem Mädchen, jetzt eine 26jährige Klientin. Sie hielt sich für zu abhängig vom Beifall anderer. Außerdem scheute sie vor Beziehungen mit Männern zurück, weil sie Angst hatte, im Stich gelassen zu werden.
Als ich sie bat, an eine erfreuliche Kindheitserinnerung zurückzudenken, nannte sie ihren fünften Geburtstag. Leicht konnte sie sich in jene Zeit zurückversetzen und den glücklichen Tag wiederbeleben. Als die Kerzen auf ihrer Geburtstagstorte wieder brannten, fand sie Gelegenheit, die Familie ihrer Kindheit von innen zu erkunden. Petra hatte die Augen geschlossen, während sie ihre Eindrücke schilderte, und ich verfertigte eine Skizze der Familienaufstellung. Als sie dann aufblickte, konnte sie nur bestätigen, daß ihre Familienkonstellation tatsächlich so aussah:

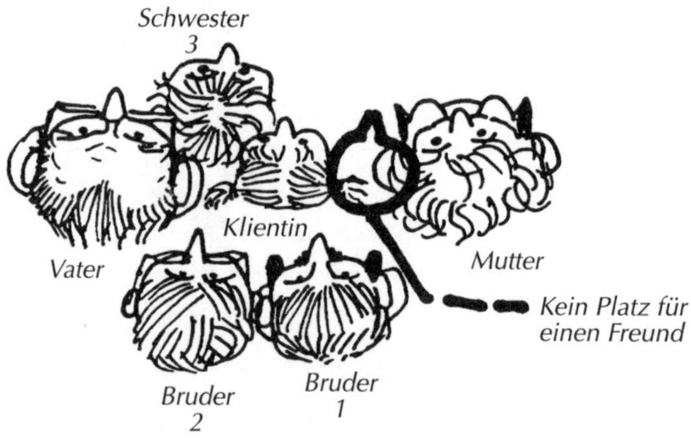

Man fragt sich, wo schauen all diese Leute nur hin? Ist es die böse Welt dort draußen?
Anscheinend stand Petra in ihrer Herkunftsfamilie im Mittelpunkt eines sehr engen und rigiden Systems. Sie sagte aber, sie habe sich dort in der Mitte sehr sicher gefühlt. Sie habe es genossen, von allen geliebt und umsorgt zu werden und die kleine Prinzessin zu sein. Ihr gegenwärtiges Soziales Panorama zeigte jedoch, daß sie noch immer im Mittelpunkt zwischen Eltern, Brüdern und Schwester stand – eine unreife Position. Seit 21 Jahren hatte sich in ihrem Familien-Bild kaum etwas verändert. Und natür-

lich gab es in diesem Familienpanorama keinen Platz für einen männlichen Partner.

Petras Beispiel kann uns helfen, einige Probleme der Interpretation von Familien-Bildern zu klären – darunter vor allem die Tatsache, daß *Familienpanoramen, die irgendwann gut funktionierten, in späteren Lebensphasen zu Einschränkungen werden können.*

Ich frage mich manchmal, wie es kommt, daß Hellingers und meine Klienten fast immer von einer Änderung ihres Familienpanoramas profitieren. Liegt dies an der voreingenommenen Betrachtungsweise von Therapeuten, die allzu eifrig darauf erpicht sind, Familienaufstellungen oder Familienpanoramen zu ändern? Ich glaube nicht – oder nur zum Teil.

Die Familiensituation der Kindheit hat stets einen prägenden Einfluß auf die Persönlichkeit. Wie immer die Prägung aussehen mag, stets wird sie die Zahl der Gestaltungen einschränken, die eine Persönlichkeit annehmen kann. Und irgendwann um die Lebensmitte machen sich diese Einschränkungen bei den meisten Menschen störend bemerkbar. Eine nachträgliche Veränderung des Kindheits-Familienpanoramas bietet der Persönlichkeit aber die Chance, sich in neuen Formen zu entfalten. Generell darf man sagen, daß das Bild der Herkunftsfamilie, auch nachdem die Person das Elternhaus verlassen hat, immer verbessert werden kann.

Petra, die genannte Klientin, bestand also darauf, daß sie in ihrer Kindheit ein vollkommen glückliches Familienleben hatte. Ihr Festhalten an diesem frühen Familien-Bild war aber jetzt zur Einschränkung geworden, die sie hinderte, selbst eine Familie zu gründen.

Solch ein Fall stellt den Therapeuten vor ein technisches Problem. Denn das Familien-Bild verrät nicht auf den ersten Blick, was verändert werden müßte.

Hier empfiehlt es sich, zusammen mit dem Klienten ein therapeutisches Ziel zu formulieren, bevor man sich das Familienpanorama genauer ansieht.

Wenn wir – im Rahmen der üblichen NLP-Zielbestimmung – die auf die Umwelt gerichteten Ziele formulieren, die der Klient erreichen will, können wir demonstrieren, aus welchem Grund der Klient dieses Ziel zur Zeit nicht erreichen kann. Im Hinblick auf ein bestimmtes Ziel ist leicht zu erkennen, welche Personifikationen dem Klienten im Weg stehen könnten.

Wenn wir wissen, was der Klient erreichen will, verstehen wir auch, was ihn hindert, es zu erreichen. Petra zum Beispiel konnte keine Entscheidung über ihr Leben treffen. Nachdem sie ihr Ziel formuliert hatte, folgte daraus die Frage: „Wer trifft zur Zeit die wichtigen Entscheidungen in deinem Leben? Menschen, die solche Macht haben, müssen vermutlich wichtige Positionen in deinem Familienpanorama besetzen. Wahrscheinlich sind sie zu nah und zu hoch lokalisiert."

Auch Idiosynkrasien, von denen oben die Rede war, können die Interpretation eines Familienpanoramas nach den Grundsätzen des NLP erschweren. *Dieselbe Konfiguration von Personifikationen, die bei einem Klienten gut funktioniert, kann bei einem anderen einschränkend wirken.*

6.11 Familien-Bilder mit NLP-Methoden ändern

Dionne betrachtete das Familienpanorama ihrer Kindheit und sagte nur: „Da ist zu wenig Platz für mich."

Der Therapeut antwortete: „Dann schaffe dir Platz." Dies tat sie und meinte danach, sie sei nun zufrieden.

Jan sagte zum Therapeuten: „Meine Schwester steht mir im Weg."

Der Therapeut antwortete: „Verschiebe sie." Nichts hinderte Jan, dies zu tun. Danach fühlte er sich befreit.

Einfache und unspezifische Anweisungen wie „Schaffe dir Platz" oder „Verschiebe sie" nötigen die Klienten zu eigenen Entscheidungen. Es bleibt ihrem eigenen kreativen Urteil überlassen, wo sie die Mitglieder ihrer Familie plazieren wollen. Und die klinisch erwiesene Tatsache, daß diese unspezifischen Interventionen häufig funktionieren, beweist, daß die Hypothese, die Menschen seien unfähig, eine besser funktionierende Neu-Plazierung von Familienmitgliedern „selbständig zu schaffen", nicht haltbar ist.

Aber der spektakulärste Beweis für die „vom Klienten kreierten Lösungen" ergibt sich, wenn NLPler mit der sogenannten „Neuprägungstechnik" (Re-imprinting) arbeiten. Diese Technik wird eingesetzt, um frühkindliche Traumata aufzulösen. Meist handelt es sich um dramatische

Ereignisse in der Herkunftsfamilie des Klienten. Bei der Neuprägung eines Familienpanoramas sind die Plätze jener Familienmitglieder zu beachten, die bei den neu zu bewertenden Ereignissen eine wichtige Rolle spielten. Beim Vergleich der Lokalisierung dieser Familienmitglieder vor und nach der Neuprägung bemerken wir spontane Verschiebungen. Die Klienten bringen solche Änderungen zum Ausdruck, indem sie z.B. sagen: „Jetzt kann meine Mutter neben meinem Vater stehen." Oder: „Ich sehe ihn jetzt eher auf der gleichen Ebene." Solche Äußerungen werden häufig durch Blicke und Gesten unterstützt, die im Raum andeuten, wohin die betreffenden Personifikationen nach der Intervention projiziert werden. Wenn man die Klienten aber ihr Familienpanorama vor und nach der Intervention aufzeichnen läßt, erhält man viel „härtere" Daten.

Am Anfang meiner Forschungen auf diesem Gebiet war ich immer wieder überrascht, wie komplex solche „spontanen" Verschiebungen waren. In vielen Fällen hatten alle Familienmitglieder ihren Platz gewechselt, nachdem das Trauma aufgelöst war.

Bei einer Neuprägung suggeriert der NLPler keinerlei Veränderung von Submodalitäten, geschweige denn eine Änderung von sozialen Submodalitäten. Die unterschiedlichen Lokalisierungen vor und nach der Intervention sind ganz und gar den unbewußten Fähigkeiten des Klienten zuzuschreiben. Und im begrifflichen Rahmen dieses Buches können wir sagen, daß es das unbewußte soziale Betriebssystem des Klienten ist, das die veränderten Beziehungen neu gestaltet.

Wenn die Neuprägungstechnik funktioniert, dann aufgrund der Übertragung neuer Ressourcen auf die Personifikationen. Und aus den oben geschilderten Beobachtungen müssen wir folgern, daß das soziale Betriebssystem erst unter dem Einfluß dieser transferierten Ressourcen die Familienmitglieder automatisch auf bessere Plätze versetzt. Der NLP-Anfänger mag sich fragen, welche Ressourcen denn wohin transferiert werden? Bei einer Neuprägung geschieht dies ganz systematisch. Alle relevanten, an einem Trauma beteiligten Personifikationen, wie feindselige Mütter oder gewalttätige Väter, erhalten jene Ressourcen, deren Mangel für ihr Fehlverhalten bei den schmerzhaften Ereignissen verantwortlich war. Der Klient aktiviert diese Ressourcen in sich selbst, wobei er sie aus seiner persönlichen Lebenserfahrung schöpft. Wenn solch eine Ressource beim Klienten vorhanden ist, „schickt" er sie der Personifikation zu, die sie benötigt. Dies nennen wir den „Transfer vom Selbst zu Teilen des Anderen". Von dem Augenblick an, da diese Ressourcen transferiert sind, ändert die Personifikation ihr Aussehen und meist auch ihren Ort.

Transfer vom Selbst zu Ander-Teilen

(Knappste Beschreibung)

a) Welche Ressource fehlt einer Personifikation?

b) Identifiziere und aktiviere diese Ressource in dir selbst.

c) Sende diese Ressource (als Farbe verankert) der Personifikation zu.

Neben anderen klinischen Befunden beweist das Neuprägen, daß die Klienten durchaus in der Lage sind, bessere Orte für ihre Personifikationen zu finden, auch wenn sie dazu einer Anregung von außen bedürfen. Ein Beispiel dafür ist Jenny. Nachdem ich sie aufgefordert hatte, ihren Vater nach links zu stellen, lächelte sie, als hätte sie einen Blick ins Paradies getan. Sie plazierte ihre Großmutter und ihren jüngeren Bruder neu und brachte Mutter und Vater näher zusammen – all dies aus eigenem Antrieb.

Nachdem ich all diese „eigenständigen Bewegungen" beobachtet hatte, kam ich zu dem Schluß: Alle therapeutischen Interventionen, die mit Familienmitgliedern zu tun haben, gehen zwangsläufig mit einem Wechseln der Plätze einher, aber nur, wenn die Intervention erfolgreich war. Der Therapeut braucht also nicht explizit mit Familien-Lokalisierungen zu arbeiten, damit diese verändert werden. Und weder Therapeut noch Klient brauchen etwas von den sozialen Submodalitäten zu wissen, um sie dennoch verändern zu können.

6.12 Ein Blick auf die Praxis

Die NLP-Kriterien „Ökologie", „Nutzung der Ressourcen des Klienten" und „Idiosynkrasie der Submodalitäten" zwingen mich, in mehrfacher Hinsicht von Hellingers Methode abzuweichen:

1) *Visualisierung.* Das Familienpanorama wird visualisiert, und zwar ohne Mitwirkung von Stellvertretern, sondern nur in der Imagination des

Klienten. Auf diese Weise werden Familienpanoramen für jede Lebensphase und jeden Familienkontext zugänglich gemacht. Die übliche Methode: „Kehre zurück in die Zeit vor dem traumatischen Ereignis. An welchem Platz stehst du jetzt? Denke an alle Menschen dieser Welt: Wo ist dein Vater?“, ist rasch und leicht anzuwenden. Falls nötig kann ein Soziales Panorama mit Hilfe von Papierbögen, Skizzen, Stühlen, Schuhen, Kissen, Tassen, Gläsern, Steinen, Münzen, Kastanien, Sand – oder was immer verfügbar ist – sichtbar gemacht werden.

2) *Ressourcen.* Der Transfer von Ressourcen vom Selbst zu Ander-Teilen ist die beste Art der Veränderung. Transferierte Ressourcen machen die suggerierten Ortsveränderungen oft überflüssig, denn der Platz eines Familienmitglieds, dem die betreffende Ressource fehlte, wird sich automatisch verschieben, sobald die Ressource bei ihm angekommen ist.

3) *Suggerierte Orte.* Die suggerierten Verschiebungen von Plätzen sind die zweitbeste Art der Veränderung. Sie verlangen jedoch genauere ökologische Checks als jene Veränderungen, die nach dem Ressourcen-Transfer spontan eintreten.

4) *Die zweite Wahrnehmungsposition überprüfen.* Der Klient selbst prüft die Ökologie für alle beteiligten Personifikationen, indem er sich in die zweite Wahrnehmungsposition begibt. Stellvertreter haben daran keinen Anteil. Der Klient wird einfach aufgefordert: „Versetze dich in deine Mutter, an ihren Platz. Wie fühlt sie sich dort?“ Der Öko-Check ist abgeschlossen, wenn alle Personifikationen hinreichend zufrieden sind.

5) *Check-Liste.* Das geeignete Instrument ist ein Papier mit dem Titel „Familienpanorama-Muster“. Diese Liste ist eine Richtschnur zur Planung der Verschiebungen. Sie besteht aus einer Aufzählung von problematischen Familienkonfigurationen.

6) *Konsolidierung der Timeline.* Die in einem Familienpanorama vorgenommenen Änderungen werden auf ähnliche Weise konsolidiert, wie NLPler es beim Konsolidieren veränderter Überzeugungen tun. Der Klient wird über seine Timeline geführt, um seine persönliche Geschichte im Licht der neuen (Kindheits-)Familienaufstellung zu verändern. Dadurch wird die Vergangenheit mit der Gegenwart und der Zukunft verknüpft.

7) *Soziale Bedürfnisse befriedigen.* Hellinger bedient sich einer irgendwie „ritualisierten“ Technik in Form von „Beschwörungen“. Dies sind Sätze,

die der Klient oder der Stellvertreter laut zu wiederholen hat. Anscheinend kommt es Hellinger vor allem darauf an, die Beziehungen auf metakommunikativer Ebene zu klären.

Hier sehe ich Ähnlichkeiten mit dem aus Psychodrama und Gestalttherapie übernommenen Konzept der „unvollendeten Aufgabe". Unvollendete Aufgaben müssen erledigt werden. Wenn Personifikation A etwas von Personifikation B zu fordern hat, soll B es A geben. Wenn z. B. die Mutter von ihrer Tochter hören will: „Mama, ich liebe dich", soll dies in der Imagination der Klientin inszeniert werden, bis ihr Mutter-Teil zufriedengestellt ist. Ähnlich ist mit den feindseligen Gefühlen einer Personifikation gegenüber einer anderen zu verfahren. Sie werden in einer sogenannten „stummen Abreaktion" gestaltet. Bei dieser Technik (siehe 5. Kapitel, *„Schießen!"*) visualisiert der Klient sich selbst, wie er auf dissoziierte Weise seine Aggression an dem anderen ausläßt. Dies wird fortgesetzt, bis der Klient zufrieden ist oder bis Langeweile aufkommt. Alles, was noch zu tun oder zu sagen wäre, auch wenn es durch den Tod des anderen nicht mehr möglich ist, wird in der Imagination des Klienten inszeniert. Eine Versöhnung ist immer das beste Resultat.

8) *Ökologie.* Zwischen den einzelnen Verschiebungen müssen die ökologischen Aspekte gecheckt werden, auch nach Beendigung einer Sitzung. Nach ein paar Tagen ist ein Follow-up-Gespräch zu führen.

Diese Checks sind notwendig, weil es für den Klienten verwirrend sein kann, sich mit den komplizierten Konstellationen von Personifikationen und konfliktträchtigen Ortszuweisungen, die er selbst geschaffen hat, auseinanderzusetzen. Die Umstrukturierung der Herkunftsfamilie, wie sie in der eigenen Kindheit war, ist manchmal eine beunruhigende Erfahrung. Als ich selbst mit meinem Familienpanorama experimentierte, hatte ich schlaflose Nächte, erfüllt von wirbelnden Bildern aus meiner Kindheit. Dies hat mich Vorsicht gelehrt.

6.13 Den Klienten mehr einbeziehen

Klienten kommen meist in die Praxis des Therapeuten, weil sie etwas loswerden wollen: Gefühle, Gewohnheiten oder eine Krankheit. Beispielsweise könnte jemand sagen: „Ich will nicht mehr eifersüchtig sein." Der

NLP-Experte ist gewöhnt, eine solche Klage zu einem Ziel umzuformulieren, das dem Motiv des Klienten entspricht: „Was willst du statt der Eifersucht?" „Ich will mich gut fühlen, auch wenn andere Leute etwas besitzen, was ich nicht habe." Solche Zielsetzungen haben sich in der NLP-Arbeit sehr bewährt. Ohne ein genau formuliertes Ziel ist die Therapie in Gefahr, fruchtlos zu bleiben oder gar in eine unerwünschte Richtung zu verlaufen.

Hellinger formuliert keine expliziten Ziele in seiner Therapie. Diese Unterlassung zwingt ihn, bei seinen Entscheidungen auf Hinweise des Klienten zu verzichten. Er muß so tun, als wisse er immer, was für den Klienten gut sei. Damit übernimmt er die Rolle eines unfehlbaren Experten. Derart ungleiche Statuspositionen passen aber nicht zur NLP-Arbeit, weil sie den Klienten hindern, alle seine Möglichkeiten zu nutzen. Bei Hellinger ist der Klient zur Passivität verurteilt und kann seine kreativen Ressourcen nicht aktivieren. Darum fordere ich den Klienten immer zuerst auf, selbst zu formulieren, was er erreichen will; der Therapeut sollte diese Ziele mittragen.

Lassen Sie mich zur Veranschaulichung ein paar Zielsetzungen aufzählen, mit deren Hilfe ich Familienpanoramen erfolgreich verändern konnte. Die Klienten wollten: „Sich im Leben frei fühlen." „Sich von den Eltern unterstützt fühlen." „In Beziehungen ihr Selbst bewahren." „Den Menschen vertrauen." „Eine Zukunft ohne Ehepartner ins Auge fassen." „Sich akzeptiert fühlen." „Der eigenen Familie verzeihen." „Selbstvertrauen empfinden, auch ohne den Beifall der Familie." „Sich unter Fremden sicher fühlen." „Sich durch alle männlichen Vorfahren unterstützt fühlen." „Den Partner vorbehaltlos lieben." „Zur Intimität fähig sein."

Wenn wir unseren Klienten helfen, solche Ergebnisse zu formulieren, müssen wir darauf achten, wer die Kontrolle hat. Wie bei anderen Zielsetzungen können wir nur das verändern, was der Klient zu beeinflussen vermag.

Sharon war 45 Jahre alt und karibischer Herkunft. Sie klagte über die Unfähigkeit, nein zu sagen, und auch darüber, daß sie „Schwierigkeiten in Beziehungen" hatte und gegen ihre „Unterordnung unter die zwei Jahre ältere Schwester" ankämpfen mußte.

Sharon kam an einem sehr heißen Tag in meine Praxis. Wir beschlossen, die Therapiesitzung in den nahen Wald zu verlegen. Im Schatten der Bäume fanden wir die richtige Atmosphäre, um uns auf die Formulierung ihrer Ziele zu konzentrieren. Schließlich kristallisierte sich der Wunsch heraus, „meinen eigenen Gefühlen und Intuitionen zu folgen, auch wenn Partner oder Familienmitglieder etwas anderes von mir verlangen".

Das Ziel war jetzt klar. Nun hielt ich es für angebracht, Sharons Herkunftsfamilie zu erkunden. Nach einer Zeitreise in die Vergangenheit zeichneten wir ihr Familienpanorama mit Hilfe von Stöckchen, Blättern und Nußschalen auf den Waldboden.

Nicht nur die schöne Umgebung des Waldes machte die Arbeit mit Sharon besonders interessant. Sharons Herkunftsfamilie war sehr komplex – eine Herausforderung für mich; ebenso wie die Tatsache, daß sie unter diesen Problemen gelitten hatte, solange sie sich erinnern konnte. In ihrer gegenwärtigen Situation waren sie aber wirklich zum Hemmnis für sie geworden. Den dritten Grund erkannten wir allerdings erst nachträglich. Wir waren beide überrascht, wie schnell und leicht Sharon ihr Ziel erreichte, einfach indem sie eine Reihe von systematischen Schritten durchführte. Alle angesprochenen Probleme schienen gelöst, nachdem Sharon ihrem internalisierten Vater lediglich eine Ressource transferiert hatte.

In ihrem Familienpanorama stand dieser Mann, ein Armee-Offizier, sozusagen vor seiner Schwadron (siehe unten). Sharon erklärte, er sei in seinem Beruf unsicher gewesen, auch eifersüchtig auf seinen ältesten Sohn, den er oft mißhandelte und demütigte. Sharons Mutter reagierte darauf, indem sie ihrem Sohn zusätzlichen Schutz bot. Auch die Großmutter mütterlicherseits spielte eine wichtige Rolle. Sie unterstützte ihre Tochter in dem Bemühen, das Enkelkind vor dem brutalen Vater zu schützen. All dies bewirkte, daß den anderen Kindern zu wenig Aufmerksamkeit zuteil wurde. Sharon und ihre ältere Schwester kompensierten dies, indem sie einander unterstützten. In der Folge wurde Sharon allzu abhängig von dieser Schwester. Die Skizze zeigt die Konstellation.

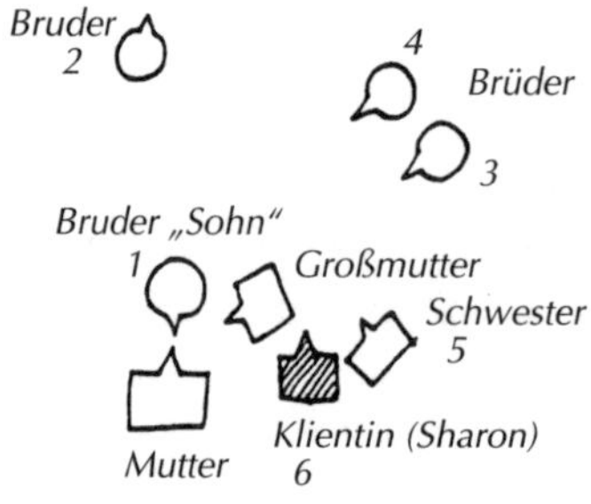

Mit einem Blick auf diese Situation fragte ich Sharon: „Was fehlte deinem Vater, daß er sich so verhielt?“

Nach kurzem Nachdenken sagte sie: „Mutterliebe.“

Sharon konnte leicht eine Zeitreise in die Vergangenheit imaginieren, wo sie ihren Vater aufsuchte, als er noch ein Baby war. Mutterliebe in sich zu aktivieren, fiel ihr auch nicht schwer, da sie selbst Mutter zweier Söhne war. Und sie imaginierte mühelos, wie sie dem kleinen Jungen (dem Vater als Baby) diese Mutterliebe in zufriedenstellender Menge gab. Als Sharon signalisierte, daß sie ihm genug gegeben habe, suggerierte ich ihr, langsam auf der Timeline in die Gegenwart zurückzukehren und dabei all das zu ändern, was anders gewesen wäre, hätte der Vater tatsächlich diese Mutterliebe erfahren. Sie nickte nur, um mir zu versichern, daß sie die Botschaft verstanden habe. Anschließend fiel Sharon in eine so tiefe Trance, daß sie nicht einmal eine vorbeilaufende Schar lärmender Kinder bemerkte. Sie reagierte auch nicht, als eines von ihnen rief: „Warum hat die Frau die Augen zu?“

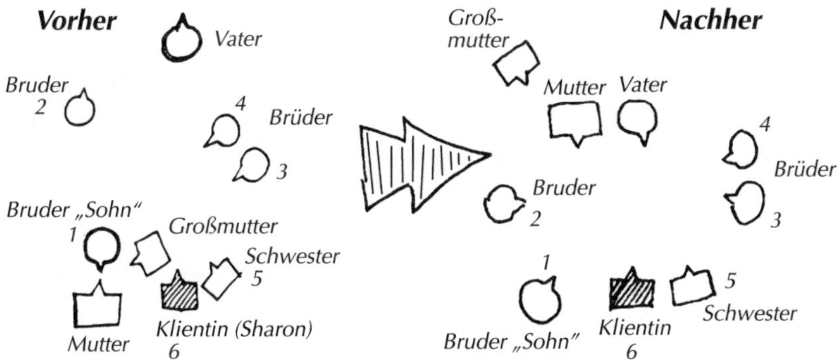

Als sie nach etwa zwanzig Minuten von selbst in die Gegenwart zurückkehrte, überprüften wir noch einmal die Plazierungen in ihrer Herkunftsfamilie. Alles hatte sich dramatisch verändert.

Den Rest der Zeit verbrachten wir mit ökologischen Checks und Projektionen in die Zukunft. Drei Monate später sah ich Sharon wieder, und sie bestätigte mir, daß die Therapiestunde tatsächlich alle drei Probleme gleichzeitig gelöst habe.

Transfer von Ressourcen in der Familiengeschichte

Dieses therapeutische Muster beschreibt eine der fundiertesten Methoden, die in den letzten zehn Jahren entwickelt wurden. Sie wird in verschiedenen Versionen von NLP-Practitionern angewandt. Aber niemand hat sie noch als Möglichkeit zur Verbesserung von Familienpanoramen vorgestellt.

Sie ist das beste uns bekannte Instrument zur *Veränderung sozialer Persönlichkeitsmerkmale*; besonders wenn diese mit Nachteilen assoziiert sind, die auf Unzulänglichkeiten der Eltern zurückzuführen sind.

Vorbereitung

a) Formulieren Sie zunächst ein wohlgeformtes Therapieziel.
b) Erkunden und zeichnen Sie das Soziale Panorama für den Kontext dieses Ziels.
c) Erkunden und zeichnen Sie das Familienpanorama der Kindheit (mit 5 Jahren).
Finden Sie die Familienpanorama-Muster (Fam Pan Mus), die das Problem darstellen. Fordern Sie den Klienten auf, die Versäumnisse seiner Herkunftsfamilie auf Unzulänglichkeiten eines oder beider Eltern (Großeltern oder Betreuer) zurückzuführen. Lassen Sie den Klienten zu diesem Zweck die Skizze seines Kindheits-Familienpanoramas (aus der dritten Wahrnehmungsposition) betrachten.

Technik

1) Identifizieren und benennen Sie die Ressource, die der Elternfigur fehlte.
2) Lassen Sie den Klienten eine *Zeit aus seinem Leben erinnern*, als er selbst diese Ressource, die der Elternfigur fehlte, besaß und nutzte.
Dann soll der Klient in diese Erinnerung eintreten und sie wiedererleben. Sobald er zu erkennen gibt, daß er sich ganz in die Erfahrung hineinversetzt hat, bitten Sie ihn, eine Farbe auszuwählen, die zu dieser Ressource paßt. Fordern Sie ihn dann auf, sich inmitten einer Wolke von dieser Farbe zu imaginieren und diese Farbe dadurch mit der Ressource zu verknüpfen.
3) Lassen Sie den Klienten imaginieren, wie er – während die Ressource noch aktiviert ist – über seine Timeline zurückschwebt in eine Zeit vor

seiner Geburt, um mit einer der Elternfiguren Kontakt aufzunehmen, als diese noch ein Kind war. Inszenieren Sie die Zeitreisen-Begegnung zwischen dem erwachsenen Klienten und seiner Elternfigur als Kind. Unterstützen Sie dies z. B. durch die Frage: „Welches Geschenk würdest du (der Klient) aus der Gegenwart in die Vergangenheit mitbringen, als Überraschung für deine Eltern?"

4) Nun überträgt der Klient die Ressource auf die Elternfigur. Der Klient mag dies tun, indem er die Farbe „hinüberstrahlt", oder auf jede andere Weise, die seiner/ihrer Imagination entspricht. Dieser Prozeß ist weiterzuführen, bis der Klient überzeugt ist, daß seine Eltern genug von der Ressource bekommen haben, um im späteren Leben bessere Eltern zu sein. Auf gleiche Weise können mehrere Ressourcen transferiert werden.
5) Lassen Sie den Klienten von oben beobachten, wie sich das Leben seiner Eltern unter dem Einfluß der Ressource verändert.
6) Lassen Sie den Klienten sich in sein embryonales Selbst versetzen, um Schwangerschaft und Geburt zu erleben, wobei die Eltern diese Ressource jetzt besitzen. Nach der Geburt soll der Klient sein Leben weiterleben, diesmal aber so, als würde er von Eltern aufgezogen, die über diese Ressource verfügen.
   Dieser Teil des Verfahrens verlangt ausreichend Zeit und Aufmerksamkeit.
7) Tests:
   Testen Sie, welche Veränderungen in der Herkunftsfamilie stattgefunden haben.
   Testen Sie das gegenwärtige Soziale Panorama auf Veränderungen.
   Testen Sie, ob der Klient seine Ziele erreichen konnte. Testen Sie den ökologischen Aspekt, indem Sie den Klienten mit seinen Angehörigen in die zweite Wahrnehmungsposition gehen lassen.
8) Beim abschließenden Future Pace (Überbrücken in die Zukunft) fordern Sie den Klienten auf, eine zukünftige Situation zu imaginieren, in der er dieses als Ziel angestrebte Verhalten benötigen wird.

6.13.1 Vorteile für den Therapeuten

Die meisten meiner Kollegen, mit denen ich diese Dinge besprochen habe, stimmen darin überein, daß das Familienpanorama zweifachen Vorteil bietet:

1) *Es ist ein wertvolles diagnostisches Instrument.*
2) *Es ist ein präzises Interventionsmittel.*

Die Einfachheit und Direktheit der Interventionen sind vorteilhaft für Trainer und Therapeuten, die in beschränkter Zeit ein gutes Stück Arbeit leisten wollen. Ich suchte nach einer Arbeitsmethode, bei der ich das Familienpanorama im Einklang mit NLP-Kriterien einsetzen könnte, und mußte zwischen zwei Arten der Intervention unterscheiden:

a) *Vom Therapeuten suggerierte Verschiebungen der Plazierungen*
b) *Verschiebungen, die infolge eines Ressourcen-Transfers oder anderer therapeutischer Maßnahmen vom Klienten selbst unbewußt vorgenommen werden.*

Diese beiden Möglichkeiten sind von grundlegender Bedeutung für jede Art der Veränderungsarbeit mit dem Sozialen Panorama. In meiner täglichen Praxis wende ich stets eine Mischung von beiden an. Wenn ich den Transfer von Ressourcen in der Familiengeschichte einsetze, nehme ich anschließend eine Feinabstimmung vor, wobei ich dem Klienten vorschlage, selbständig ein paar zusätzliche Lokalisierungen zu verschieben. Werden z. B. die Elternfiguren im Familienpanorama nach hinten gerückt, bringt dies bei erwachsenen Klienten zumeist eine Besserung. Anscheinend erfolgt aber diese Verschiebung nach hinten nicht automatisch durch den Transfer von Ressourcen.

6.14 Future pacing und die Evaluation von Änderungen im Familienpanorama

Nachdem der Klient das verbesserte Familienpanorama *gesehen* hat, muß es noch konsolidiert und neuronal gespeichert werden. Um wirksam zu sein, muß es als die dominierende Familienrepräsentation erinnert werden. Dies läßt sich am besten mit der Metapher einer Schultafel veranschaulichen.

Vor der Therapie hatte der Klient sozusagen sein altes Familienpanorama auf einer inneren Tafel aufgezeichnet. Nun wird diese Zeichnung verändert. Manche Personifikationen werden gelöscht und anderswo aufgestellt. Andere werden umgedreht, zusammengeführt oder getrennt. Aber wie im Fall von Kreide und Schiefertafel bleiben Reste des alten Panoramas noch immer sichtbar. Der Schwamm löscht sie nicht spurlos aus. Wenn ich eine Person in meiner Phantasie verschiebe, kann ich mich noch immer erinnern, wo sie vorher gestanden hat.

Zu therapeutischen Zwecken sollte man dem Klienten suggerieren, die submodalen Verschiebungen mehrmals zu wiederholen und alle Reste der alten Personifikationen zu löschen. Auch sollten die Positionen der neuen Repräsentationen geklärt werden, um die Resultate fest und dauerhaft zu verankern.

Wenn die Personifikationen im Sozialen Panorama des Klienten verändert werden, ist es ratsam, ihn noch ein Weilchen im Behandlungszimmer umhergehen zu lassen, solange die Bilder vor dem inneren Auge noch frisch sind. Dies dient der Konsolidierung der Resultate. Beim Hin und Hergehen verknüpfen sich die neuen Bilder mit verschiedenen sozialen Kontexten, in denen der Klient lebt. Dabei kann man ihm suggerieren: „Jetzt gehst du in die Schule ... und siehst dein neues Familien-Bild ... Jetzt gehst du einkaufen ... und siehst dein neues Familien-Bild ..." usw.

Wenn der Klient ein neues Familienpanorama aufzeichnet, kann der Therapeut sogleich testen, ob alle Personifikationen am richtigen Platz und gut ausgewogen sind. Meistens weiß der Klient selbst, ob seine neuen Repräsentationen zuverlässig und stabil sind, und kann bestätigen, wenn für ihn nun „alles in Ordnung" ist.

Bei aller Gründlichkeit der Tests muß man sich bewußt bleiben, daß manche ökologische Einwände sich nur durch eine Verschwommenheit der neuen Bilder bemerkbar machen. Herrscht beim Klienten Unsicherheit, wer in seinem neuen Panorama wo plaziert ist, so ist dies ein bedenkliches Zeichen dafür, daß ein widerstrebender Persönlichkeitsanteil nicht genügend berücksichtigt wurde. Eine ökologische Lösung dieses Problems kann erreicht werden, indem man mit jenem Persönlichkeitsanteil kommuniziert, der die Tafel „mit dem Schwamm" gelöscht hat.

Hellinger lehnt es ab, den therapeutischen Effekt seiner Sitzungen mit den Klienten zu diskutieren. Seine Aufgabe glaubt er erfüllt, nachdem der Klient die neue Familienaufstellung aus der ersten Wahrnehmungsposition gesehen hat. Abschließend sagt er: „Das war es." Ein anschließendes Testen und Diskutieren würde der Intervention ihre „Kraft" nehmen, erklärt er. Doch was bedeutet Kraft für ihn?

Hellingers Art, das Resultat einer Therapie zu bewerten, verträgt sich nicht mit der NLP-Praxis, die eine sofortige Überprügung der Ergebnisse vorsieht. Wir machen im NLP immer wieder die Erfahrung, daß die Klienten im zeitlichen Rahmen einer Therapiesitzung durchaus in der Lage sind, ihren eigenen Beitrag an kreativen Überlegungen und Einfällen zu leisten. Im Idealfall geht unser Klient erst dann nach Hause, wenn für ihn alles in Ordnung ist. Bei Hellinger ist dies anders.

Bei seiner therapeutischen Methode ist die verbesserte Familienaufstellung erst der Anfang einer Entwicklung, die der Klient allein vollenden muß. Was Hellinger „Kraft" nennt, ist womöglich die Motivation des Klienten, diese Arbeit zu übernehmen. Hier empfiehlt Hellinger, der „Seele" des Klienten zu vertrauen – wir NLPler würden sagen: seinem Unbewußten. Hellingers Klienten müssen also Hausaufgaben machen, um die Therapie abzuschließen.

Meine Erfahrung zeigt, daß der Klient ein paar Tage brauchen kann, um eine Veränderung zu integrieren, wenn er nur mit der neuen Aufstellung konfrontiert wird. Wie gesagt haben Veränderungen im Familienpanorama zwangsläufig eine tiefe Wirkung, und sei es nur durch die Tatsache, daß die meisten Klienten niemals an die Möglichkeit einer alternativen Betrachtungsweise gedacht haben. Aber sobald die Klienten solche Alternativen sehen, kann dies neue Unsicherheit für sie bedeuten. In der NLP-Tradition behalten wir gern im Auge, was mit unseren Klienten geschieht.

Dies bedeutet lediglich, daß wir, falls wir uns nicht innerhalb einer Sitzung vom Ergebnis überzeugen können, ein paar Tage warten müssen, bis wir die therapeutische Wirkung beurteilen können.

In einem Fall kehrten beispielsweise zwei Wochen nach der Intervention die Eltern-Bilder, die von vorne nach hinten verschoben worden waren, wieder nach vorne zurück. Die Überprüfung der positiven Absicht dieser Rückkehr zeigte sogleich den Grund: „Mutter hatte einen Schlaganfall, sie muß beobachtet werden, damit sich das nicht wiederholt." Nachdem die Klientin dies erkannt hatte, konnte sie das Problem leicht lösen. Sie stellte die Mutter wieder nach hinten, überwachte aber ihre Gesundheit mittels eines imaginären Rückspiegels.

In vielen Fällen war es aber möglich, die Arbeit in einer zwei- bis dreistündigen Sitzung abzuschließen. Ein ökologischer Check, bei dem man den Klienten auffordert, alle Einheiten mehrmals zu identifizieren, bietet beinah absolute Sicherheit. Exaktheit und Zuverlässigkeit sind im NLP also möglich, wenn man sich genügend Zeit nimmt. Hier müssen wir anmerken, daß Hellingers Sitzungen von sehr kurzer Dauer sind und daß der ökologische Gesichtspunkt bei seiner Arbeit kein wichtiges Kriterium zu sein scheint.

7. Kapitel

Das spirituelle Panorama erkunden

7.1 Himmlischer Besitz zu verkaufen

Vor achtundneunzig Jahren veröffentlichte William James sein epochemachendes Werk *Die Vielfalt religiöser Erfahrung*, eine religionspsychologische Untersuchung, in der er die These vertrat, daß religiöse Erfahrungen – wie Konversion, Besessenheit, religiöse Ekstase, Mystik, Erleuchtung usw. – in mancher Hinsicht mit ähnlichen Phänomenen des profanen Lebens vergleichbar seien. Ob man in diesen Phänomenen etwas Außerordentliches oder Übernatürliches sehen will oder nicht, sei also nur eine Frage von Kontext und Interpretation. Im Stil großer Prosa stützt James seine Überlegungen auf zahlreiche überzeugende Beispiele.

In gewissem Sinn war William James ein NLPler *avant la lettre*. Er untersuchte die Struktur der subjektiven Erfahrung auf ähnliche Weise, wie wir es im NLP tun; zudem war er ein überzeugter Pragmatiker.

Wenn James religiöse Erfahrungen mit gewöhnlicher Psychologie zu erklären suchte, machte ihn dies nicht bei jedermann beliebt. Kirchenoberhäupter sprachen von Blasphemie, und sogar der Papst verurteilte ihn. Die Schwierigkeiten, die James mit seinem Werk auf sich zog, sind ganz typisch für solch ein Thema. Religion und Spiritualität werden offenbar von Leuten, die diese Dinge zu „besitzen" glauben, leidenschaftlich als ihr Eigentum verteidigt. Wir können also erwarten, daß eine psychologische Untersuchung der spirituellen Erfahrungen bei vielen Menschen Unbehagen erzeugen wird, weil sie ihre Sicherheit bedroht fühlen und Dinge, die ihnen heilig sind, in Zweifel gezogen sehen.

Die Einbeziehung der spirituellen Ebene hat das NLP wesentlich bereichert. Aber wenn der NLPler es wagt, spirituelle Inhalte anzusprechen – sag uns, was wir glauben sollen –, steht die pragmatische Tradition des NLP auf dem Spiel. Und NLP geht das Risiko ein.

Es wäre z. B. ein leichtes, den therapeutischen Erfolg einer NLP-Technik auf die Macht Gottes zurückzuführen und somit die Kunst des NLP zur Glaubensheilung umzudeuten. Und manche der in New Age-Kreisen geläufigen Ansichten über Reinkarnation oder Geistheilung drohen das rationale Erbe des NLP zu verwässern. Auch ein spiritistischer Rahmen könnte passen: Man könnte die Symptome, an denen die Klienten leiden, ohne weiteres bösen Geistern zuschreiben; die heilende Kraft der Ressourcen den guten.

Aufbauend auf Milton Erickson, betrachten wir in der NLP-Arbeit das Unbewußte als Motor der Veränderung. Nur eine Minderheit bringt das Unbewußte mit Gott in Verbindung; die meisten NLPler aber lokalisieren das Unbewußte innerhalb des physischen Körpers; sie nennen es z. B. den großen Bio-Computer unter der Schädeldecke.

Im letzten Jahrzehnt hat sich die Öffentlichkeit zunehmend mit den spirituellen Aspekten des Lebens beschäftigt. Spiritualität hat einen großen Markt und verkauft sich gut... Sofern NLP davon betroffen war, habe ich eine Flut von Workshops, Artikeln und Büchern erlebt, die NLP mit „Spiritualität" in Verbindung bringen. Doch die Struktur der spirituellen Erfahrung und deren Modellierung standen bei solchen NLP-Aktivitäten meines Wissens nicht im Vordergrund.

7.2 Soziale und spirituelle Macht

Seit prähistorischen Zeiten war soziale Macht immer mit Spiritualität verbunden. Kaiser, Könige, Bischöfe, Prediger, Ritter, Kardinäle und Präsidenten haben die Gesellschaft zu dem gemacht, was sie heute ist. Politische Führung und spirituelle Führung lagen oft in einer Hand. Und damit einhergehend mußten sie im Krieg ihre verschiedenen Autoritätsbereiche behaupten und abgrenzen. Häuptlinge und Medizinmänner ferner Stammesgesellschaften liefern sich noch heute ihre Machtkämpfe. Also müssen wir, wenn wir von sozialer Macht sprechen, auch die Spiritualität einbeziehen.

Wie können wir die Struktur der Spiritualität untersuchen?

Wir können uns, wie William James, auf schriftliche und mündliche Berichte von Menschen stützen, die spirituelle Erfahrungen hatten oder gehabt zu haben behaupten. Wenn wir nach Gemeinsamkeiten dieser Erfahrungen suchen, werden wir, wie James, manche ihrer Geheimnisse lüften. Aber wahrscheinlich werden es offene Antworten sein, die wir auf diese Weise finden. Und schließlich könnten wir stranden, wo schon viele gestrandet sind – beim Benennen des Namenlosen, beim Sagen des Unsagbaren oder beim Schreiben des Unbeschreiblichen. Darum wähle ich hier einen anderen Weg.

Beim Experimentieren mit dem Sozialen Panorama haben mein Kollege Jaap Hollander und ich entdeckt, daß dessen Prinzipien auch auf den spirituellen Bereich anwendbar sind. Ähnlich wie wir Klienten oder Testpersonen nach ihrer subjektiven Lokalisierung lebender Personen befragten, konnten wir sie auch auffordern, uns zu zeigen, wo sie Götter, Gottheiten oder andere spirituelle Entitäten lokalisieren. Es schien uns einleuchtend, daß die meisten Menschen außer ihrem Sozialen Panorama auch ein *spirituelles Panorama* haben. Bei genauerer Untersuchung zeigten sich komplexe Verbindungen zwischen dem sozialen und dem spirituellen Bereich. In diesem Buch wurde Piagets Begriff „Objektpermanenz" zu „Personenpermanenz" abgewandelt. Die Menschen existieren für uns unabhängig davon, ob wir sie sehen, hören oder fühlen. Auch wenn die Großmutter auf der anderen Seite der Erdkugel lebt, hat sie ihren Platz im Sozialen Panorama. Dies gilt auch für den Vater, der nach der Scheidung seine Familie verläßt. Aber was ist, wenn die Großeltern oder die Mutter sterben?

Die meisten Kulturen haben klare Regeln für diesen Fall. Sie wenden die gleichen Mittel der Personenpermanenz an, nur auf andere Weise. Sie versetzen die Verstorbenen in den Himmel und geben ihnen eine „spirituelle Permanenz".

William James hat auch den Himmel erforscht. Doch als er ihn in den Submodalitäten der Realität betrachtete, war dies kein schöner Anblick. Viel zu übervölkert, bemerkte er. Und er bevorzugte die Idee der

Reinkarnation, weil sie das Überbevölkerungsproblem zu lösen vermochte. Ja, James wußte um die psychologische Funktion des Himmels. Der Glaube daran löste viele sonst schwierige Fragen nach dem Sinn des Lebens, dem menschlichen Leid und dem Tod. James bewies auch, daß man diesen Glauben nicht allzu kritisch hinterfragen darf, ohne in unlösbare theologische Debatten zu geraten, die noch mehr Schwierigkeiten aufwerfen, statt Seelenfrieden zu bringen.

7.3 Geister und spirituelle Erfahrung

Im Zusammenhang mit Spiritualität muß man vor allem unterscheiden zwischen *„spirituellen Erfahrungen"* und *„Erfahrungen mit Geistern"*.

Spirituelle Erfahrungen sind, wie im 3. Kapitel in bezug auf das Selbst festgestellt, subjektive Erlebnisse, die an Qualität und Intensität herausragen und angeblich heilende Macht und integrierenden Einfluß auf die Psyche ausüben. In diesem Buch unterscheiden wir zwischen „persönlichen" und „kollektiven" spirituellen Erfahrungen, die als Verknüpfungen vom Typ „Ich – Universum/Gott" und „Wir – Universum/Gott" zu kennzeichnen sind.

Spirituelle logische Ebene

Individuelle spirituelle Verknüpfungen: ICH – Universum/Gott

Spiritualität

Kollektive spirituelle Verknüpfungen: WIR – Universum/Gott

Persönliche spirituelle Erfahrungen werden häufig beschrieben als Begegnungen des einzelnen mit der Natur, mit Gott oder dem Universum. Ein oft berichtetes Merkmal ist fehlende Aktivität im Sozialen Panorama. Der soziale Vorhang scheint einen Moment gelüftet, und die Person blickt dem Universum unmittelbar ins Auge – allein auf einem Berggipfel: ich und das Firmament.

Kollektive spirituelle Erfahrungen werden in Gruppen erlebt. Konstitutiv ist ein starkes Gefühl der Zusammengehörigkeit, während die Mitglieder sich als Gruppe mit der Natur, mit Gott oder dem Universum verbunden fühlen. Dies ist die häufigste Form spiritueller Erfahrung; sie ist von religiösen Führern geleitet, ungefährlich, aber nicht immer sehr intensiv. Man findet diese Erfahrung an Kultplätzen, in Kirchen und Tempeln. Ist die Gruppe durch Konflikte gespalten, dann ist es unmöglich, spirituelle Verbindungen kollektiv zu erleben.

Immer wenn Menschen ihre spirituellen, mystischen oder Gipfelerfahrungen zu schildern versuchen, sind diese kaum in Worte zu fassen. Aber die immer wiederkehrenden Prädikate verweisen auf mächtige Submodalitäten. Spirituelle Erfahrungen umfassen eine Kategorie stärkster positiver Erfahrungen, deren der Mensch fähig ist; Erfahrungen, die fast immer sein Denken und Leben verändern.

Wie im 3. Kapitel ausgeführt, haben spirituelle Erfahrungen stärkere Submodalitäten als Erfahrungen auf einer niedrigeren logischen Ebene. Tatsächlich ist es die Macht dieser Submodalitäten, die für eine hierarchische Organisation der verschiedenen logischen Ebenen sorgt. So dominiert ein spiritueller Gedanke einen Selbst-Gedanken, weil die Submodalitäten des ersteren intensiver sind. Spirituelle Submodalitäten sind die höchsten, hellsten, strahlendsten, größten und zentralsten aller subjektiven Erfahrungen. Eine große spirituelle Erfahrung kann alles übertreffen, was ein Mensch je gesehen, gehört oder gefühlt hat. Die wissenschaftliche Erforschung der sogenannten „Nahtoderfahrungen" (eine Kategorie von persönlichen spirituellen Verbindungen) zeigt Gemeinsamkeiten in den Submodalitäten dessen, was für viele ein „Blick in den Himmel" oder eine „Begegnung mit der Gottheit" ist. Die Intensität und Klarheit solcher Erfahrungen macht sie sehr realistisch. Wenn Menschen von Visionen Gottes, des Heilands oder der Heiligen Jungfrau, Buddhas, eines Geistes oder anderer Gottheiten berichten, haben diese ähnliche Eigenschaften: ein vom Mittelpunkt ausstrahlendes helles Licht, das mit warmen Gefühlen universeller Liebe und Verbundenheit einhergeht. Diese Erfahrung ist das absolute Gegenteil der leeren Dunkelheit und des kalten Schreckens, wie sie mit der Erfahrung eines Gespenstes, eines bösen Geistes oder des Fürsten der Finsternis verbunden sind.

Geistererfahrungen können also mit einer intensiven positiven Emotion einhergehen, aber auch mit einem unangenehmen oder neutralen Gefühl: „Gestern abend habe ich dies blöde Gespenst wieder gesehen. Es machte mir keine Angst. Ich sagte, ich hätte keine Zeit, und es verschwand."

Spirituelle Erfahrungen können sozialer oder nicht-sozialer Art sein. Es können Personifikationen beteiligt sein oder nicht. Wenn Personifikationen vorhanden sind, ist es der Mensch, der Gott nach seinem Ebenbild schafft, und nicht umgekehrt.

Es ist also nicht nötig, intensive und einzigartige positive Erfahrungen auf die Aktivität von Geistern oder Göttern zurückzuführen. Manche nehmen sie einfach als psychische Ereignisse. „Ich fühlte mich gestern abend im absoluten Mittelpunkt des Universums. Ich glaube, ich muß mit dem Trinken aufhören ... haha."

Doch spirituelle Erfahrungen werden üblicherweise personifizierten übernatürlichen Mächten zugeschrieben – daher die Bezeichnung „spirituelle" Erfahrungen.

Die Erfahrung von Geistern kann definiert werden als das Empfinden sozialer Gefühle, die nicht mit lebenden Personen assoziiert sind. Persönliche oder kollektive Begegnungen mit Geistern, Gespenstern oder Gottheiten gehören zu dieser Kategorie von Phänomenen.

Im allgemeinen stellt man sich Geister, sofern sie im spirituellen Panorama bleiben, als irreale, unscharfe und weit entfernte Erscheinungen vor. Bei plötzlichen Begegnungen mit Geistern werden sie realistisch und nah gesehen – und dies gelingt „ihnen", indem sie Submodalitäten entlehnen, die zum Sozialen Panorama gehören. Doch einige sensorische Systeme bleiben dabei meist unbeteiligt. Geister erscheinen häufig in menschlicher Gestalt und werden irgendwo auf der Grundlinie und in der Nähe gesehen. Sie können auch gefühlt werden und sprechen manchmal mit menschlicher Stimme – oft mit mächtigem Hall. Was ein Geist sagt, vergißt man nicht so leicht! Viele spirituelle Bücher berichten von Menschen, die persönliche Begegnungen mit übernatürlichen Wesen hatten. Was diese Wesen den Sterblichen auf diesem Weg mitgeteilt haben, stellt oft den Kern religiöser Lehren dar.

Mystische Begegnungen und Geisterschau setzen anscheinend einen veränderten Bewußtseinszustand voraus. All dies ist hervorragend dokumentiert bei Andreas Mavromantis (1987).

7.4 Submodalitäten des Himmels

Die meisten Menschen plazieren Verstorbene, Geister und Götter über ihrem Sozialen Panorama, auch wenn manche Kulturen die Geister unterhalb, in der Unterwelt lokalisieren. Oben und unten werden die Geister für den Alltagsgebrauch verstaut. Denn unbehelligt von Geistern kann man nur leben, wenn sie von den Repräsentationen lebender Menschen getrennt bleiben. In Kulturen, die für Geister und Menschen ein und dasselbe Panorama vorsehen, sind die Leute unentwegt damit beschäftigt, sich um gute Beziehungen zu beiden Arten von Personifikationen zu bemühen.

Die Trennung des Sozialen Panoramas vom spirituellen Panorama scheint also einem allgemeinmenschlichen Bedürfnis zu entsprechen. In vielen Kulturen gehören die Toten zur Welt der Geister, und der Tod bedeutet die Wiedervereinigung mit dem spirituellen Bereich.

Menschen lokalisieren spirituelle Wesen meist nicht nur in der Höhe, sondern sind normalerweise auch bemüht, Geister jenseits der neutralen Distanz zu halten, um ihre Anwesenheit nicht zu fühlen. Auch wenn man glaubt, daß der Gott oder Geist „gut" ist, wäre es für normale Sterbliche eine unheimliche Erfahrung, plötzlich neben ihm zu sitzen! Aber in manchen Kulturen sind Laien und Priester gleichermaßen bemüht, engen Kontakt zu den Gottheiten zu halten.

Viele Menschen berichten tatsächlich von Erfahrungen mit spirituellen Personifikationen innerhalb ihres vertrauten Kreises. Dies ist übrigens, wie nach der Lektüre des 6. Kapitels logisch erscheinen dürfte, die beste Art, den Zölibat zu praktizieren. Intime Beziehungen mit Gottheiten machen die Person häufig zum Mönch, Priester oder Schamanen. Letztere sind die einzigen, die als lebende Menschen regelmäßig von einer Welt in die andere wechseln. Sie sind professionelle Vermittler zwischen dem sozialen und dem spirituellen Panorama.

Man kann also mit Recht behaupten, daß spirituelle Personifikationen starke Submodalitäten haben: Diese sind meist hoch, hell und strahlend. Doch ihre geringe Größe und weite Distanz schwächt ihren Einfluß auf die Erfahrung. Den Repräsentationen von Geistern näherzukommen ist daher ein wichtiger Teil religiöser Übungen. Da die kinästhetische Erfahrung von Größe und Distanz abhängig ist, kann es beschwerlich sein, die Gegenwart von Geistern zu fühlen. Zu diesem Zweck müssen die Geister näher sein als in neutraler Distanz.

Wenn aber eine spirituelle Erfahrung mit einer Geistererfahrung einhergeht, kann diese Entität in den mächtigen Submodalitäten einer Gipfelerfahrung gesehen, gehört und gefühlt werden.

Einen Geist zu erleben bedeutet aber nicht automatisch, daß man ein visuelles Bild von ihm hat; auch muß man nicht unbedingt seine Stimme hören. Oft sind Geistererfahrungen nur dadurch bedingt, daß ein ungewöhnliches Erlebnis einer äußeren Macht zugeschrieben wird. In solchen Fällen ist es die außerordentliche Intensität der Erfahrung, die den Menschen zwingt, diese auf äußere Faktoren zurückzuführen. Denn es ist schwer zu glauben, daß eine Gipfelerfahrung lediglich das Produkt der eigenen Imagination sein sollte: „Es war so mächtig und real; es kann doch nicht meine eigene Halluzination gewesen sein!" Also muß es ein Geist gewesen sein. Dennoch ist es nicht notwendig, den Geist zu erleben, auf dessen Aktivität die Erfahrung zurückgeführt wird. Man kann behaupten, daß ein Erlebnis durch einen Gott verursacht sei, auch ohne seine Gegenwart gesehen, gehört oder gefühlt zu haben.

Ein Kernzustand im Sozialen Panorama

Diese Technik ist auch als Meditationsübung geeignet. Sie wird Sie befähigen, Ihr Soziales Panorama allgemein ins Gleichgewicht zu bringen.

1) Erinnere dich an eine persönliche spirituelle Erfahrung. Dies kann ein herausragendes Ereignis sein, bei dem du etwas fühltest wie universelle Liebe, totale Einheit, inneren Frieden, Glück, absolute Harmonie, Einssein mit der Natur, Verbundenheit mit dem Universum, oder wie immer man will.
2) Versetze dich in diese spirituelle Erfahrung zurück. Nimm dir Zeit, dich ganz mit dem Zustand zu assoziieren. Ist es ein namenloser Zustand, dann gib ihm einen Namen. Den Namen kannst du benutzen, um diesen Zustand im 4. Schritt wieder zugänglich zu machen. Auch ein visueller oder kinästhetischer Anker kann nützlich sein, um die spirituelle Erfahrung besser greifbar zu machen.

3) Aktiviere dein Soziales Panorama, indem du an alle Menschen dieser Welt denkst. Schau dich eine Weile um.
4) Mache dir die spirituelle Erfahrung wieder zugänglich und sieh dich in deinem Sozialen Panorama um, während dieser Zustand noch in deinem System aktiv ist. Nimm dir Zeit.

7.5 Zurück auf der Erde

Spirituelle Führer wetteifern miteinander, um ihren Göttern und ihrer Religion möglichst große Verbreitung zu sichern.

Ein Marsmensch, der diesen Wettkampf beobachtet, wird sich fragen: „Wozu die ganze Aufregung? Wozu ist das gut?"

Die historische Forschung könnte diesen Marsianer überzeugen, daß die Menschen schon immer wußten, daß die Spiritualität starke Heilkräfte hat. Und da sie das Höchst-Denkbare ist, wird sie außerordentlich wichtig genommen. Ihr überragender Status ergibt sich ganz automatisch, da die spirituellen Submodalitäten alles andere dominieren. Folglich werden religiöse Führer, die als Sachwalter der Spiritualität dargestellt werden, automatisch auch große soziale Macht gewinnen. Oft werden sie über die gewöhnlichen Sterblichen gestellt, auch über die weltlichen Führer. Einem Marsmenschen dürfte dies vermutlich klar sein.

In vielen Kulturen transzendieren die Machtstrukturen den sozialen Bereich. Schamanen und Priester beziehen soziale Macht aus ihrer Verbindung mit spirituellen Supermächten. Damit so etwas funktioniert, müssen möglichst viele Mitglieder der Gesellschaft Repräsentationen dieser Supermächte an die Spitze ihres Sozialen Panoramas stellen. Sie müssen glauben, daß diese Mächte existieren, und dies gelingt, indem sie sie in den Submodalitäten endgültiger Gewißheit und Wahrheit visualisieren. Spirituelle Führer wenden viel Mühe auf, um die Submodalitäten der spirituellen Repräsentationen ihrer Anhänger mit Hilfe starker Metaphern und Prädikate zu steuern. In ihren Glaubensunterweisungen vermitteln sie, daß die Geister real seien. Dies ist eine mentale Aktivität, nicht anders als der Glaube an die Wahrheit von Bakterien, Schwerkraftwellen oder Atomen.

Es kann aufschlußreich sein, unmittelbar mit den Submodalitäten spiritueller Entitäten zu arbeiten. Mein Freund und Kollege Jaap Hollander experimentierte ausführlich mit den von ihm sogenannten „Operatoren der Realität": Welche Submodalitäten machen den Unterschied zwischen real und irreal? Oder noch bedeutsamer: Welche sensorischen Qualitäten muß eine Erinnerung haben, damit wir uns sicher sein können, daß sie tatsächlich *real* war? Genau darum geht es, wenn jemand berichtet, er habe die Jungfrau Maria gesehen. Wie real ist solch eine Vision?

Die exakte Konstellation der Submodalitäten, die notwendig ist, damit etwas als real erlebt wird, variiert von Person zu Person. Allgemein können wir aber sagen, daß Dinge (auch spirituelle Entitäten) desto realer erscheinen, je farbiger, klarer umrissen, kompakter und deutlicher hörbar sie sind, und wenn sie dreidimensional visualisiert werden. Sehen heißt glauben, aber das gilt nicht für jedermann. Manche Menschen müssen tasten, riechen, schmecken, messen und statistisch überprüfen, um den Status einer Tatsache anzuerkennen. Bei den meisten Menschen muß der Inhalt ihres Sozialen Panoramas anscheinend nicht alle diese Bedingungen erfüllen, doch im Bereich der Geistererfahrung kann dies durchaus der Fall sein.

Die Kenntnis der eigenen „Realitäts-Operatoren" kann einem zu sehr eindrucksvollen Erfahrungen mit Geistern verhelfen.

Einen persönlichen Geist erschaffen

Dieses Experiment kann Ihnen wichtige Einsichten über die Erfahrung von Geistern vermitteln. Je entspannter Sie es durchführen, desto intensiver kann die Erfahrung werden.

1) Entspanne dich, schließe die Augen und denke an ein längst verstorbenes Idol von dir (Marilyn Monroe, Nikita Chruschtschow, Charles Darwin, John Lennon, wen du willst)
2) Visualisiere ein Bild dieses Idols hoch am Himmel. Mache es sehr groß. Stelle es in die Mitte. Laß es ein Licht ausstrahlen. Laß das Bild näherkommen, bis du es etwa 2 mentale Meter entfernt siehst.
3) Verschiebe das Bild des Idols nach unten, bis es die Grundlinie des Panoramas berührt. Blicke dem Idol in die Augen.
4) Sprich mit dem Idol und höre seine Antworten. Imaginiere, daß du seine Wärme fühlen, es berühren und riechen kannst.

5) Nachdem du dies getan hast, verwandle das Bild zurück, wie es im 2. Schritt war. Nun stelle das Idol in dein spirituelles Panorama – wohin du willst. (Stelle es vielleicht hinter oder neben dich, damit es dich unterstützt.)

7.6 Spirituelle Autoritäten

Während der ganzen Menschheitsgeschichte war das spirituelle Panorama der Ort, wo die „Kriege des Himmels" ausgefochten wurden. Moralische Urteile, Metaphern und Überschall-Prädikate werden bemüht, um die Submodalitäten von Geistern, Dämonen, Engeln und Göttern zu degradieren oder aufzuwerten. Wörter und Symbole sind in diesen Kriegen die wichtigste Munition. Aber noch schwerere Waffen mit größerer Feuerkraft werden eingesetzt, wenn solch ein Krieg auf Erden geführt wird. Mit Hilfe der materiellen Waffen wurden die entscheidenden Submodalitäten von „Ungläubigen" oder „Falschgläubigen" schon oft von der vertikalen in die horizontale Dimension versetzt – mit einem sehr hohen Realitätsgrad.

Spirituelle Autoritäten haben Probleme genug in die Welt gebracht. Die weltliche von der spirituellen Macht zu trennen heißt also, das Soziale Panorama vom spirituellen Panorama abzukoppeln. Sobald die beiden getrennt sind, kann die politische Macht durch Gesetze begrenzt und reguliert werden. Doch überall dort, wo das spirituelle und das Soziale Panorama vermischt sind, können die Machtstrukturen außer Kontrolle geraten. Irdische Gesetze gelten eben nicht für Götter und Geister; die haben meist ihre eigenen Gesetze.

Die Probleme, die manche Länder mit dem Fundamentalismus (und Spiritismus) haben, sind unmittelbar aus diesem Modell zu verstehen. In diesen Ländern haben Politiker, die über keine spirituelle Macht verfügen, einen schweren Stand. Sie bleiben grau und dunkel im Vergleich mit denen, die „das Licht" verbreiten.

Dianne Alstadt und Joel Kramer haben mit *The Guru Papers* eine ausgezeichnete Studie der spirituellen Autorität vorgelegt – unter besonderer Betonung der Frage, wie diese in religiösen Kultgemeinschaften auftritt. Hier wird den spirituellen Führern mehr Macht zugeschrieben als den weltlichen Autoritäten. Und tatsächlich haben sie manchmal unbegrenzten Einfluß auf ihre Anhänger. Sobald Kultpraktiken illegale Formen annehmen, wie sie es oft tun, gibt es Schwierigkeiten. Und manchmal geht die Sache umgekehrt aus: Die Kultführer werden den menschlichen Gesetzen unterworfen und müssen im Gefängnis auf himmlische Gerechtigkeit im Jenseits warten. Manchen Kultführern gelingt es aber, ganze Länder zu übernehmen und alle anderen ins Gefängnis zu werfen.

Ein wichtiges Muster, das Alstadt und Kramer entdeckt haben, betrifft die Verbindung des Menschen zum Spirituellen. Spirituelle Führer beziehen ihre Macht aus der Tatsache, daß sie ihre Anhänger glauben machen, sie (die Führer) hätten tatsächlich eine besondere Beziehung zur spirituellen Sphäre. Diese Beziehung demonstriert der Führer mit Hilfe von Vorzeichen, die ihm gegeben wurden, oder durch himmlisch inspirierte Wunder, die er vollbringt. Im Denken der Anhänger zeichnet sich diese besondere Verbindung nach „oben" zwangsläufig in ihrem sozialen und spirituellen Panorama ab. Die Anhänger visualisieren vermutlich die Führer an zentraler Stelle und weit über gewöhnlichen Menschen. Vielleicht sehen sie die spirituellen Verbindungen in Form eines Lichts, das auf sie herabstrahlt. Schon ein oberflächlicher Streifzug durch die religiöse Kunst zeigt, wie spirituelle Verbindungen repräsentiert werden. Tatsächlich haben die Anhänger aber nicht unbedingt ein aktuelles Bild dessen, was ganz oben angesiedelt ist, von wo das Licht ausgeht. Man kann durchaus auch glauben, daß es irgend etwas über allem anderen gibt, ohne eine klare Vorstellung davon zu haben.

Jede Form von höherer Autorität strahlt auf Autoritäten niedrigeren Ranges ab. So hat der Milchmann der Königin mehr Autorität als ein gewöhnlicher Milchmann. Ähnlich bezieht ein spiritueller Führer seine Autorität aus der Nähe zu Gott. Der Milchmann reflektiert etwas Königliches, der Priester strahlt etwas Heiliges aus.

7.6.1 Spirituelle Kommunikation

Wenn Menschen über spirituelle Erfahrungen sprechen – so schwer dies auch sein mag –, bedienen sie sich meist der Prädikate von Super-Submodalitäten: „Das hellste Licht", „die höchste Macht im Universum", „der mächtigste Energiefluß" usw. Diese Prädikate rufen in der Erfahrung der Zuhörer ähnliche Submodalitäten wach.

Allgemein kann man sagen, daß die mächtigsten Submodalitäten den übermenschlichen Wesen und den absoluten Abstraktionen vorbehalten bleiben. So wird ein mächtiger Gott im Pantheon eines Menschen in den gleichen Submodalitäten repräsentiert wie ein ideologisches Konzept (z. B. Freiheit oder Sozialismus, Demokratie oder Liebe) im Denken eines anderen. Beide werden in der Phantasie mit maximaler Macht ausgestattet. Während ideologische Abstraktionen oft die Form von Schemen oder Symbolen annehmen, ähneln die meisten spirituellen Entitäten lebenden Geschöpfen. Doch in Kulturen, deren Götter abstrakt sind, können es auch nur die Submodalitäten sein, die, ohne jeden Inhalt, die religiöse Erfahrung eines Menschen ausmachen. Ein Beispiel dafür wäre die Aussage: „Gott ist das Licht".

Wenn ein Priester oder Schamane von spirituellen oder mystischen Erfahrungen spricht, können wir an ihm die nonverbalen Zeichen religiöser Begeisterung wahrnehmen. Diese manchmal ekstatischen Äußerungen resultieren aus der Wiederbelebung einer spirituellen Erfahrung während des Sprechens. Visionäre Menschen sehen im allgemeinen das, wovon sie sprechen, in starken Submodalitäten und erleben gleichzeitig eine Synästhesie vom Visuellen zum Kinästhetischen. Bei einer Aussage wie „Der Geist ist groß" sieht der Sprecher ein großes visuelles Bild und fühlt eine mächtige Präsenz. Solche Erfahrungen hinterlassen ihre Spuren in allen nonverbalen Aspekten der Kommunikation und überzeugen den Zuhörer, daß der Geist wahrhaft „groß" ist.

Manche Zuhörer fühlen sich durch einen visionären Kommunikationsstil „inspiriert"; andere bekommen kultphobische Reaktionen.

Alstadt und Kramer haben beobachtet, daß religiöse Führer ihre Machtposition häufig dadurch erhalten können, daß sie ihrer Gefolgschaft suggerieren, diese sei vom Spirituellen getrennt, während sie selbst über diesen Kontakt verfügten. Solche Lehren führen dazu, daß die Anhänger in ihrem sozialen und spirituellen Panorama tatsächlich von ihren Göttern getrennt sind, während die religiösen Führer mit diesen kommunizieren. Diese Struktur erzeugt starke Abhängigkeiten.

Außerdem sind spirituelle Eliten daran interessiert, ihren Anhängern beizubringen, welche Bedingungen sie erfüllen müssen, um selbst Verbindung mit den Geistern aufzunehmen, sei es in diesem oder im nächsten Leben. Dieses Muster unterscheidet sich in keiner Weise vom Weihnachtsmann-Märchen: Die Eltern sagen ihren Kindern, sie müßten gehorsam und brav sein, um die Bedingungen des Weihnachtsmannes zu erfüllen. „Wenn du deine Milch austrinkst, wird der Weihnachtsmann dir ein Hündchen bringen." Manche Eltern behaupten sogar, sie hätten den Weihnachtsmann gesehen und mit ihm gesprochen.

Wenn man den Glauben an den Weihnachtsmann verliert, kann dies übrigens eine starke Ressource sein, um im späteren Leben spirituelle Autonomie zu erlangen. Man darf fragen, ob sich „Weihnachtsmann-Kulturen" hinsichtlich der Anfälligkeit für fundamentalistisches Denken von „Nicht-Weihnachtsmann-Kulturen" unterscheiden; und wie sich die weit verbreitete Erfahrung, von den eigenen Eltern belogen und irregeführt worden zu sein, auf das autoritäre Denken auswirkt.

Um Kindern den Glauben an den Weihnachtsmann zu bewahren, erfinden Eltern Neologismen und Phantasiegeschichten. Ähnlich halten spirituelle Führer den spirituell-sozialen Komplex lebendig, indem sie Metaphern und Abstraktionen gebrauchen. Alstadt und Kramer haben einen ganzen Katalog solcher Formulierungen zusammengetragen. Abstrakte Begriffe wie bedingungslose Liebe, kosmische Einheit, Hingabefähigkeit, Losgelöstheit, Freiheit vom Ich, Reinheit, Selbstlosigkeit, Demut, Überwindung des Fleisches oder Erleuchtung sind Bausteine dieses spirituell-sozialen Komplexes. Stellt man diese Konzepte in Frage, fällt man häufig den – von Alstadt und Kramer so bezeichneten – „Guru-Tricks" zum Opfer. Dies sind verbale Taktiken, mit denen man Kritiker entwaffnen kann, wie z. B.: „Was Erleuchtung wirklich bedeutet, kannst du erst verstehen, wenn sie dir selbst zuteil geworden ist."

Im Hinblick auf diese Struktur haben „pragmagische Workshops", wie wir sie in den Niederlanden anbieten, ein großes emanzipatorisches Potential. Anhand von Erkenntnissen, die wir aus der Modellierung von Priestern und Schamanen in Stammesgemeinschaften gewonnen haben, unterweisen wir die Teilnehmer unserer Workshops, direkt und ohne Vermittlung mit Göttern und Geistern zu kommunizieren. Wer auf diese

Weise eigene spirituelle Verbindungen entwickelt, kann sich vom Einfluß der Priester befreien, sofern dieser Einfluß auf ihrer ausschließlichen Verbindung zum Übernatürlichen beruht.

In der Sprache des Sozialen Panoramas können wir sagen, daß religiöse Führer ihre Gefolgschaft lehren, bestimmte soziale Eigenschaften hoch zu bewerten. Diese Unterweisungen können z. B. die Botschaft enthalten, daß es wichtig sei, bedingungslose Liebe oder Erleuchtung zu erlangen, wie es der Führer bereits getan hat. Je höher diese Qualitäten geschätzt werden, desto besser für seine Macht und Position. Die Abwertung konkurrierender sozialer Dimensionen wird oft durch den Gebrauch spezieller Adjektive erreicht. Auf diese Weise erfinden die Führer zum Beispiel: *höchste* Erleuchtung, *reines* Bewußtsein, *wirkliche* Liebe, *absolute* Gewißheit, *höheres* Selbst, *kosmische* Identität usw. Der Gebrauch solcher Adjektive impliziert eine Abwertung der ihnen folgenden Substantive. Wenn man z. B. von *wirklicher* Liebe spricht, wird alle andere Liebe als nur „gewöhnliche Liebe“, „falsche Liebe“ oder eine Art von „niederer Liebe“ abgewertet.

7.7 Besessenheit: Geister im Inneren erleben

Das 4. Kapitel handelte von der Autorität. Und zufällig sind auch Geister meist Autoritäten. Wie wir oben sahen, kann etwas Sonderbares passieren, wenn jemand einem anderen Menschen Autorität verleiht, indem er ihm eine hohe Stellung in seinem Sozialen Panorama zuweist. Das rätselhafte Phänomen setzt ein, wenn die tatsächliche Autoritätsfigur der Person näherkommt und die neutrale Distanz durchbricht. Dann zeigen sich alle Merkmale der Einschüchterung durch die Autorität.

Am auffälligsten ist ein Wechsel von der ersten zur zweiten Wahrnehmungsposition: das kinästhetische Selbst löst sich auf, Unterwerfung und

Scheu führen zu einem Verlust an Selbstbestimmung, den Forderungen der Autorität wird mehr Aufmerksamkeit gezollt.

Im 4. Kapitel habe ich diese Phänomene auf das *Gesetz der dominierenden Personifikation* zurückgeführt. Dieses Gesetz besagt, daß eine Autoritätsfigur, wenn sie nur nah genug kommt, das Selbst überwältigt. Und ich behaupte, daß diese Wirkung aus einer unbewußten Anwendung der Perspektive auf die Repräsentation resultiert.

Immer wenn das Gesetz der dominanten Personifikation im sozialen und spirituellen Panorama wirksam wird, bedingt dies eine Unterbrechung der Selbst-Erfahrung. Das Gehirn zentriert auf die wichtigste Personifikation und identifiziert sich automatisch mit ihr.

Betrachten wir nun das faszinierende Phänomen der Besessenheit von Geistern. Geister sind Personifikationen. Geister sind Autoritäten. Geister können in Submodalitäten repräsentiert werden, die denen aller lebenden Autoritätsfiguren überlegen sind. Wir können einen Geist hoch über unserem Kopf oder tief in der Erde lokalisieren, während solche Orte für lebende Menschen sehr ungewöhnlich wären. Auch können wir Geister so riesig visualisieren, daß das ganze Universum in ihnen Platz fände. Denken wir nur an die Darstellung von Geistern in der Kunst.

Tempel mit gewaltigen Statuen an hohen, zentralen Plätzen, in schimmerndem Gold, sind sofort als Repräsentationen von Göttern erkennbar. Riesige Buddha- oder Christusskulpturen erlauben den Gläubigen, diese Gottheiten in den „richtigen" Submodalitäten zu repräsentieren. Dennoch ist es nicht so leicht, von Geistern besessen zu sein.

Ein Hindernis ist die Distanz. Geister werden weiter entfernt lokalisiert als Autoritätsfiguren oder gefährliche Menschen. Warum? Geister sind unheimlich! Nur Priester und Schamanen überwinden ihre Furcht vor den Geistern. Wir gewöhnlichen Sterblichen wagen gar nicht, an die Begegnung mit einem echten Geist, einer Gottheit oder einem Gott zu denken!

Die Furcht erschwert es auch, Götter in der Nähe zu visualisieren. Wenn man glaubt, daß ein Geist die Fähigkeit hat, die Welt zu erschaffen oder zu zerstören, muß es schrecklich sein, in seine Nähe zu kommen. Wie Autoritätsfiguren werden auch Geister in „neutraler Distanz" oder noch weiter entfernt gehalten. Das gleiche gilt für die Geister der Toten. Die meisten Menschen möchten nichts mit ihnen zu tun haben.

Darum ist die Nähe zu spirituellen Wesen ein wichtiger Aspekt religiöser Übungen. Priester und Schamanen vollführen Rituale, durch die sie den Geistern näherkommen. Diese werden angeblich durch Gebete, Gesänge, Tänze und Opfergaben angelockt. Das erste Ziel ist dabei, die Gegenwart der Geister zu fühlen. Das zweite ist, ihre Stimme zu hören. Besessenheit führt noch einen Schritt weiter.

Durch ständiges Training zur Überwindung ihrer Furcht, durch Fasten und Reinigung bereiten sich Schamanen auf die Begegnung vor. Wenn diese Rituale erfolgreich sind, erlebt der religiöse Mensch eine Vergrößerung seiner Geister-Repräsentationen. Je näher diese Repräsentationen kommen, desto stärker ist ihre emotionale Wirkung, und dies kann schließlich zu Zuständen der Geisterbesessenheit führen. Natürlich finden solche Rituale an heiligen Orten statt. Dort wohnen die Geister; und wenn man Tempel und Altäre besucht, kommt man deren Bewohnern näher. Auch ist der Umgang mit ihnen ungefährlicher, wenn Geister an besonderen Orten hausen; man kann weglaufen, wenn man Angst bekommt. Besonders in Kulturen, wo die Geister gute und böse Aspekte in sich vereinigen, ist es schwierig, sie immer in der Nähe zu haben. Gottheiten, die immer und überall existieren, sind nur angenehm, solange diese Götter nichts Böses im Sinn haben.

Genau wie im Fall der Autoritätsfiguren entscheidet die Repräsentation des Selbst darüber, wie anfällig die Person für Besessenheitserfahrungen ist. Trancezustände beseitigen oder schwächen das Selbst-Bewußtsein, was eine Voraussetzung für Besessenheit ist. Tanzen zu schnellen Trommelrhythmen ist eine auf der ganzen Welt verbreitete Methode. Manche Drogen haben einen ähnlichen Effekt. Erfahrene Schamanen wissen, wie sie sich in Trance versetzen und den Geistern öffnen können; nicht allen Geistern, sondern vor allem bestimmten Geistern; jenen Geistern oder Göttern, zu denen sie eine besondere Beziehung haben und die folglich in ihrem spirituellen Panorama sehr gut repräsentiert sind.

Und wenn die Geister näherkommen, geschieht dasselbe, was bei Autoritätsfiguren geschehen kann, nämlich ein Wechsel in die zweite Wahrnehmungsposition. *Wenn der „kinästhetische Geist“ stärker wird als das kinästhetische Selbst, wird ersterer das letztere ersetzen.* Folglich wird sich die Person mit dem Geist identifizieren, einfach aufgrund der Tatsache, daß ihre Selbst-Repräsentation überwältigt wird.

In diesem Fall gerät der Betreffende automatisch in einen Zustand sogenannter „Besessenheitstrance“ (oder behält diesen bei). Die Trance tritt ein, wenn eine Reihe von menschlichen Fähigkeiten abgeschaltet sind und nur noch einige übrig bleiben. Theoretisch können wir Besessenheitstrance als einen Wechsel auf der logischen Ebene des Selbst darstellen. Die Identität, die vom Geist übernommen wird, ist eine andere, beschränktere als die Identität, welche die Person als ihre eigene betrachtet. Und oft besteht der Inhalt der Geister-Identität aus ansonsten unterdrückten Persönlichkeitsanteilen.

Falls Sie mit Geisterbesessenheit experimentieren wollen, sollten Sie einige Vorsichtsmaßregeln einhalten. Diese sind nötig, weil die Begegnung mit einem Geist, selbst wenn Sie ihn als Ihre eigene Kreation betrachten, nicht immer spaßig ist. Allgemein können wir feststellen, daß Geisterbesessenheit wahrscheinlicher und intensiver ist, wenn die Person ein schwaches Selbst und eine dissoziierte Persönlichkeit hat. Ist die Person andererseits gut integriert und hat sie ein starkes Selbst-Gefühl, wird die Besessenheitserfahrung eine „kontrollierte“ sein.

Der entscheidende Faktor ist also anscheinend die anfängliche Kraft des Selbst-Bildes. Einerseits fördert ein fernes, schwaches Selbst-Bild die Geisterbesessenheit, aber andererseits hat das völlige Eintreten in das eigene Selbst-Bild den gleichen Effekt. Mit anderen Worten, das Selbst-Bild muß aus dem Weg geschafft sein, damit die Geister eintreten können. Um die Geister wieder loszuwerden, muß das Selbst-Bild reaktiviert und nah visualisiert sein.

Ich habe einmal unter Führung des brasilianischen Psychiaters David Akstein an einem Trance-Tanz teilgenommen. Nach 45 Minuten des Tanzens mit geschlossenen Augen setzte die Trommel aus. Ich hatte inzwischen alle Selbstbestimmung verloren. Ich stand einfach ein paar Minuten da. In dem Moment, als Akstein meinen Namen rief, kehrte ich zu mir selbst zurück und kam aus der Trance. Später lernte ich dies als ein typisches Zeichen tiefer Tanz-Trance zu erkennen. Der eigene Name kann als

Identitäts-Anker fungieren. Wird er gerufen, aktiviert dies die Repräsentation des Selbst.

In dem Kapitel über das Selbst sprachen wir von der vollen Assoziation mit dem Selbst-Bild. Durch völliges Eintreten in dieses Bild geraten die meisten Menschen in einen meditativen Zustand. Ihre Aufmerksamkeit ist nach innen gerichtet, und soziale Interaktionen fallen schwer. Volle Assoziation mit dem Selbst geht mit einem Verlust an Verbindung zur sozialen Umwelt einher. Gleichzeitig erlebt die Person eine gesteigerte Beziehung zu sich selbst und ihrem inneren Universum. Starke Geister-Repräsentationen können sich in diesem Zustand der Person bemächtigen. Dies ist also eine sichere Methode, um besessen zu werden.

Der gleiche Effekt ist erreichbar, wenn die Person ein sehr kleines und weit entferntes Selbst-Bild hat. Ich-Schwäche ist bekanntlich eine Voraussetzung für dissoziative Phänomene und unfreiwillige Identifikationen. Der klassische Fall eines psychiatrischen Patienten, der sich mit Jesus identifiziert, ist in diesem Rahmen zu betrachten. Ein fehlendes Selbst hemmt die Person; die Übernahme eines anderen Selbst kann solche Probleme lösen, schafft aber viele andere. Ein schwaches Selbst steigert die Gefahr, daß die Person allen möglichen sozialen Einflüssen zum Opfer fällt. „Besessenheit" ist in manchen Kulturen nur ein Name für diesen Einfluß.

Die schamanistische, selbst-induzierte Besessenheit unterscheidet sich von der problematischen Besessenheit durch die Art, wie das Selbst daran beteiligt ist. Schamanen ziehen ihr starkes Selbst-Bild nach innen, um besessen zu werden. „Opfer" problematischer (langfristiger) Besessenheit sind wehrlos gegenüber einer starken Personifikation in ihrem sozialen und spirituellen Panorama, weil ihre Selbst-Repräsentationen schwach sind. In unseren pragmagischen Workshops haben manche Übungen das Ziel, Geisterbesessenheit erlebbar zu machen. Das Ausprobieren verschiedener Methoden, solch einen Zustand zu erreichen, führte zu interessanten Hypothesen über diese uralte menschliche Fähigkeit.

Besessen werden

In vielen Kulturen wird der Fähigkeit eines Menschen, von einem Geist besessen zu werden, hoher Wert beigemessen; es bringt den Betreffenden auf der sozialen Stufenleiter nach oben. Besessenheit als solche kann also vorteilhaft sein. Aber wie wir im nächsten Abschnitt sehen werden, ist Besessenheit auch eine Möglichkeit, Dinge zu tun, die auf andere Weise nicht getan werden könnten.

Führen Sie diese Übung im Beisein einer Person aus, die Ihnen den Text vorlesen und Sie schließlich zurückrufen kann. Traditionell wird Besessenheit mit Hilfe mächtiger Trommelschläge eingeleitet. Es empfiehlt sich, es zuerst ohne Musik zu versuchen.

1) Schließe die Augen und verbinde dich mit deinem kinästhetischen Selbst. Hole dein Selbst-Bild nach innen. Genieße den meditativen Zustand wenigstens 5 Minuten lang. Wähle ein Wort als auditiven Anker für den Zustand. Stelle dein Selbst-Bild wieder vor dich hin.
   Sei dir des Hier und Jetzt bewußt. Wenn du mit einer anderen Person zusammen bist, mag diese einen „Rückruf-Anker" installieren. Dies kann eine Berührung sein (in den schamanistischen Traditionen ist eine Umarmung üblich), oder das Rufen des Eigennamens.
   Wenn du all dies getan hast und dich dabei gut fühlst, kannst du fortfahren.
2) Wähle ein spirituelles Wesen, von dem du besessen sein möchtest. Wenn du keines kennst, solltest du es zuerst mit der in Abschnitt 7.4 beschriebenen Übung „Einen persönlichen Geist erschaffen" versuchen.
3) Sobald du weißt, von welchem Geist du besessen sein möchtest, fange an, deine Repräsentation dieses Geistes zu verbessern. Stelle ihn in die Mitte, mache ihn groß, leuchtend, hell. Gib ihm Farbe und Bewegung.
4) Benutze den im 1. Schritt installierten Anker und kehre in den meditativen Zustand zurück, in dem du ganz mit deinem Selbst-Bild assoziiert bist. Sobald du diesen Zustand erreicht hast, blicke zum Bild des Geistes auf. Geh immer näher an ihn heran. Konzentriere dich weiterhin auf den Geist und laß ihn schließlich ein...
   Wenn Besessenheit zum erstenmal stattfindet, ist das Verhalten der Person unvorhersehbar. Die Erfahrung läßt sich so beschreiben: Man spielt die Rolle des Geistes, ohne sich bewußt zu werden, daß man sie spielt. Es ist wie Schauspielern ohne zu wissen, daß man schauspielert. Schamanen brauchen einige Übung, um Kontrolle über ihre Fähigkeit

zur Besessenheit zu gewinnen. Anfangs kann man froh sein, wenn dieser Zustand wenigstens ein paar Sekunden anhält.

5) Beschließe, dich zurückzurufen, indem du dein Selbst-Bild vor dich hinstellst; oder die andere Person kann dich berühren oder deinen Namen rufen; oder du verwendest einen Wecker.

7.8 Mit dem spirituellen Panorama arbeiten

Die meisten Personifikationen im Sozialen Panorama sind Projektionen internalisierter lebender Menschen. Jede Personifikation kann als Persönlichkeitsanteil im Sinne des NLP aufgefaßt werden. Im 4. und 5. Kapitel haben wir die zur Veränderung dieser Persönlichkeitsanteile geeigneten Techniken behandelt.

Wenn die Repräsentationen anderer Menschen Persönlichkeitsanteile darstellen, so gilt dies auch für die Repräsentationen spiritueller Wesen. Aber es besteht ein gradueller Unterschied zwischen anderen Menschen und Geistern. Geister sind eher externalisiert; und sie operieren, wie man glaubt, völlig außerhalb der Kontrolle des einzelnen.

Wenn NLPler mit einem solchen Rahmen externer Zuschreibung arbeiten, wenden sie Techniken wie die Verhandlung zwischen Persönlichkeitsanteilen oder das „Six-step-reframing" an, wobei die Formulierung der Fragen nur leicht abzuwandeln ist: „Was verlangt dieser Geist von dir?" „Wann wird dieser Geist zufriedengestellt sein?" „Was will dieser Geist dir mitteilen?" Diese Methode ist nur sinnvoll, wenn der Klient selbst einen solchen Bezugsrahmen anwendet. Der kulturelle Hintergrund des Klienten muß unbedingt berücksichtigt werden, sonst können die Dinge außer Kontrolle geraten, und der NLPler steht schließlich als Zauberer da.

Sobald der NLP-Pracititioner mit diesen Möglichkeiten arbeitet, stehen ihm fast zehntausend Jahre schamanistisch-therapeutischer Erfahrung zu Gebote. Er kann die Geisterbesessenheit auf gleiche Weise einsetzen, wie seine schamanistischen Kollegen sie überall auf der Welt praktizieren.

Schamanen heilen nicht nur Menschen, die an Besessenheit leiden; sie führen auch bei sich selbst mit Absicht Zustände der Besessenheit herbei.

Wir dürfen also fragen: Was haben sie eigentlich davon, sich mit einem Geist zu vereinigen?

Wir sprachen schon von dem Status, der in vielen Kulturen mit der Fähigkeit zur Besessenheit verbunden ist. Dies ist aber nicht die einzige Antwort. Um weitere Antworten zu finden, müssen wir zwischen zwei Arten von Besessenheit unterscheiden:

1) Anhaltende Besessenheit (oder problematische Besessenheit).
2) Kurzfristige Besessenheit (oder selbst-induzierte Besessenheit).

Anhaltende Besessenheit ist eine andere Bezeichnung für dissoziative Symptome, die wir – im NLP-Jargon – auf verselbständigte dissoziierte Persönlichkeitsanteile zurückführen. Manchmal können diese Teile recht unheimlich sein und sich ganz der Kontrolle des Klienten entziehen. Anhaltende Besessenheit ist ein Problem – und durch Techniken heilbar, deren Grundstruktur das Verhandeln zwischen konfligierenden Persönlichkeitsanteilen oder das „Six-step-reframing" ist. Grundlage dieser Arbeit ist das Auffinden der positiven Absichten des Geistes, von dem der Klient besessen ist.

Kurzfristige Besessenheit ist dagegen kein Problem, sondern eine Strategie, bestimmte Ressourcen zugänglich zu machen. Ein Schamane wird kurzfristige Besessenheit herbeiführen, um die Ressourcen zugänglich zu machen, die er benötigt, um seine Aufgabe zu erfüllen. Wenn er z. B. als Orakel auftreten will, bemüht er sich, von einem Geist besessen zu sein, der die Zukunft kennt. Wenn er heilen will, verbindet er sich mit einem mächtigen Geist, der heilende Qualitäten hat. Nicht nur Schamanen, sondern auch andere Menschen können mit ähnlichen Zielen Besessenheit anstreben.

Warum brauchen diese Menschen so komplizierte Strategien wie die zeitweilige Besessenheit, um sich Zugang zu solchen Ressourcen zu verschaffen? Warum zuerst ein Reinigungsritual und dann eine Opfergabe? Warum machen sie sich die Mühe, Geister anzurufen? Und wozu all das Trommeln, Tanzen und Singen? Warum verschaffen sie sich den Zugang zu diesen Ressourcen nicht, wie wir es im NLP tun, durch die Erinnerung an einen Zustand, in dem sie die Ressourcen besaßen? Welche anderen Gründe könnte es geben – abgesehen von der Tatsache, daß multisensorische Rituale eine besonders stark ankernde Wirkung haben, die für manche Menschen durch verbale Mittel allein schwer erreichbar wäre?

Eine mir sinnvoll erscheinende Antwort ist folgende: Wenn Menschen die Erfahrung einer kurzfristigen Besessenheit anstreben, machen sie sich Ressourcen zugänglich, die, würden sie auf andere Weise zugänglich gemacht, für den Betreffenden nicht ökologisch wären. Was die Schamanen in der Besessenheit suchen, sind „körperfremde Ressourcen" – Ressourcen also, die sie nur für ein Weilchen entlehnen wollen. Selbst-induzierte kurzfristige Besessenheit wird für Ressourcen eingesetzt, die mit Teilen der Persönlichkeit in Konflikt geraten würden, wollte man sie einfach übernehmen und integrieren. Diese Ressourcen können nicht Teil der Person sein, und dennoch möchte die Person sie nutzen.

Geister können eine Frau z. B. zu einem freien sexuellen Ausdrucksverhalten befähigen. Sie können einem Mann ermöglichen, sich feminin zu verhalten. Und ein Priester mag einen Geist benutzen, um „in Zungen" zu sprechen und alles zu sagen, was ihm in den Sinn kommt, ohne die Verantwortung dafür zu übernehmen. Der Rahmen der Besessenheit bietet also Sicherheit und erweitert unsere Kräfte über das hinaus, was wir als unser Selbst betrachten.

Wenn wir spirituelle Praktiken modellieren, zeigen sich Möglichkeiten, die wir im NLP noch nicht genutzt haben, die aber seit ewigen Zeiten verfügbar sind. Auch in unserem Leben könnte es Ressourcen geben, die wir gern nutzen würden, die aber unseren Überzeugungen und Wertvorstellungen völlig zuwiderlaufen. Und selbst wenn wir nicht von Besessenheit als Technik Gebrauch machen wollen, profitieren wir davon, sie zu verstehen. Im 9. und letzten Kapitel dieses Buches behandeln wir die Metaphern der Macht und werden dort Techniken kennenlernen, die dasselbe Ziel verfolgen, aber besser in unsere westliche Gesellschaft passen.

Eine weitere Anwendung des spirituellen Panoramas findet sich in der Therapie mit trauernden Menschen. Hier haben wir es oft mit Klienten zu tun, die sich von einem geliebten Verstorbenen noch nicht ablösen konnten. Dabei ist festzustellen, daß das Bild des Verstorbenen noch nicht im spirituellen Bereich lokalisiert ist – oder nur teilweise, als Bilokation. Ein Teil ist im sozialen, ein anderer im spirituellen Panorama.

Lediglich durch die Suggestion, den Verstorbenen ganz in das spirituelle Panorama zu stellen, kann das Problem sofort gelöst werden. Möglicherweise wird aber der Klient allen Widerstand dagegen mobilisieren:

„Nein, ich kann sie nicht zu den Toten stellen… Dann wird sie für immer fortgegangen sein."

Eine weitere Anwendung dieses Konzepts besteht darin, die Ablösung von einem Menschen zu stimulieren, der mit seinem Tod rechnen muß.

Eine Freundin von mir hatte einen Hund, der sehr krank war. Der Hund mußte furchtbar leiden, und der Tod wäre für ihn eine Erlösung gewesen. Aber meine Freundin war noch nicht bereit, ihn zum Tierarzt zu bringen, der ihn von seinen Qualen befreit hätte. Ich ließ sie nach oben blicken und sagte: „Nun, schau, da drüben… Kannst du dir vorstellen, daß dort schon ein Platz für deinen Hund bereitet ist? Dort ist es warm und bequem, dort gibt es ein hübsches Körbchen für ihn… Dein Hund ist dort sehr willkommen, siehst du? Er muß nicht mehr leiden… Imaginiere, wie friedlich er dort ausruhen kann, während du hierbleibst und noch einmal die Erinnerung an die schönen Zeiten erlebst, die ihr zusammen hattet…" Sie blickte auf, und nach ein paar Tränen trat ein Leuchten in ihre Augen. Ihr Atem ging langsamer, und die Spannung wich aus ihren Schultern. Sie hielt den Blick nach oben gerichtet und sagte nach einer Weile: „Ach, jetzt fühlt es sich ganz anders an. Vielleicht können auch meine Kinder und mein Mann diese Erfahrung machen. Dann werden wir bereit sein, Bobby endgültig Lebewohl zu sagen."

Zu diesem Zweck haben wir den Himmel. Was William James uns aber lehren wollte, war, nicht weiter auf das Gekläff der braven Vierbeiner dort oben und auf die Rufe und Pfiffe ihrer besorgten Herrchen und Frauchen zu achten.

8. Kapitel

Training und Teams

8.1 Das Soziale Panorama des Trainers

Arthur war als erfahrener Trainer bei einem großen Unternehmen beschäftigt. Und ich hatte die Ehre, sein Supervisor zu sein, während er ein neues, zweitägiges Verkaufsseminar plante. Das Programm enthielt eine Reihe von Elementen, die Arthur neu waren. Und vieles wäre unsicher gewesen, hätte Arthur nicht seinen brillanten Kollegen Peter zum Assistenten gehabt. Die beiden waren ein ausgezeichnetes Trainer-Team. Dennoch, wenn Arthur an das geplante Seminar dachte, war er nervös. Besonders, als ihm klar wurde, daß die „Generalprobe" am nächsten Freitag stattfinden sollte..., und heute war Donnerstag.
Ich forderte ihn auf, sich vorzustellen, er stünde vor dieser „Probe-Trainingsgruppe", und die Teilnehmer zu visualisieren, wie er sie eben sah. Was siehst *du?*
Arthur schilderte mir in allen Einzelheiten, was er fühlte und wie diese Leute vermutlich reagieren würden – ihre Kommentare, Wünsche, Ängste und wahrscheinlichen Einwände. Er betonte, daß der Erfolg des „Probeseminars" am Freitag für ihn sehr wichtig sei, weil die Firma viel Geld in diese Entwicklung investiert habe. Als Teilnehmer, sagte er, seien lauter leitende Angestellte eingeladen, die ein hohes Maß an positiver Erwartung, aber auch gesunder Skepsis mitbrachten. „Sie haben zu entscheiden, ob sie das Programm auf den Markt bringen werden oder nicht."
Wie zu erwarten, veranlaßte meine Frage „Was siehst *du?" Arthur nicht automatisch, Prädikate zu nennen, die auf die Submodalitäten seiner Repräsentation der Gruppe hingedeutet hätten. Wie die meisten Menschen wußte er nicht anzugeben, wie weit entfernt, wie hoch oder wie breit aufgefächert er die Gruppe vor sich sah. Erst als ich ihm energisch ins Wort fiel, bevor er mir alles über den Kontext und den Inhalt des Seminars erzählte, ließ er sich dazu bewegen, mir zögernd sein „Soziales*

Panorama des Trainers" der „Probegruppe" zu entwickeln. Auffällig war, daß Arthur die Gruppe nur in seinem linken Gesichtsfeld sah, und zwar in Form eines halben Hufeisens. Arthur stand davor, als sei es ein ganzes Hufeisen, sah aber nur die linke Seite. Diese linke Hälfte des Hufeisens begann etwa 2 Meter vor ihm.

Direkt vorne, gewissermaßen an der Spitze des Hufeisens, stand ein sehr prominenter Teilnehmer, wie Arthur mir sagte. „Das ist Charles. Ihn sehe ich viel größer als die anderen."

Schon aufgrund dieser Information wäre es ein leichtes gewesen, Arthurs Repräsentation der „Probegruppe" zu verbessern. Aber ich hatte meine Lektion gelernt. Zu oft hatte ich mich durch meinen Eifer hinreißen lassen, Soziale Panoramen ohne Vergleich mit einer Referenzgruppe zu ändern. Indem ich Bilder lediglich nach links, rechts, oben, unten, vor und zurück verschob, hatte ich manche meiner Klienten verwirrt und oft meinen Rapport mit ihnen gefährdet.

Darum forderte ich Arthur auf: „Bitte finde das Beispiel einer Trainingsgruppe, mit der du wirklich gerne gearbeitet hast."

Er besann sich mühelos auf ein paar Beispiele von Gruppen, die ihm sympathisch gewesen waren. Wir wählten eine, die der „Probegruppe" nach Größe und Zusammensetzung der Teilnehmer ähnlich war. Dann erklärte mir Arthur, wie er diese Referenzgruppe sah.

Bald konnten wir die beiden Gruppen hinsichtlich ihrer entscheidenden Unterschiede in den Submodalitäten vergleichen.

Tatsächlich bildete die Referenz-Trainingsgruppe ein ganzes Hufeisen. Auch wurde sie etwas niedriger gesehen als die „Probegruppe", und es gab keine dominierenden Mitglieder. Bewegung und Farbe waren in dieser Referenzgruppe auch ausgeprägter.

Wir setzten unsere Arbeit fort und veränderten nach und nach die „Probegruppe" in Richtung der Referenzgruppe. Interessant war, wie das Hufeisen vervollständigt wurde.

Arthur, der etwas von Computer-Animation verstand, konnte den linken Teil des Hufeisens einfach auf die rechte Seite „spiegeln". Dies getan, verschob er die Gruppe ein wenig nach unten, holte alle Teilnehmer etwas näher heran und sorgte für mehr Bewegung und Farbe. So wurde die Probegruppe nach und nach der Referenzgruppe angeglichen. Und auch ohne besonders scharfe Beobachtungsgabe konnte man sehen, welchen Einfluß dies auf Arthurs Motivation hatte. Er lächelte und seufzte.

Damit hatten wir eine der ältesten Techniken des Sozialen Panoramas angewandt, nämlich das „Trainer-Muster" im Sozialen Panorama.

Richard Bandler hat viel mit dem Verschieben von Repräsentationen gearbeitet, was mich anregte, mit dieser Methode im Kontext von Trainingsgruppen zu experimentieren. Bei einem Trainer-Training an der Universität von Twente, im Frühjahr 1988, hatte sich diese Anwendung erstmals bewährt. Seither hatte ich bei mindestens 500 Trainern Gelegenheit zu untersuchen, wie sie jeweils ihre schwierigen bzw. bevorzugten Gruppen sahen.

Wenn Sie mich also fragen, wie Trainer ihre Lieblingsgruppen imaginieren, kann ich aus Erfahrung antworten: sehr nah, ein wenig niedriger als sich selbst, farbig, homogen und in Bewegung.

Durch den kontrastierenden Vergleich der Bilder von Gruppen, bei denen Trainer gut motiviert waren, mit solchen, die ihnen weniger sympathisch waren, machte ich eine Reihe von bemerkenswerten Entdeckungen. Vor allem zeigte sich, daß durch die Anpassung der Submodalitäten dieser Gruppen-Repräsentationen eine nicht-motivierende Gruppe in eine sympathische Gruppe verwandelt werden konnte. Und diese Entdeckung wurde zum wichtigen Werkzeug in den Workshops für Trainer, die ich veranstalte. Aus dieser Anwendung ergaben sich noch weitere Techniken der Arbeit mit dem Sozialen Panorama.

Manchmal klingelt bei mir das Telefon, und am anderen Ende der Leitung sagt jemand: „Lucas, wir haben hier zwölf Leute, die mit dir ein Führungs-Seminar machen wollen. Geht das in Ordnung?"

Auch wenn solch ein Anruf mir keinerlei spezifische Informationen über die Teilnehmer liefert, mache ich mir doch in Gedanken ein *Bild von der Gruppe*. Und die Submodalitäten dieses Bildes entscheiden weitgehend darüber, ob mir die Vorbereitung auf die Arbeit mit ihnen Spaß machen wird.

Entdecken und verändern Sie Ihr Trainer-Sozialpanorama

Wenden Sie diese Technik immer an, wenn Sie Ihre Motivation zur Arbeit mit einer Gruppe verbessern wollen.

1) Finde die Submodalitäten deines Bildes der Gruppe, die dir nicht sympathisch genug ist, um mit ihr zu arbeiten.
2) Vergleiche diese Submodalitäten mit jenen einer Gruppe, mit der du gerne gearbeitet hast.
3) Bringe in Erfahrung, welche Submodalitäten ausschlaggebend zu sein scheinen, um dich für die Gruppenarbeit zu motivieren.
4) Verändere die entscheidenden Submodalitäten der Gruppe, mit der du nicht gerne arbeitest, in Richtung der Gruppe, mit der du gerne gearbeitet hast, bis du ausreichend dazu motiviert bist.

Wenn Sie mit dem Trainer-Sozialpanorama arbeiten, besteht die Möglichkeit, daß Ihre Repräsentation einer Trainingsgruppe durch störende Individuen oder Untergruppen beherrscht wird. Wie auch Arthur entdeckte: Ihm saß dieser dumme Charles im Nacken! Was sollte er mit ihm tun?

Die Übertragung von Ressourcen auf diese störenden Individuen oder Untergruppen ist die wirksamste Methode, die ich kenne. Sie ist schnell und leicht und sogar sehr zuverlässig.

Transfer von Ressourcen auf störende Untergruppen

1) Welche Ressourcen fehlen der Untergruppe, und welcher Mangel an Ressourcen bewirkt, daß sie dich stört?
2) Finde ein herausragendes Beispiel aus deinem Leben, als du diese Ressource hattest.
3) Assoziiere dich voll mit diesem Beispiel und mache die Erfahrung so intensiv wie möglich. Wähle eine Farbe, die zu der Erfahrung paßt, diese Ressource zu besitzen. Imaginiere dich in einer Wolke von dieser Farbe, während du weiterhin diese Ressource erlebst.
4) Schicke die Ressource der störenden Untergruppe zu. Dies kann als farbige Gaswolke oder als Laserlichtstrahl geschehen.

5) Teste, ob die Untergruppe auf die richtige Lokation in deinem Trainer-Sozialpanorama gestellt werden kann. Füge schließlich auf gleiche Weise noch mehr Ressourcen hinzu.

8.2 Problemlösung in der Wahrnehmungsposition

Aber lassen Sie mich weiter von Arthur erzählen. Kaum hatte er sein Trainer-Sozialpanorama umstrukturiert, spürte er viel mehr Selbstvertrauen. Doch bald runzelte er wieder die Stirn: „Aber…" sagte er. „Aber…"
Er betrachtete das Gruppen-Bild eine Weile und sagte noch einmal: „Aber…"
Natürlich fragte ich ihn: „Aber – was?"
Er wisse es nicht, sagte er und starrte weiter mit gefurchter Stirn auf das Bild der Gruppe.
Ich nahm drei Blatt Papier und schrieb die Zahlen 1, 2, 3 darauf. „Schau", sagte ich und legte Nr. 1 vor Arthurs Füße. „Dies symbolisiert die erste Wahrnehmungsposition. Das heißt, von hier betrachtest du das Training, wie du es mit deinen Augen als Trainer siehst." Nr. 2 legte ich etwa 4 Meter vor Arthur hin. „Dies ist die zweite Wahrnehmungsposition; das Training, wie die Trainees es mit ihren Augen sehen." Die dritte Wahrnehmungsposition legte ich neben die Interaktionsachse Trainer-Trainees; dies war der seitliche Standpunkt eines Beobachters.
Ich faßte Arthur an den Schultern und stellte ihn auf das Blatt der dritten Wahrnehmungsposition. „Betrachte dich und die Gruppe. Was ist hier falsch oder was fehlt?"
Arthur schaute einige Zeit auf die Blätter und schüttelte dann den Kopf. „Ich mache viel zuviel Aufwand um dieses Training", sagte er. „Das bringt mich noch um. Ich bin viel zu aktiv. Ich muß abbremsen. Ich muß ihnen Zeit lassen."
Was das bedeutete, brauchte ich mit Arthur nicht zu diskutieren. Sobald er zu verstehen gab, daß er genug gesehen hatte, bat ich ihn, sich wieder vor die Gruppe zu stellen – und auf die Bremse zu treten.
An seiner Körperhaltung und seiner Atmung war zu erkennen, daß er vor der imaginären Gruppe abgebremst und sich entspannt hatte. Er lächelte

mir zu und meinte: „Jetzt kann dieses Seminar nur noch schiefgehen, wenn ich die Leute, auch Peter und mich, überfordere. Ich muß loslassen...“
Nun war es Zeit, Arthur in die zweite Wahrnehmungsposition zu bringen. Wir stellten einen Stuhl an die Stelle, wo für ihn die „Masse“ der Gruppe lokalisiert war. Er setzte sich. „Sei einer der Teilnehmer und betrachte dich als Trainer... Was hältst du von diesem Arthur da vorne?“
„Er fürchtet meine Kritik“, antwortete Arthur sofort. „Er fürchtet, die ganze Sache könnte abgeblasen werden. Das kann ich verstehen. Trotzdem macht es mir Sorgen. Warum zweifelt der Kerl so an seiner Arbeit? Warum versucht dieser Arthur mich von seinen Qualitäten zu überzeugen? Ich weiß doch, daß er gut ist!“
Als Arthur wieder in der dritten Wahrnehmungsposition stand, hatte er offenbar einen Anfall von Kreativität. Er lächelte, lachte und führte Selbstgespräche. Das meiste konnte ich nicht verstehen. Dann trat er spontan wieder in die erste Wahrnehmungsposition. Er gestikulierte und redete mit leiser Stimme, war aber für das imaginäre Publikum vor ihm gut zu hören. Nun brachte ich Arthur wieder in die zweite Position. Und fragte ihn: „Wenn du einer der kritischeren Teilnehmer wärst, welche deiner Erwartungen würden in diesem Seminar nicht erfüllt werden?“
„Ich kann in diesem Trainingsprogramm nicht meine philosophischen Ansichten erörtern.“
Wieder auf dem Platz der dritten Wahrnehmungsposition, überlegte Arthur, wie er dies lösen könne. Aber er fand keine befriedigende Antwort. Also bat ich ihn, Platz zu nehmen und sich folgende Instruktion durchzulesen:

Falsche Erwartungen ausgrenzen

1) Versetze dich an die Stelle eines oder mehrerer imaginärer Trainees. Finde heraus, welche Erwartungen sie haben könnten und welche davon dein Programm nicht erfüllt. Mache eine Liste dieser falschen Erwartungen.
2) Begib dich nun in die dritte (Wahrnehmungs-)Position des Beobachters und überlege, was du zu Beginn des Trainings sagen könntest, um diese falschen Erwartungen auszugrenzen. Laß dich von folgender Liste anregen.

Einige Ideen zum Abstecken des Rahmens für das Training

Grenze deine Rolle als Trainer ein

Ich bin ein Begleiter.

Ich stelle Möglichkeiten zur Verfügung.

Ich vermittle Einblicke.

Ich will euch Beispiele zeigen.

Ich will euch helfen, Entdeckungen zu machen.

Wir werden gemeinsam forschen.

Ich will zusammen mit euch etwas entwickeln.

Grenze die Rolle der Trainees ein

Ihr werdet Schritt für Schritt geführt werden.

Ihr werdet eigene Entscheidungen treffen und wählen müssen.

Ihr werdet uns Fälle und Beispiele liefern.

Ihr werdet euch gegenseitig schulen.

Ihr werdet mit euren schwachen Seiten konfrontiert werden.

Ihr werdet Gäste bei einem Bankett sein.

Ihr werdet bis an eure Grenzen gefordert werden.

Grenze den Inhalt des Trainings ein

Es stellt die grundlegenden Werkzeuge bereit.

Es vermittelt ein paar neue Ideen.

Es bietet einen soliden Rahmen.

Es ist experimentell.

Es ist eine Metapher.

Es ist wie ein Puzzle, das wir gemeinsam zusammenfügen müssen.

Es fordert von euch eine Feinabstimmung eurer Fähigkeiten.

Grenze die Verfahren und Übungen ein

Wir werden Realität simulieren.

Wir werden mit Ideen spielen.

Wir werden bis an unsere Grenzen experimentieren.

Wir werden Schritt für Schritt neue Verhaltensweisen erkunden.

Wir werden ausprobieren, welche Werkzeuge unseren Bedürfnissen entsprechen und welche nicht.

Wir werden mit extremen Situationen konfrontiert sein.

Wir werden zusammen Wege des Lernens entdecken.

Arthur fand auf dieser Liste zwei Rahmen, die zu seinen Problemen paßten. Er sagte: „Am Anfang des Seminars werde ich den Leuten sagen: ‚Ich will euch ein paar Beispiele zeigen und ein paar neue Ideen vorführen.'" Und er erklärte seine Absicht, einem problematischen Teilnehmer eindeutig zu sagen, daß es in diesem Seminar keine weltanschaulichen Diskussionen geben würde. Zum Ausgleich beschloß Arthur, eine Eröffnungsübung anzubieten, bei der die Teilnehmer aufgefordert werden sollten, binnen drei Minuten möglichst viele eigene Ideen zum Thema des Trainings beizusteuern. „Das dürfte genügen", lächelte er. Und er fand, er sei jetzt gründlich vorbereitet.

8.3 Teambuilding mit NLP

Ich bin seit fast dreißig Jahren Bergsteiger und habe schon mehrmals erlebt, daß Kletterer einander in den Bergen zu hassen anfingen. Und es gab Bergunfälle, bei denen Mordverdacht laut wurde. Daraus folgere ich: *Outdoor*-Aktivitäten sind keine Garantie dafür, Menschen zusammenzuführen. Aber ich liebe das Training im Freien (das mir Gelegenheit bietet, meine Arbeit draußen in der Natur zu tun). Dennoch bin ich eher skeptisch, was die Effektivität von *Outdoor*-Teambuilding-Programmen betrifft.

Ich muß dies so deutlich aussprechen, weil ich Ihnen vorführen möchte, was wir mit Hilfe des Sozialen Panoramas auf dem Gebiet der Team-Verbesserung erreichen könnten. Teambuilding bedeutet nicht, Teilnehmer bei einer Reihe von Gruppenaufgaben zusammenzuführen; vielmehr sollen sie ihre Meinung über einander ändern. Ich bin überzeugt, daß viele Teamtrainer sich zu sehr auf Programme, Aktivitäten und Übungen konzentrieren. Diese Leute vergessen allzu leicht, woraus ein Team besteht: Ein Team entsteht in den Sozialen Panoramen der einzelnen Team-Mitglieder. Ihr Bild von den anderen Mitgliedern in Beziehung zu sich selbst – das ist es, was ein Team ausmacht. In diesem Buch nenne ich diese Bilder *„Team-Panoramen"*. Obwohl es eine Reihe von abstrakten Begriffen im Zusammenhang mit Teams gibt – wie Teamgeist, Teamkultur, Team-Interaktionsregeln, Teamarbeit – resultieren sie alle aus der gleichen Quelle, nämlich den Team-Panoramen der Individuen.

Wenn wir also ein schlechtes Team vor uns haben, müssen wir annehmen, daß die Sozialen Panoramen der Team-Mitglieder Elemente enthalten, die das Team behindern. Und genau in diesen Team-Panoramen müssen Veränderungen vorgenommen werden.

Aus meiner Sicht muß ein Teambuilding-Training auf die Umstrukturierung der Team-Panoramen der Mitglieder ausgerichtet sein, um ein Gefühl der Zusammengehörigkeit, der geteilten Verantwortung und Einigkeit aller herzustellen. Außerdem sollten die Team-Mitglieder durch das Training erfahren, daß es Spaß macht, diesem Team anzugehören – und daß sie stolz darauf sind. Zudem sollten sie motiviert werden, sich mehr für die Erhaltung einer produktiven und sicheren Atmosphäre im Team einzusetzen. Die dazu nötigen sozialen Fähigkeiten sollten von vornherein gegeben sein, aber wenn einzelne Team-Mitglieder sie nicht haben, sollten sie im Rahmen des Teamverbesserungsprogramms individuell beraten werden.

In der Sprache des NLP könnten wir also feststellen, daß ein Teambuilding-Projekt die Team-Mitglieder von ihrem *gegenwärtigen Team-Panorama* zu ihrem *erwünschten Team-Panorama* führen muß. Folglich können wir fragen: Welches ist die effektivste Art, von A nach B zu gelangen?

Wie oben gesagt, ziehe ich die Veränderung von Repräsentationen dem Verändern von Interaktionsmustern vor. Interaktionen verstehe ich als Folge sozialer Repräsentationen. Es macht also wenig Sinn, den Leuten nette Redewendungen beizubringen, wenn sie negative Bilder voneinander behalten.

Und abermals: Welches ist der effektivste Weg, die Sozialen Panoramen der Team-Mitglieder zu ändern?

Es ist naiv zu glauben, daß es genügt, alle Mitglieder des Teams um einen Tisch zu versammeln. Selbst wenn ein Team in einem luxuriösen Tagungshotel untergebracht ist und mit strukturierten Sitzungen beglückt wird, werden dadurch die Beziehungen untereinander nicht notwendig verbessert. Oft werden Konflikte noch verschärft, wenn die Beteiligten Zeit haben, sie auszutragen. Und auch die Situation des Hotels selbst kann Konfliktstoff bergen: Konkurrenz um Zimmer, Kellnerinnen oder Tennisplätze usw. kann zu weiteren Konflikten führen, die spät abends an der Bar ausbrechen, wenn kein Trainer zur Stelle ist.

Außerdem sind Konfrontationen in großen Gruppensitzungen nicht effizient. Wenn zwischenmenschliche Konflikte überhaupt in einer Gruppe gelöst werden können, braucht dies viel Zeit und ist schwer zu kontrollieren. Konflikte zwischen zwei Menschen werden am besten zwischen den beiden gelöst, allenfalls mit Hilfe eines erfahrenen Beraters, aber nicht in einem Amphitheater. Eine Arena ist zum Kämpfen da, nicht zur Beseitigung von Konflikten. Geschieht es nicht allzu oft, daß Konfrontationen in Gruppen zu weiterer Polarisierung führen? Das Publikum ist gezwungen, Partei zu ergreifen, zu simplifizieren und die Gegensätze zwischen den Beteiligten zu verschärfen.

Die Zusammenführung der prospektiven Team-Mitglieder in einem Raum ist also nur effizient, wenn keinerlei Konflikte in der Luft liegen. Dies macht eine gründliche Konfliktbeurteilung notwendig, bevor ein Teambuilding-Programm geplant werden kann.

Der Trainer sollte nicht nur über schwebende Konflikte Bescheid wissen, sondern auch die Motivation der einzelnen Team-Mitglieder kennen, Teil des Teams zu werden. Wollen sie wirklich Mitglieder eines festen Teams werden?

Häufig ist ein Programm nur vom Enthusiasmus des Managements getragen. Und wohlgemerkt, wenn die Unternehmensleitung unsere Hilfe beansprucht, um ein Team von Mitarbeitern zu verbessern, heißt dies, daß ihr dies bislang selbst nicht gelungen ist. Es mag daran liegen, daß das Management zu wenig Kontakt zu den Mitarbeitern hat. Das Management hofft, daß der Trainer ihm diese Aufgabe abnimmt; wenn diese aber einem Außenstehenden überlassen bleibt, kann es nachteilige Folgen für das Management haben. Bevor man sich's versieht, findet sich das Team in der Kritik am Management zusammen. In-Group/Out-Group-Polarisierungen zwischen dem Management und einem Team von Mitarbeitern können zu sehr unproduktiven Arten von Teamgeist führen. Wenn das Management im Sozialen Panorama der Team-Mitglieder an Boden verliert, kann ein Teambuilding-Programm mehr Schaden als Nutzen für eine Organisation stiften, selbst wenn das Team dadurch gestärkt wird.

Vielfach wird der Trainer als jemand gesehen, der für das Management arbeitet. Wenn solch ein Trainer die Mitglieder des Teams irgendwelchen unangenehmen, anstrengenden oder gefährlichen Situationen aussetzt, kann er leicht als „Erfüllungsgehilfe" im Dienst des Managements gesehen werden. Dann stellen die Team-Mitglieder den Trainer auf den gleichen Platz in ihrem Sozialen Panorama, wo sie vermutlich bereits das Management lokalisiert haben, und werden offen das tun, was sie gegenüber dem Management nicht wagten – nämlich revoltieren. Wie geschickt ein Trainer auch sein mag, wenn er als „bezahlter Knecht des Chefs, der uns manipuliert", gesehen wird, wird er nicht viel Erfolg haben.

All dies muß im voraus geklärt sein, damit die Dinge funktionieren. Und darum muß ein Teambuilding-Trainer, bevor er ein Programm aufstellt, mit möglichst vielen einzelnen Teilnehmern sprechen. Wenn das Management Sie auffordert, als Teambuilding-Trainer für die Firma tätig zu werden, erwartet man von Ihnen häufig die Durchführung einer Reihe von Gruppenaktivitäten, nicht aber von individuellen Beratungen. Letzteres könnte aber das Beste sein, was Sie anzubieten haben; Sie wissen ja, das bessere Produkt ist manchmal schwerer zu verkaufen.

Team-Panoramen werden von einflußreichen Mitgliedern geformt; in individuellen Coaching-Sitzungen können Sie diese Meinungsführer zuerst dazu bringen, ihr Team-Panorama zu ändern. Sobald diese einflußreichen Mitglieder ein verbessertes Team-Panorama haben, kann man sie anregen, mit den anderen, weniger einflußreichen Mitgliedern darüber zu kommunizieren. Ein kurzes individuelles Training im Gebrauch der Sprache des Sozialen Panoramas und gruppendynamischer Metaphern kann bei ihnen genügen. Auf diese Weise verbreitet sich die Botschaft auf den Flügeln ihrer sozialen Macht. Solch eine natürliche Veränderung der Einstellung ist wahrscheinlich die eleganteste Methode zur Verbesserung eines Teams.

Indem man feststellt, wer die sozialen Meinungsführer eines Teams sind, und sie einbezieht, kann man den Prozeß des Teambuilding wesentlich beschleunigen.

Ein erfahrener NLPler kann – mit diesem Buch über das Soziale Panorama in der einen Jackentasche und einem Stapel klassischer NLP-Techniken in der anderen – ein erfolgreicher Teamtrainer sein. Mit Hilfe dieser Werkzeuge wird er Traumata lösen, Konflikte reduzieren, Mißtrauen abbauen und mittels individueller Beratung die Motivation der Mitglieder verbessern. Er wird das Team erst zusammenführen, nachdem die Atmosphäre bereinigt ist und allgemein gute Stimmung herrscht. Zielgerichtetes NLP-Coaching ist wahrscheinlich das wirksamste Vorspiel zum Teambuilding in einer Gruppensitzung. Hier die einzelnen Schritte:

Vorarbeiten zum Teambuilding: Das einzelne Mitglied

Teil 1:
Beurteilung der Motivation

Testen Sie zuerst die Motivation des Team-Mitglieds.

1) Möchtest du an dem Team teilnehmen?
2) Glaubst du, daß die organisatorische Struktur sinnvoll ist?
3) Hast du Konflikte, die über den Rahmen des Teams hinausgehen? Konflikte mit dem Management?
4) Hast du Einwände gegen das Team, seine Mitglieder oder die Art, wie es organisiert ist?
5) Hast du negative Vorurteile gegen „Teambuilding" als solches?

Wenn alle Einwände berücksichtigt sind, formulieren Sie für das Team-Mitglied ein „wohlgeformtes" persönliches Resultat: „Was versprichst du dir persönlich von der Verbesserung des Teams?"

Eine elegante Methode besteht darin, dieses Ziel auf der persönlichen Timeline des Mitglieds in die Zukunft zu projizieren. Arbeiten Sie weiter mit NLP-Techniken, bis das Team-Mitglied über seine Investition in das Team und dessen Zukunft Bescheid weiß.

Wenn alles geklärt ist, fahren Sie mit folgenden Schritten fort:

Teil 2:
Beratung (Coaching) für ein erwünschtes Team-Panorama

1) Aktivieren Sie das Soziale Panorama des Team-Mitglieds
2) Fragen Sie nach einer Erfahrung starken Teamgeistes, die der Betreffende erlebt hat. Diese Erfahrung sollte vorzugsweise nichts mit dem zu bildenden Team zu tun haben.
   Fordern Sie die Person auf, das zu dieser Erfahrung gehörige Soziale Panorama auf ein Blatt Papier zu zeichnen.

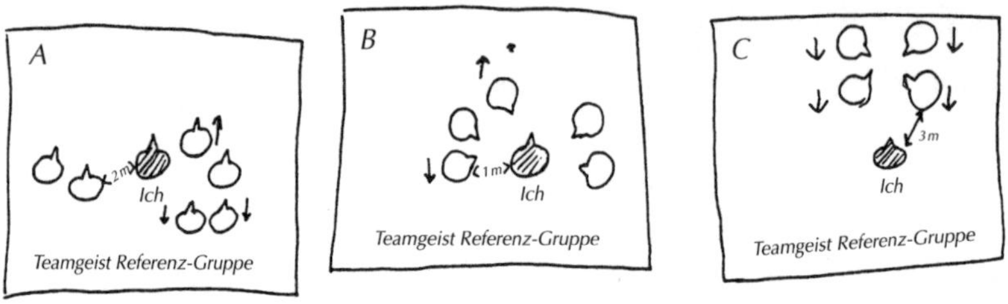

3) Fordern Sie die Person auf, ihr gegenwärtiges Panorama des Teams zu beurteilen. Wie erlebt sie das zu bildende Team? Fordern Sie das Mitglied auf, auch dieses Soziale Panorama zu zeichnen.

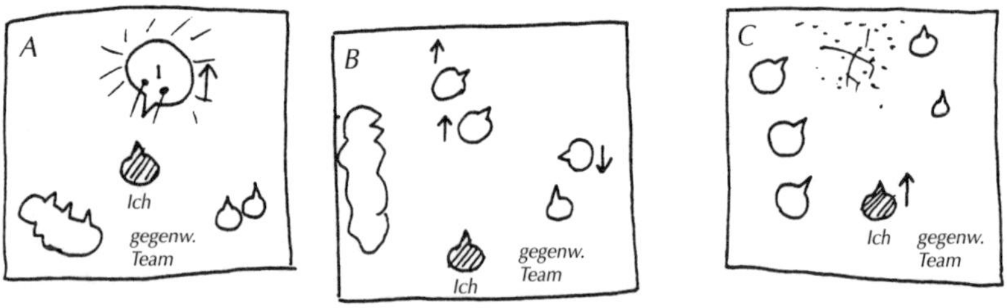

4) Fordern Sie das Team-Mitglied auf zu phantasieren, wie das zu bildende Team sein sollte. Wo müßtest du die anderen Team-Mitglieder sehen, um Teamgeist zu spüren? Fordern Sie das Team-Mitglied auf, sich mit diesem erwünschten Teampanorama zu assoziieren, und überprüfen Sie dies emotional. Lassen Sie es auch dieses Soziale Panorama zeichnen.

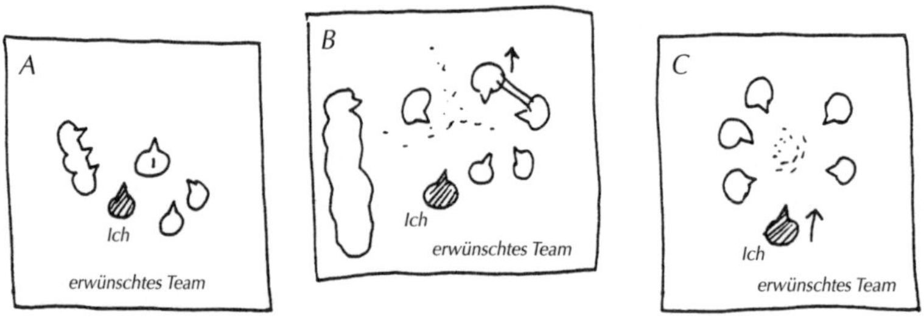

5) Jetzt haben Sie drei Skizzen von Team-Panoramen: a) eine Referenzgruppe für starken Teamgeist, b) ein gegenwärtiges Team-Panorama und c) ein erwünschtes Team-Panorama.

Nun können Sie die in diesem Buch (vor allem im 5. und 6. Kapitel) vorgestellten Techniken und alle anderen NLP-Methoden einsetzen, um das gegenwärtige in das erwünschte Team-Panorama zu überführen. Die Referenzgruppe für starken Teamgeist soll dazu dienen, im kontrastierenden Vergleich mit dem gegenwärtigen Zustand Ressourcen zu finden.

Dieses „direkte" Vorgehen ist abgeschlossen, sobald alle einzelnen Team-Mitglieder ihr Mißtrauen und ihre Haßgefühle abgebaut haben. Bei manchen Team-Mitgliedern wird es nötig sein, einschränkende Überzeugungen zu ändern, die Selbstachtung zu stärken oder traumatische Erlebnisse aus der frühen Kindheit aufzulösen. Tun Sie, was immer erforderlich ist, denn es wird sich später auszahlen.

Sobald die Mitglieder des Teams dazu bereit sind, kann man Gruppensitzungen organisieren, um das neue Sozialsystem noch mehr zu stärken. Hier folgen drei Beispiele von Aktivitäten, die diesem Zweck dienen können.

8.3.1 Ein Team bilden

Ein Zimmer wurde leergeräumt, und die Gruppe wurde aufgefordert einzutreten. Ich erklärte, ich hätte zwanzig Blatt Normpapier, ein Blatt für jeden Teilnehmer, und fragte nun: Was ist die kleinste Anzahl von Blättern, auf denen das ganze Team stehen könnte?
„Versuchen Sie es", sagte ich.
Mit großer physischer und organisatorischer Anstrengung wurde ein Menschenturm gebaut. Zuerst in der Mitte des Zimmers, dann an der Wand, dann wieder in der Mitte des Zimmers. Es gab eine lebhafte Verständigung über Regeln und Wertungen. Der physische Kontakt war intensiv und komplex. Schließlich fand das ganze Team von zwanzig Personen auf nur vier Blättern Platz und hielt diese Position ein paar Sekunden lang. Alle waren sehr zufrieden mit ihrer Leistung.
Diese Übung zeigte, daß physische Nähe eine wichtige Rolle bei der Entstehung von Gruppengefühlen spielt. Sie bietet auch ein diagnostisches Werkzeug: Personen, die keine Gruppengefühle aufbringen können, werden an einer solchen Übung nicht teilnehmen.

8.2.2 Das Team-Panorama in einer Gruppensitzung erkunden

Jeder Teilnehmer erhielt ein Blatt Papier und sollte in der Mitte einen kleinen Kreis einzeichnen. „Dieser Kreis bist du“, sagte ich. „Zeichne deine Nase oben ein. Nun schließe die Augen und denke an alle Menschen dieser Welt, die dich umgeben. Visualisiere die für dich relevanten Mitglieder des Teams. Wer sind diese? Wo siehst du sie? Wie weit entfernt? Links oder rechts? Nun mache eine Skizze, die zeigt, wie du die Positionen dieser Team-Mitglieder in Beziehung zu dir selbst erlebst. Zeichne also eine Person, die du vorne siehst, über deiner Nase ein und wähle einen Maßstab für die Distanz.“

Ein Beispiel auf einer Wandtafel verdeutlichte dies. Dennoch brauchten einige Teilnehmer Hilfe. Schließlich hatte jeder eine Repräsentation seines Team-Panoramas aufgezeichnet. Nur die vertikale Dimension fehlte noch. Auch dieser Aspekt wurde berücksichtigt, und zwar mit einem einfachen Mittel. Personen, die höher oder niedriger gesehen wurden, waren mit einem kleinen, auf- oder abwärts gerichteten Pfeil zu bezeichnen. Die Länge dieser Pfeile zeigte an, wie weit oben oder unten eine Person gesehen wurde.

Dann wurden alle instruiert, das gleiche Team zu zeichnen, jetzt aber so, wie sie es gerne sehen würden. Schließlich sollte angegeben werden, warum Veränderungen notwendig seien.

Nachdem alle Teilnehmer damit fertig waren, wurden sie aufgefordert, ihre Skizzen in ein anderes Zimmer mitzunehmen.

Dort standen Stühle an den Wänden. Alle nahmen auf diesen Stühlen Platz. „Sieht ja aus wie in der Tanzstunde“, meinte einer.

Dann sollte Astrid als erste ihr Soziales Panorama verlebendigen. Sie durfte Stühle und Menschen verschieben, bis alle relevanten Personen an dem Platz waren, wo sie sie eingezeichnet hatte. Sie selbst setzte sich auf den Stuhl in der Mitte und überprüfte, ob sich alles richtig anfühlte. Manche Personen sollten sich in eine andere Richtung wenden, andere ließ sie am Boden sitzen oder aufstehen, um die vertikale Dimension anzudeuten. Astrid schien zufrieden. „So fühlt sich das für mich an“, sagte sie. Ein weiterer Kommentar erübrigte sich; jeder konnte hier seine eigene Bedeutung ablesen.

Nun nahm Astrid ihre zweite Zeichnung zur Hand. Indem sie etliche Personen und Stühle verschob und manche Teilnehmer Platz nehmen hieß, konnte sie uns allen demonstrieren, welche Anordnung sie bevorzugte. Einige Personen wünschte sie näher bei sich, während andere von rechts nach links gerückt wurden.

Ich gab der Gruppe Zeit zu besprechen, was nötig wäre, um diese Veränderungen auch in der sozialen Realität zu verwirklichen.

Aus Zeitgründen konnten wir diese Prozedur nur mit drei Team-Mitgliedern wiederholen. Aber die Methode war sehr fruchtbar und verdeutlichte ohne viele Worte, was verändert werden mußte. Von nun an hörte man überall Teilnehmer im Gespräch darüber, wo sie einander in ihrem Sozialen Panorama lokalisierten. Manchmal war dies komplementär, aber nicht immer. Jedenfalls bot es Gelegenheit zu persönlichem Gedankenaustausch.

8.3.3 Den Drachen zähmen

Ein Freiwilliger sollte einen Drachenkopf aufsetzen, der aus einem übergeworfenen Laken bestand, die Augen mit Filzstift eingezeichnet. Dieser Freiwillige war überhaupt eines der tragenden Elemente im Team. Er übernahm die Rolle des symbolischen Drachen und repräsentierte Außenstehende, die das Funktionieren und Wohlergehen des Teams bedrohen könnten. (Die eigentliche Gefahr schien von einem bestimmten leitenden Angestellten auszugehen.)

Das Zähmungsmuster

1) Verbale Abreaktion
   Jeder konnte seine Aggression gegen den Drachen richten, der in der Mitte eines weiten Kreises stand. Allen war klar, daß dieser Drache eine Person außerhalb des Zimmers repräsentierte.
2) Positive Absichten
   Jeder erkundete bei sich, welches die positiven Absichten des Drachen sein könnten. „Was versucht er durch dieses schlimme, drachenartige Verhalten zu erreichen?“
3) Fehlende Ressourcen

Alle erkundeten für sich selbst, welche Eigenschaften der Drachenperson fehlen mochten. „Welche Ressourcen braucht der Drache, um sich freundlich und effektiv verhalten zu können?"

4) Aktivierung dieser Ressourcen
Nun sollte jeder seine Aufmerksamkeit nach innen richten, um ein Beispiel aus seinem Leben zu finden, als er diese Ressourcen besaß. War ein Beispiel gefunden, erfolgten Suggestionen, sich voll mit diesem Beispiel zu assoziieren und es möglichst intensiv wiederzuerleben.
Dann folgte die Suggestion, diese Ressourcen in etwas zu verwandeln, das man in die Hand nehmen und zu Kugeln formen konnte. Dann wurde der nächste Schritt vorgestellt.
5) Transfer der Ressourcen
Die Gruppenmitglieder wurden aufgefordert, ihre Ressourcen (Kugeln) nach dem Drachen zu werfen und zu erleben, wie diese ihn transformierten. Auf diese Weise verwandelte sich der Drache in etwas anderes.

Wie im 5. Kapitel ausgeführt, ist die stumme (hier verbale) Abreaktion ein gutes Mittel zur Auflösung aggressiver sozialer Emotionen.

8.3.4 Ein Team träumen

Dann bat ich alle, sich schweigend hinzusetzen. Durch hypnotische Sprachmuster wurde eine meditative Atmosphäre erzeugt:
Orientiere dich im Hier und Jetzt. Fühle deine Sitzfläche, deine Füße, deinen Kopf auf dem Hals... Atme langsam und tief, entspanne dich, höre zu, was ich dir sage. Und höre auch die Geräusche der Vögel, des Windes, der Autos. Lausche all den Geräuschen... Nachdem du nun gesehen hast, was es hier zu sehen gibt, schließe die Augen und erkunde, was du noch immer vor deinem inneren Auge sehen kannst. Wen siehst du in deinem Erinnerungsbild in der Nähe, was haben die Leute an, wie sitzen sie, welche Farben, welche Schattierungen, Bewegungen, Formen...?
Nun betrachte alle Mitglieder des Teams, wie du sie vor deinem inneren Auge siehst. Nimm dir Zeit.
Wenn du die Mitglieder des Teams in deinem Inneren betrachtet hast, öffne wieder die Augen und schau die realen Menschen an... Schau dich um.

Gibt es einen Unterschied? Hast du jemanden vergessen? Wer saß dir am nächsten? Wer am entferntesten? Wie groß, klein, winzig, hochgewachsen?
Schließe wieder die Augen, entspanne dich und erinnere dich an das Team, wie du es gesehen hast.
Also, einige Team-Mitglieder waren vermutlich weit entfernt oder sind vergessen worden; nimm dir Zeit, sie an ihren Platz zu stellen oder sogar näher heranzuholen. Mach sie deutlicher und gib ihnen die richtige Größe.
Vielleicht weißt du den Grund, warum manche Team-Mitglieder auf Abstand gehalten werden müssen?
Möchtest du das ändern? Nimm dir Zeit… (Pause)
Welche Farbe haben die Verbindungen zwischen dir und den anderen Team-Mitgliedern, wenn du von dem Team träumst? Vielleicht sind es helle Farben, die euch verbinden. Betrachte die stärksten Bindungen; die schwächsten Bindungen… Mit wem möchtest du dich stärker verbinden? Imaginiere die Verbindung stärker, mache sie enger… (Pause)
Schau, wie alle Mitglieder miteinander verbunden sind; ziehe farbige Linien zwischen dir und den anderen Mitgliedern.
Fliege über das Team. Und sieh all diese Verbindungen aus der Luft an (Pause).
Sieht es so gut aus? Möchtest du einige Verbindungen ändern? Nimm dir Zeit…
Schwebe hinunter in dich selbst und fühle die Kraft der neuen Verbindungen. Ist es Macht, Wärme, Freundschaft…, was du erlebst?
Stelle dich außerhalb des Teams und sieh dich von der Seite her, inmitten des Teams. Wie siehst du aus? Bist du in das Team eingegliedert? Sieht es gut für dich aus? Sieh dich aus dieser Distanz mit den anderen Mitgliedern interagieren.
Jetzt versetze dich an die Stelle eines der am meisten vernachlässigten Mitglieder des Teams. Was siehst du durch seine Augen? Wie siehst du dich selbst…? (Pause)
Verlasse diese Position und begib dich in die Position des dominierendsten Team-Mitglieds; betrachte das Team mit seinen Augen und sieh dich selbst… (Pause)

Wenn nötig, verschiebe Mitglieder, die zu weit unten sind, nach oben, und solche, die zu weit oben sind, ein wenig nach unten. Fühle, was daran problematisch ist; fühle, was daran gut ist.
Schwebe zurück in dich selbst. Gibt es an deinem Bild des Teams noch etwas zu verbessern? Nimm dir Zeit, dein Bild zu vervollständigen, und frage dich, was dies für deine Kommunikation und deinen Umgang mit den anderen Team-Mitgliedern in Zukunft bedeuten mag. Welche Probleme müßten gelöst werden? (Lange Pause)
Nimm dir Zeit, ins Hier und Jetzt zurückzukehren. Und erzähle, wenn du willst, was in diesem Traum passiert ist.

9. Kapitel

Metaphern der Macht

9.1 Jenseits des Wörterbuchs

Metaphern sind wie Autos; sie erweiteren unseren Horizont; sie bringen uns dorthin, wohin wir sonst nicht gelangen könnten.

Metaphern beziehen ihre Bedeutung aus Analogien; aus Ähnlichkeit und Gleichheit. In Metaphern sprechen ist das Gegenteil der Rede im buchstäblichen Sinn.

Kommunikation im buchstäblichen Sinn erfolgt in der „Objektsprache“, einer Sprache, die den herrschenden Konventionen hinsichtlich der Beziehung zwischen „Wörtern“ und „Objekten“ gehorcht. Die Rede in der Objektsprache sagt also nur aus, was das Wörterbuch vorschreibt.

Auch soziale Beziehungen können in der Objektsprache ausgedrückt werden. Zum Beispiel wenn ich sage: „Sie sind mein Leser.“ Denn auf diese Weise beschreibe ich die Situation zwischen uns beiden gemäß den Regeln des Wörterbuchs. Was nicht der Fall ist, wenn ich sage: „Ich nehme Sie mit auf einen Flug mit meinem Traum-Strahl.“ Sätze wie „Ich bin Ihr Anhänger“ oder „Vielleicht sind Sie mein Kollege“ sind hingegen Beschreibungen von Beziehungen, die den Kriterien der Objektsprache entsprechen. Darum bezeichne ich die Kommunikation über Beziehungen in der Objektsprache als *„Beziehungen benennen“*, nämlich die Beziehung bei dem ihr entsprechenden Namen nennen.

Oft ist die Objektsprache aber zu beschränkt. Unsere kommunikativen Bedürfnisse sind größer, als daß wir sie in der Objektsprache ausdrücken könnten. Besonders im Bereich der menschlichen Beziehungen wünschen wir uns häufig mehr Poesie, Diplomatie und Romantik. Wenn uns die Objektsprache dies nicht bieten kann, brechen wir manchmal die stillschweigenden Konventionen unserer Sprachgemeinschaft und fangen an, in Metaphern zu kommunizieren.

9.2 Über Beziehungen sprechen

„Ich liebe dich" ist ein Beispiel für das Benennen von Beziehungen. Auf den ersten Blick scheint es eine ganz klare Aussage zu sein. Für manche Menschen wirft aber ein Satz wie „Ich liebe dich" einige Fragen auf. Sie antworten vielleicht mit der Frage: „Sag mir, wie sehr liebst du mich?"

Eine mögliche Antwort in der Objektsprache wäre: „Mein Liebster, ich liebe dich sehr. Ich habe nie einen Menschen so sehr geliebt wie dich. Und ich glaube, meine Liebe zu dir ist so stark, daß sie immer bestehen bleiben wird. Ich erwarte nicht, jemals jemand anderen mehr zu lieben als dich. Auf einer subjektiven Liebes-Skala von 0 bis 100 liegt meine Liebe zu dir exakt bei 98 Punkten. Genügt dir das?"

Die objektsprachliche Kommunikation über Beziehungen erscheint uns häufig als zu direkt, zu riskant, zu konfrontierend oder zu langweilig, und darum bevorzugen die Menschen oft andere Arten, ihre Botschaften zu übermitteln. Metaphern sind aber nicht die einzige Alternative zum Benennen von Beziehungen.

Die Maxime dieses Buches lautet, daß Beziehungen im Sozialen Panorama geschaffen werden; Liebe wird geschaffen, indem man den geliebten Menschen auf einen nahen und prominenten Platz stellt. Daß manche Beziehungen auf geradezu universelle Art geschaffen werden, macht die Beschreibung in den Prädikaten der beteiligten Submodalitäten zu einer relativ sicheren Sache. Wenn eine Frau zu einem Mann sagt: „Du stehst für mich im Mittelpunkt und bist mir ganz nah", bedeutet das für die meisten Männer: „Liebe!"

Der Gebrauch von Prädikaten des Sozialen Panoramas kann eine elegante Art sein, über Beziehungen zu kommunizieren. Diesen Typ der Sprache im Sozialen Panorama nennen wir *„über Lokalisierungen sprechen"*. Aber dieses „Sprechen über Lokalisierungen" ist an Beziehungen gebunden, bei denen es um Sympathie, Unterstützung, Opposition und Status geht. Die hier verwendeten submodalen Codes haben ziemlich universelle Geltung. Sympathie (Liebe) variiert mit der Entfernung; Unterstützung und Opposition variieren mit Orientierung und Status mit Höhe.

Aber in Beziehungen, die spezifischer und persönlicher codiert sind –

bei denen also Idiosynkrasie vorherrscht –, ist das Sprechen über Lokalisierungen nicht geeignet, klare soziale Botschaften zu übermitteln. Beispielsweise funktioniert hier die Dimension links/rechts nicht so gut. Ein Satz wie „Ich sehe dich links von mir" wird wahrscheinlich keine Beziehungsglocke anschlagen. Er könnte sogar die falsche Glocke anschlagen, wenn die angesprochene Person ihre eigene, persönliche Konnotation für die Bedeutung von „links" hat.

Das Sprechen über Lokalisierungen funktioniert bei universellen Sozial-Codes. Aber die gleichen Informationen können auch durch nonverbale Mittel ausgetauscht werden. Genau wie Tiere können Menschen ihre Beziehungen durch nonverbale Kommunikation andeuten. Um Sympathie zu zeigen, kann es zum Beispiel hilfreich sein, sich der Person zu nähern und eine Weile in ihrer Nähe zu bleiben. Führung wird auf ähnliche Weise demonstriert, indem man den Führer höher stellt als die mutmaßliche Gefolgschaft. Throne, Podien und Podeste erfüllen diesen Zweck genauso wie Verbeugungsrituale. Dies ist der Modus des *„Zeigens von Lokalisierungen"*.

Es gibt eine wissenschaftliche „Proxemik" , die unser räumliches Verhalten untersucht und jene Gesetze erforscht, die bestimmen, wie wir den Raum zwischen uns nutzen. Wenn Sie sich jemandem gegenüberstellen, kann dies mitteilen, daß Sie „Opposition" beabsichtigen. Ähnlich beobachten wir, daß Gruppen, bevor eine Rauferei anfängt, zuerst voneinander Abstand nehmen und sich dann einander zuwenden, was ihre feindselige Beziehung signalisiert. Und Therapeuten sitzen oder stehen neben ihren Klienten, um ihnen Unterstützung zu bieten; Konfrontation wird von ihnen nicht erwartet.

Bislang habe ich vier verschiedene Modi des Ausdrucks sozialer Beziehungen dargestellt:

1) Das Benennen von Beziehungen (Objektsprache)
2) Das Sprechen über Lokalisierungen (Sprache des Sozialen Panoramas)
3) Das Zeigen von Lokalisierungen (Stellung im Sozialen Panorama)
4) Metaphern für Beziehungen

Wenn eine Frau zu einem Mann sagt: „Du bist das Feuer, das in meinem Iglu brennt", ist dies unschwer zu decodieren: „Abermals Liebe!"

Entfernung und Temperatur sind die submodalen Dimensionen, die dieser Metapher ihre Bedeutung verleihen.

Unter den vier obengenannten Modi des Ausdrucks von Beziehungen bieten Metaphern den weitesten Spielraum für falsche Interpretationen. Wenn ich das Feuer in ihrem Iglu bin, heißt dies nun, daß sie mit mir schlafen will, oder bin ich nur da, um sie zu wärmen, damit sie mit einem anderen vor dem Feuer schlafen kann?

Übrigens, da fällt mir ein weiteres romantisches Beispiel ein:

Es ist spät abends, und ich freue mich, weil mich ein schönes Mädchen, Donna, von einer Party nach Hause begleitet hat. Mein Herz klopft heftig, und ich spüre ein starkes Verlangen, sie zu küssen. Ich kann den Anblick ihrer Lippen kaum ertragen... Wir sitzen schweigend da. Beide lächeln wir schüchtern. Was soll ich tun? Und ich frage mich, warum man so etwas nicht in der Schule lernt. Soll ich ihr direkt sagen, daß ich sie liebe? „Donna, ich..."

Nein. Vielleicht wird sie mich auslachen; oder mich zurückweisen. Hübsche Mädchen werden häufig eingeladen. Und jeder verliebt sich in sie.

Aber was könnte ich sonst sagen? Ich weiß, was ich tun sollte, ich werde eine Metapher benutzen!

„Donna, ich..."

9.3 Metaphern definieren

Wie definieren wir den Begriff „Metapher"? Dabei genügt es nicht, zwischen dem buchstäblichen und dem übertragenen Sinn zu unterscheiden. Wir müssen also auch den Begriff „Bedeutungsbereich" einführen. Eine Metapher besteht immer aus zwei Bedeutungsbereichen:

a) Themenbereich: worum es eigentlich geht, wovon aber nicht gesprochen wird.
b) Metaphernbereich: worum es nicht geht, wovon aber gesprochen wird.

In obigem Beispiel sind meine Gefühle für Donna der thematische Bereich. Wenn ich also metaphorisch kommunizieren will, brauche ich über dieses Thema nicht zu sprechen. Aber worüber könnte ich sonst mit ihr sprechen? Was zum Teufel soll ich als metaphorischen Bereich wählen?

„Donna, ich dachte gerade an…"

Donna schaut mir tief in die Augen. Oh, welch ein Anblick. Es ist atemberaubend. Ich kann nicht weitersprechen. Ich muß einen neuen Anlauf nehmen. Ich muß mich abwenden.

„Donna, ich habe einmal… eine Geschichte gehört…, nein, einen Film gesehen… Er war im Fernsehen…, über ein…" (soll ich's wagen: ‚Laß mich das Feuer in deinem Iglu sein'? Nein, nein, zu riskant! Das kommt mir nicht richtig vor.)

9.4 Metaphern zur Beeinflussung sozialer Systeme

Ich glaube, wir sollten uns jetzt einem weniger romantischen Beispiel zuwenden. Peter und Gerrit sind beide Unternehmensberater. Und heute bereiten sie sich auf eine Sitzung vor, in der es um die Fusion zweier Firmen geht. Hören wir ihr Gespräch mit an:

Gerrit: „Wie oft haben wir das schon erlebt… Bei allen Fusionen, an denen wir mitgewirkt haben, ist die gleiche Misere ausgebrochen. Die qualifizierten Leute kündigen, während die anderen einander bis zum Umfallen bekämpfen. Natürliche Auslese, so nannten wir es!"

„Ja", antwortet Peter. „Der Verlust an qualifizierten Leuten ist katastrophal. Die Betriebe ersticken an diesen Kämpfen zwischen ‚ihnen' und ‚uns'. Statt ihre Überlebensfähigkeit zu stärken, bringt es sie um. Und diese natürliche Selektion unter den Mitarbeitern erfolgt nicht aufgrund ihrer Kompetenz, sondern aufgrund ihrer Streßbelastbarkeit und Mittelmäßigkeit. Ich glaube nicht, daß diejenigen, die bleiben, die besseren sind. Ich nehme an, eher das Gegenteil trifft zu. Übrig bleiben die Gleichgültigen, die Unsensiblen, die Narzißten, die keinen anderen Arbeitsplatz finden…"

Gerrit mußte lachen, als Peter dies sagte. Dann wurde er wieder ernst und meinte: „Wirf zwei einigermaßen starke Unternehmen zusammen, und was du bekommst, ist kaum ein Zehntel der bisherigen Arbeitsproduktivität. Wie kann ein Unternehmensberater zwei Sorten von Menschen zusammenführen, ohne daß primitive Sozialinstinkte das Ganze zerstören?"

Und nun beschlossen Gerrit und Peter, eine Metapher zu erfinden. „Eine strategische Metaphern-Injektion", so nannte es Gerrit. Sie brauchten nicht lange, bis sie eine gefunden hatten.

Bei der nächsten Sitzung erzählten sie dem Management beider Firmen folgende Geschichte:

„In der afrikanischen Savanne tobt ein Krieg. Der Löwe tötet nicht nur das Warzenschwein, den Büffel und die Gazelle, sondern muß sich auch gegen den Geparden und den Leoparden wehren, die wiederum die Hyäne bekriegen. Die Raubtiere bringen sogar die Nachkommenschaft der anderen um, wenn sich die Gelegenheit bietet. Die Rudel rivalisieren um Jagdgründe; die Herden kämpfen um Weideland und Wasserstellen; und die Männchen kämpfen mit Klauen und Zähnen um den Besitz der Weibchen. Dieser Krieg ist eine grausame Realität, und kein Ende ist abzusehen.

Irgendwann aber fanden das Gnu und das Zebra zusammen. Sie entdeckten, daß sie, obwohl zwei verschiedene Tierarten, gemeinsam viel besser überleben könnten. Sie würden eine einzige, friedliche Herde bilden. Sie könnten wachsamer sein, wenn sie ihre starken Sinneswahrnehmungen kombinierten: Das Gnu hört besser, das Zebra sieht besser. Gefahr wird sofort der anderen Spezies gemeldet.

Wenn sich ein hungriger Löwe an solch eine Herde von Gnus und Zebras heranpirscht, kennt er sich nicht mehr aus. Anscheinend können sich Raubtiere inmitten zwei so verschiedener Tierarten nicht auf ihre Beute konzentrieren. Braun und gehörnt, vermischt mit schwarz-weiß Gestreift. Der Löwe weiß nicht mehr, wohin er schauen soll, und kann kein einzelnes Beutetier ausmachen. Und darum wurden Gnus und Zebras schließlich die zahlreichsten und überlebensfähigsten Tiere der Savanne.

Verbreiten Sie diese Botschaft."

Gerrit und Peter baten die Manager beider Firmen, allen Mitarbeitern diese Geschichte weiterzuerzählen. Sie wurde sogar in der neuen Firmenzeitschrift publiziert. Plakate mit Gnus und Zebras wurden zur Unterstützung der Idee in den Firmengebäuden aufgehängt.

Gerrit und Peter konnten diese Metapher erfinden, weil sie eine gedankliche Verknüpfung zwischen Unternehmensfusionen und der Savanne entdeckt hatten. Das Schlüsselwort war „natürliche Auslese". Auf diese Weise wählten sie einen geeigneten Metaphernbereich.

9.5 Einen Metaphernbereich finden

Aber vielleicht fragt sich der romantisch veranlagte Leser: Wie geht die Geschichte mit Donna weiter? Wartet sie noch immer, oder ist sie nach Hause gegangen?

Nein, sie hat Geduld! Donna sitzt neben mir – wir „zeigen Lokalisierungen" –, und sieht sich meine Fotos aus der Kindheit an. Meine Baby-Bilder findet sie „süß". Also finde ich, es wird Zeit, es ernsthaft mit einer Metapher zu versuchen. Eine erfundene Geschichte aus meiner Kindheit scheint mir passend:

„Donna, ich erinnere mich, wie gern ich als kleiner Junge mit meinem Kaninchen gespielt habe. Ich nahm es überallhin mit. Ich streichelte es und küßte es und hätschelte es. Ich sprach mit ihm und nahm es mit ins Bett. Hast du auch so einen Spielgefährten gehabt? Meinen habe ich verloren. Manchmal hoffe ich, ihn eines Tages wiederzufinden."

Donna verstand sofort die tiefere Bedeutung. Darum sehen wir uns lieber noch einmal ein Beispiel aus dem Geschäftsleben an.

Ein Kunde in der Autowerkstatt ist sich nicht sicher, ob er einen gebrauchten Volvo kaufen soll. „Ich verstehe nichts von Wagenpflege", sagt der Kunde zu dem Verkäufer. Während die beiden einen Blick unter die Motorhaube werfen, sagt der Verkäufer folgendes:

„Sie fragen sich, wie Sie die Karre am Leben erhalten können? Na, ganz einfach. Regelmäßig gießen, hin und wieder etwas Dünger, und wenn Sie sie gelegentlich umtopfen, lebt sie ihnen noch zwanzig Jahre und blüht jede Saison! Können Sie mir glauben."

Der Kunde weiß, daß es um Wagenpflege geht, und aus dieser Kenntnis interpretiert er die Metapher, die der Verkäufer erzählt. Um sie zu verstehen, braucht der Kunde nur Pflanzenpflege in Wagenpflege rückzuübersetzen. Und er kommt zu folgendem Schluß: Gießen heißt regelmäßiger Ölwechsel; Dünger und Umtopfen sind Werkstatt-Inspektionen alle 5000 km sowie das Nachstellen der Ventile. Aber hat der Verkäufer womöglich eine „Generalüberholung" gemeint, als er vom Umtopfen sprach? Der Kunde vergewissert sich und fragt: „Muß der Motor wirklich überholt werden?"

„Nein, nur die Ventile und die Kupplungsscheibe", antwortet der Verkäufer in der Objektsprache.

„In Ordnung", sagt der Kunde, „ich nehme den Wagen, falls Sie eine neue Windschutzscheibe einsetzen."

Nun haben wir alle notwendigen Elemente der metaphorischen Kommunikation beisammen:

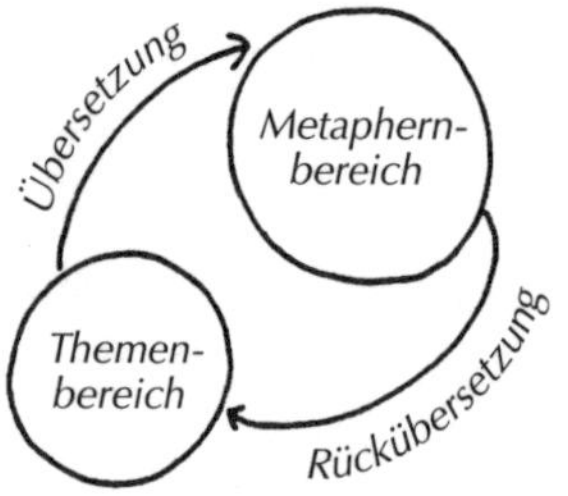

1) einen Themenbereich,
2) eine Übersetzung in
3) einen Metaphernbereich und von dort
4) eine Rückübersetzung in den ursprünglichen Themenbereich.

Dieser Prozeß kann völlig unbewußt stattfinden, beim Metaphernerzähler wie beim Zuhörer. Manchmal erkennt man aber, daß das Gespräch irgendwann den Themenbereich im „buchstäblichen Sinn" verlassen hat und sich in irrelevante Assoziationen verliert.

9.6 Den Themenbereich verlassen, als Prozeß betrachtet

Wenn das Gespräch in einem Themenbereich steckenbleibt, „überlisten" die Menschen manchmal die Grenzposten zwischen dem Themen- und dem Metaphernbereich. Sie „überspringen" die Grenze und setzen das Gespräch „drüben" fort. Manche Leute haben aber sehr strenge Grenzwächter, die ihnen das Überwechseln verbieten. Andere können mit Leichtigkeit in Metaphern denken und kommunizieren. Wie leicht jemand den Themenbereich verlassen kann, ist unter anderem von seiner seelischen Befindlichkeit abhängig. Starre und ängstliche Menschen halten sich vorsichtig innerhalb ihrer Grenzen. Darum fällt es ihnen schwer, die richtigen Metaphern zu finden, selbst wenn sie verliebt sind. Selbstbewußte und entspannte Menschen hingegen springen, wenn nötig, leicht von einem Thema zum anderen.

Das Repertoire an Befindlichkeiten, das einem Menschen zu Gebote steht, entscheidet darüber, wie leicht ein grenzüberschreitendes Denken stattfinden kann. Die Grenzwächter sind eine Art Selbstzensur. Eine Zensur, die uns mitunter davor bewahrt, Unsinn zu reden oder zu denken.

Ein Klient in der NLP-Sitzung, der z. B. nach Erinnerungen sucht, setzt diese Zensur bewußt oder unbewußt gegen irrelevante Assoziationen ein, damit seine Gedanken auf der richtigen Spur bleiben. Unter Umständen werden irrelevante und falsche Assoziationen sofort durch die Zensur unterdrückt. Manchmal sind sie aber auch eine Quelle kreativer Ideen und humorvoller Analogien.

9.7 Wie funktioniert die Selbstzensur?

Die Grenzwächter arbeiten vermutlich mit hemmenden (bremsenden) Hirnzellen. Woher wissen diese Zellen, wann sie auf die Bremse treten müssen? Welche Gedanken lassen sie passieren, welche halten sie zurück? Die Erfahrung mit NLP gibt uns Hinweise: Die Zensur könnte über die Submodalitäten erfolgen. Jeder Themenbereich hat seine eigenen relevanten Submodalitäten, an denen ein Thema erkennbar ist.

Wagenpflege könnte zum Beispiel folgende Submodalitäten haben: schwarz, braun, glänzend, eckig, rund, laut (Metall auf Metall), kalt, heiß, fettig, stinkend. Pflanzenpflege hingegen: saftig, grün, farbenfroh, lang, gerade, rund, dornig, stumpf, weich, feucht, stachelig, duftend.

Die Submodalitäten von Wagenpflege und von Pflanzenpflege sind zwar ganz verschieden konstelliert, aber dem Verkäufer aus dem Beispiel gelang es trotzdem, die Grenze zwischen beiden Bereichen zu überspringen. Er schaffte dies mit Hilfe einiger Submodalitäten, die in beiden Bereichen für ihn identisch waren – gleichen Submodalitäten von Wagenpflege und Pflanzenpflege.

Als er im Zusammenhang mit dem Volvo davon sprach, ihn „am Leben zu erhalten“, war schon dies eine Metapher, denn ein Volvo ist kein Lebewesen; nur der Motor läuft und der Wagen fährt. Der Verkäufer setzte „laufen“ mit „lebendig sein“ gleich. Wie machte er das? Vielleicht sah er das pochende Herz des Autos: rot, mit Kammern und stampfenden Kolben. So erkannte er eine Ähnlichkeit zwischen „fahren“ und „leben“. Aber ein Auto ist kein Tier, es kann sich nicht selbst versorgen. Zimmerpflanzen und Autos brauchen Pflege; die Submodalitäten von Wagenpflege und Pflanzenpflege überlappten sich irgendwo und führten somit zu der Metapher.

Diesen Gedankensprung haben bestimmt schon viele Autoverkäufer gemacht; vielleicht war es gar kein so spontaner, kreativer Einfall, wie wir hier annehmen wollen. Vielleicht ist es eine bei Autoverkäufern geläufige Standard-Metapher. Solche Assoziationsprozesse laufen wohl immer unbewußt ab. Darum entziehen sie sich zum Teil der Introspektion.

Wenn wir wirklich wissen wollen, wie jemand einen bestimmten Metaphernbereich findet, können wir fragen: Durch welche assoziative Verknüpfung bist zu von … (Themenbereich) zu … (Metaphernbereich) gelangt? Manche äußern sich tatsächlich über die Submodalitäten, mittels deren sie vom Themenbereich zum Metaphernbereich gelangt sind. Dies bleibt den meisten Menschen aber im spontanen Gespräch verborgen.

Das Verlassen des Themenbereichs geht oft mit einer erkennbaren subjektiven Erfahrung einher: dem Überschreiten der Grenze vom Realen zum Irrealen, vom Rationalen zum Irrationalen, vom Sinn zum Unsinn, von der Ordnung zur Unordnung usw. Diese subjektive (Schock-)Erfahrung tritt ein, wenn die Submodalitäten des Metaphernbereichs plötzlich sichtbar werden. Wenn, wie im Beispiel, grüne Vegetation, Wasser und Düfte sich plötzlich mit den Bildern, Geräuschen, Gefühlen und Gerüchen der Wagenpflege vermischen.

9.8 Von den Lokalisierungen zu den metaphorischen Beziehungen

Untersuchen wir noch einmal die Gruppe von Metaphern, die Ausdruck interpersoneller Beziehungen sind. Welche Submodalitäten spielen im Themenbereich der Beziehungen eine wichtige Rolle? Falls dieses Buch recht hat, sind es die „Lokalisierungen“. Metaphern für Beziehungen werden aufgrund dessen geschaffen, was im Sozialen Panorama gesehen, gehört und gefühlt wird. Wenn zwei Menschen z. B. einen Konflikt haben, werden sie sich in einer gegeneinander gekehrten Stellung sehen – und wer sich und den anderen so sieht, kann aufgrund dieses Bildes entsprechende Metaphern schaffen. Was sonst sieht noch aus wie zwei Menschen, die einander in einigem Abstand gegenüberstehen?

- Die Zwillingstürme
- Die Mauern einer Schlucht
- Ein Mensch, der sich im Spiegel sieht
- Brückenköpfe
- Die Lautsprecher eines Kopfhörers, ohne Kopf dazwischen
- Zwei Hände, bevor sie ineinander klatschen
- Zwei Züge in Gegenrichtung auf einem Gleis
- Duellanten

Einen Metaphernbereich finden

Denke an eine Beziehung, über die du mittels einer Metapher sprechen willst.

1) Wie sieht diese Beziehung in deinem Sozialen Panorama aus? Teste die Stellung des Selbst zum Anderen sowie die daran beteiligten interpersonellen Verknüpfungen.
2) Verwandle dies in eine abstrakte Form, indem du dich auf die Submodalitäten konzentrierst.
3) Entspanne dich und bitte dein Unbewußtes, Assoziationen zu finden, die dieser Struktur entsprechen.
4) Wähle diejenige, die am besten paßt und dir genügend Spielraum zum Phantasieren bietet.

Auf diese Weise finden Sie Metaphern, die als solche noch nichts verändern, sondern Ihnen ein besseres Verständnis für eine bestimmte Situation ermöglichen. Dieses erweiterte Bild kann aber als Sprungbrett zu besseren Lösungen dienen.

Wenn wir jedoch soziale Veränderungen mit Hilfe indirekter, in Metaphern gekleideter Suggestionen herbeiführen wollen, genügt es nicht, einen geeigneten Metaphernbereich zu finden. Wir müssen auch wissen, worauf wir hinauswollen. Wir brauchen eine Repräsentation des erwünschten Zustands im betreffenden Sozialsystem.

Ein Freund von mir erzählte mir von seiner Arbeit: „Ich muß diese jungen Wissenschaftler unterstützen, aber mein Chef bewertet mich danach, was sie produzieren."

Sofort sah er an meiner nonverbalen Reaktion, daß ich die Schwierigkeit seiner Position noch nicht verstanden hatte. Also fuhr er fort: „Ich bin wie der Käse in einem Sandwich, weißt du!" Und während er dies sagte, klatschte er mit einer vertikalen Bewegung in die Hände.

Damit demonstrierte er die oben beschriebene Technik zum Finden sozialer Metaphern. Aber diese Metapher drückte nur die Situation aus, wie er sie erlebte: den gegenwärtigen problematischen Zustand. Sie besagte nichts darüber, wie diese Beziehung zu verbessern wäre.

Die Abstraktion der Plazierungen, die er in seinem Sozialen Panorama gesehen hatte, bestand aus drei vertikal organisierten Elementen (wie er mit seiner händeklatschenden Gebärde andeutete). Das mittlere Element wurde zwischen dem oberen und unteren Teil (des Sandwich) kräftig zusammengedrückt.

Ich überlegte, wie der erwünschte Zustand wohl aussehen sollte. „Wie möchtest du die Situation haben?" fragte ich ihn.

Nun wandte er die unten beschriebene Technik an. Dies führte ihn schließlich zu der Antwort: „Weißt du, wenn auf einem Billardtisch drei Kugeln in einer Linie hintereinander liegen, wird die mittlere Kugel zwischen den beiden anderen hin und her gestoßen, einerlei, welche der beiden Kugeln angespielt wird. Jetzt bin ich die Kugel in der Mitte. Ich will aber, daß wir drei Kugeln werden, die im Dreieck liegen; ganz gleich, welche Kugel angespielt wird, können sich alle bewegen, sich anstoßen und miteinander interagieren."

Einen Metaphernbereich für den Übergang vom gegenwärtigen zum erwünschten Zustand finden

Denke an eine Beziehung, die du mit Hilfe einer Metapher ändern möchtest.

1) Wie sieht der gegenwärtige Zustand der Beziehung in deinem Sozialen Panorama aus? Teste die Stellung des Selbst zum Anderen sowie die daran beteiligten interpersonellen Verknüpfungen.
2) Wie sieht der erwünschte Zustand der Beziehung in deinem Sozialen Panorama aus?
3) Verwandle beide, den gegenwärtigen und den erwünschten Zustand der Beziehung, in eine abstrakte Form, indem du dich auf die Submodalitäten konzentrierst.
4) Schaffe eine abstrakte „mentale Animation", in der du die Abstraktion des gegenwärtigen Zustands „morphologisch" in die Abstraktion des erwünschten Zustands übergehen siehst.
5) Entspanne dich und bitte dein Unbewußtes, Assoziationen zu finden, die den Submodalitäten dieser „mentalen Animation" entsprechen.
6) Wähle diejenige, die dir den meisten Raum zum Phantasieren und Spielen bietet.

9.9 Den Gebrauch von Metaphern modellieren

Im NLP nehmen wir an, daß etwas, das jemand kann, auch von anderen gelernt werden kann. Selbst höhere Qualifikationen können transferiert werden, wenn sie adäquat modelliert werden.

Diese optimistische Prämisse rechtfertigt unsere Überzeugung, daß der kreative und mühelose Gebrauch von Metaphern, der manchen Menschen so natürlich leicht zu fallen scheint, auch modelliert werden kann. Wir können lernen, Metaphern zu finden und sie mit Genuß anzuwenden.

Das Modellieren des Metapherngebrauchs hat zu einer Reihe von Einsichten und Empfehlungen geführt.

Vor allem muß sich derjenige, der Metaphern gebraucht, kommunikative Ziele setzen. Metaphern sind Mittel, solche Ziele zu erreichen. Nur wenn man weiß, zu welchem Zweck man eine Metapher gebrauchen will, macht es Sinn, eine zu finden.

Die große Vielfalt kommunikativer Ziele, die mittels Metaphern erreicht werden können, ist in den unten aufgezählten 16 Funktionen dargestellt. Jede Funktion entspricht einem bestimmten Typ von kommunikativem Resultat. Falls eines oder mehrere dieser Resultate noch nicht erreicht werden konnten, mag es Zeit für eine Metapher sein.

Zwecke der metaphorischen Kommunikation

1) Metaphern, die dazu dienen, die Objektsprache zu verlassen
Wenn du dich in der Objektsprache nicht mehr ausdrücken kannst, wird das Ziel der Kommunikation darin bestehen, weitersprechen zu können. Durch Umschalten auf eine Metapher kann dies erreicht werden.

2) Metaphern zur Problemlösung
Wenn eine Person oder Gruppe mit einem Problem nicht vorankommt, wird es das Ziel sein, dieses Problem zu lösen. Der Gebrauch einer Metapher stimuliert die Erweiterung des Suchraumes, wobei eine größere Vielfalt von Submodalitäten des Suchens verfügbar wird. Durch die Übersetzung des Problems in eine Metapher ergeben sich mehr Ideen zu dessen Lösung.

3) Metaphern als Modelle der Aufgabenbewältigung
Wenn Menschen die Struktur einer alternativen Strategie zur Bewältigung einer Aufgabe nicht verstehen, wird es das Ziel sein, ihnen diese verständlich zu machen. Eine Metapher kann die Leute zwingen, sich von ihrem Problem zu dissoziieren und Bewältigungsmodelle aus der erzählten Geschichte zu übernehmen.

4) Autosuggestive Metaphern
Wenn Menschen nicht weiterkommen und verwirrt sind, kann es das Ziel sein, ihr Denken und ihre physische oder soziale Situation mental in den Griff zu bekommen. Gebrauche also eine spezielle Metapher, um die Situation deutlich zu schematisieren oder sonstwie zu repräsentieren und zu organisieren.

5) Metaphern, die Aufmerksamkeit wecken
Diese Metaphern werden gebraucht, wenn Zuhörer unaufmerksam oder

abgelenkt sind. Jeder hört gern eine gute Geschichte; besonders eine mit „Zukunftsprojektion" kann volle Aufmerksamkeit wecken.

6) Erklärung durch Metaphern
Diese Metaphern werden gebraucht, wenn Zuhörer anscheinend nicht verstehen, was man zum Ausdruck bringen möchte. Der Zweck ist die Klärung, Ausschmückung und Illustration der Aussage; solche Metaphern werden benutzt, wenn andere Formen der Kommunikation versagen.

7) Beschwörende Metaphern
Wenn das Gruppenklima unproduktiv ist, kann man eine Metapher gebrauchen, um bei Individuen und Gruppen eine bestimmte mentale Verfassung (z. B. Neugier) zu beschwören. Schaffe Atmosphäre, indem du eine (rührende) Geschichte erzählst.

8) Trance-induzierende Metaphern
Wenn Zuhörer zu sehr nach außen orientiert sind, kann es das kommunikative Ziel sein, bei den Zuhörern einen kollektiven Trancezustand herbeizuführen. Eine Metapher kann hypnotische Trance auslösen. Eine Geschichte (geführte Phantasie) aktiviert beim Zuhörer eine innere Suche nach Ressourcen und Zukunftsprojektionen.

9) Kreativität anregende Metaphern
Wenn Menschen in ihrem Denken zu starr sind, ist es das Ziel, kreatives Verhalten anzuregen. Kreatives Verhalten wird durch das Erzählen von Metaphern demonstriert. Der „spontane" Geschichtenerzähler regt die Zuhörer an, sich aktiv an der Phantasie zu beteiligen.

10) Mnemotechnische Metaphern
Vergeßlichen Menschen bleibt eine Geschichte meist besser in Erinnerung. Die wachgerufenen Bilder werden erinnert, genau wie der erzählte Inhalt.

11) Diplomatische Metaphern
Wenn die sozialen Codes einen daran hindern, frei und offen zu sprechen. Mit Hilfe von Metaphern kann man empfindliche „Tabu-Themen" indirekt zur Sprache bringen.

12) Defensive Metaphern
Wenn du auf elegante Art negatives Feedback geben oder dich gegen eine verbale Attacke verteidigen willst. Metaphern geben deiner Kommunikation eine „sportliche" Färbung und bieten dem Gegner mehr Spielraum zum Reagieren.

13) Metaphern, die einen Rahmen abstecken
Wenn Sachverhalte zu abstrakt sind, um ganz verstanden zu werden, zum Beispiel zu Beginn eines Trainings – wenn du nicht alle Informationen auf einmal geben kannst, aber vermeiden möchtest, daß die Leute sich falsche Erwartungen machen. Gebrauche Metaphern, um die Repräsentation und Diskussion abstrakter oder schwer definierbarer Themen zu fördern.

14) Operative Metaphern
Subkulturen leben nach eigenen Metaphern: die Metapher hat dann die Funktion eines Kulturträgers. Indem man die dort geläufigen Metaphern feststellt und schließlich verändert, kann man zum Wandel sozialer Systeme beitragen.

Operative Metaphern kann man willkürlich erfinden, wenn das Verhalten einer Person, eines Teams oder einer ganzen Organisation geändert werden soll. Benutze einfache Analogien, die auf das richtige und erwünschte Verhalten schließen lassen.

15) Metaphern der Autorität
Wenn es dein Ziel ist, mehr Autorität zu gewinnen, kannst du Metaphern benutzen. Autoritäten sprechen in Metaphern; die Untergebenen hören zu.

16) Metaphern der Macht
Wenn du stark und entschlossen handeln mußt, während innere Konflikte dein Verhalten hemmen, kannst du eine Kombination von autosuggestiven und operativen Metaphern (Identitätsmetaphern) einsetzen. Dies gibt dir die Möglichkeit, eine zeitlich begrenzte Selektion von mächtigen Persönlichkeitsteilen und zweckgerichteten Ressourcen zu treffen.

9.9.1 Die Grenzen des Themenbereichs überschreiten

Was können wir von Leuten lernen, die gut mit Metaphern umzugehen wissen? Können sie uns lehren, von einem Themenbereich zu einem entsprechenden Metaphernbereich überzuwechseln? Angenommen, ein Metaphernexperte findet eine Metapher angebracht – wie stellt er es an, daß ihm eine passende einfällt?

Ein Metaphernexperte tut einiges, um dieses Ziel zu erreichen:

Vor allem glaubt er, daß die Metaphern, die er erfindet, nützlich sind. Darum vertraut er auf das, was ihm in den Sinn kommt. Dieses Vertrauen befreit ihn von Selbstkritik und der Furcht zu versagen, die für das kreative Denken tödlich sind.

Aber woher nimmt er dieses Selbstvertrauen? Wie kann er sicher sein, daß seine Gedankenproduktion erfolgreich sein wird?

Einfach indem er es tut!

Das Selbstvertrauen von Menschen, die gewandt mit Metaphern umgehen, wird oft durch die Praxis bestätigt. Selbst weithergeholte Metaphern können in der Regel rückübersetzt werden und tragen irgendwie dazu bei, bessere Lösungen für die Probleme zu finden, an denen man arbeitet. Probieren Sie es einmal mit einer unpassenden Metapher. Das ist gar nicht so leicht! Aber sobald das Denken auf der Suche nach Lösungen ist, kann es Unmengen von zusammenhanglosen Informationen verarbeiten. Selbst eine Zufallsinformation kann zur Problemlösung beitragen, vorausgesetzt, daß die Person in kreativer Stimmung ist.

Die folgende Erfahrung ist dafür ein anschauliches Beispiel:

Bei einem Kreativitätstraining für eine große Unternehmensverwaltung wurden die Teilnehmer aufgefordert, ein aktuelles Problem aus ihrem Arbeitsbereich auszuwählen. Nachdem sie das Thema kurz erläutert hatten, wurden sie wieder in einen kreativen Zustand versetzt – und zwar durch Ankerung einer neueren Erfahrung eigener Kreativität. Anschließend sollten sie Zeitungsausschnitte, Bruchstücke von Annoncen und Artikeln lesen. Diese Methode war, wie sich zeigte, sehr produktiv für die Problemlösung. Manche Teilnehmer mochten gar nicht glauben, daß die Zeitungsausschnitte tatsächlich zufällig ausgewählt waren, so gut paßten sie auf die zu lösenden Probleme der Gruppe.

Das menschliche Denken ist immer auf der Suche nach Ähnlichkeiten der Submodalitäten und muß irgend etwas finden, sei es ein Ausschnitt aus der Zeitung oder eine Metapher. Kurz gesagt, für Metaphernexperten kann es gar keine falschen Metaphern geben.

Erfolgreiche Metaphernerfinder haben anscheinend wenig Mühe, rasch ihre kognitive Befindlichkeit zu wechseln und dadurch ihren inneren Zensor zu überlisten. Menschen, die es gewöhnt sind, Metaphern zu gebrauchen, zeichnen sich durch eine eher sorglose Einstellung aus. Sie können frei assoziieren, auch in der beruflichen Kommunikation.

Eine der besten Möglichkeiten, Themenbereiche zu verlassen, ist der Gebrauch von sogenannten Eröffnungsfloskeln. Diese Floskeln wirken als Selbst-Ankerung im richtigen Bewußtseinszustand und lenken die Aufmerksamkeit vom Themenbereich ab. Solche Eröffnungsfloskeln, die zum metaphorischen Denken und Sprechen anregen, sind zum Beispiel:

„Dies scheint mir wie…"

„Das ist ganz ähnlich wie…"

„Ich weiß, womit ich es vergleichen könnte…"

„Das erinnert mich an…"

„Da fällt mir plötzlich eine Geschichte ein, über…"

„Du kennst doch die Geschichte von…"

„Da fällt mir ein…"

„Das ähnelt…"

„Das entspricht…"

Leute, die gut mit Metaphern umzugehen wissen, haben auch Spaß daran, sie zu erfinden. Und sie können sich mit Leichtigkeit vom Inhalt ihrer Aussage dissoziieren. Die Dissoziation hilft ihnen beim Erfinden einer neuen Metapher.

Leute, die mit Metaphern umzugehen wissen, haben einen offenen Sinn auch für die schwächsten Impulse aus ihrem Unbewußten. Sie haben gelernt, auf flüchtige, vage Bilder und auditive Anregungen zu achten, und hegen sie als etwas Wertvolles. Sie glauben an den Wert erster Eindrücke.

Sie befürchten nicht, daß der Zuhörer die Metapher disqualifizieren könnte. Tatsächlich haben sie eine Art, ihre Metaphern vorzutragen, die eine Disqualifizierung praktisch unmöglich macht. Dies geschieht häufig durch „Selbstdisqualifizierung“ in dem Sinn, daß sie beim Vortragen ihrer Metapher andeuten, man dürfe sie nicht allzu ernst nehmen. Zum Beispiel: „Es wird Ihnen komisch vorkommen, und ich muß selber lachen, aber da kommt mir eben in den Sinn, daß...“

9.10 Metaphern und soziale Macht

Bevor Brown sen. das Sitzungszimmer betritt, stellt er sich vor, er sei ein Panzer. Langsam rollt er hinein. Kein Mensch könnte ihn daran hindern, auf sein Ziel loszugehen. Seine schwere Panzerung macht ihn doppelt so groß, wie er ist. Als Panzer ist er aber eine taktische Waffe. Er schießt nie zuerst, er reagiert nur auf Angriffe. Und jedes Geschoß, das er abfeuert, soll den Feind zum Schweigen bringen. Übrigens, die Feinde stellt er sich nur leicht bewaffnet vor, mit Jagdflinten und Handfeuerwaffen.

Wenn alle am Konferenztisch Platz genommen haben, klappt er die Luke auf, streckt den Kopf heraus und schickt ein freundliches Lächeln über das Schlachtfeld. Dies macht allen klar, daß er nur Siege vor sich sieht.

Brown sen. benutzt eine Machtmetapher. Er identifiziert sich mit etwas Mächtigem, um etwas erreichen zu können.

In seiner Identifikation mit einem Panzer unterscheidet sich Brown in keiner Weise von einem Schamanen, der heute oder vor zehntausend Jahren imaginiert, ein mächtiges Tier zu sein. Bevor er sich auf den Kriegspfad oder eine gefährliche Jagd begibt, oder vor der Konfrontation mit bösen Geistern ruft der Schamane sein verbündetes Wesen an. Dies mag ein Bär oder ein Adler sein. Dann lädt er den Geist seines Verbündeten ein, von ihm Besitz zu ergreifen. In der modernen Psychologie würde man dies eine vollständige Identifikation mit dem Verbündeten nennen. Dadurch befreit der Schamane seinen Geist von der Einschränkung, nur ein Mensch zu sein. Er wird fähig, mehr Ressourcen zu nutzen, als seine fragile und sozial beschränkte menschliche Existenz ihm normalerweise erlauben würde.

Ich habe einmal einen Trainer kennengelernt, der erzählte, er imaginiere sich immer zwischen zwei schwarzen Panthern sitzend. Sie waren immer zu seiner Verteidigung bereit. Anthropologen würden so etwas Tiermagie nennen.

Solche die Identität stärkenden Metaphern sind eine Kombination von operativen Metaphern und autosuggestiven Metaphern. Sie leiten das Verhalten des Selbst in Richtung auf einen Zuwachs an Macht.

In jedem Kontext, wo Macht eine wichtige Rolle spielt, können wir beobachten, daß Machtmetaphern gebraucht werden. Aber Metaphern gebrauchen nicht nur jene, die auf der sozialen Leiter nach oben wollen. Mit ähnlicher Absicht könnte sich ein Felskletterer als Katze imaginieren. Und ein berühmter Eisschnelläufer sagte einmal, er stelle sich vor, der Führer eines Wolfsrudels zu sein, stets entschlossen, die Beute bis ans Ende zu verfolgen und sie vor der Ziellinie zu schnappen.

Ähnlich wie Schamanen müssen sich diese Sportler in Trance versetzen, um die vollständige Identifikation zu nutzen. Hier sehen wir eine Verbindung zu dem im 7. Kapitel besprochenen Thema der Besessenheit von Geistern.

Die Anwendung einer Identität-stiftenden Machtmetapher erfordert immer eine Art Ritual. Man muß sich dabei in den inneren Zustand der Besessenheit oder der vollen Identifikation begeben. Um diesen Zustand kontrollierbar zu machen, muß er irgendwie geankert werden. Dies kann auditiv durch Musik, z. B. durch das Singen besonders ausgewählter Lieder geschehen. Brown sen. singt mit innerer Stimme „Land of Hope and Glory", bevor er sich in einen Panzer verwandelt.

Ein Schamane würde die Trommel schlagen und den Namen seines Verbündeten rufen. Ein Sportler könnte wie ein Tiger fauchen, bevor er sich in ein so mächtiges Tier „hineinversetzt". Meist wird die Verwandlung in folgenden Schritten vollzogen:

Gebrauch einer Machtmetapher

1) Entscheide dich für den Kontext, in welchem du die Machtmetapher gebrauchen willst. Wähle einen Stimulus (kontextuellen Anker), der dich im rechten Moment daran erinnern wird, die Machtmetapher zu gebrauchen. Brown sen. zum Beispiel kennt die Konferenzräume, und er kennt die Termine der Sitzungen. Nur dort und dann vollzieht er die Verwandlung.

2) Erfinde ein Ritual. Dieses besteht darin, sich zuerst einmal in einen neutralen Zustand zu versetzen. Reinigungsrituale dienen häufig diesem Zweck. Brown sen. stellt sich unter die Dusche und zieht ein frisches weißes Hemd an. Dann folgt die Visualisierung des metaphorischen Elements, mit dem man sich identifizieren möchte: Bär, Katze, Panzer usw. Nun kommt es darauf an, sich allmählich diesem Bild anzunähern und schließlich in es einzutreten. In diesem Stadium kann ein Lied, Tanz oder Geruch als Anker sehr nützlich sein. Brown sen. benutzt zu solchen Anlässen Old Spice After Shave. Sobald er es riecht, macht er mit leiser Stimme das Geräusch eines Panzermotors.
3) Schaffe dir Raum, um die Gefühle zu absorbieren. Konzentration ist gut, aber Erfahrung ist besser. Je häufiger die Verwandlung durchgeführt wird, desto leichter fällt sie.
4) Handle stets im Vertrauen auf all diese Dinge.

Über Brown sen. sagte einmal einer seiner Angestellten: „In geschäftlichen Besprechungen ist er nicht mehr derselbe Mensch. Seine Stimme ist wie aus Stahl, wie reiner, kalter Stahl…"

Die stärkende Metapher ist ein Sonderfall dessen, was Faulkner als Identitätsmetaphern bezeichnet. Identitätsmetaphern sind Analogien des Selbst. Sie haben immer die Struktur: „Ich bin wie…"

Es ist leicht verständlich, warum Identitätsmetaphern als Werkzeuge eingesetzt werden, um einen Zuwachs an Macht zu erreichen. Sie tragen dazu bei, die komplexen Identitäts-Überzeugungen zu vereinfachen, mit denen sich die Menschen in ihrem Alltag plagen. Eine allzu komplexe Identität hilft der Person nicht, die inneren Konflikte zu lösen, die sie erlebt. Oder wir könnten sagen, daß die logische Ebene der Identität die niedrigeren logischen Ebenen nur dann organisieren kann, wenn die Identitäts-Überzeugungen einfach genug sind. Diese sollten in direkten, mächtigen Submodalitäten repräsentiert sein. Sind sie es nicht, dann werden sie nicht funktionieren. Schwache Submodalitäten sind häufig: dunkel, kontrastarm, fern vom Ziel, niedrig, verwischt, verstreut, farblos, weit entfernt, in mehr als eine Richtung sich bewegend usw. Eine Person, deren Identität solche Submodalitäten enthält, wird nicht viel Entschlossenheit oder Selbstbestimmung aufbringen.

Natürlich muß man für die Macht, die solch eine Metapher einem verleiht, oft später bezahlen; die ökologischen Konsequenzen werden allzu leicht übersehen. Der nachteilige Effekt solcher Metaphern läßt sich vermeiden, wenn ihr Gebrauch auf einen bestimmten Kontext beschränkt wird. Und genau dies tun die Schamanen. Sie verwandeln sich nur zu bestimmten Zeiten und an bestimmten Orten. Wenn sie von Geistern besessen sind, dann auf eine Weise, mit der jedermann in ihrer Kultur vertraut ist. Die Mitmenschen sehen, wann ein Schamane besessen ist; sie kennen die Zeichen. Wenn also der Voodoo-Priester Jean Michel in der Kneipe sitzt und sein Bier trinkt, ist er nicht der Loa (Geist), und seine Freunde werden ihn nicht wegen ihrer Gesundheit oder ihrer Zukunft befragen.

Tina war vor der Prüfung zum NLP-Practitioner sehr nervös. Und ihre Befürchtungen hätten leicht als sich selbst-erfüllende Prophezeiung wahr werden können. Um dies zu verhindern, fragte ich sie, ob sie jemanden kenne, der die Prüfung mit Leichtigkeit bestehen würde. Nach einer Weile sagte sie: „Ja, Marja."

Binnen zehn Minuten hatte sich Tina vollständig mit Marja identifiziert. Wir kontextualisierten diese Identifikation ausschließlich für die Situation der NLP-Prüfung. Diese Methode erwies sich als hilfreich. Strukturell ähnelt sie der identitätsstiftenden Machtmetapher.

Das ökologische Problem besteht bei Machtmetaphern darin, daß die Menschen im Westen nicht in Begriffen wie Besessenheit denken. Brown sen. wird, auch wenn er vom Panzergeist besessen ist, von seinen Mitarbeitern immer noch als er selbst gesehen. Darum finden sie es sonderbar, wenn dieser Mann sich so stark verändert. Aber niemand sagt: „Seht, der Panzergeist reitet ihn wieder mal. Er ist nicht er selbst, er ist jetzt ein Panzer." Und auch seine Sekretärin, mit der er eine Affäre hat, sagt: „Warum spielst du dich so gewaltig auf? Ich hasse dich auf Konferenzen. Zu Hause bist du lieb und nett, da bist du mein kleines Hündchen!" Und ihr wird gar nicht bewußt, daß sie für ihn eine Identitätsmetapher im Kontext „Zuhause" gebraucht.

Man könnte sagen, daß eine Machtmetapher hilft, einen oder mehrere Persönlichkeitsanteile aus der ganzen Person auszuwählen. Die ausgewählten Teile werden in den Vordergrund des Selbst-Panoramas gestellt. Die anderen Teile, die nicht gewählt wurden, werden dissoziiert und können das Verhalten nicht mehr beeinflussen. Diese Art von Dissoziation erfordert immer einen Trance-ähnlichen Zustand.

Der metaphorische Charakter der Verwandlung besteht *per definitionem* in der Tatsache, daß die Person eine Rolle übernimmt, die normalerweise nicht als Themenbereich ihrer Identität zu betrachten ist. Mit anderen Worten, wenn sich Brown mit der Rolle des Vorsitzenden seiner Firma identifiziert – der er tatsächlich ist –, bleibt er innerhalb des Themenbereichs seiner Identität. Dann ist er keineswegs ein Panzer. Und darum nennen wir die Verwandlung eine metaphorische.

Die gleiche Beziehung kann mit der sozialen Identität hergestellt werden. Dies geschieht in der Form: „Wir sind wie…"

Operative Metaphern im Zusammenhang mit der sozialen Identität können großen Einfluß auf soziale Systeme gewinnen. Wenn sich die Mitglieder einer Gruppe auf eine kollektive soziale Identitätsmetapher einigen, so ist dies ein wichtiger gruppendynamischer Faktor. Bedenken wir, daß ein uraltes Prinzip hinter alldem steht. Alle Armeen der Welt haben ihre Tiger, Panther, Löwen, Seehunde usw. im Panier. Football- oder Baseball-Mannschaften betonen ihre Gefährlichkeit mit Namen wie „The Hurricanes", „The Bats" oder „The Cobras", um ihre Gegner – die „Rabbits" – einzuschüchtern!

9.11 Das Metaphernspiel

Wenn jemand eine Metapher auf einen anderen losläßt, fällt dem anderen die Aufgabe zu, deren Botschaft durch Rückübersetzung zu erschließen. Diese Rückübersetzung wird stillschweigend vorausgesetzt und muß stattfinden, damit die Metapher funktionieren kann. Die Frage ist nur, ob der Zuhörer willens und fähig ist, diese Aufgabe zu übernehmen und durchzuführen. Untersuchen wir im folgenden einige Aspekte dieser Frage.

9.11.1 Keine Möglichkeit der Rückübersetzung

Bei einer zu weit hergeholten Metapher wird die implizit vorausgesetzte Rückübersetzung nicht möglich sein. Zum Beispiel, wenn ein Schüler in der Gruppensitzung seinen Guru fragt: „Meister, wie kann ich lernen, mit meinem Geld besser auszukommen?"

Der Guru denkt eine Weile nach und antwortet: „Zwei Möwen füttern drei Küken mit so viel Fisch, wie sie heranschaffen können; dennoch verhungert eines der Küken."

Erwartungsvoll harrt der Schüler auf weitere Worte des Meisters; es kommen aber keine. Er blickt unsicher in die Runde; ob die anderen die Metapher verstanden haben? Der Schüler findet keine geeignete Rückübersetzung, kommt sich dumm vor, unwürdig der Beachtung seines Meisters. Inzwischen blickt der Guru ungerührt über seine Zuhörer und wartet auf weitere Fragen.

Es ist aber riskant, absichtlich eine weithergeholte Metapher zu gebrauchen, und am besten tut man dies unter dem Schutz der eigenen Autorität, wie der Guru in obigem Beispiel. Er hat die Autorität, die von der Gruppe gestützt wird. Diese Autorität gibt ihm die Freiheit, unerklärliche Dinge zu sagen und damit durchzukommen.

Metaphern spielen eine wichtige Rolle in Streitgesprächen und Machtkämpfen. Ein Metaphern-Duell verlangt Kreativität und Intelligenz. Ich nenne es das „Metaphernspiel", ein uraltes Spiel, das rund um den Globus gespielt wird.

Das Metaphernspiel kann man spielen, um seinen sozialen Status zu wahren. Und der Gebrauch absichtlich weit hergeholter Metaphern kann als defensive Strategie gegen verbale Angriffe dienen. Wenn man Glück hat, verfängt sich der Angreifer in seinem Versuch, die Metapher zu entschlüsseln: Wenn es ihm nicht gelingt, wird er aus Angst, sein Gesicht zu verlieren, nicht wagen, dies einzugestehen.

Wenn der Verteidiger aber Pech hat, beweist ihm der Angreifer, daß die Metapher allzu weit hergeholt ist.

Nehmen wir wieder das Möwenbeispiel. Angenommen, der Schüler des Gurus ruft aus: „Meister, bitte erkläre es mir, denn ich bin so dumm, daß ich's nicht verstehe: Was hat dies mit meinem Geld zu tun? Übrigens, hat sonst jemand hier die Geschichte verstanden?"

Diese Reaktion des Schülers wird zweifellos als Verstoß gegen die Autorität des Gurus aufgefaßt werden. Eine Metapher muß akzeptiert werden!

Ein solcher Zwischenfall könnte bewirken, daß der Guru im Sozialen Panorama mancher Zuhörer ein wenig nach unten gerückt wird. In diesem Fall hat er das Metaphernspiel 0 zu 1 verloren. Aber solch ein Wettkampf wird meist über mehrere Runden ausgefochten.

9.11.2 Keine Bereitschaft zur Rückübersetzung

Wenn ein Zuhörer nicht bereit ist, die Autorität des Metaphernerzählers zu akzeptieren, kann er in eine schwierige Lage geraten. Er kann versuchen, sein Unbewußtes daran zu hindern, die Rückübersetzung vorzunehmen. Dies ist schwer, denn das Unbewußte ist immer bereit, eine Metapher zu interpretieren.

Zurück zum Möwenbeispiel: „Du verstehst also nicht, was ich mit dieser Geschichte ausdrücken will?“ erwidert der Guru den Angriff des Schülers, der sich weigert, die Metapher des Gurus zu akzeptieren. Und der Guru fährt fort: „Die Botschaft wird dich schließlich erreichen, wenn die Zeit für dich reif ist und du den Pfad des Lernens beschritten hast.“ Damit ist der Spielstand wieder gleich.

Manchmal wird das Metaphernspiel auch andersherum gespielt. Dann trifft die Peitsche sozusagen den Kutscher von hinten.

Ein Betriebsleiter könnte seine versammelte Belegschaft mit folgender Metapher ansprechen:

„Die Profipak AG, liebe Leute, ist wie ein Schiff. Ein Schiff draußen auf hoher See. Der Seegang ist hoch, aber die Männer an Bord sind erfahren genug, um das Schiff zu fernen, reichen und verheißungsvollen Häfen zu steuern. Manchmal heißt es ‚alle Mann an Deck‘, manchmal heißt es ‚blablabla ...‘“

Drei Wochen später fehlt Material im Wert von 70 000 Dollar im Lager. Der sehr vertrauenswürdige und loyale Lagerverwalter De Vries wird ins Büro des Betriebsleiters gerufen. Der Betriebsleiter fragt ihn: „Was haben Sie mir zu sagen, De Vries?“ Dieser antwortet: „Nun, wie Sie vor ein paar Wochen sagten, Profipak ist ein Schiff. Die Wellen gingen himmelhoch, und ein Teil der Ladung ist wahrscheinlich über Bord gegangen, wissen Sie ...“ Jetzt müßte der Betriebsleiter äußerst flexibel reagieren, um sich als guter Sportsmann zu erweisen. Er könnte sagen: „Guter Witz, De Vries, hahaha." (Spielstand wieder gleich.) Aber in diesem Fall schafft es der Betriebsleiter nicht, und er sagt: „Behalten Sie Ihre blöden Späße für sich. Sagen Sie mir, was passiert ist, sonst laß ich auch Sie über Bord gehen. Ich sollte Sie kielholen lassen." (Auf den ersten Blick scheint dies ein Sieg des Betriebsleiters zu sein, aber De Vries fühlt sich beschuldigt für etwas, wofür er nichts kann, obwohl er formal verantwortlich ist. Dieser Mangel an Unterstützung wird seine Loyalität beschädigen, und er wird schließlich als Mitarbeiter weniger zuverlässig sein. Bei diesem Metaphernspiel haben beide verloren.

9.12 Kampf der Metaphern

Wir können zwischen kleinen Metaphernspielen und großen Metaphernkämpfen unterscheiden. Metaphernkämpfe ähneln in ihrer Struktur dem aus der Wissenschaftsphilosophie bekannten Kampf der Paradigmen. Wenn ein neues Paradigma akzeptiert wird, verlieren die Vertreter des alten an Autorität. Darum werden sie ihre Auffassung mit allen Mitteln verteidigen. Ein solcher Paradigmenkampf war zum Beispiel auch die Einführung des NLP in Kreisen der etablierten Wissenschaft.

Aber wer entscheidet in solchen Dingen, was falsch und was richtig ist? Wer soll entscheiden, was eine gute Metapher für die Realität, den Menschen, die Gesellschaft oder das ganze Universum ist?

Die Mächtigen sprechen in Metaphern. Kleriker, Generale, Wissenschaftler und Politiker sprechen zu den Massen oft in Metaphern. Die Metapher eignet sich besonders für die Kommunikation von oben nach unten. Hochgestellte Persönlichkeiten müssen oft vor großem Publikum über schwierige Sachverhalte sprechen. Metaphern sind offenkundig das Mittel der Wahl für eine solche Kommunikation. Nicht nur unterstützen und vermitteln sie den Inhalt der Kommunikation, sondern sie haben auch eine meta-kommunikative Funktion. Sie drücken Machtbeziehungen aus. Die Mächtigen sprechen meist in Metaphern zu weniger Mächtigen, und nicht umgekehrt. Und abgesehen von ihrer metakommunikativen Funktion bietet die Metapher oft auch ein Mittel der Machtausübung. Tatsächlich kann eine Metapher starken Einfluß auf das Verhalten großer Menschenmassen gewinnen.

Die Einfachheit einer Metapher ist geeignet, die komplexeren Erwägungen der Objektsprache zu überlagern. Sie hat also eine stärkere Wirkung auf das Verhalten als eine in der Objektsprache übermittelte Botschaft.

Wer seine Zuhörer mit einer treffenden Metapher anspricht, kann einen großen (z. B. politischen) Einfluß nehmen – ein Einfluß, der nicht so leicht rückgängig zu machen ist. Metaphernkämpfe sind überall dort zu beobachten, wo Macht ausgeübt wird. Welche Metapher wird den Kampf gewinnen?

9.12.1 *Disqualifizierung von Metaphern*

Beim Metaphernspiel geht es in erster Linie darum, welche Metapher die attraktivste ist: die einfachste, originellste und einfallsreichste wird gewinnen. Und diese „siegreiche" Metapher wird auch den stärksten Einfluß auf die Kultur nehmen: sie wird vervielfältigt, besonders in den Medien, und kann schließlich ihren berechtigten Platz in der Umgangssprache finden, sei es als Sprichwort oder als stehende Redewendung. Für den „Gegner" ist eine Metapher eine gefährliche Waffe. Wie soll man sie bekämpfen?

Hier folgen einige Methoden, um Metaphern unschädlich zu machen:

1. Lächerliche Rückübersetzung
Ein Mittel zur Disqualifizierung einer Metapher besteht darin, absichtlich eine lächerliche Rückübersetzung als Feedback an den Geschichtenerzähler zurückzugeben.

Guru: „Drei Möwen flogen über ein Dorf. Sie sahen einen Schmied, der Feuer in der Esse machte. Eine Möwe war so fasziniert, daß sie mitten im Feuer landete und verbrannte. Die zweite Möwe wollte dies aus der Nähe sehen und landete auf dem Amboß, gerade im Augenblick, als der Schmied seinen Hammer niedersausen ließ. Die dritte Möwe, die dies sah, beging Selbstmord."

Ein aufsässiger Schüler antwortet sogleich: „Und der Schmied ißt Brathühnchen ohnehin lieber als Möwen-Haschee. Du meinst also, ein Vegetarier sollte nicht Selbstmord begehen?"

2. Die Aufgabe der Rückübersetzung an den Geschichtenerzähler zurückverweisen

Ein anderes Mittel, um eine Metapher zu disqualifizieren, besteht darin, die Aufgabe der Rückübersetzung an den Geschichtenerzähler zurückzugeben. In diesem Licht könnte der ungläubige Schüler aus obigem Beispiel seinen Guru bitten: „Könntest du die Bedeutung deiner Geschichte erklären, da ich sie nicht verstehe?" Oder umständlicher: „Alles schön und gut, aber was bedeutet das für uns? Wer zum Beispiel sind die Möwen, von denen du sprichst? Könnte ich eine Möwe sein? Und bist du selbst vielleicht der Schmied?"

3. Übernehmen, Wegnehmen

Das Übernehmen einer Metapher ist ein weiteres Mittel der Disqualifizierung. Der Zuhörer fügt der Metapher neue Elemente hinzu, aber ohne die richtige Verbindung zu einer (für den Geschichtenerzähler) günstigen Rückübersetzung. Dies kann zu völlig anderen Schlußfolgerungen führen als jenen, die der Geschichtenerzähler beabsichtigte. Zum Beispiel streiten sich John und Peter über einen fabelhaften Computer-Drucker. John sagt: „Du kommst mir vor wie ein Bauer, der gerade mal zehn Kühe hat, aber eine Melkmaschine braucht, die tausend Kühe gleichzeitig melken könnte." Johns implizit beabsichtigte Schlußfolgerung ist, daß Peter für seine Arbeit keinen solchen Super-Drucker braucht. Peter hört dies heraus und antwortet: „Die Tatsache, daß die Niederlande der zweitgrößte Lebensmittel-Exporteur der Welt sind, verdanken wir nur unseren fortschrittlichen Bauern." Peters implizite Schlußfolgerung ist: Ein guter Drucker wie dieser ist immer gut fürs Geschäft.

4. Anti-Metaphern

Eine weitere Methode der Disqualifizierung ist die Anti-Metapher: eine neue Metapher, die die vorhergehende Metapher unschädlich macht. Als Nachspiel zu Johns Drucker-Metapher könnte Peter zum Beispiel eine Anti-Metapher einsetzen und sagen: „Als der Papst in Holland war, hat einer der Kardinäle ihm eine Geschichte erzählt, die er nicht verstand. Aber der Papst tat so, als hätte er verstanden, und das kostete die Kirche Tausende von Mitgliedern." Peters Metapher stellt Johns Geschichte in den Schatten. So könnte auch der ungläubige Schüler die „Möwenmetapher“ seines Gurus durch eine Anti-Metapher disqualifizieren: „Diese Möwengeschichte erinnert mich an das, was ein berühmter Lehrer – sein Name ist mir entfallen – einmal vor einer Schar seiner Schüler sagte. Es ging irgendwie so: ‚Vor langer Zeit gerieten die Vögel auf den Feldern in bittere Not. Die Nahrung wurde knapp, und sie wußten nicht, wie sie überleben sollten. Bis eine Vollversammlung aller Vögel einberufen wurden und einige den Auftrag erhielten, Selbstmord zu begehen. Dadurch nahm die Populationsdichte ab, und es gab wieder genug Futter für alle Vögel. Seither sorgen sie dafür, daß aus jedem Nest nur zwei Küken überleben.‘“

Die Anti-Metaphern-Methode kann eine Autoritätsfigur sehr in Bedrängnis bringen. Zum einen kann man nicht verhindern, daß jemand aus dem Publikum auf die Metapher, die man selbst erzählt hat, seinerseits mit einer Metapher antwortet. Als Autoritätsfigur kann man sich doch nicht vor sein Publikum hinstellen und sagen: „Schweigen Sie still, ich bin hier der einzige, der Märchen erzählen darf!“ Zum andern hat man genug damit zu tun, die Anti-Metapher zu interpretieren, genau wie das Publikum versucht, die eigene Metapher zu deuten; man muß sich bemühen, die Bedeutung dessen herauszufinden, was die Person aus dem Publikum vorbringt. Und was geschieht, wenn man nicht versteht? Muß man antworten, oder kann man so etwas mit einem Lächeln übergehen?

5. Lächerlich machen

Eine sehr aggressive Art des Disqualifizierens von Metaphern ist, sie lächerlich zu machen. Es ist ein Akt der Aggression, bei dem der Aggressor das Publikum durch Lachen auf seine Seite ziehen kann. Bedenken wir aber, daß jemand, der einfallsreich genug ist, um Anti-Metaphern zu schaffen oder sie in einer eher gespannten (Gruppen-)Situation lächerlich zu machen, ein bemerkenswertes Maß an Autorität beweist. So etwas erfordert persönliche „Klasse“. Solch ein disqualifizierendes Manöver zwingt die Gruppe, Partei zu ergreifen: zu lachen oder die Person zurechtzuweisen. Im Anschluß an die „Möwenmetapher“ des Gurus könnte der aufsässige Schüler diese lächerlich machen, indem er sagt: „Und als der

Schmied dies sah, beging er ebenfalls Selbstmord, weil er ein fanatischer Greenpeace-Anhänger war und nun auf einen Streich die letzte Möwenkolonie in Holland ausgerottet hatte."

6. Buchstäbliche Bedeutung
Eine Metapher kann auch durch eine buchstäbliche Interpretation in der Objektsprache disqualifiziert werden, indem man dem Geschichtenerzähler Meta-Modell-Fragen stellt, zum Beispiel: „Welche Melkmaschine kann tausend Kühe gleichzeitig melken, John?" Oder, der ungläubige Schüler zu seinem Guru: „Waren es Silbermöwen oder Elfenbeinmöwen oder ...?"

Mit Metaphern ausgefochtene Kriege verstoßen nicht gegen die Genfer Konvention. Meist werden sie nicht so ernst genommen. Aber als Saddam Hussein seinen Überfall auf Kuwait als „Mutter aller Schlachten" bezeichnete, fühlten sich viele befremdet und ahnten etwas von der Wirkung, die dies auf die Iraker haben mochte. Die Motivierung der Massen mit Hilfe von Metaphern kann zum Krieg führen. Metaphern können die Sozialen Panoramen von Millionen beeinflussen. Falls Sie in der Werbebranche arbeiten, sollten Sie sich dessen bewußt sein.

9.13 Operative Metaphern

Stephen Lankton bezeichnet in *Practical Magic* (1980) das Weltmodell eines Menschen als dessen Metapher für die Realität. Ähnlich wie Lakoff und Johnson vertritt er die Meinung, daß die Menschen nach ihren Metaphern leben. So betrachtet haben die Menschen kein Wissen von Themenbereichen, sondern nur Metaphern „im Kopf". Ihr ganzes Modell der Welt könnte daher als ihre persönliche Welt-Metapher bezeichnet werden. Das Problem bei dieser Auffassung ist aber, daß es dann keine Themenbereiche mehr gäbe, sondern nur Metaphernbereiche.

Damit würde die pragmatische Metapherntheorie, die ich hier vortrage, ihre wichtigste Unterscheidung verlieren. In diesem Fall müßte man auch das Soziale Panorama als Metapher bezeichnen – aber sofort erhebt sich die Frage: eine Metapher wofür?

Darum bevorzuge ich die Auffassung, daß Metaphern nur Zusätze zum Weltmodell eines Menschen sind. Diese Zusätze haben eine strikt organisatorische Funktion. *Per definitionem* organisieren sie jene Teile des Weltmodells, die der Themenbereich der Metaphern sind. Wenn operative Metaphern ihre Aufgabe korrekt erfüllen, dominieren sie die Kognitionen des Themenbereichs, falls diese zu kompliziert für Entscheidungsfindungen sind. Eine „operative" Metapher verleiht Einfachheit, Struktur und Kontrast, wo die Gedanken des Themenbereichs kompliziert, mehrdeutig und verwirrend sind. Die Kraft einer operativen Metapher ergibt sich aus ihrer relativen Einfachheit im Vergleich zum Thema.

Der Begriff „operative Metapher" wird in der Regel auf jene typischen Analogien angewandt, die von Individuen oder Gruppen bei der Gestaltung ihres Verhaltens in einem bestimmten Kontext gebraucht werden. Auf diese Weise benutzen die Menschen universelle operative Metaphern, zum Beispiel für den Themenbereich „Leben": Das Leben ist ein Spiel; das Leben ist ein Wettlauf; das Leben ist ein Kunstwerk. Und spezielle operative Metaphern verwenden sie für Aktivitäten wie z. B. Tennis: Tennis ist Ökonomie; oder: Lehren ist der Verkauf von Ideen; Training ist ein Kampf; Training ist Weihnachtsmann-Spielen; oder: Therapie ist ein Sport. Unternehmensberater kennen alle möglichen Metaphern für betriebliche Organisationen, zum Beispiel: Ein Betrieb ist wie ein Bienenstock.

Gleichungen vom Typ „X gleich Y" bezeichnen wir als Kern-Charakterisierungen. Sobald eine Kern-Charakterisierung ausgesprochen ist, kristallisiert sie eine Reihe von impliziten Analogien aus, wie etwa: Das Personal des Betriebs sind die Arbeitsbienen, die Personalabteilung ist die Bienenkönigin, die Aktionäre sind die Honigkonsumenten, und der Aufsichtsrat wäre dann der Imker. Diese impliziten Analogien führen zu impliziten Schlußfolgerungen. Folgt man nämlich dem Gedankengang der impliziten Analogien, dann machen Entscheidungen des Managements plötzlich Sinn: Wenn z. B. die Honigproduktion zu gering ist, haben die Bienen wahrscheinlich zuviel selbst konsumiert. Man sollte ihnen Glukose als Ersatz für Honig geben. Vielleicht sollten zwei Bienenvölker fusionieren, um den Ertrag zu steigern; es könnte aber auch sein, daß die Bienenkönigin nicht gut funktioniert, daß die Qualität ihrer Eier nicht der Norm entspricht; daß frisches Blut zugeführt werden müßte; daß junge Drohnen den Hochzeitsflug mit der Bienenkönigin antreten sollten; daß die Waben der Königin versiegelt werden sollten, um ein unnötiges Schwärmen zu verhindern.

Der alltägliche Gebrauch einer solchen Metapher in einer Organisation wird die Menschen zwingen, Entscheidungen vor diesem metaphorischen Hintergrund zu treffen. Die Implikationen dieser Metapher können aber auch eine belastende Wirkung haben. Operative Metaphern mit einer implizit sozialen Bestimmung können sich in Gruppen und Organisationen ausbreiten. In schweren Zeiten können solche Metaphern das Handeln eines Teams, einer Gruppe, einer Betriebsabteilung oder der ganzen Gesellschaft entscheidend stimulieren.

Darum ist es sinnvoll, in Form von ökologischen (operativen) Metaphern zu denken. Nützliche Fragen zur Prüfung des ökologischen Aspekts könnten lauten: „Was ist schief gegangen, wenn sich eine bestimmte Metapher in einer Organisation ausbreitet und von allen Beteiligten ‚gelebt' wird? Welcher Schaden kann eintreten, wenn dies über einen längeren Zeitraum geschieht?" Und die Kenntnis möglicher Schäden führt automatisch zu der Frage, ob eine nachteilige Metapher ausgeschaltet werden kann. Läßt sie sich in ein ungefährlicheres Konzept verwandeln?

Disqualifizierende Techniken können eingesetzt werden, um die operative Metapher inoperabel zu machen. Besonders die Übernahme einer Metapher oder der Gebrauch von Anti-Metaphern können in geschäftlichen Besprechungen sehr nützlich sein. Wenn eine operative Metapher allgemein bekannt ist, kann sich der Unternehmensberater, bequem im häuslichen Lehnstuhl sitzend, eine ökologischere Metapher ausdenken. Er hat dann auch die Möglichkeit, sorgfältig den richtigen Zeitpunkt zu bestimmen, um eine solche (neue) Metapher in Umlauf zu setzen.

Ein Ausblick

In der nächsten Woche fliege ich nach Neuseeland, wo ich ein Seminar zum Thema dieses Buches präsentieren werde. Meine Freunde sagen bereits, dies sei ein symbolischer Ausdruck der Tatsache, daß das Soziale Panorama, da es nun auch die andere Seite des Globus erreicht, beinah die ganze Welt erobert hat. Noch spannender wird die Sache, wenn man bedenkt, daß dieses Seminar das erste Ereignis dieser Art im neuen Millennium sein wird, soll es doch am 5. und 6. Januar des Jahres 2000 stattfinden. Abgesehen von solchen „Meilensteinen" stelle ich mir aber manchmal die Frage, welche Bedeutung unser Projekt des Sozialen Panoramas in Zukunft gewinnen könnte.

Wenn wir nach Orientierungspunkten suchen, um abzuschätzen, welchen Beitrag das Soziale Panorama zur Sozialwissenschaft zu leisten vermag, fällt uns sogleich der moderne Ansatz der sozialen Kognition ins Auge. Dieses Feld wurde jüngst von Ziva Kunda mit ihrem Buch *Social Cognition. Making Sense of People* (1999) erschlossen, einem glänzend geschriebenen Text, aus dem wir manches über die neuesten Forschungsansätze erfahren, die mit den hier behandelten Themen verwandt sind. Abgesehen von gemeinsamen Interessen finden sich bei Kunda überraschend wenige Aussagen, die mit den Grundlagen des Sozialen Panoramas unvereinbar wären – obzwar Kundas philosophische Basis vorwiegend durch Empirismus und statistische Evidenz bestimmt ist, während das Soziale Panorama eine eher konstruktivistische und pragmatische Sicht der Dinge wiedergibt.

Doch zur Freude aller NLPler widmet Kunda ein ganzes, 35 Seiten umfassendes Kapitel dem unbewußten (automatischen) Wesen der sozialen Kognition. Sie untersucht die Funktion der sozialen Kategorienbildung wie auch die Art, wie soziale Einstellungen beeinflußt werden – noch immer ein wichtiges Thema der Sozialpsychologie. Wie in meinem Buch handeln auch bei Kunda gut 10 Prozent aller Textseiten vom „Selbst". Obwohl ihre Ausführungen in manchen Punkten nur wenig Bezug zu meinem Projekt aufweisen, wird der Leser eine weitgehende Übereinstimmung in der allgemeinen Behandlung des Themas entdecken.

Wir sind also versucht anzunehmen, daß sich die akademische Sozialpsychologie heute in eine ähnliche Richtung bewegt, wie wir sie in diesem Buch eingeschlagen haben. Dennoch gibt es große Unterschiede hinsichtlich Zweck und Methoden der Reise, zumal die akademische Sozialpsychologie ein ganz anderes Fahrzeug benutzt als wir: eine prestigeträchtige Luxus-Limousine, die überall, wo sie vorfährt, Bewunderung erregt. Sie strebt stets allerhöchste Perfektion an und will sich durchaus als das einzig wahre Automobil des ganzen Kosmos behaupten, stets einen kritischen Blick auf sich selbst und die anderen Fahrzeuge gerichtet.

NLP bewegt sich zwar auf gleicher Straße, aber in einem ganz einfachen, leichten Lieferwagen – lediglich mit dem Ziel, irgendwo anzukommen und gute Arbeit zu leisten. Solch ein Wagen bringt wenig Prestige, ist aber äußerst nützlich, um Dinge von einem Punkt A zu einem Punkt B zu transportieren. Die akademische Psychologie rollt in ihrem Prachtvehikel dahin, als sei Fahren ihr einziger Zweck. Offenbar ist die Straße selbst ihr Ziel.

Lassen wir aber die Metapher beiseite und sehen wir, wie dieser Unterschied im sachlichen Bereich vielerlei Gestalt annimmt:

Zum Beispiel befassen sich Psychologen, die den Ansatz der sozialen Kognition vertreten, mit verbalen Äußerungen über das soziale Leben; mit Beschreibungen, die sich aus ihren geläufigen Meßinstrumenten – wie Beobachtung und Fragebogen – ergeben. Dieser sprachliche Filter macht die akademische Wissenschaft jedoch blind für die kinästhetischen, auditiven und visuellen Aspekte der sozialen Kognition. Dies mag auch der Grund sein, weshalb Kundas Buch keinerlei Hinweis auf die räumliche Natur der sozialen Erfahrung enthält. Für sie und ihre Kollegen scheint die soziale Kognition aus Worten und Zahlen zu bestehen – sowie einer Menge von Korrelationen zwischen Dimensionen des Verhaltens und der Kognition, die durch den Forschungsgegenstand definiert sind. Um soziale Kognition aber als Phänomen der vorwiegend räumlichen Repräsentation zu begreifen, müssen wir eine andere Betrachtungsweise wählen; eine Betrachtungsweise, die auch die sensorischen Qualitäten des Denkens einbezieht; eine Betrachtungsweise wie NLP.

Es ist noch viel Forschungsarbeit zu leisten, bevor die hier vorgetragenen Ideen des Sozialen Panoramas allgemeine Anerkennung durch die Sozialpsychologie finden werden. Die in diesem Buch aufgestellten Hypothesen sollten unter experimentellen Bedingungen getestet werden. Vor allem gilt es, unsere Erkenntnisse über die Struktur der Personifizierungen besser abzusichern. Sind die notwendigen Komponenten einer Personifikation tatsächlich so beschaffen, wie sie im ersten Kapitel unseres Buches vorgestellt wurden? Auch die Grundstruktur der Selbst-Erfahrung wäre in ihrer allgemeinen Geltung nachzuweisen. Vor allem aber brauchen wir eine solide statistische Basis für unsere Behauptung, daß Lokalisierung das primäre Organisationsprinzip der sozialen Erfahrung im allgemeinen und in allen Kulturen ist.

Sobald wir aber das statistisch-empirische Paradigma aufgeben und die Resultate unserer wiederholten klinischen Experimente als Daten akzeptieren, werden wir erkennen, daß das Projekt des Sozialen Panoramas einen wichtigen Beitrag zum Feld der sozialen Kognition leisten kann. Und je mehr Menschen mit den Ideen des Sozialen Panoramas zu arbeiten anfangen, desto nachhaltiger wird dessen Einfluß auf die psychologische Wissenschaft sein. Könnte es wirklich eines Tages die Sozialpsychologie revolutionieren, wie manche meiner „Fans“ bereits zu glauben scheinen?

Wenn man ein solches Buch auf den Markt bringt, ist es, als setze man eine neue Art von Fischen in einem Teich aus. Man sitzt am Ufer und fragt sich, was mit den eben ins Wasser geworfenen Fischen geschehen wird: Werden sie von den anderen, größeren und zahlreicheren Fischen aufgefressen? Werden sie lautlos eingehen, weil es ihnen an Nahrung fehlt? Oder werden sie irgendwo in den tiefen Wassern des Weihers am Leben bleiben? Natürlich hofft man, daß sie sich fortpflanzen und in erfreulicher Zahl vermehren werden. Aber angesichts der vielen, überraschenden und manchmal unerwünschten Folgen, die das Aussetzen einer neuen und fremden Spezies nach sich ziehen kann – wie z.B. die explosionsartige Ausbreitung des amerikanischen Opossums in Neuseeland –, bewegt einen doch die entscheidende Frage: Werden die Nachkommen der neuen Spezies harmonisch mit den Geschöpfen zusammenleben, die schon vorher in dem Teich umherschwammen?

NLP-Glossar

von Prof. Dr. Walter Ötsch (Universität Linz)

Anker setzen, ankern beruht auf der gezielten Nutzung des Pawlowschen Prinzips der „klassischen Konditionierung". Ein Anker ist ein externer Reiz, auf den jemand automatisch in einer bestimmten Weise reagiert (z. B. Gerüche, die an die eigene Jugend erinnern, Musik, die mit bestimmten Erinnerungen verknüpft ist, ...). Beim „Anker setzen" im NLP werden äußere Reize (z. B. eine Berührung) gezielt mit bewußt gewählten inneren Zuständen (z. B. sich liebevoll fühlen, kraftvoll sein, ...) verbunden. Ist der Anker entsprechend einiger Wohlgeformtheitsbedingungen gesetzt, dann kann dieselbe Berührung später erneut dieses Gefühl hervorrufen.

Assoziiert sein bedeutet, voll mit den eigenen Gefühlen, inneren Bildern usw. identifiziert sein. Assoziiert erlebt man z. B. eine Erinnerung in einer Weise, als befände man sich noch einmal mitten in der vergangenen Szene. (Das Gegenteil ist dissoziiert: hier ist man von etwas distanziert. Man sieht sich z. B. selbst von außen, während man sich an etwas erinnert.) Viele NLP-Methoden bedürfen der Fähigkeit, sich bewußt assoziieren und dissoziieren zu können.

Auditiv bezieht sich auf das Hören, den Hörsinn und bezeichnet eines der →Repräsentationssysteme des NLP.

Belief: Ein im NLP üblicher Begriff für Überzeugungen, Einstellungen, Glaubenssätze oder Meinungen. Das NLP betont stark die Abhängigkeit aktueller Wahrnehmungsprozesse und Handlungen von den aus vorgefaßten Überzeugungen resultierenden Wahrnehmungsfiltern eines Menschen (z. B. „die Welt ist ein herrlicher Ort" vs. „die Welt steckt voller Gefahren"). Beliefs entspringen vielen Quellen (Erziehung, Modellieren von bedeutsamen anderen Menschen, →Prägungen oder wiederholten Erfahrungen). Sie sind nie endgültig wahr oder falsch, sondern besitzen NLP-Theoretikern zufolge einen letztlich →konstruktivistischen Kern. Eine Veränderung zentraler und/oder einschränkender Beliefs führt daher unmittelbar zu einer veränderten Wahrnehmung und Wirklichkeitserfahrung, da z. B. die gestaltpsychologische Figur/Hintergrund-Bildung maßgeblich durch die Beliefs eines Menschen mitbestimmt wird.

Boden-Zeitlinie, Lebenslinie: Eine Linie, die gedanklich oder mit Markierungen auf den Boden gelegt wird und als Zeitlinie (verräumlichte Repräsentation einer linearen zeitlichen Abfolge) interpretiert und genutzt wird. Eine bestimmte Stelle auf dieser Linie markiert die Gegenwart – in eine Richtung geht es in die Vergangenheit, in die andere in die Zukunft. Das Betreten von Orten auf dieser Linie erleichtert den wohlgeformten →assoziierten Zugang zu Erinnerungen oder Zukunftssimulationen – eine Technik, die man u. a. auch zur Abschwächung unerwünschter →Prägungen einsetzt.

Change History, Veränderung der persönlichen Geschichte ist eine NLP-Technik, die es erlaubt, die Bewertung und Deutung von Erinnerungen, die in der Gegenwart immer noch emotional belastend wirken (z. B. nach Traumatisierungen, ...), positiv zu verändern. Dadurch soll ihr unerwünschter Einfluß auf die Gegenwart abgeschwächt werden.

Core-Transformation: Ein Prozeß, der mit Hilfe von NLP-Methoden zur direkten und unmittelbaren Erfahrung von „Core-Zuständen" (intensiven Erlebnissen von „Ruhen im Sein", „innerer Frieden", „Liebe", „Okay-Sein" und „Einssein") führen kann.

Dissoziiert, Dissoziation bedeutet Abstand haben, getrennt sein oder abgespalten sein. Das Gegenteil von →assoziiert sein.

Dritte Position →Wahrnehmungspositionen

Erste Position →Wahrnehmungspositionen

Fragetechniken Das NLP hat – beruhend auf einer linguistischen Analyse des Sprachverhaltens von Fritz Perls (Gestalttherapie), Virginia Satir (Familientherapie) und Milton H. Erickson (Hypnosetherapie) – einen

Katalog von Fragen (im Rahmen des sog. „Meta-Modells" des NLP) entwickelt, die es ermöglichen, vage und unklare Sprachangebote gezielt zu hinterfragen, um damit (oft in kurzer Zeit) präzise und klare Informationen zu bekommen und die subjektive Vorstellungswelt und Erfahrung eines Menschen konkret und spezifisch zu erfassen.

Future Pace, Future Pacing, Überbrücken in die Zukunft Prozeß, bei dem eine Person ihre Zukunftsvorstellungen für einen bestimmten Kontext, eine bestimmte Aufgabe usw. erkundet. Man konnte zeigen, daß derartige im vorhinein aufgebaute Erwartungshaltungen einen enormen Einfluß auf kontextspezifische Wahrnehmungsfilter haben und das subjektive Erleben konkreter Situationen stark (im Sinne einer „sich selbst erfüllenden Prophezeiung") beeinflussen.

Grundannahmen/Vorannahmen des NLP Eine Menge von Vorannahmen, die grundlegende →Beliefs des NLP zum Ausdruck bringen. Beispiele sind der →konstruktivistische Gedanke, jede Person verfüge über ein eigenes →Modell der Welt oder die Annahme, daß alle Teile des →Unbewußten grundsätzlich eine positive – wenngleich dem Bewußtsein einer Person oftmals nicht zugängliche – Intention verfolgen. Die bekannten Grundannahmen des NLP können dabei folgenden Quellen zugewiesen werden: 1. Jedes Verhalten ist Kommunikation (Gregory Bateson, Fritz Perls, Virginia Satir, Milton H. Erickson); 2. Körper und Geist sind Teile desselben kybernetischen Systems (Bateson, Perls, Satir, Erickson); 3. Menschen besitzen bereits alle Ressourcen, die sie für eine Veränderung benötigen (Perls, Satir, Erickson); 4. Menschen orientieren sich an ihren kognitiven Landkarten, ihrem „Modell der Welt" und nicht an der Welt selbst (Alfred Korzybski); 5. eine Landkarte ist nicht das Gebiet, das sie darstellt, sondern hat, wenn sie genau ist, eine dem Gebiet ähnliche Struktur, worin ihre Brauchbarkeit begründet ist (Korzybski); 6. Menschen treffen die beste Wahl aus dem, was ihnen an Wahlmöglichkeiten zur Verfügung steht (Satir); 7. Wahlmöglichkeiten sind besser als keine Wahlmöglichkeiten (Satir); 8. Hinter jedem Verhalten steckt eine positive Absicht (Satir); 9. Die Bedeutung einer Kommunikation ist die Reaktion, die sie hervorruft und nicht die Absicht des Kommunikators (Erickson); 10. Widerstand ist ein Kommentar über den Kommunikator (Erickson); 11. Wenn das, was Du tust, nicht funktioniert, tu' etwas anderes (Erickson); 12. Es gibt keine Fehler, nur Feedback (Erickson); 13. Das flexibelste Systemelement kontrolliert das System (kybernetisches „Gesetz der erforderlichen Vielfalt"); 14. Alles, was ein Mensch kann, kann modelliert und anderen gelehrt werden (Richard Bandler, John Grinder).

Gustatorisch bezieht sich auf den Geschmackssinn oder das Schmecken, eines der Sinnes- bzw. →Repräsentationssysteme.

Imprint →Prägung.

Inkongruenz, inkongruent. Eine Person kommuniziert inkongruent, wenn verschiedene Botschaften – z. B. verbale und nonverbale Informationen – nicht zusammenpassen.

Kalibrieren bedeutet „sich feinabstimmen", sich intensiv mit der eigenen Wahrnehmung auf eine andere Person einstimmen und dabei z. B. eine Fülle nonverbaler Informationen bewußt registrieren.

Kinästhetisch bezieht sich auf Körpereindrücke, Körpersensationen, Körperempfindungen, Gefühle, innere körperliche Zustände eines der Sinnes- bzw. →Repräsentationssysteme.

Kinästhetisches Selbst Ein Gefühl im Bauchbereich, das sich auf ein visuelles Selbst-Bild bezieht. Die Intensität dieses Gefühls ist eine entscheidende Variable in der Konstruktion des Selbst.

Konstruktivismus Sammelbegriff für verschiedene Ansätze, die die Annahme einer subjektunabhängigen Wirklichkeit ablehnen. Im Konstruktivismus wird der Beitrag ‚innerer' Faktoren wie Überzeugungen und Erwartungshaltungen im Wahrnehmen betont. Das, was jemand von der Welt ‚außerhalb' wahrnimmt, hängt demnach stark von eigenen →Modellen (wie z. B. dem individuellen „Sozialen Panorama") und persönlichen Orientierungen ab.

Logische Ebenen Einteilung von Phänomenen nach (meist) sechs Ebenen: (1) der ‚äußeren' Umwelt, (2) dem beobachtbaren Verhalten, (3) den genutzten Fähigkeiten, (4) den zugrundeliegenden Überzeugungen

(→Beliefs) und Werten, (5) der persönlichen Identität und (6) einer übergeordneten Ebene, die manchmal als →Spiritualität, Gesamtzusammenhang, Sinndimension usw. beschrieben wird. Zwischen der Ebene der Identität und der Spiritualität wird gelegentlich auch die Ebene der „sozialen Beziehungen" angesiedelt. Die Anordnung der Ebenen wird oft als Hierarchie gedacht: Veränderung auf einer „hohen" Ebene, wie etwa der Ebene der Identität, ziehen demnach häufig Veränderungen auf „tieferen" Ebenen (z. B. Überzeugungen oder Verhalten) mit sich.

Metaposition: Übergeordnete Position, die „meta" zum Betrachten des Gegenstands ist und diesen als Ganzes wahrzunehmen sucht.

Modell, Landkarte: Zur Ordnung der riesigen, auf ihn einströmenden Informationsfülle muß der menschliche Geist fortlaufend und – aufgrund der beschränkten Kapazität der bewußten Aufmerksamkeit in der Regel unbewußt – Modelle bilden, in die der fortlaufende Informationsstrom sinnvoll eingebettet werden kann. Diese Modelle sind aus Sicht des NLP nicht vorrangig „wahr" oder „falsch", sondern vor allem „funktional" oder „dysfunktional" im Hinblick z. B. auf Ziele. Verfestigte Modelle, die nicht mehr automatisch durch neue Wahrnehmungen korrigiert werden können, bezeichnet man im NLP als →Beliefs.

NLP, Neurolinguistisches Programmmieren: Der Terminus bezieht sich auf ein Anfang der 70er Jahre von Richard Bandler und John Grinder (University of California in Santa Cruz) begründetes Forschungsfeld in den Verhaltens- und Kognitionswissenschaften. Gegenstand ist das Studium der „Struktur subjektiver Erfahrung" und deren Veränderbarkeit. Basierend auf Studien und Modellen zur menschlichen Wahrnehmung und Informationsverarbeitung, des daraus resultierenden Verhaltens sowie der kommunikativen Vernetzung und wechselseitigen Beeinflussung von lebenden Organismen, entstanden seit mittlerweile mehr als 25 Jahren eine Fülle phänomenologisch orientierter und pragmatisch ausgerichteter Handlungsmodelle, die einer Verbesserung zwischenmenschlicher Kommunikationsprozesse sowie der persönlichen Entfaltung dienen. (Vgl. dazu auch Walker, Wolfgang: *Abenteuer Kommunikation*. Klett-Cotta, Stuttgart 1996.)

Ökologie: Die Unversehrtheit und Integrität eines Systems, z. B. Individuum, Familie, Organisation, ... Beim sogenannten „Öko-Check" werden die Auswirkungen geplanter Vorhaben und Zielsetzungen persönlicher Veränderung auf andere Kontexte und Systeme überprüft. Damit soll vermieden werden, daß Ziele gesetzt oder Veränderungen angestrebt werden, die zwar kurzfristig attraktiv erscheinen, langfristig jedoch Schäden auf der Ebene des Systems, in das das Individuum, die Familie, die Organsiation, ... eingebettet ist, nach sich ziehen.

Prägung, Imprint: Bezeichnung für intensive Lernerfahrungen, oft in der Kindheit. Negative Prägungserlebnisse werden auch als Traumata bezeichnet. Durch eine Prägung können tiefliegende Überzeugungen (→Beliefs) geformt werden. Mit der Methode der Neuprägung (Reimprinting) wird im NLP versucht, den unerwünschten und dysfunktionalen Einfluß negativer Prägungen auf den aktuellen Lebensvollzug abzuschwächen.

Rapport: Ein unmittelbarer, positiver, vertrauensvoller und intensiver Kontakt zwischen Personen, das Erleben einer Verbindung.

Repräsentation: Im NLP die allgemeine Bezeichnung für all das, was jeweils aktuell ‚innerlich' oder ‚äußerlich' wahrgenommen wird. NLP betont hier die Gebundenheit der Wahrnehmungen (Repräsentationen) an die verschiedenen →Repräsentationssysteme: man „sieht", „hört", „fühlt", „riecht", „schmeckt" ...

Repräsentationssysteme: Als Repräsentationssysteme werden die verschiedenen Modi der Sinnessysteme bezeichnet: sehen, hören, fühlen, ... deren aktuelle Inhalte entweder internal (d.h. geistig-mental) oder external (durch unmittelbare sensorische Wahrnehmung der Umwelt) generiert werden können.

Ressourcen: Sammelbegriff für alles, was der Erreichung gewünschter Ziele dient. Äußere Ressourcen sind z. B. andere Menschen oder finanzielle Mittel. Innere Ressourcen sind z. B. Fähigkeiten, Stärken, und Neigungen einer Person, fördernde →Beliefs, Werte oder →Modelle.

Spiritualität: Sammelbegriff für Phänomene, die im Erleben und Interpretieren die personale Identität zum Transpersonalen hin überschreiten, oft der sechsten der →logischen Ebenen zugeordnet.

Submodalitäten: sind qualitative, formale Unterscheidungen innerhalb eines →Repräsentationssystems, die bewußt wahrgenommen werden können. Typische visuelle Submodalitäten sind z. B. – unabhängig vom Inhalt der Wahrnehmung (!) – die Helligkeit, Größe, Farbe und Schärfe einer visuellen →Repräsentation. Im NLP gelten Submodalitäten als Strukturelemente internaler →Repräsentationen – sie entsprechen dem „Neuro-Code" des Gehirns (oder des Geistes). Submodalitäten üben einen starken Einfluß auf die emotionalen Qualitäten einer →Repräsentation aus. Das subjektive Erleben kann nachhaltig beeinflußt werden, indem man diese formalen Eigenschaften von Repräsentationen – so z. B. den Ort von Personen innerhalb eines Sozialen Panoramas – direkt verändert. Gemäß einer neueren Deutung des Phänomens erfordert die bewußte Wahrnehmung der Submodalitäten aktueller Erfahrungsinhalte den subtilen Wechsel auf eine Ebene der „Meta-Wahrnehmung" (das aktuell Wahrgenommene wird als spezifische Wahrnehmungserfahrung mit bestimmten formalen Eigenschaften wahrgenommen). Erst aus dieser Position der „Meta-Wahrnehmung" heraus kann eine Person sich aus ihrer Identifikation mit aktuellen →Repräsentationen lösen, diese beobachten und sie wirksam verändern.

Unbewußtes: Im NLP wird das Unbewußte (im Unterschied zur Psychoanalyse) als komplexes System interpretiert, dessen einzelne Komponenten („Teile" genannt) prinzipiell positiv-funktionale (und häufig dem Überleben dienenden) Zwecke erfüllen. Das Unbewußte organisiert z. B. die psychische Stabilität einer Person, indem es dem Bewußten selektiv Informationen zugänglich macht. Viele →Beliefs und →Modelle sind unbewußter Natur. Manche davon können bewußtgemacht und gezielt verändert werden.

Untereigenschaften →Submodalitäten

Veränderung der persönlichen Geschichte →Change History

Wahrnehmungspositionen: Das NLP-Modell der drei Wahrnehmungspositionen unterscheidet zwischen der ersten Position (dem →assoziierten Erleben einer spezifischen Situation oder Erinnerung aus der eigenen Perspektive), der zweiten Position (dem →assoziierten Erleben aus der Perspektive einer anderen Person, „mit den Augen eines anderen") und der (von beiden anderen →dissoziierten) dritten Position: dem Standpunkt eines außenstehenden, scheinbar unbeteiligten Beobachters.

Zweite Position →Wahrnehmungspositionen

Prof. Dr. Walter Ötsch ist NLP-Lehrtrainer (DVNLP) an der Linzer Akademie für NLP und Hauptautor von „Das Wörterbuch des NLP" (Junfermann, Paderborn 1997). Er betreibt den Internet-Server *www.nlp.at*, bei dem u.a. auch dieses Wörterbuch auf einer interaktiven Datenbank zugänglich ist.

Verzeichnis der Übungen

Literaturverzeichnis

Alstad, D., Kramer, J.: *Die Guru Papers; Masken der Macht.* Zweitausendeins, Frankfurt 1995 (orig.: *The Guru Papers; Masks of Autoritarian Power.* Berkeley: Frog Press 1993)

Andreas, S., Andreas, C.: *Mit Herz und Verstand.* Paderborn: Junfermann 1992 (orig.: *Heart of Mind.* Moab, Utah: Real People Press 1989)

Andreas, C., Andreas, T.: *Der Weg zur inneren Quelle; Core Transformations in der Praxis; neue Dimensionen des NLP.* Paderborn: Junfermann 1995 (orig.: *Core transformations – reading the wellspring within.* Moab, Utah: Real People Press 1991)

Augoustinos, M., Innes, J. M.: Towards an integration of social representations and social schema theory. In: *British Journal of Social Psychology,* 29, 213–31, 1991

Baldwin, J. M.: *Social and Ethical Interpretations in Mental and Social Development.* New York: Macmillan 1987

Bandler, R.: „Bitte verändern Sie sich . . . jetzt!" *Transkripte kurztherapeutischer NLP-Sitzungen.* Paderborn: Junfermann 1991 (orig.: *Using Your Brain for a Change.* Moab, Utah: Real People Press 1985)

Bandler, R., Grinder, J.: *Metasprache und Psychotherapie. Struktur der Magie I.* Paderborn: Junfermann, 9. Aufl. 1998 (orig.: *The Structure of Magic. Vol. I.* Palo Alto, CA: Science and Behavior Books, 1975)

Bandler, R., Grinder, J.: *Kommunikation und Veränderung. Die Struktur der Magie II.* Paderborn: Junfermann, 7. Aufl. 1997 (orig.: *The structure of Magic. Vol. II.* Palo Alto, CA: Science and Behavior Books 1976)

Bandler, R., Grinder, J.: *Neue Wege der Kurzzeittherapie; Neue linguistische Programme.* Paderborn: Junfermann 1981 (orig.: *Frogs into Princes.* Moab,Utah: Real People Press 1979)

Bandler, R., Grinder, J., Satir, V.: *Mit Familien reden; Gesprächsmuster und therapeutische Veränderung*. Stuttgart: Pfeiffer bei Klett-Cotta, 5. Aufl. 1999 (orig.: *Changing With Families*. Palo Alto, CA: Science and Behavior Books 1976)

Baron-Cohen, S.: The theory of mind deficit in autism; how specific is it? In: *British Journal of Developmental Psychology*, 9, 301–314, 1991

Bateson, G.: *Die Ökologie des Geistes. Anthropologische, psychologische, biologische und epistemologische Perspektiven*. Frankfurt a. M.: Suhrkamp (orig.: *Steps to an Ecology of Mind*. New York: Chandler Publ. Company 1972)

Bateson, G.: *Geist und Natur. Eine notwendige Einheit*. Frankfurt a. M.: Suhrkamp 1982 (orig.: *Mind and Nature. A Necessary Unity*. New York: E. P. Dutton 1979)

Brown, R.: *Group Processes*. Oxford: Blackwell 1988

Burgoon, J.: Relational message interpretations of touch, conversational distance, and posture. In: *Journal of Nonverbal Behavior*, Vol. 15, 4, 1991

Cameron-Bandler, L.: *Wieder zusammenfinden. NLP – neue Wege der Paartherapie*. Paderborn: Junfermann 1983 (orig.: *They Lived happily Ever After*. Cupertino: Meta Publications 1978)

Demer, M., Pyszczynski, T.: Effects of erotica upon men's loving and liking responses for women they love. In: *Journal of Personality and Social Psychology*, 36, 1302–1309, 1978

Derks, L.: Exploring the Social Panorama. In: *NLP World*, Vol. 2, No. 3, 28–42, November 1995

Derks, L., Goldblatt, R.: *The Feedforward Conception of Consciousness; A Bridge between Therapeutic Practice and Experimental Psychology*. Amsterdam: The William James Foundation 1985

Derks, L.: Personifikaatio ihmisten keskeisessa kanssakaymisessa. In: *NLP Mielilehtin*, No. 0, 2/1997

Derks, L., Sinclair, J. D.: *Racing the Turbo Brain*. Amsterdam: The William James Foundation 1990

Derks, L., Hollander, J.: *Essenties van NLP*. Utrecht: Servire 1996

Derks, L., Hollander, J.: Systemic Voodoo. In: *Anchorpoint*, Vol. 12, No. 3, März 1998

Derks, L., Hollander, J.: Exploring the Spiritual Panorama. In: *NLP-World*, Vol. 3, No. 2, Juli 1996

Derks, L.: Family Systems in the Social Panorama. In: *NLP World* Vol. 4, No. 1, März 1997

Derks, L.: Teambuilding met het Sociaal Panorama. In: *NVNLP informatie-bullitin*, November 1996

Derks, L.: Families in the Social Panorama. In: *Anchorpoint*, Vol. 12, No. 2, Februar 1998

Derks, L.: *The Social Panorama Model; Social Psychology meets NLP*. Manuscript Copies; SON repro Service, De Waghemakerstraat 1b, 5622 JE Eindhoven, Niederlande

Dilts, R., Grinder, J., Bandler, R., Cameron-Bandler, L., DeLozier, J.: *Strukturen subjektiver Erfahrung – ihre Erforschung und Veränderung durch NLP.* Paderborn: Junfermann 1985 (orig.: *Neuro-Linguistic Programming: Vol. I.* Cupertino: Meta Publications 1980

Erickson, M. H., Rossi, E. L., Rossi, S. L.: *Hypnose. Induktion, therapeutische Anwendung, Beispiele.* Stuttgart: Pfeiffer bei Klett-Cotta, 5. Aufl. 1998 (orig.: *Hypnotic Realities. The Induction of Clinical Hypnosis and Forms of Indirect Suggestion*. New York: Irvington Publishers 1976

Fiske, S. T., Taylor, S. E.: *Social Cognition*. New York: McGraw-Hill 1991

Gergen, K. J.: *The Saturated Self, dilemmas of identity on contemporary life.* New York: Basic Books, HarperCollins Publishers 1991

Grinder, J., DeLozier, J.: *Der Reigen der Daimonen; Vorbedingungen persönlichen Genies*. Paderborn: Junfermann 1995 (orig.: *Turtles All the Way*

Down; Prerequisites to Personal Genius. Bonny Doon, CA; Grinder, DeLozier and Associates 1987)

Gunn, J.: Human Violence; A biographical perspective. In: *Journal of Criminal Behavior and Mental Health*, Vol. 1, 1991

Hall, E.: *The Hidden Dimension*. New York: Doubleday 1966

Hellinger, B.: *Ordnungen der Liebe; Ein Kurs-Buch von Bert Hellinger*. Heidelberg: Carl Auer Verlag 1994

Hollander, J., Derks, L., Meijer, J.: *NLP in Nederland*. Utrecht: Servire 1990

James, W.: *Die Vielfalt religiöser Erfahrung; Eine Studie über die menschliche Natur*. Olten, Freiburg i. Br.: Walter 1979 (orig.: *The Varieties of Religious Experience*. New York: Collier Books 1961; Erstausg. 1902)

Kalma, A.: Hierarchisation and dominance assessment at first glance. In: *European Journal of Social Psychology*, Vol. 21, 2, 1991

Kunda, Z.: *Social Cognition; Making Sense of People*. Cambridge, MA.: MIT Press 1999

Lakoff, G., Johnson, M.: *Leben in Metaphern. Konstruktion und Systematik von Sprachbildern*. Heidelberg: Carl Auer Verlag 1998 (orig.: *Metaphors We Live By*. Chicago: University of Chicago Press 1980)

Lorenz, K.: *Über tierisches und menschliches Verhalten; vom Weltbild des Verhaltensforschers*. München: dtv 1978

Martin, L. L., Clark, L. F.: Social Cognition; exploring the mental processes involved in human social interaction. In: M. W. Eysenck (ed.) *Cognitive Psychology; An International Review*, Vol. 1, S. 266–310, Sussex: Wiley 1990

Mavromantis, A.: *Hypnagogia. The unique state of consciousness between wakefulness and sleep*. London: Routledge & Kegan Paul 1987

Morris, B. G.: Adolescent leaders; rational thinking, future beliefs, temporal perspective, and other correlates. In: *Adolescence*, Vol. 27, S. 105, 1992

Moscovici, S.: The phenomenon of social representations. In: R. M. Farr, S. Moscovici (eds.) *Social Representation*, S. 3–69, Cambridge: Cambridge University Press 1983

Mulder, M.: *Omgaan met macht; ons gedrag met elkaar en tegen elkaar*. Amsterdam: Elsevier 1977

Ostrom, T. M.: Three catechisms for social memory. In: P. R. Solomon, G. R. Goethals, C. M. Kelly, and B. R. Stephens (eds.) *Memory; Interdisciplinary Approaches* S. 201–220, New York: Springer 1989

Raven, B. H.: Social influence and power. In: I. D. Steiner and M. Fishbein (eds.) *Current Studies in Social Psychology*, S. 371–382, New York: Holt Rinehart and Winston 1965

Rubin, Z.: Measurement of romantic love. In: *Journal of Personality and Social Psychology*, S. 265–273, 1970

Satir, V.: *Selbstwert und Kommunikation; Familientherapie für Berater und zur Selbsthilfe*. Stuttgart: Pfeiffer bei Klett-Cotta, 14. Aufl. 2000 (orig.: *Peoplemaking*. Palo Alto, CA: Science and Behavior Books 1972)

Selman, R. L.: *The growth of interpersonal understanding*. New York: Academic Press 1980

Walker, W.: *Abenteuer Kommunikation; Bateson, Perls, Satir, Erickson und die Anfänge des Neurolinguistischen Programmierens (NLP)*. Stuttgart: Klett-Cotta, 2. Aufl. 1998

Zimbardo, P. G., Leippe, M. R.: *The Psychology of Attitude Change and Social Influence*. New York: McGraw-Hill 1991

Sachregister